Elsenhans, Theodor
Fries und Kant

Ein Beitrag zur Geschichte und zur systematischen Grundlegung
der Erkenntnistheorie

Elsenhans, Theodor: Fries und Kant. Ein Beitrag zur Geschichte und zur systematischen Grundlegung der Erkenntnistheorie
Hamburg, SEVERUS Verlag 2013.
Nachdruck der Originalausgabe, Giessen 1906

ISBN: 978-3-86347-487-4
Druck: SEVERUS Verlag, Hamburg, 2013
Textbearbeitung: Esther Gückel

Bibliografische Information der Deutschen Nationalbibliothek:
Die Deutsche Nationalbibliothek verzeichnet diese Publikation in der Deutschen Nationalbibliografie; detaillierte bibliografische Daten sind im Internet über http://dnb.d-nb.de abrufbar.

© SEVERUS Verlag
http://www.severus-verlag.de, Hamburg 2013
Printed in Germany
Alle Rechte vorbehalten.

Der SEVERUS Verlag übernimmt keine juristische Verantwortung oder irgendeine Haftung für evtl. fehlerhafte Angaben und deren Folgen.

Vorwort.

Vor ziemlich genau hundert Jahren trat Jakob Friedrich Fries seine erste ordentliche Professur in Heidelberg an, als einer der bedeutenden Lehrer, welche an der durch Karl Friedrich völlig erneuerten Universität zu wirken hatten, und in dessen Berufungsschreiben unter anderem die Freude Ausdruck findet, ihn „zum Kollegen und Mitarbeiter bei der Wiederherstellung dieser so sehr verfallenen Akademie zu bekommen". Zwei Jahre darauf, im Jahre 1807 — demselben Jahre, in welchem Hegel seine „Phänomenologie des Geistes" veröffentlichte und Fichte seine „Reden an die deutsche Nation" begann — erschien seine „Neue Kritik der Vernunft", die dann in ihrer zweiten Auflage (1831) den seinen ganzen Standpunkt bezeichnenden Titel: „Neue oder anthropologische Kritik der Vernunft" erhielt.

Darf auch auf seinen Namen etwas von dem Glanz des größeren seines Lehrers Kant fallen, dessen geisterbezwingende Macht vor kurzem zum hundertjährigen Gedächtnis seines Todestages aufs neue offenbar wurde? Es fehlt nicht an solchen, welche darauf mit einem runden „Nein" antworten würden, und die geneigt sind, Fries mit Schopenhauer zu denen zu rechnen, durch welche „Kants hohe Lehre für die Schulen herabgezogen und verdorben wurde". Und in der Tat, man würde ihn überschätzen, wollte man ihn den Denkern ersten Ranges beizählen, deren Persönlichkeit und Lebenswerk eine Epoche für die innere Entwicklung der Menschheit bedeutete. Und doch ist ihm in der Geschichte der Philosophie durch die Eigenart seines Denkens ein ehrenvoller Platz gesichert, der ihn, was die Bedeutung der durch ihn angeregten Fragen betrifft, an die Seite der ersten Denker stellt. Gibt es in der Geschichte der Philosophie einen Fortschritt, so ist es in erster Linie ein Fortschritt in der Problemstellung. Man kann den ganzen gewaltigen Umschwung, den Kants Lebensarbeit der Geschichte menschlichen Denkens gebracht hat, auf eine neue Problemstellung zurückführen. Eben hierin liegt nun auch die bleibende Bedeutung der Philosophie von Jakob Friedrich Fries. Das, wodurch seine Kritik der Vernunft eine „neue" ist, die durch ihn angeregte Frage: wie werden wir uns der apriorischen Erkenntnisprinzipien bewußt? und die damit unmittelbar zusammenhängende: welche Bedeutung kommt in der Kritik der Vernunft der Anthropologie zu? ist, wie Kuno Fischer sagt, „ein echtes in der Geschichte der deutschen Philosophie seit Kant unvermeidliches Problem". Er hat von den verschiedenen Seiten des durch Kant klassisch behandelten Erkenntnisproblems diese eine mit solcher Konsequenz ausgestaltet, daß eine Bearbeitung der Probleme, welche bereit ist, aus der Geschichte zu lernen, stets zu ihm wird zurückkehren müssen. Aber in verschiedenen Punkten verdient auch die Lösung, welche er gegeben hat, bleibende Beachtung. Wenn er daher in manchen Darstellungen immer noch als der oberflächliche Empiriker erscheint, der den unbegreiflichen Fehler beging, Kants Vernunftkritik induktiv-psychologisch begründen zu wollen, so beweist dies nur, wie notwendig eine eingehende Untersuchung seiner Lehre ist, um ihm gerecht zu werden. Der Denker, der den Satz schreiben konnte — um nur diesen einen anzuführen — „es wäre höchst ungereimt, die Grundsätze der philosophischen Logik, die notwendigen Grundgesetze der Denkbarkeit der Dinge durch empirische Psychologie d. h. durch Erfahrungen beweisen zu wollen" (Logik S. 9), kann unmöglich damit abgetan sein. So stellt sich denn das vorliegende Werk in erster Linie die Aufgabe, eine eingehende Darstellung der seinem ganzen Systeme zugrunde liegenden Erkenntnistheorie zu geben. Erst auf Grund einer so ausführlichen, in diesem Umfang wohl zum erstenmal angestellten zusammenhängenden Untersuchung kann über die verschiedenen strittigen Punkte eine Entscheidung getroffen werden. Als Beispiele dafür erwähne ich die Aufgabe der philosophischen Anthropologie, die „Grundvermögen", die analytischen Urteile, die Methode der Deduktion, den Begriff der Apperzeption. Besonderer Wert wurde darauf gelegt, die bei Fries oft nicht leicht übersehbaren und durch Wiederholungen beschwerten Gedankengänge übersichtlich zu ordnen, wie dies z. B. in der komplizierten Lehre von der Reflexion ersichtlich ist. Wo der Gegenstand es mit sich brachte, ist auch das Verhältnis zu anderen Denkern, besonders zu Platner, Jakobi, Schleiermacher beigezogen.

Vor allem aber muss eine eingehende Untersuchung der Friesischen Erkenntnistheorie von selbst zur Erörterung ihres Verhältnisses zu derjenigen Kants führen, von welcher sie abhängig ist. Indem das gegenseitige Verhältnis beider Denker stetige Berücksichtigung findet, um zunächst der vollständigen Erklärung der Friesischen Philosophie, besonders an schwierigen Punkten, zu dienen, wird aber zugleich ein anderer Zweck erreicht. Der Gedankenreichtum des vielgestaltigen Kantischen Systems hat in der nachkantischen Philosophie die verschiedenartigste Entfaltung gefunden. Indem die verschiedenen Seiten desselben zu neuen Systemen sich krjstallisierten, wirkten diese, wie Schopenhauer einmal von Fichtes Ethik sagt, gleichsam als „Vergrößerungsspiegel", in denen Vorzüge und Schwächen besonders auffallend sich darstellten. Es ist gewissermassen eine Kantinterpretation im großen Stile, welche diese nachkantischen Systeme enthalten, sofern erst durch sie die Tragweite der einzelnen Elemente des Kantischen Denkens in voller Deutlichkeit hervortritt. Einen außerordentlich wertvollen Beitrag zu dieser Art von Kantinterpretation hat Fries geliefert. Kants psychologische Voraussetzungen und seine „Zergliederung des Verstandesvermögens" werden hier zu der s ganze System beherrschenden anthropologischen Methode, seine Aufdeckung der Unfruchtbarkeit der formalen Logik wird zur Lehre von der Reflexion als dem bloßen Wiederbewußtsein des eigentlichen unmittelbaren Erkenntnisinhalts und seine Lehre von der Abhängigkeit des Gegenstandes der Erkenntnis von unserer Vorstellung steigert sich hier zur „subjektiven Wendung" der ganzen Philosophie. Wir werden annehmen dürfen, daß von diesem eigenartigen Standpunkte aus ein neues Licht auch auf manche Fragen der Kantischen Philosophie fallen wird. Indem die folgende Arbeit sich diesen Umstand gerade an den schwierigsten Punkten zunutze macht, will sie zugleich Beiträge zum Verständnis der Philosophie Kants liefern. Ich kann nicht umhin, zu glauben, daß beispielsweise eine genaue Untersuchung der originellen Deduktion der Kategorien bei Fries, seiner Lehre vom Verhältnis der Deduktion zum Beweis und von der Apperzeption und eine Erörterung ihres Verhältnisses zur transzendentalen Deduktion und zu verwandten Begriffen bei Kant auch für die Aufhellung mancher strittigen Punkte in der Philosophie des letzteren nicht ganz ohne Frucht sein werde. Wo es nötig erschien, wie z. B. hinsichtlich der verschiedenen Seiten des Deduktionsbegriffes bei Kant hat außerdem die Kantische Lehre für sich allein eine selbständige Bearbeitung gefunden.

Das bisher Besprochene bildet den Inhalt des größeren zuerst erscheinenden, des historischen Teils dieses Werkes.

Aus einer Vertiefung in das wechselseitige Verhältnis

der Kantischen und der Friesischen Erkenntnistheorie erwächst aber von selbst die Frage, inwieweit dieser Fortbildung und Ausgestaltung Kantischer Gedanken durch Fries bleibender Wert auch für die systematische Philosophie der Gegenwart zukomme. Diese Frage liegt um so näher, als der Gegensatz zwischen Fries' psychologischer Grundposition und Kants Ablehnung der Psychologie sich mit der Hauptkontroverse der modernen Erkenntnistheorie unmittelbar berührt. Auf der einen Seite der „Psychologismus", für welchen das Erkennen als psychischer Vorgang Objekt der Erkenntnistheorie und damit diese selbst zur Psychologie wird, auf der anderen Seite der Neukantianismus, für welchen die Erkenntnistheorie von dem handelt, was alle Erkenntnis von Objekten, also auch alle Psychologie erst möglich macht und darum selbst niemals psychologisches Objekt werden kann. Der Streit wogt noch hin und her und eine völlig befriedigende Grenzbestimmung zwischen den beiden Gebieten ist auch von den gemäßigteren Vertretern beider Lager nicht gefunden. Vielleicht ist es nicht ohne Wert, einmal das Gewicht der geschichtlichen Betrachtung in die Wagschale zu werfen und eine historisch-kritische Orientierung über diesen Gegensatz an dem Punkte der Geschichte der Philosophie zu suchen, wo derselbe gewissermaßen seine klassische Vertretung gefunden hat, bei Fries und Kant. Es trifft dies ja zugleich mit einem Zuge der Zeit zusammen, die mehr und mehr über den Ruf „zurück zu Kant" hinausgehend bei den nachkantischen Systemen, vor allem bei Fichte, die Bausteine zu einer Neubegründung der Philosophie sucht. Ehe aber die von manchen im Anschluß daran erwartete Renaissance der Metaphysik kommen könnte, müßten die drängenden Fragen der Methode eine gewisse Klärung gefunden haben. Die wichtigsten dieser Fragen, diejenigen der Erkenntnistheorie von jener geschichtlichen Grundlage aus, die durch die Namen Kant und Fries bezeichnet ist, einen oder den anderen Schritt weiter zu führen, ist der dritte Hauptzweck dieses Buches. So wird denn in dem zweiten kritisch-systematischen Teil dieses Werkes, der dem ersten unmittelbar folgen wird, eine kritische Erörterung der Hauptergebnisse der geschichtlichen Darstellung als Ausgangspunkt benützt, um gewisse Grundfragen der Erkenntnistheorie von, soweit ich sehe, teilweise neuen Gesichtspunkten aus zu untersuchen. Es ist dabei nicht beabsichtigt, jene grundlegende Disziplin systematisch ab ovo zu entwickeln, sondern es handelt sich nur darum, je von der gewonnenen Fragestellung aus Schritt für Schritt weiter zu gehen. Daß die dabei berührten Fragen nicht auf Nebensächliches sich beziehen, sondern so, wie sie beantwortet werden, in ihrer Gesamtheit als eine Grundlegung der Erkenntnistheorie bezeichnet werden können, liegt in der Natur unseres geschichtlichen Ausgangspunktes. Die aus dem letzteren gewonnene Problemstellung führt mit Notwendigkeit zunächst zu einer eingehenden Untersuchung der Voraussetzungen der Kantischen, wie jeder Erkenntnistheorie überhaupt, sodann zu einer Erörterung der Methode der Erkenntnistheorie, und endlich zu einer Ableitung der Folgerungen, die sich daraus für das Problem der Grenzen des Erkennens ergeben. Dabei ist die stetige Rückbeziehung auf Kant selbstverständlich und gibt zugleich Veranlassung zu Exkursen über einzelne für die Grundlegung der Erkenntnistheorie wesentliche, bisher weniger beachtete Punkte seiner Philosophie, unter denen ich nur den Abschnitt über die erkenntnistheoretische Bedeutung des Kantischen Begriffs des „vernünftigen Wesens" hervorheben möchte.

Wenn die aus dieser Auseinandersetzung mit Kant und Fries erwachsende Grundlegung der Erkenntnistheorie in der Frage des Verhältnisses von Psychologie und Erkenntnistheorie in gewissem Sinne über beide hinausführt, so trifft sie dagegen hinsichtlich des damit keineswegs identischen Verhältnisses von Erkenntnistheorie und Empirie überhaupt mit einem Grundgedanken der Friesischen Philosophie zusammen. Angesichts der Kämpfe der neuesten Zeit weiß uns die letztere bei aller geschichtlichen Bedingtheit und Schwäche im einzelnen doch vor allem durch die Art zu fesseln, wie sie die empirische Gewinnung der Prinzipien mit der Überzeugung von ihrer unbedingten Giltigkeit vereinigt und dadurch den hinter dem Problem Psychologie und Erkenntnistheorie stehenden tieferen Gegensatz der Weltanschauungen, eines extremen Relativismus und eines starren erfahrungsfremden Apriorismus überwindet. Hat Fries mit einem der wichtigsten Gedanken seiner Lehre von der „unmittelbaren Erkenntnis" recht, so ist ja unter allen Umständen der Hauptpunkt, die unbedingte Giltigkeit der Erkenntnisprinzipien schon zu Beginn der Untersuchung unentbehrliche Voraussetzung und damit an sich selbst schon der relativistischen Auflösung in den Kausalzusammenhang der wechselnden Erscheinungen entzogen. Das Weitere wäre dann eine Streitfrage der Methodenlehre, eine wichtige wissenschaftliche Aufgabe, die aber den Stachel des Kampfes um das Letzte und Höchste nicht mehr in sich tragen würde.

„Zwischen den Bedürfnissen des Gemütes und den Ergebnissen menschlicher Wissenschaft ist ein alter, nie geschlichteter Zwist", so begann einst Lotze seinen Mikrokosmos. Es scheint als nähern wir uns in der Geschichte menschlichen Denkens einer Epoche, welche die Überwindung dieses alten Zwistes auf neugeschaffener Grundlage in Angriff zu nehmen gewillt ist. Vielleicht läßt sich für diesen Neubau auch aus der Gedankenwelt eines Mannes, wie Fries, ein Baustein entnehmen, in dessen persönlicher Entwicklung zwei bedeutsame Repräsentanten jener gegensätzlichen Bestrebungen, das mathematische und kritische Denken Kants und die gefühlsmäßige Art der Brüdergemeinde sich zusammenfanden. In ihm, der aus einem Zögling der Herrnhuter ein Schüler Kants, ein Mathematiker und Physiker wurde, vollzog sich ja eine besonders eigenartige persönliche Vereinigung jener Gegensätze, deren wirkliche Überwindung im Grunde das Hauptproblem der tieferen Denker aller Zeiten bildet.

Heidelberg, im März 1906.

Th. Elsenhans.

Verzeichnis der Abkürzungen.

Ein Teil der Werke von J. F. Fries ist in folgender Weise abgekürzt zitiert:

Jakob Friedrich Fries, Neue oder anthropologische Kritik der Vernunft 3 Bände 2. Aufl. 1828—31, abgekürzt N. Kr. I II III. Die erste Auflage: Neue Kritik der Vernunft 3 Bände 1807: N. Kr. I^1 II^1 III^1.

— — System der Metaphysik, Ein Handbuch für Lehrer und zum Schulgebrauch 1824, abgekürzt: Metaph. oder Metaphysik.

— — System der Logik, ein Handbuch für Lehrer und zum Selbstgebrauch 1811, abgekürzt: Logik (wo die 2. Aufl. von 1819 zitiert ist, ist dies besonders bemerkt).

— — Handbuch der Psychischen Anthropologie 2 Bände 1820 und 1821, abgekürzt: Ps. A. oder Anthrop.

Die übrigen Werke von Fries sind je mit ihrem vollständigen Titel genannt.

Kants Werke sind zitiert nach der Ausgabe von Rosenkranz und Schubert, 1838—1840 (abgekürzt: S. W.) mit Ausnahme der Kritik der reinen Vernunft (Kr. d. r. V.) und der Kritik der praktischen Vernunft (Kr. d. pr. V.), welche nach der Kehrbachschen Ausgabe (Reklam) zitiert sind. Wo die Berliner Akademische Ausgabe herangezogen ist, ist dies besonders bemerkt.

Inhaltsübersicht des I. Teils.

	Seite
Vorwort	III–X
Verzeichnis der Abkürzungen	XI

Kapitel I: Die Kritik der Vernunft als philosophische Anthropologie 1

A. Die Friesische Kritik des Kantischen Standpunktes . . . 1
   Ungenügende Berücksichtigung der Logik und Psychologie 1 Verkennung des psychologischen Charakters seines Beweisverfahrens 2 Genauerer Beweis dafür im Anschluß an den Begriff transzendental 3 Die transzendentale Erkenntnis als Erkenntnis von Erkenntnissen a priori 4.

B. Die „philosophische Anthropologie" als Grundwissenschaft aller Philosophie 5
   Bedeutung und Begriff der „philosophischen Anthropologie" 5.

   I. Das Verhältnis der philosophischen zur psychischen Anthropologie 6
      Die Arten der Anthropologie 6 Die Merkmale der philosophischen Anthropologie im Unterschied von der übrigen psychischen Anthropologie 7.

   II. Das Verhältnis der philosophischen Anthropologie zur Philosophie überhaupt und zur Metaphysik . . 8
      Unterscheidung zwischen dem Gegenstand der Erkenntnis und der Erkenntnis als Tätigkeit 8 Die notwendige Vermittlung der Erkenntnis des ersteren durch die letztere 9.

   III. Das Verhältnis der philosophischen Anthropologie zur Logik 10
      Die Abhängigkeit der „anthropologischen" und indirekt der „philosophischen Logik" von der philosophischen Anthropologie 10.

Inhaltsübersicht des I. Teils. XIII

IV. Die Stellung der philosophischen Anthropologie im philosophischen System und ihre Schranken . . . 12
Das philosophische Gesamtsystem und die Anthropologie 12 Der unmittelbare Besitz der Vernunft und die Reflexion 13.

Kapitel II: Die psychologischen Grundbegriffe der Friesischen Philosophie 15

A. Die Grundvermögen und ihre Ausbildungsstufen 15

I. Die Geistesvermögen 15
Namenerklärungen und Sacherklärungen 15 Tätigkeiten und Vermögen 16 Die Grundvermögen 17 Unterschiede von Kant 18 Das Begehrungsvermögen als Tatkraft 19 Platner 19.

II. Die Bildungsstufen unseres Geistes 21
Sinn, Gewohnheit, Verstand 22 Die Zwecke der Ausbildung 22.

B. Spontaneität und Rezeptivität 22
Die Spontaneität der Vernunft als erregbare Selbsttätigkeit 23 Der „Sinn" als Rezeptivität 23 Die Anwendung dieses Gegensatzes auf jedes Vermögen des Geistes 24 Sein Verhältnis zu dem Begriffspaar: Passivität und Aktivität 25 Kant 25.

C. Das Verhältnis des Grundgegensatzes: Spontaneität und Rezeptivität zu den Ausbildungsstufen . . 26
Der Grundgegensatz ein durchgehender 26.

Kapitel III: Die Sinnesanschauungen 28

A. Die Empfindung und das „Affizierende" 28
Die Empfindung und das Affizierende 28 Verhältnis zu Kants Lehre 29 Die Vorstellung eines Objektiven unmittelbar mit der Anschauung selbst gegeben 30 Erkenntnistheoretische Bedeutung dieses Standpunktes 31 Fichte 32.

B. Der äußere Sinn 32
Der „äußere Sinn" und das Verhältnis von Empfänglichkeit und Selbsttätigkeit innerhalb desselben 32 Drei Vorstellungsweisen in jeder Wahrnehmung 33

Die Bedeutung der vereinigenden Anschauung (produktiven Einbildungskraft) für die Auffassung des Verhältnisses der Gegenstände untereinander im Unterschied von der bloßen Erkenntnis dessen, was der Gegenstand für mich ist in der einzelnen Empfindung 34.

C. Der innere Sinn 34
Die inneren Sinnesanschauungen 35 Das Wissen um unser Wissen 36 Die „dunklen" Vorstellungen 36 Der „Horizont der inneren Wahrnehmung" 37 Die Bedingungen des Eintritts einer Vorstellung in denselben 37.

Der innere Sinn als Rezeptivität, die Apperzeption als Spontaneität 38 als unmittelbares Gefühl 39 Daraus sich ergebender Unterschied gegenüber der äußeren Anschauung 39 Verhältnis zu Leibniz und Kant 39 Die Friesische Kritik des Kantischen Apperzeptionsbegriffes 40 Die drei Arten der Apperzeption nach Fries 43.

Kapitel IV: Die Einbildungskraft 45

A. Anschauung, Denken und Einbildung 45
Der „empirische Lebenszustand" beständig wechselnd 45 Das Bleibende nur durch den reflektierenden Verstand erkennbar 46 Anschauung und Denken 47 Die Einbildungskraft als Zwischenstufe und als Grundlage des gedächtnismäßigen Gedankenlaufs 48.

B. Die reproduktive Einbildungskraft 49
Ihr Verhältnis zum Gedächtnis und zum inneren Sinn 49 Assoziation und Gewohnheit 50 Die Bedeutung der Gewohnheit 51.

C. Die produktive Einbildungskraft 52
I. Die Kantische Lehre von der produktiven Einbildungskraft und ihre Modifikation durch Fries . . 52
Die Lehre Kants 52 Fries' Stellung dazu 54 im Verhältnis zur reproduktiven Einbildungskraft 54 im Verhältnis zu Raum und Zeit 55.

II. Die produktive Einbildungskraft und die Sinnestäuschungen 59

Die reine Anschauung und die bestimmten räumlichen Eigenschaften der Einzeldinge 59 Die Sinnestäuschungen 60 bei Kant 60 bei Fries 61 Die willkürliche und die unwillkürliche Seite der produktiven Einbildungskraft, unmittelbare Erkenntnis und Reflexion 61 Bedeutung dieses Punktes für die Stellung der Friesischen Philosophie 63 Descartes 63.

D. Das Verhältnis der produktiven und der reproduktiven Einbildungskraft 64

I. Ihre wechselseitige Abhängigkeit 64
Die produktive Einbildungskraft einerseits Voraussetzung der reproduktiven, andererseits von ihr abhängig 64 Lösung dieses scheinbaren Widerspruchs bei Fries und Kant 65.

II. Das Zusammenwirken beider Vermögen 66
   1. Die problematischen Vorstellungen 66
Das Entstehen der problematischen Vorstellungen als Vorbereitung des Zusammenwirkens beider Vermögen 66.
   2. Die Bilder der Dichtungskraft 67
   3. Der Begriff des Schemas bei Fries und Kant . 68
Die Schemate der schematisierenden Einbildungskraft 68. Die Normalidee 69 Das Verhältnis des Schemas zu Merkmal und Begriff bei Fries 70 Verhältnis zum Schematismus der metaphysischen Grundbegriffe 71 Schema und Bild bei Kant 71 Unterschied von Kant und Fries hinsichtlich des Schemas 72.

Kapitel V: Die Reflexion 73
Der Reflexionsbegriff bei Kant und Fries 73 Transzendentale und logische Reflexion 74.

A. Das Reflexionsvermögen in seinem Verhältnis zu den anderen Erkenntnisvermögen 75

I. Reflexion und Einbildungskraft 75
Das Verhältnis des gedächtnismäßigen und des logischen Gedankenlaufes im allgemeinen 75 Schwankende Stellung des Hauptmerkmals (der willkürlichen Bestimmung der Vorstellungen) 75 und der Dichtungskraft 76 Das Verhältnis der Assoziation und

XVI   Inhaltsübersicht des I. Teils.

                                                                                     Seite

der Reflexion im besonderen 76 Die Herrschaft der Reflexion in der Eingewöhnung bestimmter Assoziationen und ihre Bedeutung für den Menschen 77.

II. Reflexion und Anschauung 78
Intuitives und diskursives Erkennen 78 Das „Wiederbewußtwerden" unserer Erkenntnisse 80 Der innere Sinn als sinnlicher Anfang unserer geistigen Selbsterkenntnis 81 Die Reflexion als Ergänzung desselben zu einem „Ganzen der inneren Erfahrung" 81 Die intellektuelle Anschauung 82 Das Verhältnis von Reflexion und Sinnlichkeit bei Fries und Kant 83.

III. Reflexion und Verstand 84
Die Identifikation von Reflexionsvermögen und Verstand 84 bei tieferer Sacherklärung nicht zulässig 85 Der Verstand als Hauptbegriff der Ethik wie der Logik 86 als Kraft der Selbstbeherrschung innerhalb der drei Ausbildungsstufen 86 Verhältnis zum Reflexionsvermögen 87.

IV. Reflexion und Vernunft 87
Die Reflexion als ursprüngliche Selbsttätigkeit im Gegensatz zur Reflexion als bloßer innerer Selbstbeobachtung 87 Bedeutung dieser Unterscheidung 88 Rückblick auf die Geschichte der Reflexionsphilosophie und deren Überwindung durch Kant 89 Verhältnis der Reflexion als Äußerung der Kraft der Selbstbeherrschung zur Selbsttätigkeit der Vernunft 90 Vergleichung mit Fichtes „intellektueller Anschauung" 90 Die beiden Momente der Spontaneität und Unmittelbarkeit bei Fries und Fichte 91 Ihr Verhältnis zur Affektion des inneren Sinns 94.

B. Die Art der Reflexionstätigkeit 95
   I. Die Arten des willkürlichen Vorstellens 95
Aufmerksamkeit 95 Rückerinnerung 96 Dichten 96 Denken 97.

  II. Die willkürliche Aufmerksamkeit und das Grundgesetz des willkürlichen Vorstellens 98
Die willkürliche Aufmerksamkeit 98 Das Grundgesetz des willkürlichen Vorstellens 99.

C. Die Hilfsmittel der Reflexion 99
Ihre Einteilung 100 Kant 100.

I. Die Theorie der Vergleichung 101
Die „Vergleichungsbegriffe" 101 Verhältnis zu Kants „Amphibolie der Reflexionsbegriffe" 102.

II. Die Theorie der Abstraktion 105
Die „getrennten Vorstellungen" 105 Das „Grundgesetz der Abstraktion" 106.

III. Die Anwendung der Vergleichung und Abstraktion auf das Ganze unseres Vorstellens und Wissens . . 107

    1. Analytische und synthetische Einheit 107
„Welt und Natur" 108.

    2. Die Abstraktionsarten 109
Die quantitative und qualitative Abstraktion 109 Die Mängel dieser Unterscheidung 109.

    3. Die Abstraktion als Hilfsmittel für das „Bewußtsein überhaupt" 110
Die Erhebung über das Momentane der inneren Wahrnehmung 111 Das „Bewußtsein überhaupt" bei Fries und Kant 112.

    4. Die Abstraktion im Dienste der Reflexion in der Anwendung auf das Ganze der Erkenntnis . . 112

        a) Ihr Verhältnis zum Assertorischen, Problematischen und Apodiktischen 112

        b) Ihre Bedeutung für die Grundfrage nach dem Ursprung des Wissens um die Kategorien 113
Der Streit des Empirismus und Rationalismus 113 Kant 113.

        c) Die subjektive Allgemeingiltigkeit und ihr Verhältnis zum Begriff des Apodiktischen . 114
Mehrfache Bedeutung der subjektiven Allgemeingiltigkeit 114 Gleichsetzung mit dem Apodiktischen 115.

        d) Die wechselseitige Abhängigkeit der apodiktischen und assertorischen Erkenntnis . 116
Die anthropologische Grundlage des Apodiktischen 117 Die Abhängigkeit des Apodiktischen vom Assertorischen und umgekehrt 117 Ihre Vereinigung in der Erfahrung 118.

        e) Anwendung auf die apriorische Erkenntnis 119
Rein und gemischt a priori 119 Das a priori nicht = angeboren 120 Die Abstraktion als Hilfsmittel zur Gewinnung des a priori 121.

XVIII Inhaltsübersicht des I. Teils.

Seite

D. Die Formen der Reflexion 121

I. Die Beschreibung der Denkformen 122
Das Verhältnis des Allgemeinen zum Besonderen als grundlegendes 122.
1. Die Bildung der Begriffe 122
Verhältnis des Begriffs zum Schema 123 Dunkel, klar, deutlich 123 Analysis und Determination 123 Gegenteiliges Verhältnis derselben zur unmittelbaren Synthesis der Vernunft und zur mittelbaren Synthesis des Verstandes 124 Die ursprüngliche Synthesis bei Fries und Kant 124.
2. Die Einteilung der Urteile 126
Ableitung der Formen der Urteile aus der Form der Begriffe und ihrer Verwendung im Urteil 126 Bedeutung dieses Versuches 126.

II. Die analytische Erkenntnis 127
1. Das Verhältnis der philosophischen zur anthropologischen Logik 127
Unterschied der bisherigen anthropologischen Untersuchungen von der philosophischen Erkenntnis 127 Die praktische Untrennbarkeit beider 128 Bedeutung dieser Frage für den Standpunkt der anthropologischen Vernunftkritik überhaupt 130.

2. Der Unterschied analytischer und synthetischer Urteile 131
Analytische und synthetische Urteile bei Fries 131 Abhängigkeit dieses Unterschiedes von der Wortbedeutung 132 Verhältnis der Friesischen Theorie zu späteren. Schleiermacher 134 Sigwart 135 Die Bedeutung des vorhandenen Begriffssystems der Wissenschaft für die vorliegende Frage 136 von Fries hervorgehoben 136 Die analytischen Urteile als Verdeutlichung der unmittelbaren Erkenntnis 136 formale und materiale Philosophie 137.

3. Die Grundsätze des Denkens 137
a) Die anthropologischen Grundsätze des Reflektierens 138
Ihre Ableitung 138.
b) Die philosophischen Gesetze der Bestimmung des Gegenstandes 139
Ausscheiden des Satzes vom Grunde 139 Ableitung der philosophischen Grundgesetze 140.

Inhaltsübersicht des I. Teils. XIX

                Seite
  c) Die Anwendung der Grundsätze des Denkens 140
  als negativer Kriterien 141 zur Ableitung der analytischen Urteile 141.

  d) Die Beziehung der Grundsätze des Denkens auf den „Gegenstand" bei Fries und bei Kant 141
  Die Beziehung auf den „Gegenstand" als Merkmal der philosophischen Grundgesetze 142 Kant 142.

E. Das logische Ideal der Reflexion 144
 Das Ziel der Reflexion die Vollendung der logischen Deutlichkeit der Erkenntnis 144.

 I. Beweis, Demonstration und Deduktion 145
  Beweis, Demonstration, Deduktion und ihr Verhältnis zur historischen, mathematischen und philosophischen Erkenntnis 145 Demonstration und Beweis bei Fries und Kant 146 Prinzipielle Bedeutung dieser Unterscheidung im kritischen System 147 Das Vorurteil, alles beweisen zu wollen 148 mittelbare und unmittelbare Urteile 149 Das Wesen der Deduktion 150.

 II. Das Verhältnis der Friesischen „Deduktion" zu verwandten Begriffen bei Kant 152
  1. Deduktion und Beweis 152
  Die „Verwechslung des Beweises mit der Deduktion" bei Kant 152 Die prinzipielle Bedeutung der Frage 153 Der Beweischarakter der Deduktion bei Kant 153 Die Merkmale des „transzendentalen Beweises" 155 Das Verhältnis des transzendentalen Beweises zur Deduktion 158 Die Sonderstellung des transzendentalen Beweises 159.

  2. Die „empirische Deduktion" und die „physiologische Ableitung" 160
  Das Verhältnis der „empirischen" zur „transzendentalen Deduktion" 160 Die „physiologische Ableitung" 161 Scheinbarer Gegensatz beider 162 J. B. Meyer 162 Die „Abhandlungen der Fries'schen Schule, neue Folge" 162 Das tatsächliche Verhältnis der „empirischen Deduktion" und der „physiologischen Ableitung" 164 Das Interesse der Friesischen Schule an demselben 165 der Standpunkt von Fries 165.

3. Die „metaphysische Deduktion" 166
Ihre Aufgabe bei Kant 167 Die metaphysische und die transzendentale Erörterung des Raumes und der Zeit 167 Der Begriff der „Erörterung" oder „Exposition" 168 Verhältnis derselben zur transzendentalen Deduktion im weiteren Sinne 169 Das Verhältnis der Exposition zur Definition 169 Die „transzendentale Erörterung" nur Exposition im uneigentlichen Sinne 171. ·

Die metaphysische Deduktion nur Deduktion im uneigentlichen Sinne 171 Die „Exposition des obersten Grundsatzes der praktischen Vernunft" 172 der Geschmacksurteile 173 Kants metaphysische Deduktion in ihrem Verhältnis zur Friesischen Deduktion 173 zur Spekulation bei Fries 174.

4. Die „subjektive Deduktion" 175
 a) Die subjektive Deduktion der reinen Verstandesbegriffe bei Kant 175
Das Verhältnis der subjektiven und objektiven Deduktion 175 Der Ort derselben 176 B. Erdmann 176.

 b) Die Deduktion der Ideen bei Kant . . . 178
Die subjektive Deduktion der Ideen 178 Die Deduktion der Ideen als regulativer Prinzipien 178 Die „transzendentale Deduktion" der Ideen und ihre „unbestimmte" objektive Giltigkeit 179.

 c) Die subjektive Seite der Deduktion bei Fries und Kant 180
Die Subjektivität der Deduktion bei Fries 180 seine Ausdehnung der Deduktion auf die Ideen und die Prinzipien der praktischen Vernunft 181 Verhältnis zu Kant 182.

III. Die Theorie als logisches Ideal 182
 1. Die Theorie als Vereinigung der Systemformen 182
Die unabhängigen Anfänge unserer Erkenntnis 182.

 2. Die Vermittlerrolle der Mathematik 183
Die Mathematik als Grund aller Erklärbarkeit überhaupt 183.

 3. Die Unerklärlichkeit der Qualitäten 183
Die Unableitbarkeit des Historischen 184 Die Bedeutung der Mathematik für die „eigentliche Wissenschaft" bei Kant 185 Die Irrationalität des „Gegebenen" bei Kant 186 Die „Antizipationen der Wahrnehmung" 186 Ergänzung durch Fries 188.

F. Der Fortschritt der Reflexionserkenntnis 189
Die heuristischen Methoden der reflektierenden Urteilskraft 189.

I. Die Spekulation 190
Die nur zergliedernde Methode der Spekulation 191
Die Art ihrer Begründung 191 ihr subjektiver Charakter 192 mathematische und philosophische Spekulation 193 Bedeutung der Spekulation für die Philosophie 193 Verhältnis zur Deduktion 194 Berufung auf Kant 194.

II. Die Induktion 196

1. Die untergeordnete Stellung der Induktion im Friesischen System 196
Ulrici 196 O. Liebmann 197 Die Überschätzung der Induktion der Grundfehler der Erfahrungsphilosophie 197.

2. Die Abhängigkeit der Induktion von „leitenden Maximen" 197
Empirische und rationelle Induktionen 198 Gewinnung der Maximen durch Spekulation 199.

3. Induktion und empirische Naturgesetze . . . 199
Gegensatz zur Spekulation 200 zum Analogieschluß 200.

4. Das Verhältnis der Induktion zur philosophischen Anthropologie 201
Die Auffindung der Prinzipien durch Induktion 201
Verhältnis zur Deduktion 201 Die Induktion als Ergänzung der Spekulation 203.

5. Die leitenden Maximen 204
Die allgemeinsten Maximen 204 Die aus den apodiktischen Erkenntnissen entlehnten 205 Die „bestimmteren leitenden Maximen" 206.

6. Resultate 206
Die Doppelstellung der Induktion bei Fries 206 Fries mit Kant gegen die Erfahrungsphilosophie 208.

Kapitel VI: Die unmittelbare Erkenntnis der Vernunft 209
Das Wiederbewußtsein der Reflexion und die unmittelbare Erkenntnis 209 Die Metaphysik 209 Das

Inhaltsübersicht des I. Teils.

Seite

psychologische Medium der unmittelbaren Erkenntnis 210.

A. Die Auffassung der unmittelbaren Erkenntnis im Gefühl 211

I. Das „Wahrheitsgefühl" als Tatsache 211
Die Notwendigkeit erster Voraussetzungen, deren Wahrheit unmittelbar gefühlt wird 211.

II. Die Arten des Wahrheitsgefühls 212
3 Arten als verschiedene Tätigkeiten der Urteilskraft 212.

III. Das „Wahrheitsgefühl" in seinem Verhältnis zum „Glauben" 213
  1. Glaube in logischer und in metaphysischer Bedeutung 213
  2. Kants Glaubensbegriff 215
  Der historische Glaube 215 „pragmatischer" und „doktrinaler" Glaube 216 Der „moralische" Glaube 216
  3. Fries und Jakobi 218
  Der Glaubensbegriff bei Jakobi zu eng 218 Die Berufung auf Humes belief 220 belief und faith 221.

IV. Das Verhältnis des „Wahrheitsgefühls" zum „Sinn" 222
Die Vermischung beider 222.
  1. Fries und der Mystizismus 222
  Die Verwechslung der gedachten Erkenntnis mit der anschaulichen bei den Mystikern 222 Jakobis mystischer Grundzug 223 Der spätere Jakobi 224.
  2. Fries und die Engländer 226
  Die Lehre vom common sense 226 Das Wahrheitsgefühl bei Fries die unmittelbare Selbsttätigkeit der Urteilskraft 226.

V. Die Stellung des „Gefühlsvermögens" bei Fries . 227
Kant 227 Das Gefühl „keine eigene Grundlage unseres Geistes" 228 ein „Akt der Denkkraft" 229 Bedeutung des Gefühls bei Fries 229 Fries und Schleiermacher 229.

B. Systematische Übersicht der in der unmittelbaren Erkenntnis der Vernunft vorhandenen Formen 231

I. Die allgemeinen Formprinzipien der Vernunfterkenntnis 231

1. Die Notwendigkeit 231
Subjektivität der Unterschiede des Wirklichen, Möglichen und Notwendigen 231 Ihr Grund in der unmittelbaren Erkenntnis der Vernunft 232.

2. Die Einheit 233
Verbindung als Vorstellung einer synthetischen Einheit 233 Die intellektuelle synthetische Einheit im Unterschied von der figürlichen 234.

II. Das System der synthetischen Formen 234

1. Der Leitfaden zur Auffindung der synthetischen Formen 234
Kants Leitfaden 235 Der Mangel desselben und seine Ergänzung durch Fries 235.

2. Das System der Kategorien, Grundsätze und Ideen 236

a) Das System der Kategorien und der Grundsätze 236
Die Kategorientafel 236 Modifikation derselben bei Fries 237 Die Schemate der Kategorien 238 Die Tafel der metaphysischen Grundsätze der Naturlehre 239.

b) Das System der Ideen 240
Die Entstehung der Ideen durch Verneinung der Schranken des anschaulichen Schematismus 240 Das System der Ideen 240 Der Grundsatz des Selbstvertrauens der Vernunft 242 Der Grundsatz der Vollendung 242 Der sittliche Schematismus als Schematismus für die Ideen 243 Die natürliche und die ideale Ansicht der Dinge 243.

C. Die Deduktion der notwendigen Einheitsformen der Erkenntnis 244
Die Hauptfragen 244.

I. Die aller Synthesis zugrunde liegende Vernunftbeschaffenheit 245

1. Die Einheit der erkennenden Vernunft ... 245
Alle Erkenntnis der Vernunft die Wirkung einer Kraft, die aber der Anregung bedarf 245.

XXIV   Inhaltsübersicht des I. Teils.

                    Seite
  2. Die Arten der Apperzeption 246
    a) Die transzendentale Apperzeption 246
  Die aus der analytischen Einheit folgende Vernunftbeschaffenheit 246 Die aus der objektiven synthetischen Einheit folgende 247 Das eine Ganze der unmittelbaren Erkenntnis 248.
    b) die ursprüngliche formale Apperzeption . 248
  Die in dem Verhältnis des Materialen und Formalen unserer Erkenntnis liegende Voraussetzung 248 Die ursprüngliche formale Apperzeption als Quell aller Einheit 249.
    c) Die materiale Apperzeption 250
  Die Einteilung in reine, transzendentale und ursprünglich formale Apperzeption 250 Verhältnis beider Gliederungen 250 Drei Arten materialer Bestimmungen 251 Verhältnis der reinen und materialen Apperzeption 251.
  3. Der Friesische Apperzeptionsbegriff in seinem
    Verhältnis zum Kantischen 252
  Die von Fries an Kants Apperzeptionsbegriff geübte Kritik 252 Die Schwächen derselben und Kants tatsächliche Meinung 253 Kants angebliche Verwechslung der Einheit der Reflexion mit der Einheit der unmittelbaren Erkenntnis 254 Die Kantische Synthesis kein Akt des „Reflexionsvermögens" 255.
  4. Die methodologische Bedeutung des Friesischen
    Apperzeptionsbegriffs 257
  Die anthropologische Vernunfttheorie in ihrem Verhältnis zu Kant 257 zum Empirismus und zum Rationalismus 257 Die Lehre von der „unmittelbaren Erkenntnis" als Gegengewicht gegen den empirischen Charakter der anthropologischen Methode 259.

II. Die Bestimmung des Gegenstandes durch Erkenntnis a priori 260
  Die Frage der Beziehung der Vorstellung auf den Gegenstand 260.
  1. Empirische und transzendentale Wahrheit . . 261
  Zweierlei Wahrheitsbegriffe nach Fries 261 Die objektive Begründung 261. Die subjektive Begründung 263.
  2. Der Begriff der objektiven Giltigkeit bei Fries
    und Kant 264
  Kants objektiver Ausgangspunkt nach Fries 264 Die

objektive Giltigkeit als Prädikat der transzendentalen Apperzeption 265 Die Affektion durch den „Gegenstand" und der Begriff der objektiven Giltigkeit bei Kant 265 Übereinstimmung und Differenz beider 267.

III. Die Deduktion selbst 268

    1. Gesamtübersicht der Deduktion der Prinzipien a priori überhaupt 269
Reine Form, Erfüllung der Form und erfüllte Form 269 Die Form des Vernunftschlusses als Regulativ 269 Drei Gebiete der Deduktion 270 Die Mehrdeutigkeit des Vernunftbegriffes bei Fries und Kant 271.

    2. Die vier spekulativen Momente der Erkenntnis 273 Die Philosophie kein Schaffen neuer Wahrheiten 273 Die obersten Elemente 273 Die Kombination derselben in den vier spekulativen Momenten 274.

    3. Die Deduktion der einzelnen notwendigen Einheitsformen 275

        a) Die Sinnesanschauung 275
Äußerer und innerer Sinn in ihrem Verhältnis zur transzendentalen Apperzeption 276.

        b) Die reine Anschauung 276
Deduktion der Stetigkeit und Unendlichkeit der Anschauungsformen 277 ihrer Dimensionen und ihres Verhältnisses zur Realität 278 Geometrie und reine Chronometrie 278 Das Verhältnis von Raum und Zeit zu Geometrie und Arithmetik bei Fries und Kant 279.

        c) Die analytische Einheit 281
Die Wiederholung der vier Momente in den Formen der Reflexion 281 der Sinnesanschauung 281 der reinen Anschauung 282 Die Gesetze der Homogenität, Spezifikation und Stetigkeit bei Fries 282 bei Kant 283 Beziehung zur Entwicklungstheorie 285 Verhältnis von Fries zu Kant 285 Die synthetische Einheit und die Relativität der Erkenntnis 285 Die modalische Bestimmung des Gegenstandes a priori durch analytische Einheit 286 als Lösung des Widerstreits zwischen Materie und Form 286.

        d) Die nur gedachte synthetische Einheit (die Kategorien) 287
Verhältnis zur analytischen Einheit 287 Die Deduktion der Kategorien als Hauptaufgabe 287 Verhältnis zum

Urteil 288 Hauptmoment die Relation 288 Das Grundverhältnis 288 Die Größenbegriffe 289 Die Kategorien der Beschaffenheit 289 der Modalität 290 der Relation 290 Veranschaulichung der Übereinstimmung der Hauptmomente in einer Tafel 291 Das Verhältnis der Friesischen Deduktion der Kategorien zur Kantischen 291 Die Methode 292 Die Extensität des Deduktionsverfahrens 292 Die Intensität desselben 292 die beherrschende Stellung der Kategorien der Relation 293 Verhältnis zur modernen Logik 294. Die aus der Anwendung der Kategorien auf die Erkenntnis sich ergebenden Aufgaben 294.

4. Die Deduktion der metaphysischen Grundsätze der Naturwissenschaft 296

    a) Die Bedeutung der Deduktion der metaphysischen Grundsätze der Naturlehre . . 296
Doppelter Wert derselben 296.

    b) Mathematische und dynamische Grundsätze 297
Die Natur als oberster Begriff des ganzen Systems 297 Der Unterschied beider Arten von Grundsätzen 297 Die „Zufälligkeit" der mathematischen Zusammensetzung der Erscheinungen 298 verités de fait et verités de raisonnement 299 Verhältnis zu Leibniz 300.

    c) Äußere und innere Physik und die einzelnen Grundsätze 300
Die äußere und die innere Naturerkenntnis in ihrem Verhältnis zur Mathematik 300 in ihrer Bedeutung für die einzelnen Grundsätze 302 Die Abhängigkeit unserer geistigen Weltansicht von der materiellen 304.

    d) Kants „Widerlegung des Idealismus" und die Deduktion der Grundsätze der „inneren Naturerkenntnis" bei Fries 304
Verschiedene Absicht beider 304 ihre Differenzen in der Deduktion der Grundsätze 305.

    e) Kant und Fries in ihrem Verhältnis zur „Metaphysik der inneren Natur" 306
Kants immanente Metaphysik der „körperlichen Natur" 307 Die Metaphysik der inneren Natur bei Fries und ihre Schranken 307 Das Verhältnis der Mathematik zu den Phänomenen des inneren Sinns bei Kant 309 bei Fries 309.

5. Die Deduktion der Prinzipien für die Lehre von den Ideen 310

Inhaltsübersicht des I. Teils. XXVII

Seite

a) Die Notwendigkeit einer Deduktion der Ideen
nach Fries im Unterschied von Kant . . . 310
Die Ausdehnung der Deduktion auch auf die Ideen
311 Kritik des Kantischen Standpunktes 311.

b) Die Grenzen des Erkennens und der Glaube
an die Realität der Dinge schlechthin . . 314
Die Entstehung der idealen Ansicht im Gegensatz zur
natürlichen 314.

α) Idee und Anschauung 315
Der Begriff Idee 315 Das Hinausgehen der kombinierenden Einbildungskraft und des Denkens über
die Grenzen der Anschauung 316.

β) Die Frage nach der Übereinstimmung der
Gegenstände mit unserer Vorstellung . . 317
Der spekulative Dogmatismus und die Unmöglichkeit
einer Übereinstimmung der Dinge an sich mit unserer
Anschauung 318 Der Einwurf der „dritten Möglichkeit" 319 Trendelenburg 320 Das „Präformationssystem" bei Kant 321 Die Bedeutung der Antinomienlehre für unsere Frage 322 Das Noumenon in „negativer" und „positiver Bedeutung" 324 Der Standpunkt von Fries 324.

γ) Der Glaube an die Realität schlechthin . 324
Schein oder Erscheinung? 325 Unsere Gebundenheit
an die Sinnesanschauung 325 Die subjektive Grundlage der Giltigkeit der Ideen 326.

c) Der Gang der Deduktion der Ideen . . . 326
Die vollständige Einheit und Notwendigkeit als Grundgedanke 326 Die Idee des Absoluten 327 Die einzelnen Ideen 328.

d) Wissen, Glaube und „Ahndung" 328
Die Leerheit der Idee des Absoluten 329 Die intelligible Welt und die Idee der Gottheit 329 Die drei
„modalischen Grundsätze" 330 Wissen, Glaube und
Ahndung als Überzeugungsweisen von gleich notwendiger Gewißheit 332.

e) Die Bedeutung der Ideenlehre bei Fries und
Kant 333
Der praktische und der spekulative Glaube 333 Der
Widerstreit der Vernunftschlüsse 334 Das Erkennen
als unerklärbare Qualität 334.

Inhaltsübersicht des I. Teils.

Seite
6. Die Deduktion der regulativen Prinzipien . . 335

a) Die Stellung der regulativen Prinzipien bei Fries und Kant 335
Verhältnis zu den Kategorien und Ideen 335 Konstitutiv und regulativ 335 Die regulativen Prinzipien als Maximen der Induktion 336 Verhältnis zu Kant 337.

b) Die idealen Regulative 338
Die einzelnen Sätze 338 Die Scheidung von Theorie und Idee 339 Polemik gegen Schelling 340 Die ästhetische Beurteilung aus bloßen Gefühlen 342.

c) Die heuristischen Maximen der Urteilskraft 342
Die Ansprüche des Sinns und des Verstandes 343 in der Klassifikation 343 Das Gesetz der Stetigkeit 344 im Beweis 344 Die Wissenschaft vom Schönen und Guten als Vollendung der Wissenschaft vom Wahren 345.

Ein Namenregister für beide Teile folgt am Schlusse des ganzen Werkes.

Druckfehlerverzeichnis.

S. 93 Z. 8 von oben statt „vermittelte" lies: „verwickelte".
S. 115 Z. 1 von unten Anmerk. 3) statt „Kapitel VII" lies: „Teil II, Kap. I".
S. 184 Z. 15 von oben statt „Acht" lies: „Auch".

Kapitel I.

Die Kritik der Vernunft als philosophische Anthropologie.

A. Die Friesische Kritik des Kantischen Standpunktes.

Fries, der sich so sehr als Kants Schüler weiss, dass er damit als „Partei anderen Parteien" entgegen zu stehen glaubt, der sich für den einzigen hält, welcher die Kritik der Vernunft selbst weiter fortgebildet hat, der gelegentlich auch sein Unternehmen als „gänzliche Umarbeitung" des Kantischen bezeichnet[1]), knüpft auch die Erörterung aller Hauptpunkte seiner Erkenntnislehre an eine Auseinandersetzung mit Kant.

So vollständig auch in den Werken Kants alle philosophischen Aufgaben erörtert und so trefflich diese Lehren geordnet sind, so bleibt doch, meint Fries, beim Studium derselben neben dem Reichtum an Belehrungen, der aus ihm zu schöpfen ist, das Gefühl eines Mangels, als ob gleichsam noch der rechte Mittelpunkt der Lehre fehle, in dem alle ihre Fäden zusammenlaufen, und in dem sie verknüpft werden sollten. Dieser Mangel liegt in erster Linie darin, daß Kant die zwei Wissenschaften nicht vollständig in den

---

1) Vgl. Gesch. d. Philos. II, 590. Metaph. 138. N. Kr. I, 42. In seiner Geschichte der Philos. (I. 595 f) führt er die Veränderungen, zu welchen er bei seinem Versuch einer vollständigeren Ausbildung der Lehre Kants gelangt ist, auf fünf Hauptpunkte zurück:
1. Allgemeine Theorie der Erkenntnis. 2. Theorie des Denkens.
3. Die spekulative Ideenlehre. 4. Das Prinzip der Ethik und Politik.
5. Das Verhältnis der Ästhetik zur Religionsphilosophie.

Kreis seiner Untersuchungen mit aufgenommen hat, welche doch offenbar die eigentlichen Grundlagen derselben enthalten, nämlich Logik und Psychologie. Grundlegende Bedeutung für die ganze Kritik der reinen Vernunft hat der Leitfaden der Urteilsformen und Schlußformen. Diese aber wären erst durch einen Überblick der ganzen logischen Aufgabe festzustellen. Sinn, Bewusstsein, Apperzeption, Einbildungskraft, Verstand sind in ihrem gegenseitigen Verhältnis als Bestandteile einer Theorie des Erkenntnisvermögens eingeführt, aber eine ausreichende psychologische Theorie derselben ist nicht gegeben.

Noch deutlicher wird dieser Mangel fühlbar, wenn wir Kants Beweisverfahren in Betracht ziehen. Kant will die Giltigkeit der metaphysischen Grundsätze der Naturwissenschaft und die praktischen Grundsätze der Religionsphilosophie einem Beweise unterwerfen. Seinen Nachweisungen kommt aber eigentlich eine ganz andere Bedeutung zu, als es nach seiner logischen Disposition scheint. Das Prinzip der Möglichkeit der Erfahrung, aus welchem er die metaphysischen Grundsätze der Naturwissenschaft beweist, ist ja kein „ontologischer Grund eines Naturgesetzes", sondern nur ein psychologischer Grund eines Bedürfnisses für meine Vernunft. In Wirklichkeit wird durch Kants Beweise nicht bewiesen, daß in der Natur jede Substanz beharre, jede Veränderung eine Ursache habe, daß alles, was zugleich ist, in Wechselwirkung stehe, sondern nur gezeigt, daß die menschliche Vernunft das Bedürfnis habe, jene Gesetze als Wahrheiten vorauszusetzen, wenn sie die Erscheinungen als in einem Erfahrungsganzen verbunden beurteilen wolle. Richtig verstanden ist also diese ganze Betrachtung nur von psychisch-anthropologischer Natur.

Diesen psychologischen Charakter seiner ganzen Untersuchung hat Kant übersehen. Er geht davon aus, daß die Vernunft erst sich selbst und ihr eigenes Vermögen kennen müsse, ehe sie mit Aussicht auf Erfolg sich an den Aufbau eines eigenen Systems wagen dürfe. Allein er zog nicht in

Betracht, daß diese Selbsterkenntnis der Vernunft uns auf den Standpunkt der Anthropologie als Erfahrungswissenschaft stelle, da wir doch zuletzt nur aus der sinnlichen inneren Selbstanschauung unsere Kenntnis von der Beschaffenheit unserer Vernunft selbst schöpfen können[1]).

Die genauere Begründung dieser Auffassungsweise knüpft Fries an eine Kritik des vieldeutigen Ausdrucks transzendental. Die für die Vernunftkritik maßgebende Fassung des Begriffs, nach welcher alle Erkenntnis transzendental heißt, „die sich nicht sowohl mit Gegenständen, sondern mit unserer Erkenntnis von Gegenständen überhaupt beschäftigt"[2]), führt mit Notwendigkeit zu der Anerkennung, daß es sich hier um innere Erfahrung handelt. Transzendentale Erkenntnis ist hier nicht die Erkenntnis a priori selbst, sondern die Erkenntnis von Erkenntnissen a priori. Stellt ein Prinzip die Bedingung a priori vor, unter der allein Objekte, deren Begriff empirisch gegeben ist, a priori weiter bestimmt werden können, so heißt es, nach der seiner Vernunftkritik eigentümlichen Begriffsbestimmung, nicht transzendental, sondern metaphysisch. Z. B. der Satz, daß jede Veränderung eine Ursache habe, ist metaphysisch, aber die Einsicht, daß sich dieser Grundsatz in unserm Verstande finde, und wie er angewandt werden müsse, ist transzendental. Durch die transzendentale Erkenntnis erkennen wir also nicht a priori, sondern wir erkennen durch sie nur, wie wir a priori zu erkennen vermögen. Die Erkenntnisse a priori selbst sind ihr Gegenstand[3]). Kant machte nun den „großen Fehler", daß er auch die transzendentale Erkenntnis in diesem Sinn für eine Erkenntnis a priori hielt

---

1) N. Kr. I., S. XV ff. und in der Schrift: Reinhold, Fichte und Schelling. Leipzig, 1803. S. 200.

2) So nach der von Fries zitierten 4. Aufl.; nach der genaueren Fassung der 2. Aufl. heisst es: „sondern mit unserer Erkenntnisart"; und nach der 1. Aufl.: „sondern mit unseren Begriffen a priori von Gegenständen überhaupt". (Ausg. v. Kehrbach 44.)

3) Reinhold, Fichte und Schelling 201, N. Kr. I, 28 f. Man könnte noch hinzufügen: Nicht um das Objekt sondern um das Subjekt der Erkenntnis handelt es sich hier. Vaihinger, Kommentar I, 471.

und ihre empirisch-psychologische Natur verkannte. Er belehrt uns zwar in sehr bestimmter Weise darüber, welche Erkenntnisse a priori in unserer Vernunft sind, wie unentbehrlich uns ihr Gebrauch wird, und wie sie angeordnet werden müssen. Geht man aber über die bloße Tatsache hinaus und fragt, wie kommt unsere Vernunft zu diesen Kategorien, Ideen und zu diesem praktischen Glauben? so gibt Kant nur die Antwort: sie liegen unabhängig von aller Erfahrung in unserem Geiste, „wir können auch noch hinzusetzen, angeborene Ideen sind es aber nicht, denn in der Tat fängt alles unser Erkennen nur mit Sinnesanschauung und Empfindung an. Was sind sie aber sonst, und wodurch erhalten wir sie? darauf hat er nie geantwortet"[1].

Es ist auch nach Fries durchaus richtig: „**Philosophische Erkenntnis selbst ist allgemeine und notwendige Erkenntnis, sie ist Erkenntnis a priori**"[2], aber die Erkenntnis von dieser ist nicht selbst wieder a priori, sondern ist nur durch **innere Wahrnehmung** d. h. durch innere Erfahrung möglich. Transzendentale Erkenntnis in der für die Vernunftkritik maßgebenden Bedeutung wäre also eigentlich „philosophisch-kritische Erkenntnis aus innerer Erfahrung"; die Prinzipien der reinen Erkenntnis a priori als solche kann man ja immerhin auch transzendental nennen, nur darf man dann den letzteren Begriff nicht mit dem ersteren verwechseln. Geschieht dies, und wird das subjektive, empirische, anthropologische Wesen der im eigentlichen Sinne transzendentalen Erkenntnis verkannt, so wird in das Kantische System ein unüberwindlicher Widersinn hineingelegt, „indem durch die Apriorität der transzendentalen Erkenntnis die innere Wahrnehmung selbst zur Erkenntnis a priori gemacht wird, und so anstatt des **Kantischen** transzendentalen Idealismus ein absurder empirischer Idealismus herauskäme, nach welchem das Ich nicht nur Schöpfer seiner Welt, sondern sogar seiner selbst würde"[3].

---

[1] N. Kr. I, 301.   [2] Reinhold, Fichte u. Schelling 202.
[3] N. Kr. I, 30.

B. Die philosophische Anthropologie als Grundwissenschaft aller Philosophie.

Vernunftkritik ist also nur möglich als „philosophische Anthropologie", und so wird die philosophische Anthropologie zur Grundwissenschaft aller Philosophie[1]). Philosophische Erkenntnisse können uns nur durch eigenes Nachdenken zum Bewußtsein kommen, sie müssen daher in der Natur des Menschen selbst durch ihre Natur bestimmt sein. Unsere Erkenntnis der Welt ist als Erkenntnis immer nur eine Tätigkeit unserer Vernunft und kann als solche untersucht werden. „Wenn daher jemand im Besitz einer hinlänglich genauen Theorie der Vernunft ist, so muß er aus dieser nachweisen können, welche philosophische Erkenntnisse der Mensch haben müsse, warum er gerade diese besitze, und wie sie richtig ausgesprochen werden müssen." Es kommt also alles darauf an, das Wesen unseres Geistes so weit zu erforschen, als nötig ist, um den Quell des Wissens in ihm zu finden, und dadurch einzusehen, ob wir Philosophie besitzen, und welche sich notwendigerweise in uns findet. Selbsterkenntnis ist es also, welche gefordert wird, Untersuchung der Vernunft, Kenntnis der inneren Natur des Geistes, Anthropologie?[2])

Was versteht nun aber Fries unter philosophischer Anthropologie? Die für die richtige Würdigung des Friesischen Standpunktes wesentliche Antwort auf diese Frage läßt sich am besten geben, wenn wir das Verhältnis dieser Disziplin zu der an die Stelle der empirischen Psychologie tretenden psychischen Anthropologie, zur Philosophie überhaupt und Metaphysik und endlich zur Logik genau bestimmen.

---

1) Handbuch der psychischen Anthropologie 1820, I, S. 4.
2) Metaphysik 43, N. Kr. I., 32.

I. Das Verhältnis der philosophischen zur psychischen Anthropologie.

Die Anthropologie als Lehre vom Menschen zerfällt in pragmatische Anthropologie, die als „Weltkenntnis in der gewöhnlichen Bedeutung dieses Wortes" mehr eine Kunst ist, den Menschen zu behandeln, als eine Wissenschaft, und die „physiologische Anthropologie", die eigentliche Naturlehre vom Menschen[1]). Die letztere beschäftigt sich teils als „medizinische Anthropologie" oder Physiologie mit der Natur des menschlichen Körpers, teils als „psychische Anthropologie", gewöhnlich „empirische Psychologie" genannt, mit „dem Innern des Menschen, so weit er sich Gegenstand der inneren Selbsterkenntnis wird", teils als „vergleichende Anthropologie" — in der Regel aber mit Unrecht „philosophische Anthropologie" genannt — mit dem gegenseitigen Verhältnis zwischen dem menschlichen Körper und dem menschlichen Geiste.

Hier handelt es sich um die zweite dieser Disziplinen, um die psychische Anthropologie. Fries will sie nicht Psychologie nennen, da das in der Philosophie für das metaphysische, beharrliche, einfache und unsterbliche Wesen des Geistes gebrauchte Wort Psyche, Seele Voraussetzungen einschließe, auf die vorläufig keine Rücksicht genommen werden dürfe. Er stellt sich weder die Aufgabe einer Seelenlehre, noch einer Geisterlehre, denn wir kennen keinen andern Geist, als das denkende Wesen, und kein anderes denkendes Wesen, als den Menschen, sondern die Aufgabe einer auf den menschlichen Geist sich beschränkenden Erfahrungsseelenlehre oder psychischen Anthropologie. Aber auch von dieser Wissenschaft unterscheidet sich noch die philosophische Anthropologie. „Erfahrungsseelenlehre ist

---

1) Mit dieser Einteilung schliesst sich Fries völlig an Kants Anthropologie (Ausg. von Rosenkranz VII, 3) an. Charakteristisch aber ist, daß er die Anthropologie als „physiologische" behandelt, während Kant eine „Anthropologie in pragmatischer Hinsicht", eine „Weltkenntnis" gibt.

eine innere Experimentalphysik, die für sich immer fragmentarisch bleibt, mit dieser wollen wir uns nicht begnügen, sondern wir wollen uns zu einer Theorie des inneren Lebens, zu innerer Naturlehre erheben, unsre Idee ist eine Analyse dessen für die innere geistige Natur, was wir jetzt für die äußere Physik Naturphilosophie nennen. Diesen Teil der psychischen Anthropologie wollen wir philosophische Anthropologie nennen. Unsere philosophische Anthropologie ist dann keine Geschichte der Vernunft, wie sie sich im Kinde zum Erwachsenen, zum Greise entwickelt, wie sie mit Wachen und Schlafen erscheint, wie sie nach Mann und Weib, nach Konstitution, Volk und Rasse sich nuanziert, oder wie sie in körperlichen und Geisteskrankheiten verletzt und zerstört wird. Dieses sind Aufgaben für die psychische Anthropologie, wir suchen hingegen eine Beschreibung der Vernunft, um zu einer Theorie derselben zu gelangen, wie sie in gesunden Exemplaren überhaupt der inneren Beobachtung eines jeden vor Augen liegt" [1]). Diese Theorie der Vernunft erfordert „schwierigere Untersuchungen", als sie in der psychischen Anthropologie sonst zu führen sind. Lehren, welche hier nur als Tatbestand angenommen werden, sind dort zu begründen. Insbesondere sind es die „tieferen rechtfertigenden Lehren" für die Gesetze der Form des inneren Lebens, „welche eigentlich allein die Trennung der Kritik der Vernunft von der psychischen Anthropologie notwendig machen" [2]).

Die philosophische Anthropologie kann also als ein Teil der psychischen Anthropologie betrachtet werden, erhebt sich aber über die sonstigen Untersuchungen dieser letzteren durch ihre Aufgabe, uns über die Beschaffenheit unserer philosophischen Erkenntnisse aufzuklären, und durch ihr Verfahren, vermöge dessen sie als Theorie der Vernunft von der bloßen Beschreibung der Er-

---

1) N. Kr. I, 31 ff. Metaphysik 43 ff., 53 f. Psych. Anthropol. I, 1 ff.
2) N. Kr. I, 53 f., vgl. auch Anthropol. I, 166 „Wegen der Weitläufigkeit u. Schwierigkeit dieser Untersuchungen (über Apperzeption) müssen wir sie zum Gegenstand einer eigenen Wissenschaft machen und sie der Kritik der Vernunft überlassen."

fahrungsseelenlehre zu höheren Methoden[1]) fortschreitet. Für die gesamte Auffassung der Friesischen Philosophie ist also stets zu beachten, daß die „philosophische Anthropologie", welche die Grundwissenschaft der Philosophie bilden soll, „keineswegs mit der empirischen Psychologie" identisch ist.

II. Das Verhältnis der philosophischen Anthropologie zur Philosophie überhaupt und zur Metaphysik.

Wie verhält sich aber diese philosophische Anthropologie zur Philosophie selbst? Fries sucht dies an dem Verhältnis des Gegenstandes der Erkenntnis zu der Erkenntnis als Tätigkeit deutlich zu machen. Jede einzelne Tatsache, daß ich dies oder jenes weiß, daß ich diesen oder jenen einzelnen Gegenstand erkenne, ist ein Gegenstand der inneren Erfahrung. Ich kann daher jede Erkenntnis auf zweierlei Weise betrachten, einmal subjektiv, wiefern sie meine Tätigkeit ist, und dann objektiv in Rücksicht ihres Gegenstandes. Ich erblicke z. B. einen Baum, ich kann ihn an seinem Wuchse, seiner Rinde, seinen Blättern, dem Duft seiner Blüten als Linde von anderen Baumarten unterscheiden und meine Kenntnis von demselben bis zur ganzen Naturgeschichte dieser Baumart erweitern. Auf der anderen Seite aber kann ich fragen: wie gelange ich zu diesen Kenntnissen? und ich sehe sogleich: zugrunde liegen Wahrnehmungen, welche durch die Sinne vermittelt sind; dazu kommen mathematische Bestimmungen, Begriffe und Urteile des Verstandes, um

---

[1] Auf diese Methoden wird weiter unten näher einzugehen sein. Zu der Unterscheidung der philosophischen Anthropologie von der empirischen Psychologie vgl. auch die Stelle in der Schrift Reinhold, Fichte und Schelling, S. 20 „... Fichte hat schon oft seinen Widerwillen gegen diesen Namen (empirische Psychologie, Erfahrungsseelenlehre) erklärt und gesagt, es gäbe für ihn gar keine Psychologie; uns geht es damit fast ebenso, wir wollen also lieber den Ausdruck philosophische Anthropologie brauchen, und dadurch die Wissenschaft aus innerer Erfahrung bezeichnen; also denjenigen Teil der empirischen Naturlehre, welcher die innere Natur zum Gegenstande hat."

die Erkenntnis vollständig zu machen usf. Diese letztere Betrachtungsweise, welche dem Erkennen als Tätigkeit, der inneren Geschichte des Erkennens nachgeht, ist augenscheinlich die anthropologische. Da aber die philosophische Erkenntnis reines Eigentum der Vernunft sein, nur aus ihr selbst entspringen, nur von ihrer Selbsttätigkeit abhängen soll, so müssen wir bei einer vollständigen anthropologischen Untersuchung der Vernunfterkenntnis auch auf den Inhalt derselben stoßen und imstande sein, zu bestimmen, welche philosophische Erkenntnisse wir überhaupt besitzen, allein besitzen können, und wie sie sich richtig anwenden lassen. Gewöhnlich betrachten wir unsere Erkenntnis nur durch ihren Gegenstand und nennen sie z. B. wahr, wenn sie mit ihrem Gegenstande übereinstimmt. Aber gerade bei den ewigen Wahrheiten, den allgemeinen und notwendigen Gesetzen, den Erkenntnissen a priori, oder wie wir sonst die philosophische Erkenntnis nennen wollen, fällt es gleich ins Auge, daß wir sie nicht durch ihren Gegenstand wahr machen können, da wir vielmehr den Gegenstand nur mittelbar durch sie denken und nicht mit ihr vergleichen können. Wollen wir daher unsere Erkenntnisse sicher kennen lernen, so müssen wir anfangs die gewöhnliche, nur objektive Art, die Erkenntnisse zu betrachten, verlassen und uns bloß auf die subjektive, anthropologische beschränken, die andere wird uns nachher von selbst zufallen[1]).

Nun ist die Bedeutung der philosophischen Anthropologie als „Vorbereitungswissenschaft" der Philosophie erst völlig deutlich. Philosophie ist „Wissenschaft von den philosophischen Erkenntnissen"[2]). Die philosophischen Erkenntnisse entspringen der Selbsttätigkeit der Vernunft. Da es außerhalb der Vernunft keinen Weg gibt, zu diesen Erkenntnissen zu gelangen, so können wir nur mit Hilfe einer anthropologischen Durchforschung der Vernunfttätigkeit selbst dem philosophischen Erkenntnisinhalt beikommen, der im übrigen keineswegs durch die an-

---

1) N. Kr. I, 39 f.   2) Metaph. 28.

thropologische Untersuchung erst erzeugt, sondern nur durch sie aufgefunden wird. Nur wenn sie sich so auf eine erfahrungsmässige anthropologische Untersuchung gründet, kann die Philosophie mit ihren Wahrheiten rein a priori zu völliger Evidenz gelangen [1]).

Damit ist zugleich das Verhältnis der philosophischen Anthropologie zur Metaphysik bestimmt, da eben die Metaphysik es ist, welche sich mit dem Inhalt der philosophischen Erkenntnisse beschäftigt.

III. Das Verhältnis der philosophischen Anthropologie zur Logik.

Dagegen ist das Verhältnis der formalen Disziplin der Philosophie, der Logik zur philosophischen Anthropologie nicht ebenso deutlich. Logik ist die Wissenschaft von den Regeln des Denkens. Unter den Regeln des Denkens können wir aber erstens die notwendigen Regeln der Denkbarkeit der Dinge, die notwendigen Regeln verstehen, unter denen das Wesen der Dinge überhaupt steht, nur wiefern es denkbar ist. Eine solche Erkenntnis von notwendigen und allgemeinen Gesetzen des Wesens der Dinge nennen wir eine philosophische. Zweitens können wir unter den „Regeln" auch die Gesetze verstehen, nach denen gerade unser menschlicher Verstand denkt. Es handelt sich dann nicht um die notwendigen Gesetze des Wesens der Dinge überhaupt, sondern um eine besondere Tätigkeit unseres Gemütes. Darnach ist zu unterscheiden die philosophische oder demonstrative Logik als „Wissenschaft von den Gesetzen der Denkbarkeit eines Dinges" von der anthropologischen Logik als der „Wissenschaft von der Natur und dem Wesen unseres Verstandes". Die letztere muss jedoch die Grundlage der ersteren bilden. Die herkömmliche philosophische Logik ist nämlich so arm an Gehalt und so abhängig in allen ihren Behauptungen von der anthropologischen, daß man gar nicht imstande ist, sie abgesondert für sich aufzustellen. Von dem

---

1) N Kr. II, 199.

Vorurteil für die Selbstgenugsamkeit dieser demonstrativen Logik, welches die Logik des Aristoteles und seiner Schule beherrschte, rührt seine einseitige Syllogistik, rühren die scholastischen logischen Pedanterien, das übermässige Zutrauen zu Definitionen und Beweisen, das Suchen nach einem höchsten Grundsatz des Wissens, nach einem obersten Kriterium der Wahrheit her[1]). In das andere Extrem verfiel die englische Schule und ihre Anhänger in Frankreich, indem sie alle Philosophie und somit auch die philosophische Logik völlig in empirische Psychologie auflöste. Kant, der diese entgegengesetzten Einseitigkeiten in einem höheren Standpunkt aufzuheben anfing, blieb doch in Rücksicht der Logik zum Teil noch bei dem aristotelischen Vorurteil stehen. Sagt er doch ausdrücklich, die Logik dürfe keine psychologischen Prinzipien voraussetzen. Dies rührt nur von seiner Verkennung des Verhältnisses der Philosophie zur philosophischen Anthropologie her. „Allerdings wäre es höchst ungereimt, die Grundsätze der philosophischen Logik, die notwendigen Grundsätze der Denkbarkeit der Dinge durch empirische Psychologie d. h. durch Erfahrungen beweisen zu wollen"[2]), allein es handelt sich nicht darum, die philosophischen Grundsätze zu beweisen, sondern sie zu deduzieren, und dies allerdings muss aus anthropologischen auf Erfahrung beruhenden Voraussetzungen heraus geschehen. Auch hier also fangen wir ohne Ansprüche an die Philosophie mit dem an, was jedermann zugibt, mit der Beobachtung unseres eigenen Erkennens. Mit Hilfe dieses anthropologischen Verfahrens werden wir dann die Einsicht in die philosophische Logik „gleichsam ungesucht mit erhalten"[3]).

---

1) Mit der Art, wie Fries hier eine Bereicherung der traditionellen Logik durch Psychologie fordert, deutet er das Programm an, das dann von der neueren Logik, insbesondere von Sigwart ausgeführt wurde.

2) Logik 9. Dieser eine Satz (vom Verf. gesperrt) genügt, um die Unrichtigkeit einer ganzen Reihe von Darstellungen der Friesischen Philosophie zu zeigen.

3) System der Logik § 1. Grundriss der Logik S. 3 f., Metaphysik 39; 44.

IV. Die Stellung der philosophischen Anthropologie im philosophischen System und ihre Schranken.

Damit sind wir nun im ganzen über die charakteristische Stellung orientiert, welche die „philosophische Anthropologie" bei Fries einnimmt, und durch welche seine Vernunftkritik zur „anthropologischen Kritik der Vernunft" wird. Wir fügen nur noch zum Zweck der systematischen Übersicht den Entwurf des philosophischen Gesamtsystems hinzu, in welchem der Anthropologie ihre beherrschende Stellung angewiesen ist: 1) als Vorbereitungswissenschaft geht voraus die psychische Anthropologie nach ihrem ganzen Inhalt und Umfang. Es folgt als 2) die Kritik der Vernunft, welche, da sie gleichmässig alle rein philosophische Erkenntnis, sowohl Logik als Metaphysik, sowohl spekulative als praktische Metaphysik mit Hilfe der Anthropologie abzuleiten hat, zunächst eine Übersicht aller dieser Formen der rein philosophischen Erkenntnis geben muss, um sodann nachzuweisen, wie diese Formen in unseren Erkenntnissen entspringen, und warum sie sich gerade so finden müssen, wie das Bewusstsein sie zeigt.

Die übrigen Teile der Philosophie enthalten nur teils eine weitere Ausführung[1]) der auf diese Weise abgeleiteten philosophischen Erkenntnisse, teils eine Nachweisung und Beurteilung ihrer Anwendungen. Die erstere Aufgabe fällt 3) dem System der Logik und 4) dem System der Metaphysik zu. Die zweite ergibt folgende Disziplinen: 5) die mathematische Naturphilosophie 6) die Ethik nach allen ihren Teilen 7) Die Glaubenslehre 8) die philosophische Ästhetik.

---

1) Dass sich übrigens Fries nicht völlig klar darüber war, in welcher Weise die logischen und metaphysischen Teile der Vernunftkritik gegenüber der Logik und Metaphysik selbst abzugrenzen seien, geht unter anderem daraus hervor, daß die in der 1. Aufl. der Neuen Kritik der Vernunft von 1807 enthaltene „Einleitung" zur Kritik der erkennenden Vernunft S. 3 ff. (nicht die in der 2. Aufl. dann fortlaufend numerierte Einleitung zum ganzen Werk V—L) grösstenteils in das System der Metaphysik § 78—83 als „Metaphysik der inneren Natur" übergegangen ist.

Als besonderer letzter Teil folgt dann noch 9) die Geschichte der Philosophie¹).

Aus dieser systematischen Übersicht, wie aus dem vorhergeschilderten Verhältnis der philosophischen Anthropologie zur Philosophie und ihren einzelnen Disziplinen ergibt sich nun aber zugleich eine Einschränkung ihrer Bedeutung, die nicht übersehen werden darf, wenn man den Friesischen Standpunkt richtig würdigen will. In den Darstellungen seiner Philosophie findet man häufig den Versuch, alles aus seiner anthropologischen Grundposition abzuleiten. Aber die Philosophie löst sich bei ihm keineswegs in Anthropologie oder empirische Psychologie auf. Unsere Untersuchung des Verhältnisses der philosophischen Anthropologie zur Philosophie und ihren einzelnen Disziplinen hat uns stets auf einen Punkt geführt, wo die Zuständigkeit der Anthropologie aufhört und ein selbständiges Element sich geltend macht. Die „rein philosophischen Erkenntnisse" werden durch die anthropologische Untersuchung nicht etwa erst geschaffen, sondern sie sind als unmittelbarer Besitz der Vernunft stets schon vorhanden und werden durch jene nur zum Bewußtsein gebracht, weshalb auch jene anthropologische Untersuchung diesem unmittelbaren Besitz gegenüber an Wert völlig zurücktritt²). Immer und immer wieder wird es betont, „dass der Philosoph durch seine Kunst nicht Geheimnisse neuer Weisheit als Mystagog erzeugen will, die dem unphilosophischen Blicke gänzlich unsichtbar wären, dass er seine Wahrheiten nicht schaffen, sondern nur die in menschlicher Vernunft jederzeit vorhandenen aufweisen kann, er ist kein ποιητής τῆς ἀληθείας, sondern sein Geschäft ist nur die ἀνάμνησις des Platon"³). Damit zerfällt die gesamte Erkenntnis in zwei scharf geschiedene Teile, in die Formen, durch welche wir die

---

1) Metaphysik 53 ff.
2) Vgl. Ps. Anthr. I. 68: „Kant verwechselte die psychologische Hilfsaufgabe der Kritik: den Ursprung der philosophischen Erkenntnis im menschlichen Geiste aufzuweisen — mit der Metaphysik selbst."
3) N. Kr. II, 103.

unmittelbar vorhandene Erkenntnis erhalten und in diese selbst. Hier tritt uns diejenige Lehre entgegen, welche wie ein roter Faden durch das ganze Friesische System sich hindurchzieht, die Lehre von der Reflexion in ihrem Verhältnis zur „unmittelbaren Erkenntnis". Fries selbst bezeichnet diese Theorie einer Reflexion auf das unmittelbar in uns Vorhandene, eines „Wissens um unser Wissen" als die „Grundverbesserung", welche er in der Naturlehre anzubringen habe, und aus der alles Weitere folge[1]. Es wird uns daher darauf ankommen, diese Theorie in möglichster Vollständigkeit kennen zu lernen. Dies ist aber nur möglich im Zusammenhang mit einer Darstellung der Grundlagen der Friesischen Erkenntnislehre überhaupt.

---

[1] K. Kr. I, 106.

Kapitel II.

Die psychologischen Grundbegriffe der Friesischen Philosophie.

A. Die Grundvermögen und ihre Ausbildungsstufen.

I. Die Geistesvermögen.

Obwohl Fries die „nachteilige Trennung" beklagt, welche bei Kant zwischen Psychologie und Vernunftkritik bestehe, erkennt er doch an, daß Kant gerade in den Kritiken (mehr als in der infolge ihrer fragmentarischen Form weniger wertvollen Anthropologie) sich ein Hauptverdienst um die Psychologie erworben habe. Sie verdanke der Arbeit Kants nicht bloß die gänzliche Abweisung der transzendenten Metaphysik aus ihrem Gebiet und die Befreiung von körperlichen Erklärungsgründen, sondern auch eine besser geordnete Übersicht der Selbsterkenntnis, richtigere Auffassung der Verhältnisse unter den Geistesvermögen und größere Verständigung über ihre Arten[1]. Aber sein Vorurteil gegen die Psychologie habe ihn gehindert, diese Untersuchungen genauer auszuführen und erfahrungsmäßig zu begründen.

Eine Hauptschwierigkeit der bisherigen Behandlung liege in dem Mangel eines genauen Sprachgebrauchs und einer festen Bestimmung der Begriffe.

Die Begriffsbestimmungen der Geistesvermögen wurden bisher meistenteils auf eine unzweckmäßige Weise nach Namenerklärungen statt nach Sacherklärungen gemacht. Die Namenerklärungen (nicht zu verwechseln mit den Worterklärungen, in denen nur einem Gedanken Worte als

---

[1] Ps. A. I, 67.

Zeichen beigegeben werden), in denen einem Begriff nur die Kennzeichen bestimmt werden, um ihn von anderen zu unterscheiden, dienen nur der Beschreibung und gewähren keine Einsicht über die Natur eines Dinges. Sie reichen daher nicht aus für eine erklärende Wissenschaft, für eine Wissenschaft vom menschlichen Geiste, wo im Gegensatz zu gewissen äußeren Naturwissenschaften alles in eine Einheit unserer Lebenstätigkeit verbunden und verschlungen erscheint. Und doch ist es „in der Psychologie sehr gewöhnlich geworden, die Geistesvermögen nur irgend nach allgemeinen Kennzeichen zu unterscheiden, ohne daß näher darauf geachtet wird, ob denn die Abstraktion, von der ich ausgehe, tiefere Bedeutung hat oder nicht, ob auch wirklich etwas mit ihr erklärt werde. Dadurch werden wir aber in der Psychologie nie zu einem scharfbestimmten, nie zu einem festen Sprachgebrauch kommen, sondern es müßte immer bleiben, wie bisher; jeder dächte gerade bei den Hauptworten der Wissenschaft, z. B. Sinnlichkeit, Verstand, Einbildungskraft, Vernunft, Empfindung, Gefühl etwas anderes." Wir können daher „in der psychischen Anthropologie durchaus nur durch eine gründliche Methode der Sacherklärungen, also mif Hilfe der philosophischen Anthropologie zu einem wahrhaft brauchbaren Sprachgebrauch kommen"[1]).

Und zwar muß alle Philosophie von der Selbsterkenntnis ausgehen, wie sie sich in der täglichen Erfahrung zeigt. Was wir hier innerlich wahrnehmen, sind **Tätigkeiten**, Vorstellungen, Lustgefühle, Begierden, Bestrebungen, als deren Ursache wir uns selbst, den **Geist**, erkennen. Diese Tätigkeiten sind jedoch in beständigem Wechsel begriffen; jede Minute unseres Lebens zeigt darin Veränderungen. Das Bleibende aber oder wenigstens länger Andauernde in uns sind die **Vermögen**. Sie stehen den Geistestätigkeiten als den unmittelbaren Lebensäußerungen des Menschen gegenüber als die **Eigenschaften** des Geistes, in denen er „Ursache seiner Tätigkeiten ist und wird", und nach denen

---

1) Ps. A. I, 12 f, u. Vorrede zu Bd. II, S. VI ff.

wir deshalb im täglichen Leben die Menschen zu beurteilen gewöhnt sind. Wir sagen z. B. „dieser Mann hat herrliche Anlage zur Musik, nur schade, daß er sie so wenig ausgebildet hat", oder ein andermal: „Dieser hat wenig Talent zur Musik, hat sich aber doch eine gute Fertigkeit im Spielen erworben."

„Wir setzen also voraus, daß der Mensch in jedem Augenblick viel mehr in seinem Geiste habe, als was er eben in seinen Tätigkeiten sich oder andern zeigt, denn wir nehmen gleichsam diesen Besitzstand des geistigen Lebens nicht unmittelbar nach den Geistestätigkeiten, sondern nach den allein andauernden Vermögen zu denselben"[1]).

Da wir aber nur die Tätigkeiten unmittelbar beobachten können, so können wir nur nach deren Arten die Vermögen benennen. Wir könnten also die Zahl der Vermögen ins beliebige vervielfältigen. Es wird aber der Wissenschaft darauf ankommen, nach Sacherklärungen die einfachsten Uebersichten zu geben und nur diejenigen Unterscheidungen hervorzuheben, welche für die psychische Theorie von Bedeutung sind.

Und so haben wir unter den Geistesvermögen zunächst im allgemeinen zu unterscheiden teils ursprüngliche angeborene **Anlagen** z. B. die Anlagen der Erkenntnis, des Denkens, des Begehrens, teils in der Ausbildung des Lebens erst erworbene **Fertigkeiten** z. B. das „Lesen und Schreiben können"[2]). Unter den ersteren ursprünglichen Vermögen sind wieder die wichtigsten diejenigen, auf welche sich die anderen zurückführen lassen, die „**Grundvermögen**", die auch als **unmittelbare** Vermögen innerer Tätigkeit bezeichnet werden können, da sie nicht ihr Bestehen nur durch andere haben, sondern schlechthin nach einem Gesetze der eigenen Wirksamkeit tätig sind[3]).

---

1) Ps. A. I, 18. Wir sehen, wie die Friesische Psychologie hier die Möglichkeit eines Geistesbesitzes vorbereitet, der den Inhalt einer logisch nicht direkt fassbaren „unmittelbaren Erkenntnis" bildet.
2) Ps. A. I, 27.
3) Ps. A. I, 19. Metaphysik, 403.

18   Kapitel II.

In der Feststellung dieser Grundvermögen wendet sich Fries einerseits gegen die bisher übliche Beschränkung auf die „Erkenntniskraft", andrerseits aber auch gegen die Fassung, welche Kant der nach dem Vorgang von Tetens aufgenommenen Dreiteilung gegeben hat. Der Einseitigkeit vieler Psychologen, namentlich Descartes, Leibniz, Spinoza, Wolff, Platner[1]) gegenüber, welche die Erkennt-

---

1) Im übrigen stimmt Fries, wie wir mehrfach zu bemerken Gelegenheit haben werden, in verschiedenen Hauptpunkten seiner Lehre mit Platner überein. Er urteilt zwar über Platners „Neue Anthropologie": „Neben vielem sehr guten ist die Theorie durch materialistische Hypothesen sehr gehindert" (Ps. A. 65) und er stellt Platner in dem oben erwähnten Zusammenhang mit den einseitigen Intellektualisten zusammen, aber er ist sich der nahen Verwandschaft seiner Unterscheidung der Grundvermögen und der drei Bildungsstufen mit Platner bewusst (Anthrop. Vorrede IIf.) und er beruft sich an jener Stelle unmittelbar nachher in der Benennung der 3 Grundanlagen gegen Kant auf Platner (Anthropol. 41). Dass dies möglich ist, liegt in der bei der nahen Beziehung zu Tetens (vgl. A. Wreschner, Ernst Platners und Kants Erkenntnistheorie, Zeitschr. für Philos. u. philos. Kritik, 1893, Bd. 102, S. 3ff.) und Kant begreiflichen Neigung Platners, trotz der beherrschenden Stellung der Vorstellkraft doch die beiden anderen Vermögen wieder zu verselbständigen, einer Neigung, welche in der „neuen Anthropologie" (Ernst Platners „Neue Anthropologie für Ärzte und Weltweise", I. Bd., 1790) stärker hervortritt, als in den „Philosophischen Aphorismen" (oder nur in der noch nicht in demselben Masse wie die letzte unter dem Einfluss Kants stehenden mir leider allein zugänglichen 2. Aufl. von 1784). Man vgl. folgende Stellen, die zugleich als Material für die mehrfach zu erwähnenden Beziehungen zwischen Fries und Platner dienen mögen): Aphorismen § 66 „So ist also die menschliche Seele eine unablässig wirkende Vorstellkraft — ein stets nach Vorstellungen bestrebtes, und stets mit Vorstellungen beschäftigtes Wesen." § 67. „...... Vorstellungen haben von der Beschaffenheit der Sache, heisst erkennen; von der Beziehung der Sache auf den selbsteigenen Zustand empfinden; und wenn es in der Vorhersehung ist, Wollen, Erkenntnis und Willensvermögen." § 68. „Dadurch sind einige Seelenwirkungen, z.B. die gehörig zumWillen, nicht unmittelbar Vorstellungen, sondern eigentlich Folgen von Vorstellungen." Dazu Neue Anthropologie § 327. „Ob es gleich, besonders nach deutlicher Erklärung des Wortverständnisses, zulässig sein mag, alle in der Seele auf einander folgende Wirkungen Vorstellungen zu nennen, sofern sie sich alle aus dem Wesen einer Vorstell-

niskraft, Denkkraft, Vorstellungskraft der Seele für die eine Grundkraft hielten, aus der sich alle andern, auch das Begehren und Wollen ableiten ließen, schließt sich Fries allerdings grundsätzlich an die Kantische Lehre an, glaubt aber in zwei wesentlichen Punkten von ihr abweichen zu müssen.

Erstens ist nach Fries mit der Kantischen Bezeichnung der Grundvermögen als Erkenntnisvermögen, Vermögen des Gefühls der Lust und Unlust und Begehrungsvermögen der Unterschied der zweiten und dritten Anlage unsres Geistes nicht richtig bezeichnet. Die Geistestätigkeit aus der dritten Anlage werde besser nach Platner Bestrebung[1]) genannt. In der Tat ist die wenig durchsichtige Begründung dieser auch für die Friesische Erkenntnispsychologie nicht unwesentlichen Änderung, die über die Bedeutung einer bloßen Benennungsfrage hinausgeht, nur unter Zuhilfenahme der betreffenden Abschnitte bei Platner völlig verständlich. „Wenn in einem lebendigen Wesen", sagt Platner[2]), „undeutlich, oder deutlich die Vorhersehung eines ihm bevorstehenden vollkommenen oder unvollkom-

kraft erklären lassen, ... so ist es dennoch besser, zu unterscheiden: 1. Das Auffassen der Vorstellungen, welche der Seele vorschweben; 2. Die Veränderungen, welche unmittelbar auf die aufgefaßten Vorstellungen in ihr erfolgen." § 329: „Die unmittelbaren Veränderungen, welche aus den so von der Seele aufgefaßten Vorstellungen in ihr erfolgen, teilt der Verfasser in Wirkungen des Erkenntnis-, Empfindungs- und Bestrebungsvermögens." § 620: . . . . „Mir scheint das Wollen von dem Empfinden nicht weniger unterschieden zu sein, als beides von dem Erkennen." § 621: Empfindungen und Bestrebungen sind nicht Vorstellungen in dem engeren Sinne des Wortes, sondern Veränderungen, welche in lebendigen Wesen auf Vorstellungen erfolgen . . . . ." Vgl. auch: M. Dessoir, Geschichte der neueren deutschen Psychologie I, 1², (1897) S. 227.

1) Übrigens von Platner selbst noch in der 2. Aufl. der „Aphorismen" (1784 § 67 vgl. obige Anmerkung) noch „Willensvermögen" genannt, dann erst Bestrebung „weil es auch tierische und ganz bewusstlose, folglich ganz unwillkürliche Bestrebungen der Seele gibt, welche unter dem Allgemeinbegriff Willen nicht befaßt werden können." (Neue Anthropologie § 329.)

2) Neue Anthropologie § 616.

menen Zustandes erregt wird: so entsteht in ihm die Vorhersehung einer möglichen Befriedigung, oder Nichtbefriedigung seines Triebes — eines Vergnügens oder Mißvergnügens. Diese Vorhersehungen sind Empfindungen (Vergnügen oder Mißvergnügen) selbst in einem niederen Grade." Mit diesen „Vorhersehungen", die selbst Lust und Unlust mit sich führen, können sich nun nach Fries dem Wesen, welches Lust und Unlust fühlt, Wünsche verbinden, daß die Zukunft zu seiner Lust ausfallen möge. Zur vollen Begierde wird aber der Wunsch erst durch das auf unsere Tatkraft einwirkende Interesse, das wir am Gegenstande nehmen. Aber auch Begehren ist noch nicht handeln; die Begierde (und das Wollen als verständige Begierde) wirkt erst im Entschluß auf die strebende Tatkraft und diese führt die Tat aus als die dritte Art unserer Geistestätigkeiten. Wenn es also „auf Sacherklärung ankommt, so sind Herz und Trieb oder Gemüt und Begehrungsvermögen eins und dasselbe und um dessen Natur kennen zu lernen, müssen wir die Lustgefühle und Begierden in Verbindung miteinander betrachten und erst das willkürliche Handeln an die dritte Stelle setzen"[1]). So scheidet Fries aus dem Gebiete dessen, was Kant „Begehrungsvermögen" nennt, alles aus, was nur Bestimmungsgrund des Handelns ist, ohne die Kraft des Handelns selbst zu sein und rechnet es auf Grund des engen Zusammenhangs zwischen der Antizipation des künftigen Lust- oder Unlustzustandes und dem Wünschen oder Begehren (bzw. Verabscheuen) desselben zu der zweiten Klasse, welcher er dann — der modernen Fassung des Begriffes sich nähernd — den umfassenderen Namen Gemüt gibt. So gelangt er zu der Dreiteilung: Erkenntnis, Gemüt (oder Herz, „welchem Lust und Unlust gehört") und Tatkraft. Mit dieser letzteren an sich wenig glücklichen Bezeichnung[2])

---

1) Anthropologie I, 41 f.

2) Wenig glücklich sowohl in betreff der Berufung auf Platner, der von dem Begehrungsvermögen selbst sagt, dass es allezeit entweder begehrend oder verabscheuend wirke (Neue Anthropol. § 617), als auch in psychologischer Hinsicht überhaupt, da jene dritte Klasse, die

der dritten Klasse, in welcher die Beziehung zur psychischen Eigenart des Wollens möglichst ausgeschaltet ist, schafft sich Fries die Möglichkeit, diese „Tatkraft" in so nahe Beziehung zum „Verstand" zu setzen und diesen dann als eine Ausbildungsstufe auch der übrigen Grundvermögen zu betrachten.

II. Die Bildungsstufen unseres Geistes.

Damit kommen wir auf den zweiten Punkt, an welchem Fries von der Kantischen Lehre abweichen zu müssen glaubt. Man pflege der Kantischen Einteilung gemäß ein Vermögen der Seele nach dem andern zu beschreiben und so die Vermögen getrennt von einander zu betrachten. Dieses scheine ihm genau genommen nicht ausführbar, denn in jeder wirklichen Lebenstätigkeit seien immer alle Grundanlagen miteinander angeregt. Man müßte also nur nach dem Überwiegenden des einen oder andern Vermögens unterscheiden, was ihm aber keine hinlängliche Bestimmtheit zu gewähren scheine. Geistesvermögen lassen sich überhaupt nicht klassifizieren wie Pflanzen oder Tiere. Denn thatsächlich bestehen sie nicht, wie jene, neben einander, „sondern sie sind in einander, verbunden zu einem Grade der Lebenstätigkeit"[1].

Wir müssen also — damit kommt Fries auf einen für das ganze Verständnis seines Systems besonders wichtigen Punkt — mit dem Unterschied der Anlagen noch den der Bildungsstufen unseres Geistes verbinden, und wir werden nur dann „eine wahrhaft brauchbare Gruppierung der Lehren erhalten, wenn wir das Menschenleben als Aufgabe der Selbstbeherrschung und Selbstausbildung ansehen und die einzelnen Untersuchungen demgemäß ordnen, wie

---

eigentlich einfach als „willkürliches Handeln", als „Tat" charakterisiert wird, entweder nur die äussere Kraftentfaltung beim Handeln bezeichnen soll und dann überhaupt kein „Geistesvermögen" darstellt oder falls die psychischen Grundlagen des Handelns mit hereingenommen werden, auch die ausgeschalteten Willenselemente mit einschliesst.

[1] Anthrop. II, Vorrede XXVIII.

jede Grundlage unseres Geistes dem Verstande einen ihr eigenen Zweck der Ausbildung nennt" [1]).

Wir nennen zur vorläufigen Übersicht jene Bildungsstufen und diese Zwecke.

Die drei Stufen der Ausbildung unseres Geistes, die sich also in jedem der drei Grundvermögen geltend machen müssen, sind: die sinnliche Anregung, die Fortbildung nach den Gesetzen des unteren Gedankenlaufs, und die Fortbildung nach den Gesetzen des oberen Gedankenlaufs, oder kürzer: Sinn, Gewohnheit und Verstand.

Die eigentümlichen Zwecke aber, welche für die ganze höhere Ausbildung des Lebens jedes der Grundvermögen dem Verstande vorschreibt, sind: für die Ausbildung der Erkenntnis die Ideen der Wahrheit, für die Ausbildung des Gemütslebens die Ideen des Schönen, für das „Tatleben der Willenskraft" die Ideen des Guten [2]).

Wir haben diese Kombination der Ausbildungsstufen mit den Grundvermögen und die Beziehung derselben auf ihre letzten Zwecke nur innerhalb des Erkenntnisvermögens zu verfolgen, werden aber zu bemerken Gelegenheit haben, wie die Durchführung dieser eigentümlichen Theorie auf erkenntnistheoretischem Gebiete durch die Ausdehnung derselben auch auf die anderen Grundvermögen bedingt ist.

Zunächst haben wir aber einen anderen grundlegenden Unterschied ins Auge zu fassen, dessen Verhältnis zu der obigen Dreiteilung, obwohl für das Verständnis seiner Erkenntnistheorie wesentlich, bei Fries nicht klar hervortritt.

B. Spontaneität und Rezeptivität.

Im menschlichen Erkenntnisvermögen stehen sich Selbsttätigkeit oder Spontaneität und Empfänglichkeit oder Rezeptivität gegenüber. Das Verhältnis beider ist zunächst

---

1) Anthrop. I, 43; II, Vorrede VI, XXXI. Dadurch wird nach Fries „die ganze allgemeine Psychologie eine natürliche Vorbereitung der Ethik". Antrop. I, 43.

2) N. Kr. I, 51, Anthrop. I, 43; II, Vorrede XXXI.

von der Art der hier in Betracht kommenden Spontaneität aus näher zu bestimmen. Die Spontaneität des menschlichen Geistes ist nicht eine Spontaneität schlechthin, die auf sich selbst beruhen könnte und sich selbst genug wäre, um sich zu äußern, sondern sie fordert eine fortgesetzte äußere Anregung, um in Tätigkeit zu bleiben. Sie verhält sich nicht wie etwa die ursprünglichen bewegenden Kräfte der Materie, die wir uns in ihrem Anziehen und Abstoßen als Spontaneität schlechthin denken, sondern wie z.B. die Selbsttätigkeit des lebendigen menschlichen Organismus, die beständig in Rücksicht der Ernährung und des Atemholens neu angefacht werden muß, wenn sie sich fortdauernd äußern soll. Wir bezeichnen eben deshalb die Vernunft (wie überhaupt die Eigenschaften des Geistes als einer Ursache seiner Tätigkeiten) besser nicht als Kraft, sondern als Vermögen. „Unter Kraft verstehen wir nämlich die zureichende Ursache einer Wirkung, aber eine solche zureichende Ursache unserer Geistestätigkeiten ist nie in unserem Geist allein, sondern wir brauchen außer dem Vermögen in uns immer noch andere ursächliche Bedingungen, welche die sinnliche Anregung bringen[1]". Die Vernunft ist also selbsttätig, nur indem sie erregbar ist. Sie ist Erregbarkeit oder erregbare Selbsttätigkeit[2]).

Jede erregbare Selbsttätigkeit hat nun aber eine bestimmte Form ihrer Erregbarkeit, in welcher sich ihr Wesen unmittelbar zeigt, wozu aber stets auch eine durch Affektion von außen bestimmte Materie der Erregung kommen muß. So ist der Geist durch die Form seiner Erregbarkeit nicht etwa als Vermögen zu bewegen, zu leuchten, zu schallen, sondern als Vermögen zu erkennen bestimmt, und setzt dabei eine durch Affektion den Geist anregende äußere Einwirkung voraus. Die Empfänglichkeit für diese äußere Einwirkung heißt, wie schon erwähnt, Sinn. Die erregbare Selbsttätigkeit des Erkenntnisvermögens selbst aber wird Vernunft genannt[3]).

---
1) N. Kr. I., 75 ff.   2) Anthropol. I, 26.
3) Genau genommen dürfte allerdings der Begriff der Vernunft

Kapitel II.

Stehen sich also Sinnlichkeit und Vernunft als Empfänglichkeit und Selbsttätigkeit gegenüber, so müssen wir uns dabei von dem herkömmlichen Sprachgebrauch losmachen, der die Sinnlichkeit ausschließlich zu den „äußeren Sinnen" und die Vernunft ausschließlich zu den höheren Formen des Denkens in Beziehung setzt. Ist schon bei Kant die Gleichung, Rezeptivität — Sinnlichkeit, Spontaneität — Verstand (gelegentlich auch „Vernunft" im weiteren Sinn genannt[1]) so weit durchgeführt, daß der „innere Sinn" ein Teil der Sinnlichkeit wird und der weiteste Begriff der Vernunft auch die auf der Sinnlichkeit beruhende reine Anschauung mit umfaßt, wobei aber doch Sinnlichkeit und Verstand als die beiden „Grundquellen des Gemüts" für die Erkenntnis, als bestimmte „Fähigkeiten"[2]) im Haushalt des Geistes fixiert sind, so ist bei Fries diese Verbindung der beiden Grundbegriffe mit „Vermögen" des „Gemüts" völlig gelöst. Wir haben für das Vermögen zu jeder Art von Geistestätigkeit sowohl eine Selbsttätigkeit unseres Geistes als ein sinnliches Verhältnis zu derselben anzunehmen. Für jedes Vermögen des Geistes unterscheiden wir daher die Sinnlichkeit desselben als Vermögen, durch äußere Anregungen zur Tätigkeit zu gelangen, und die reine Selbsttätigkeit desselben als durch die Natur unseres Geistes selbst bestimmte Form desselben[3]). So heißt z. B. die Vernunft selbst Sinnlichkeit, sofern sie in der Materie ihrer Erregungen unter dem Gesetz des Sinnes steht[4]). So heißt die Vernunft sogar ein „sinnliches Vermögen zu Erkennen, Lust zu fühlen, willkürlich zu handeln"[5]).

---

als Selbsttätigkeit nicht auf das Erkennen beschränkt werden, sondern müßte auch das Lustfühlen, Begehren und Streben umfassen. Die Vernunft heisst der „sich selbst vernehmende, der selbstbewußte Geist selbst". „Nur da die Grundlage und das erste im Geistesleben des Menschen immer die Erkenntnis ist, so heißt vorzüglich in engerer Bedeutung die Selbsttätigkeit des Erkenntnisvermögens Vernunft." N. Kr. I, 81.

    1) Kritik der reinen Vernunft, herausg. v. Kehrbach. S. 48. 76.
    2) Vgl. Vaihinger, Kommentar I, 280.
    3) Anthrop. I, 24.   4) N. Kr. I, 76 f.   5) Anthrop. I, 25.

Außerdem ist eine weitere Besonderheit der Friesischen Auffassung des Verhältnisses von Spontaneität und Rezeptivität hervorzuheben. Fries wendet sich dagegen, daß die meisten Lehrer das Leben unseres Geistes gleichsam teilen zwischen Sinn als Empfänglichkeit und Verstand als Spontaneität, wobei in der Regel dem Sinn des Erkenntnisvermögens die Anschauung, dem Verstand das Denken zugeschrieben werde. Diese ganze Teilung in leidende und tätige Lebenszustände bezeichnet er als unzulässig. Denn jede Lebensbestimmung unseres Geistes sei Selbsttätigkeit. Nichts gehöre dem Sinn für sich allein, sondern dieser gebe nur der Sinnlichkeit d. h. der sinnlichen Selbsttätigkeit die Anregung[1]). Der „Sinn" ist also nicht etwa eine der „Vernunft" koordinierte Größe, die als selbständiger Bestandteil des Geisteslebens betrachtet werden könnte, sondern er ist nur das durchaus untergeordnete Mittel, der Selbsttätigkeit Anregung zu geben. Die vielfach angefochtene Scheidung zwischen Aktivität und Passivität in der Kantischen Erkenntnislehre, ihre Verteilung auf Verstand und Sinnlichkeit finden wir also bei Fries teilweise aufgehoben. Die Identifikation des Gegensatzes der koordinierten Glieder: Spontaneität-Rezeptivität und Aktivität-Passivität ist zugunsten der Spontaneität eingeschränkt, wofür sich übrigens schon bei Kant Anhaltspunkte finden[2]).

Behalten wir nun den in diesem Sinne zu fassenden und das ganze Geistesleben durchziehenden Gegensatz zwischen Empfänglichkeit und Selbsttätigkeit, Sinn und Vernunft im Auge, so wird sich eine klarere Übersicht über die wenig durchsichtigen psychologischen Grundlagen der Friesischen Erkenntnislehre gewinnen lassen, um von hier aus den zentralen Begriff der Reflexion in Angriff zu nehmen.

---

1) N. Kr. I, 80.
2) Vgl. Vaihinger, Kommentar II, 23. Cohen, Kants Theorie der Erfahrung, 2. Aufl., 1885, S. 344 ff. Windelband, Geschichte der neueren Philosophie. II², 57.

C. Das Verhältnis des Grundgegensatzes: Spontaneität und Rezeptivität zu den Ausbildungsstufen.

Zunächst aber erhebt sich die Frage, wie nun eigentlich die „Ausbildungsstufen", die jedem Vermögen des Geistes eigen sein sollen, zu diesem Grundgegensatz zwischen Spontaneität und Rezeptivität, Selbsttätigkeit und Empfänglichkeit, „Vernunft" und „Sinn" sich verhalten, der ebenfalls in jedem Vermögen sich finden soll. Das Nebeneinanderbestehen dieser Einteilungsmöglichkeiten bringt eine gewisse Unsicherheit in dem wechselseitigen Verhältnis dieser Grundbegriffe mit sich. Indem wir den Sachverhalt aufzuklären suchen, beschränken wir uns auf das Erkenntnisvermögen.

Das erste Glied trägt ja bei beiden Einteilungen denselben Namen: „Sinn". Nun läge es nahe, die Schwierigkeit dadurch zu heben, daß man ohne weiteres die beiden anderen Ausbildungsstufen: Gewohnheit oder vielmehr das derselben entsprechende Vermögen der „Einbildungskraft" und den Verstand der Spontaneität zurechnete. Dies wäre aber schon deshalb völlig verfehlt, weil gerade zwischen dem Verstand als Reflexionsvermögen und der Spontaneität der Vernunft der für das ganze Friesische System maßgebende Gegensatz besteht.

Wir bringen vielmehr nur dann Ordnung und Folgerichtigkeit in den Aufbau der Friesischen Erkenntnislehre, wenn wir den Grundgegensatz: Spontaneität-Rezeptivität durch alle Ausbildungsstufen hindurchgehen lassen. Die Spontaneität liegt überall zugrunde. Die Namen: Sinn, Gewohnheit, Verstand aber bezeichnen in erster Linie die Seite der Rezeptivität. Der Verstand als Reflexionsvermögen ist eigentlich, wie wir sehen werden, zuletzt nichts anderes, als die vollständige Ausbildung der im Sinn sich darstellenden Rezeptivität durch die künstliche Selbstbeobachtung. In der Regel stehen also jene Ausbildungsstufen als eine Art Steigerung der Rezeptivität der Spontaneität gegenüber.

Nun kommt aber ohne die ursprüngliche Selbsttätigkeit der Vernunft überhaupt keine Erkenntnis zustande, und so erscheinen die jenen Normen entsprechenden „Vermögen": Sinnlichkeit, Einbildungskraft, Verstand zugleich auch als Repräsentanten der ursprünglichen Selbsttätigkeit der Vernunft.

Das nähere Verhältnis dieser verschiedenen Faktoren der Erkenntnis ist erst im Verlauf der folgenden Darstellung genauer zu präzisieren. Ohne diese Orientierung über die teilweise ineinander übergreifenden Grundbegriffe sind aber viele Einzelheiten der Friesischen Erkenntnistheorie überhaupt nicht verständlich.

Kapitel III.

Die Sinnesanschauungen.

A. Die Empfindung und das „Affizierende".

Jede Erkenntnis fängt der Zeit nach mit Sinnesanschauungen an, die uns in der Empfindung gegeben werden. Anschauungen überhaupt sind „diejenigen Erkenntnisse, deren wir uns unmittelbar wieder bewußt sind"[1]), Sinnesanschauungen diejenigen, durch welche wir unmittelbar das Vorhandensein gegenwärtiger Gegenstände erkennen. In der Empfindung wird mir also die Anschauung eines gegenwärtigen objektiven Mannigfaltigen, eines Schalles, eines Gefärbten, eines Warmen oder Kalten u. s. w. Abgesehen von dieser bestimmten Vorstellung, wodurch in der Empfindung angeschaut wird, ist die Empfindung selbst ein bloßer für uns unbestimmbarer Eindruck auf den Sinn. Erst durch die Erregung der Sinnesanschauung wird er zur Erkenntnis.

Da der Geist in der Empfindung zum Anschauen getrieben wird, so ist die Empfindung ein passiver Zustand des Geistes. Aber auch hier ist die Passivität des Geistes nicht ein neues Leiden, sondern ein bloßes Bestimmtwerden zur Tätigkeit. Dieses die Tätigkeit bestimmende, dieses Element der Rezeptivität in den Sinnesanschauungen ist das im sinnlichen Eindruck enthaltene Affizierende, durch welches jenes Anschauen hervorgebracht wird. Was dieser sinnliche Eindruck eigentlich ist, darüber können wir nichts weiter sagen. Denn er enthält das äußere Verhältnis zum Affizierenden, unsere Beobachtung aber ist nur eine innere; jenes äußere wird da gar nicht wahrgenommen"[1]).

---

1) N. Kr. I, 106.   2) N. Kr. I, 85 ff.

Es leuchtet ein, daß in diesem Punkte, in der schwierigen Frage des „Affizierenden" die „subjektive Wendung", welche die Kantische Philosophie bei Fries nimmt, und welche schon in der beherrschenden Stellung der philosophischen Anthropologie zum Ausdruck kommt, besonders deutlich zutage treten muß. Bei Kant ist das Affiziertwerden des wahrnehmenden Subjekts durch den „Gegenstand" der Punkt, an welchem eine realistische Denkweise einsetzen kann. Sinnlichkeit definiert er als die „Fähigkeit (Rezeptivität), Vorstellungen durch die Art, wie wir von Gegenständen affiziert werden, zu bekommen". Die Empfindung ist ihm die „Wirkung eines Gegenstandes auf die Vorstellungsfähigkeit, sofern wir von demselben affiziert werden". Bei unbefangener Auslegung dieser wie vieler ähnlicher Stellen kann kaum ein Zweifel darüber sein, daß Kant unter den affizierenden Gegenständen, die eine Wirkung auf die Vorstellungsfähigkeit ausüben, nicht selbst wieder Vorstellungen versteht, die ja eben dadurch erklärt werden sollen, sondern daß er die Existenz affizierender (obwohl uns völlig unbekannter) Dinge an sich voraussetzt[1]).

Von Fries wird nun diese Folgerung völlig aus der Erkenntnistheorie ausgeschieden[2]). Er wendet sich direkt

---

1) Vgl. z. B. die bei Vaihinger, Kommentar II, 21, zitierte Stelle: Grundlegung zur Metaphysik der Sitten, 3. Abschn., Ausg. v. Rosenkranz, XIII, 84: „Sobald dieser Unterschied der Erscheinungen und der Dinge an sich selbst (allenfalls bloß durch die bemerkte Verschiedenheit zwischen den Vorstellungen, die uns anderswoher gegeben werden, und dabei wir leidend sind, von denen die wir lediglich aus uns selbst hervorbringen, und dabei wir unsere Tätigkeit beweisen) einmal gemacht ist, so folgt von selbst, daß man hinter den Erscheinungen doch auch etwas anderes, was nicht Erscheinung ist, nämlich die Dinge an sich einräumen und annehmen müsse, ob wir gleich uns von selbst bescheiden, daß, da sie uns niemals bekannt werden können, sondern immer nur, wie sie uns affizieren, wir ihnen nicht näher treten, und, was sie an sich sind, niemals wissen können." Vgl. auch Vaihinger, Kommentar II, 12 ff.; Riehl, Philosophischer Kritizismus 1876, I, 423 ff. und das letzte Kapitel dieses Werkes.

2) Über ihre Wiederaufnahme an anderer Stelle wird weiter unten zu handeln sein.

gegen die über Kants vorsichtigere Ausdrucksweise allerdings hinausgehende Vorstellung, als ob die Sinnesanschauung dadurch entstehe, daß ich ein Ding außer mir als das zur Empfindung Affizierende, als die Ursache meiner Empfindung ansehe. Bei der Wahrnehmung eines grünen Baumes z. B. wäre nach dieser herkömmlichen Auffassung der Sachverhalt folgender: der Baum affiziert mein Auge, dadurch erhalte ich die Empfindung des Grünen, und weil diese eine Ursache haben muß, so schließe ich auf den Baum als das Affizierende und als die Ursache jener Empfindung des Grünen. Aber nicht der Baum affiziert mein Auge, sondern das Licht durch ihn. Sollte ich das Ding außer mir nur als das zur Empfindung Affizierende, als die Ursache meiner Empfindung anschauen, so müßte ich in jenem Falle nicht auf den Baum, sondern entweder auf Licht oder auf eine bloße Bewegung in meinem Auge u. s. w. schließen. Wie es aber dann überhaupt komme, daß diese Affektion meines Auges für mich zur Anschauung des Grünen wird? Darüber kann ich nichts mehr sagen, denn das wäre Erfahrungstatsache, aber diese Erfahrung ist nicht in meiner Gewalt. Ich muß bei der Beobachtung selbst stehen bleiben. Der Sachverhalt stellt sich dann weit einfacher dar. Es zeigt sich nämlich, daß in der Empfindung **von vorneherein** ein Anschauen von etwas außer mir, oder einer Tätigkeit in mir (je nachdem es äußere oder innere Sinnesanschauung betrifft) enthalten sei, und nicht erst durch Reflexion oder sonst hinterher hinzugebracht werde. Die Vorstellung eines Gegenstandes oder eines Objektiven tritt überhaupt nicht als etwas von der Anschauung Geschiedenes auf, indem der Gegenstand als das den Geist Affizierende vorgestellt würde, sondern ist **unmittelbar mit der Anschauung selbst gegeben**. In einer Gehörsempfindung z. B. bin ich mir unmittelbar eines Schalles, als etwas außer mir, und nicht des Schallenden bewußt, das ich vielmehr erst durch Reflexion in dem Zusammenhang der Erfahrungen erkenne; ich höre ja oft einen Schall, ohne das Schallende zu kennen, von dem er kommt.

Ebenso sehe ich den Baum unmittelbar als etwas Grünes
außer mir, und nicht etwa als die Ursache meiner Empfindung vom Grünen.

In der Regel rührt jene irrtümliche Meinung, daß wir
uns in der Empfindung ihrer Ursache, nämlich des Gegenstandes, bewußt werden, daher, daß wir in dem Bedürfnis,
die Sinnestäuschung oder die bloße Einbildung von der wirklichen Sinnesanschauung zu unterscheiden, das unterscheidende Merkmal darin finden, daß nur der letzteren wirklich ein
gegenwärtiger Gegenstand entspricht und nun meinen, daß
wir in der Tat in Vergleichung mit dem Gegenstande jene Anschauung verifizierten. Das kann aber gar nicht geschehen.
Nicht der Vergleich der Empfindung mit dem affizierenden
Gegenstand, sondern nur der Vergleich der Empfindungen
untereinander, der ganze Zusammenhang unserer Erfahrungen kann uns im einzelnen Falle zeigen, ob wir es mit
einer wirklichen Sinnesanschauung oder mit einer bloßen
Einbildung zu tun hatten.

Fries ist sich der erkenntnistheoretischen Tragweite dieser Frage völlig bewußt, die aufs engste mit dem
Wahrheitsbegriff zusammenhängt. Dieser Fehler, führt er
deshalb im Anschluß daran aus, wo man den Gegenstand
nur als das Affizierende in der Empfindung anzuschauen
meine, liege allen den Spekulationen zugrunde, in denen
die Wahrheit der Erkenntnis aus einem Kausalverhältnis zu
ihrem Gegenstand abgeleitet werde, oder wo man skeptisch
daraus die Unsicherheit unseres Wissens aufweisen wolle,
dass man diesem Kausalverhältnis nicht trauen dürfe. Selbst
ganz metaphysisch genommen sei die Erklärung: wir bringen
den Gegenstand zu unserer Vorstellung hinzu, indem wir
einen Grund derselben suchen, nicht stichhaltig, „denn was
ist Grund anders als ein Gegenstand, durch den ein anderer
ist; Grund ist also nur eine Art von Gegenstand, und wenn
wir nicht den Begriff eines Gegenstandes schon voraussetzen,
könnten wir weder Grund noch Folge denken, dieser Begriff
kann also keineswegs durch letztern entspringen"[1]). Zu-

---
1) N. Kr. I, 90 f, 72.

sammen mit Kants Ausdrucksweise vom Ding an sich als „Grund der Erscheinungen" wird hier vollends jede unmittelbare Beziehung des Erkennens auf den „affizierenden Gegenstand" als transzendente Realität folgerichtig ausgeschieden. Auch Fichte gelangt zu diesem subjektivistischen Standpunkt. Aber während für Fichte die Lösung in dem spekulativ erfaßten schöpferischen Ich liegt, in dem auch der „affizierende Gegenstand" aufgeht, ist es für Fries der empirische Befund, die innere Selbstbeobachtung, die ihn veranlaßt, bei seiner Analyse des Erkennens von einem Kausalitätsverhältnis zwischen dem vorstellenden Ich und einem transzendentalen Gegenstand abzusehen. Daß damit die Frage des „Dings an sich" noch nicht in negativem Sinn entschieden ist, wird sich uns später ergeben. Für jetzt haben wir auf die Frage der Sinnesanschauung näher einzugehen.

Für jedes Vermögen des Geistes ist nach Fries Rezeptivität und Spontaneität zu unterscheiden. Im Gebiete der Sinnesanschauungen ist die Rezeptivität durch die „Affektion", durch das „Affizierende in der Empfindung" repräsentiert, die Spontaneität durch die Vernunft als Sinnlichkeit.

B. Der äußere Sinn.

Wenn wir zunächst innerhalb der Anschauungen des äußern Sinns das Verhältnis von Empfänglichkeit und Selbsttätigkeit genauer ins Auge fassen, so haben wir dabei stets zu beobachten, daß unter „äußerem Sinn" nicht etwa das körperliche Organ zu verstehen ist, bei dessen Reizung die Empfindung in unserem Geiste erscheint, sondern nur die Empfänglichkeit unseres Geistes, von außen her, eben durch das, was man gewöhnlich „äußern Sinn" nennt, angeregt zu werden. Wir reden nur von „Sinnen des Geistes". Hören und Sehen werden daher auch als eine „sinnliche Erkenntnistätigkeit unserer Vernunft" bezeichnet [1]. Sinn und Vernunft ist ja identisch mit Empfänglichkeit und Selbst-

---
[1] Psych. Anthrop. I, 46. N. Kr. I, 111.

tätigkeit. Die durch das „Affizierende" entstandene Empfindung ist nun aber für sich allein ein bloßer für uns unbestimmbarer Eindruck auf den Sinn. Die Empfindung wird zur äußeren anschaulichen Erkenntnis erst, indem zu dieser sinnlichen (rezeptiven) Seite unseres Erkenntnisvermögens die Selbsttätigkeit der Vernunft hinzutritt.

In jeder unmittelbaren äußeren anschaulichen Erkenntnis, auch in jeder Wahrnehmung, finden sich nämlich drei Vorstellungsweisen verbunden: 1) die Sinnesanschauung in der Empfindung selbst, wie Wärme, Farbe, Schall, Duft u.s.w., 2) die Anschauung von Raum und Zeit, 3) die figürliche Verbindung der Gegenstände der Sinnesanschauung in Raum und Zeit. Von diesen drei Bestandteilen gehört nur die Anschauung der ersten sinnlichen Beschaffenheiten der Dinge zur Sinnlichkeit unseres Erkenntnisvermögens. Der zweite Bestandteil dagegen, die Anschauung von Raum und Zeit ist auf die mathematische Anschauung und mit dieser auf die reine Vernunft zurückzuführen. Das Vermögen der Anschauung von Raum und Zeit nennt Fries im Anschluß an Kant die reine Sinnlichkeit, die Anschauung des Raumes Form der äußern Sinne, die Anschauung der Zeit Form des Sinnes überhaupt. Die figürliche Verbindung durch die Vorstellung anderer dauernder Begebenheiten in der Zeit, von Gestalt und Lage der Dinge im Raum, von Größe, Zahl und Grad überhaupt wird der produktiven Einbildungskraft zugeschrieben[1]). Erst durch diese allen Sinnen gemeinschaftliche, das Mannigfaltige vereinigende Anschauung wird uns eigentlich die Erkenntnis der Körper als Materie im Raume und in der Zeit möglich. Die Empfindungen für sich allein würden uns keine Erkenntnis der Aussenwelt, sondern nur zerstreute einzelne Bilder liefern, und — was besonders wichtig ist — die einzelne Empfindung lässt mich den Gegenstand nur erkennen nach dem, was er für mich, den anschauenden Geist ist; „jene vereinigende Anschauung hingegen zeigt ihn uns so, wie die Gegenstände

---

1) Anthrop. I, 102.

ausser uns in ihrem Verhältnisse gegeneinander sind" [1]). Es gibt also für uns zwei Anschauungsweisen der Außenwelt. „Eine in der Empfindung zeigt uns die Dinge nur nach dem Verhältnis, was sie für den Geist, für das innere Lebendige sind, die andere, daraus abgeleitete hingegen lässt uns eins im Verhältnis zum andern, Materie im Verhältnis zur Materie erkennen. Süß oder bitter, warm oder kalt, rot oder grün ist ein Körper nicht für den andern, sondern nur für mich, den lebendigen Geist. Ton, Duft und Farbe drückt nur das Wesen eines Dinges in seinem Verhältnisse zu mir aus, ein Körper gegenseitig gegen den andern hingegen ist nur Anziehendes und Zurückstoßendes, Bewegliches." Es ergibt sich hieraus, daß es in unserer Vorstellung von der Aussenwelt am Ende auf die Qualitäten aus der Empfindung weit weniger ankommt, als es anfangs scheint. „Daß wir gerade diese Sinne haben, oder daß dem einen das Gehör, dem andern das Gesicht fehlt, trägt so viel nicht aus, denn das wichtigste ist die für jeden gleiche vereinigende Anschauung der materiellen Welt" [2]).

So läßt sich jetzt der Friesische Unterschied von Rezeptivität und Spontaneität, von „Sinn" und „Vernunft", wie er innerhalb der äußern Sinnesanschauungen sich darstellt, klar bestimmen. Die Seite der Rezeptivität ist vertreten durch den „äußern Sinn", der zu den Empfindungen affiziert wird, die der Spontaneität durch die „reine Sinnlichkeit" und die produktive „Einbildungskraft", welch letztere übrigens in der Geschichte des Erkennens erst an einer späteren Stelle weiter zu verfolgen ist [3]).

C. Der innere Sinn.

Zu den „Sinnesanschauungen" im Sinne von Fries gehören aber nicht bloß die äußeren Wahrnehmungen, sondern auch die „innere Selbstanschauung des Geistes" in seinen veränderlichen Tätigkeiten und Affektionen. Im Ge-

---

[1]) N. Kr. I, 171. [2]) N. Kr. I, 103. [3]) N. Kr. I, 102.

gensatz zu den Dingen außer uns im Raume nehmen wir innerlich Vorstellungen, Gefühle und Begehrungen wahr, welche nichts Räumliches enthalten, sondern innere Tätigkeiten des Geistes sind.

Dieses Vermögen der Selbsterkenntnis ist das erste und vorzüglichste aller Geistesvermögen. „Denn nur dadurch leben wir unser eigenes Leben, daß wir auch wieder um das wissen, was wir tun" [1]). Es ist nämlich nicht genug, daß wir wissen, wir müssen auch erst noch wissen, daß uns was wir wissen, wir müssen uns, um davon sprechen zu können, uns unserer Erkenntnisse erst wieder bewußt werden.

Auch hier dient uns der Gegensatz zwischen Rezeptivität und Spontaneität zu weiterer Aufklärung.

Der Selbsterkenntnis unseres Geistes gehört so gut wie der Erkenntnis der Außenwelt ein „Sinn", durch den sie angeregt wird. Wir müssen uns daher einen „inneren Sinn" zuschreiben, durch welchen unsere Selbsterkenntnis sinnliche Anregung empfängt [2]). Innerer Sinn bedeutet also nichts anderes als eine Empfänglichkeit, bei welcher — im Gegensatz zur äußeren Anregung beim äußeren Sinn — die Anregung von innen her erfolgt.

Dies findet nun allerdings nicht bloß im Erkennen, sondern auch in jedem anderen Gebiete des Geisteslebens statt. Viele Lustgefühle und Gemütsbewegungen (wie Freude und Trauer), manche Begierden, manche Bestrebungen werden innerlich sinnlich angeregt [3]). Für unseren jetzigen Zweck aber handelt es sich nur um eine Untersuchung des inneren Sinnes des Erkenntnisvermögens.

---

1) N. Kr. I, 104.
2) N. Kr. I, 110. Anthrop. I, 81.
3) In der Tat führt Fries diesen Gesichtspunkt auch für die anderen Gebiete des Geisteslebens durch. Er unterscheidet z. B. von den sinnlichen Anregungen des Lustgefühls in der Empfindung eine Selbsttätigkeit des Herzens in dem, wie wir fühlen, dass etwas schön oder gut sei (Anthrop. I, 184), einen „sinnlichen Entschluss", der durch augenblickliche Lebhaftigkeit der Begierde bestimmt ist, von dem verständigen besonnenen Entschluß nach Überlegung und Wahl (Anthropologie I, 228).

Die einzelne innere Anschauung entsteht also durch eine unmittelbare Affektion des Geistes zu einer inneren Empfindung. Eben dadurch unterscheiden sich die eigentlichen inneren Sinnesanschauungen einerseits von den „Einbildungen", welche meist nur die Anschauung von nicht gegenwärtigen Gegenständen aus der Erinnerung, aber keine Anschauungen unserer selbst, keine Sinnesanschauungen unserer Tätigkeit enthalten, andererseits von allen willkürlichen Vorstellungsarten, z. B. von der später zu erörternden Reflexion, sofern nämlich die eigentlichen inneren Sinnesanschauungen unwillkürliche, auf Empfindung beruhende Vorstellungen sind, zu denen wir genötigt werden[1]).

Vermöge des inneren Sinns kommt also „über das Verhältnis, daß ich eine Vorstellung oder andere innere Tätigkeit habe, noch das andere hinzu, daß ich mir auch bewußt werde, sie wirklich zu haben"[2]).

Woher kommt nun aber diese Differenz zwischen „Haben" und „Bewußtwerden"? Wie kommt es überhaupt, daß **außer dem bloßen Vorhandensein einer Tätigkeit im Geiste noch eine besondere Empfänglichkeit erfordert wird, damit wir uns derselben bewußt werden können?** Für die unbestimmte Fassung des Begriffs Bewußtsein, für welche Bewußtsein ebensoviel bedeutet, als Vorstellen, besteht jene Differenz allerdings nicht. Denn selbstverständlich ist dann das Haben einer Vorstellung und das Bewußtsein von derselben identisch. Anders aber, wenn wir Bewußtsein der bestimmtesten Bedeutung nach als „innere Wahrnehmung" oder „Perzeption" fassen. Es zeigt sich dann, daß wir allerdings Vorstellungen und andere innere Tätigkeiten haben können, ohne uns ihrer bewußt zu sein. Wir wissen von ihnen nicht durch ihre unmittelbare Gegenwart, sondern nur dadurch, daß wir uns mittelbar ihrer bewußt werden. Solche Vorstellungen heißen dann dunkle im Gegensatz zu den klaren, deren wir uns unmittelbar bewußt sind.

Mit dieser Theorie der dunklen Vorstellungen schließt

---

1) N. Kr. I, 112 f.   2) N. Kr. I, 114.

sich Fries eng, teilweise wörtlich an Kants Anthropologie[1]) an. Er modifiziert dieselbe aber durch seine genauere Untersuchung der Bedingungen, unter denen die dunklen Vorstellungen in das Licht des Bewußtseins treten. Das dunkle Feld unserer Vorstellungen ist bei weitem größer, als das helle, dessen wir uns bewußt sind. Unter der ganzen Menge unserer jedesmaligen Vorstellungen bilden die klaren nur einzelne lichte Punkte in einem unermeßlichen Gebiete des dunklen. Die Gesamtheit dieser lichten Punkte kann man auch den „Horizont der inneren Wahrnehmung" nennen. Die Größe dieses Horizonts der inneren Wahrnehmung, dieses Gesichtsfeldes des inneren Auges, dessen größerer oder kleinerer Umfang einen bedeutenden Unterschied in der Anlage eines Menschen zum Denken ausmacht, steht im umgekehrten Verhältnis zur Schärfe der Auffassung und Unterscheidung. Wie man bei einem Teleskop das Gesichtsfeld immer mehr verkleinern muß, je genauer man sehen, je mehr Vergrößerung man benutzen will, so wird ein enger Horizont der inneren Wahrnehmung die scharfe Unterscheidung und ruhige Beobachtung begünstigen[2]).

Wovon ist nun aber das Eintreten einer Vorstellung in diesen Horizont der inneren Wahrnehmung abhängig? Unter welchen Bedingungen wird eine dunkle Vorstellung in eine klare, d. h. in eine Perzeption verwandelt? Diese Bedingungen sind: einerseits der Grad der Empfänglichkeit des inneren Sinns, andererseits der Grad der Lebhaftigkeit der betreffenden Geistestätigkeiten. Es ist stets ein bestimmter Grad der Stärke oder Lebhaftigkeit einer inneren Tätigkeit, einer Vorstellung, eines Lustgefühls, einer Begierde erforderlich, damit sie den inneren Sinn hinlänglich affizieren, um das Bewußtwerden derselben möglich zu machen. Eine Vorstellung muß also so lange dunkel bleiben, bis sie die Stärke erhält, welche zu dieser Affektion des inneren Sinnes aus-

---

1) Kant, Anthrop. in pragmatischer Hinsicht. § 5. S. W. II, 21.
2) Anthrop. 82, N. Kr. I, 130.

reicht. Diese erforderliche Stärke oder Lebhaftigkeit einer inneren Tätigkeit wird aber in verschiedenen Lebenszuständen verschieden sein, je nachdem der Grad der Empfänglichkeit des inneren Sinnes selbst jedesmal größer oder kleiner ist. Je lebhafter eine Vorstellung ist, desto leichter nehmen wir sie wahr, und je empfänglicher der Sinn ist, desto weniger Lebhaftigkeit der Vorstellungen bedarf er, um sich ihrer doch noch bewußt werden zu können. Nur der lebhaftesten unter unseren sinnlich angeregten Geistestätigkeiten sind wir uns daher in jedem Augenblick bewußt.

Nun stellt aber im Gebiete der inneren Sinnesanschauungen der innere Sinn nur die Seite der Rezeptivität dar. Worin liegt die Spontaneität die auch hier sich finden muß?[1]) Sie liegt in einem von der inneren Sinnlichkeit unabhängigen Vermögen, in dem Vermögen des reinen Selbstbewußtseins oder der Apperzeption. Dieses Bewußtsein meines Daseins, welches durch das Ich bin ausgesprochen wird, und durch welches ich mich als das eine und gleiche Wesen erkenne, dem meine Geistestätigkeiten zukommen, ist in jeder inneren Anschauung enthalten. Diese Vorstellung: Ich bin, wird aber nicht etwa zugleich mit den einzelnen inneren Anschauungen dem Geiste erst gegeben, sondern sie findet unabhängig von jeder einzelnen statt. Sie liegt allen schon in der Vernunft zugrunde, kommt uns aber erst bei Gelegenheit sinnlicher Anregungen zum Bewußtsein, wobei die reine Apperzeption in inneren Empfindungen des inneren Sinnes zu Sinnesanschauungen, zu Wahrnehmungen meiner Tätigkeiten in der Zeit angeregt wird. Die reine Apperzeption ist also eine „Form der inneren Sinnlichkeit, welche in jeder inneren Anschauung empirisch bestimmt wird" [2]).

---

1) In den nicht immer streng systematisch fortschreitenden, teilweise sich wiederholenden Äußerungen von Fries tritt dieser Gegensatz allerdings nicht immer als der beherrschende hervor. Er liegt aber stets zugrunde, was aus gelegentlichen Zusammenfassungen z. B. N. Kr. I, S. 120 sich ergibt.

2) N. Kr. I, 120 ff. Anthrop. I, 79 ff.

Dieses reine Selbstbewußtsein ist aber selbst keine Anschauung, sondern nur ein **unbestimmtes Gefühl**, ein unmittelbares Gefühl unseres Daseins, welches wir aber nur wahrnehmen, wie es in jeder einzelnen Anschauung als empirisches Gefühl bestimmt ist und durch sie angeregt wird. Während in der Anschauung ein Gegenstand, z. B. ein Haus, das ich sehe, als unmittelbar gegeben vorgestellt wird, ist mir in dem Bewußtsein: Ich bin, nur **mein Dasein** unmittelbar gegeben. Ich selbst werde darin nicht angeschaut, sondern nur **beziehungsweise gedacht.** Wo aber der Gegenstand der Erkenntnis nicht unmittelbar selbst gegeben, sondern nur durch ein Verhältnis hinzugedacht wird, da handelt es sich nicht um Anschauung, sondern um Reflexion. Wie ich am Schatten eines Menschen als seiner Wirkung, beziehungsweise durch Reflexion erkennen kann, wer er ist und wo er ist, so kann ich in dem „Ich bin" den Gegenstand Ich beziehungsweise, aber nicht unmittelbar, erkennen, nur daß das Ding hier in Beziehung auf sich selbst, das Objekt des Vorstellens in Beziehung auf das Subjekt desselben vorgestellt wird. Das reine Selbstbewußtsein bestimmt sich seinen Gegenstand also nur durch Denken, und es kommt durch dasselbe nicht eher zur bestimmten Erkenntnis, bis es in irgend einer einzelnen Anschauung unserer Tätigkeit empirisch bestimmt wird. Gerade in diesem Verhältnis der reinen Apperzeption als Form des inneren Sinnes zur inneren Anschauung liegt der große **Unterschied zwischen innerer und äußerer Anschauung.** Auch in der inneren Anschauung wird zwar, wie in der äußeren, ein Mannigfaltiges in der Anschauung gegeben. Aber die Beziehung jeder einzelnen inneren Anschauung auf das schon vorhandene reine Selbstbewußtsein hat zur Folge, „daß der Gegenstand hier nicht so gleichsam aus dem Mannigfaltigen der Anschauungen erst zusammenfließt, wie die Materie in der äusseren Anschauung, sondern daß die einzelne Anschauung schon eine Tätigkeit des Geistes zum Gegenstand hat, indem ich mir darin unmittelbar bewußt werde, was ich denke, will und fühle"[1]). Eine Affektion findet aber auch hier statt. Nur ist es eine „unmittelbare Affektion des Geistes zu einer inneren Empfindung, in welcher ich mich selbst anschaue"[2]).

Suchen wir diesen Begriff der Apperzeption[3]) bei Fries den beiden Standpunkten gegenüber abzugrenzen, an welche er sich in diesem Stück seiner Lehre anlehnt. Leibniz gegenüber, an den sich Fries in der Lehre von den „dunklen Vorstellungen" bewußterweise anschließt[4]), wird nicht schon das „Haben" der Vorstellungen, ihr „Vorhandensein im Geiste" als „Perzeption" bezeichnet, sondern nur das Bewußtsein von denselben. Die Friesische Perzeption ist dann im wesentlichen identisch mit der Leibnizischen „Apperzeption"[5]). Und Fries erweist sich als Schüler Kants in der Vertiefung des Apperzeptionsbegriffs. Auch er scheidet scharf zwischen Apperzeption und innerem Sinn. Auch für ihn gibt es eine Affektion des inneren Sinnes, und steht dem letzteren die reine Apperzeption als Spontaneität, als „durchgängige Identität unserer selbst", als ursprüngliches Selbstbewußtsein gegenüber, durch welche das gegebene Mannigfaltige in der Empfindung erst zu einer inneren Tätigkeit des Geistes wird. Und die „reine Apperzeption" wird nicht etwa, wie die gewöhnliche rein empiristische Interpretation der Friesischen Philosophie vermuten lassen könnte, mit dem empirischen Bewußtsein identifiziert. Unter dem Vermögen des „empirischen Bewußtseins" versteht er vielmehr die „innere Sinnlichkeit"[6]). Will Kant die Apperzeption als „logisches (reines) Bewußtsein" von dem innern „Sinn" als psychologischem (angewandtem) streng geschieden wissen[7]), so stimmt Fries sachlich damit völlig

---

1) N. Kr. I, 124.   2) N. Kr. I, 125.

3) In der Psych. Anthropologie ersetzt Fries im Anschluss an van Calker das Wort „Apperzeption" mit einem unglücklichen Versuch der Verdeutschung durch „Vernehmung".

4) Anthrop. I, 78.

5) Leibniz, Nouveaux essais, Livre II, Chap. IX, Ausg. von Gerhardt 5, 121. Monadologie 14.

6) N. Kr. I, 114.   7) Kant, Anthropologie. S. W. VII, 30.

überein, sofern das Beiwort „logisch" den von aller empirisch-psychologischen Untersuchung unabhängigen Erkenntniswert der Apperzeption hervorheben soll. Die „reine Apperzeption" ist auch nach Fries ein von allen empirischen Bestimmungen, durch welche es angeregt wird, unabhängiges Vermögen, eine „eigene Spontaneität des Geistes"[1]), ein „reines Selbstbewußtsein", in welchem — völlig übereinstimmend mit einer Äußerung Kants — nicht, w a s ich bin, sondern nur, d a ß ich bin, ausgesagt wird[2]). Näher bezeichnet dieselbe Fries, indem er einer Andeutung Kants, daß die in der ursprünglichen Apperzeption gegebene Vorstellung „Ich" „dunkel" sein könne[3]), eine bestimmtere Form gibt, als ein unmittelbares, aber unbestimmtes „Gefühl meines Daseins".

Die Differenz beginnt aber schon beim innern Sinn. Zwar ist bei der Affektion des innern Sinns auch für Fries, wie für Kant[4]), zuletzt die „angeschaute Tätigkeit" selbst das Affizierende, wenn auch in der inneren Anschauung selbst „das Nötigende, was uns affiziert", nicht vorkommt, sondern nur aus dem Zusammenhang der inneren Erfahrung heraus nachträglich erschlossen wird[5]). Aber für Kant ist diese Art des Zustandekommens der inneren Anschauung der Grund, daß wir uns selbst nicht wie wir an uns selbst sind, sondern nur, wie wir uns erscheinen, erkennen. Wie wir die äußeren Objekte nur insofern erkennen, als wir äußerlich affiziert werden, so müssen wir auch vom inneren Sinn

---

1) N. Kr. I, 120.
2) N. Kr. I, 121. Vgl. Kritik d. reinen Vernunft S. 676: „Dagegen bin ich mir meiner Selbst in der transzendentalen Synthesis des Mannigfaltigen der Vorstellungen überhaupt, mithin in der synthetischen ursprünglichen Einheit der Apperzeption bewußt, nicht wie ich mir erscheine, noch wie ich an mir selbst bin, sondern nur dass ich bin."   3) Kr. d. r. V. 128. Anm.
4) In der für Fries in Betracht kommenden 2. Auflage der Kr. d. r. V. 674: „Der Verstand findet also in diesem [im inneren Sinn] nicht etwa schon eine dergleichen Verbindung des Mannigfaltigen, sondern bringt sie hervor, indem er ihn affiziert."
5) N. Kr. I, 125f.

zugestehen, „daß wir dadurch uns selbst nur so anschauen, wie wir innerlich von uns selbst affiziert werden, d. i. was die innere Anschauung betrifft, unser eigenes Subjekt nur als Erscheinung, nicht aber nach dem, was es an sich selbst ist, erkennen" [1]. Nach Fries ist zwar auch die innere Empfindung durch Affektion bedingt, aber sie ist doch das Mittel, mir das unbedingt Gültige zum Bewußtsein zu bringen [2]).

Für beide wird hier die Stellung zu den psychologischen Grundlagen zu einem charakteristischen Bestandteil des Systems. Kant, der die Erkenntnisprinzipien von aller empirisch-psychologischen Begründung freihalten will, entwertet die innere Wahrnehmung als Vergegenwärtigung bloßer Erscheinung und nicht eines wirklichen inneren Seins [3]), und entrückt das oberste Erkenntnisprinzip, die synthetische ursprüngliche Einheit der Apperzeption, in eine höhere Sphäre, die er näher nur dahin charakterisiert, daß er sagt, in jener synthetischen Einheit der Apperzeption werde ich mir bewußt, „nicht wie ich mir erscheine, noch wie ich an mir selbst bin, sondern nur daß ich bin". Für Fries, der philosophisch-anthropologisch vorgeht, ist der „empirische Lebenszustand meines Geistes" „die einzige Quelle, aus der ich meine Selbstkenntnis schöpfen kann" [4]). Nochmals muß aber betont werden, daß damit die reine Apperzeption selbst keineswegs empirisch begründet wird. Sie ist nach Fries vielmehr eine der genauern psychologischen Analyse nicht einmal zugängliche unmittelbare und ursprüngliche Spontaneität des Geistes.

Gerade jene Unmittelbarkeit der reinen Apperzeption ist es nun, an welcher die von Fries selbst an Kants Apperzeptionsbegriff geübte Kritik einsetzt, eine Kritik, welche,

---

1) Kr. d. r. V., 675, 673, 676 (vgl. Cohen, Kants Theorie der Erfahrung. 2. A. 1885, S. 333 ff.).
2) N. Kr. I, 127.
3) Vgl. auch Kr. d. r. V. 676: „Das Bewußtsein seiner selbst ist also noch lange nicht eine Erkenntnis seiner selbst."
4) N. Kr. I, 128.

um der späteren Besprechung der transzendentalen Deduktion nicht vorzugreifen, hier nur kurz berührt werden kann, soweit sie zur Vervollständigung der Lehre vom innern Sinn unentbehrlich ist.

Nach Fries soll es einer der Grundfehler der Kantischen Theorie sein, daß er die Zusammenfassung aller Erkenntnisse in eine Einheit der Selbstbeobachtung mit der unmittelbaren Einheit alles Erkennens, den denkenden Verstand als Reflexionsvermögen mit der unmittelbaren Vernunft verwechselte. Die Kantische Synthesis sei die Handlung des Verstandes, eine Vorstellung zu der andern hinzuzusetzen und beide in einem Bewußtsein zu vereinigen, was nur die Reflexion tue. Die Kantische Synthesis sei also nichts als ein Akt des Reflexionsvermögens, eine Wiederholung, deren Original er nicht kenne [1]).

Fries sieht dieses Original in einer unmittelbaren Synthesis, welcher gegenüber die Einheitsformen des Bewußtseins nur abgeleiteter Natur sind. Er unterscheidet dreierlei Bedeutungen des Wortes Apperzeption: Reine Apperzeption nennt er das „reine Selbstbewußtsein, welches durch die Reflexion: Ich bin, oder ich denke, ausgesprochen wird, die Form des innern Sinnes ist, und jeder innern Anschauung das Ich als den einen und gleichen denkenden Gegenstand bestimmt", transzendentale Apperzeption das „Ganze der unmittelbaren Erkenntnis unserer Vernunft", und ursprüngliche formale Apperzeption die „unmittelbare Form jenes Ganzen", in welcher das Gesetz der Apodiktizität, der Quell aller einzelnen Formen der Einheit liegt, welche die Reflexion auffaßt [2]). Die beiden letzten Arten werden uns später beschäftigen. Die erste haben wir als die dem inneren Sinn als Rezeptivität entsprechende Spontaneität der Vernunft kennen gelernt. Er will sie genau von der dritten Art unterschieden wissen, aus welcher die einzelnen Einheitsformen entspringen und

---

1) N. Kr. II, 64, 66.   2) N. Kr. II, 64 f.

tadelt Kant, daß er die letztere, die ursprüngliche formale Apperzeption mit dem reinen Selbstbewußtsein vermengt habe¹). Für ihn ist die „reine Apperzeption" die Form des „inneren Sinns", die jeder inneren Anschauung das Ich als den einen und gleichen denkenden Gegenstand bestimmt.

---

1) Auf Grund der 2. Auflage der Kritik der reinen Vernunft, an welche sich Fries hält, und in welcher erst die Einheit des Bewußtseins ausdrücklich als Einheit der Kategorien bezeichnet wird. Vgl. Cohen, Kants Theorie der Erfahrung. 2. A. 1885, 316 f.

Kapitel IV.

Die Einbildungskraft.

A. Anschauung, Denken und Einbildung.

In den „Sinnesanschauungen" ist mir nur das Veränderliche meines Seelenlebens gegenwärtig. Das in der inneren Anschauung Gegebene ist in beständiger Veränderung im Abfluß durch die Zeit. Es müssen daher diejenigen Tätigkeiten, die sich unmittelbar sollen wahrnehmen lassen, in stetigem Abfluß von Veränderungen vorkommen. Nur bei Gelegenheit von Affektionen nehme ich in der inneren Empfindung meine Tätigkeit wahr. Nur die einzelnen veränderlichen, empirischen Bestimmungen des Selbstbewußtseins fallen in die innere Anschauung; und von diesen, wie wir gehört haben, nur diejenigen, welche Stärke genug besitzen, um den inneren Sinn hinlänglich zu affizieren. Nur eines kleinen Teils meiner Tätigkeiten, nämlich der allerlebhaftesten, bin ich mir in jedem Augenblick meines Seelenlebens bewußt [1]).

Fries nennt die Gesamtheit der sinnlich angeregten lebhaftesten Tätigkeiten, die unmittelbar ins Bewußtsein fallen, den „empirischen Lebenszustand" [2]) des Geistes.

---

1) N. Kr. I, 127. 126. 119.
2) N. Kr. I, 128. 133. Dieser Begriff ist jedoch nicht überall streng festgehalten, wie überhaupt dieser Übergang zur Erörterung über die Einbildungskraft an Schärfe des Gedankengangs zu wünschen übrig lässt. I, 134 heisst es: „Was nun ausser diesen [den Sinnesanschauungen] zum empirischen Lebenszustand gehört, nennen wir im allgemeinen den Gedankenlauf", während doch der Gedankenlauf, entgegen obiger Begriffsbestimmung des empirischen Lebenszustandes, auch die nicht unmittelbaren „willkürlichen Vorstellungen der Reflexion" einschließt.

Kapitel IV.

Das Gebiet der andern „mir unmittelbar unbewußten Tätigkeiten" ist übrigens das bei weitem größere. Wir müssen nun weiter annehmen, daß ein Teil dieser letzteren in einem anderen Augenblick unter günstigeren Bedingungen, nämlich dann, wenn der innere Sinn empfänglicher ist, oder den betreffenden Vorstellungen größere Lebhaftigkeit zukommt, ebenfalls unmittelbar zur Anschauung kommen kann [1]).

Ein anderer Teil dieser unbewußt bleibenden Tätigkeiten aber kann überhaupt nicht zur unmittelbaren Anschauung gelangen. Wäre unser Inneres nur beständige Veränderung, beständiges Wechseln unserer Tätigkeit, ein augenblickliches Erscheinen und Verschwinden von Vorstellungen, Begehrungen u. s. w., so würde es nur ein widersinniges Spiel äußerer Eindrücke darstellen, ohne alle Selbständigkeit. Es muß aber doch etwas unabhängig von den wechselnden Eindrücken da sein, worauf diese Eindrücke erst gemacht werden. Es muß etwas Beharrliches, im Wechsel Bleibendes zugrunde liegen. Gerade dies aber, alle dauernde innere Tätigkeit, alles Beharrliche der inneren Erfahrung kann nicht unmittelbar zur Anschauung kommen, sondern wird erst mittelbar durch die zur Anschauung hinzukommende Reflexion erkannt [2]). Erst der reflektierende Verstand bringt uns diese nicht anschaubaren bleibenden Grundlagen unseres geistigen Lebens zum Bewußtsein.

---

1) Dieser Umstand wird von Fries in diesem Zusammenhang nicht berücksichtigt, ergibt sich aber aus seiner Auffassung des Verhältnisses der dunklen und klaren Vorstellungen. Wir müssen uns ja vorstellen, „daß unser ganzes Wissen jederzeit im Geiste gegenwärtig ist, daß aber in jedem Augenblick nur sehr wenige Vorstellungen die gehörige Stärke haben, um für sich zum Bewußtsein zu gelangen d. h. wahrgenommen zu werden". N. Kr. I, 138f.

2) N. Kr. I, 119. 127. 138 f. 249. Auch hier wird die ohne Einschränkung ausgesprochene Behauptung gelegentlich in unbestimmter Weise eingeschränkt. Vgl. I, 138: „Nur die lebhaftesten Veränderungen affizieren den inneren Sinn hinlänglich, wir nehmen daher nur eine Reihe von Veränderungen in unseren Vorstellungen wahr, hingegen die ruhig fortdauernden sind meistenteils dunkel."

So tritt zur Anschauung als zweite Erkenntnis das
Denken. Wir erkennen entweder intuitiv durch Anschauung oder diskursiv durch Begriff und Urteil. Die Anschauung ist eine unmittelbare Erkenntnis des Gegenstandes, wobei der Gegenstand als gegeben vorgestellt wird. Die diskursive Erkenntnis dagegen ist eine mittelbare Vorstellung durch allgemeine Regeln und Gesetze, deren genauere Feststellung sich die Logik zur Aufgabe macht.

Ehe wir aber zu dieser letzteren übergehen, haben wir zu berücksichtigen, daß es neben diesen beiden Hauptelementen, aus welchen die Erkenntnis eigentlich im Geiste entspringt, noch andere innere Zustände und Veränderungen der Vorstellungen im Geiste gibt, welche das Vorhandensein, den Wechsel und das wechselseitige Spiel der Vorstellungen in unserem Innern betreffen. Sie „gehören für sich weder dem anschauenden Erkennen noch dem Denken, sondern sie machen nur einen Mechanismus innerer Veränderungen aus, wo die im Geiste schon vorhandenen Vorstellungen weiter aufeinander einwirken"[1]. Es gibt zwar innerhalb dieses zwischen Sinnesanschauungen und Reflexion liegenden Gebietes neben den willkürlich hervorgerufenen Vorstellungen und Vorstellungsverbindungen auch unwillkürliche. Aber auch diese gehören dem Sinn in eigentlicher Bedeutung nicht an, da auch bei ihnen keine Affektion zur Empfindung stattfindet[2].

An das, was ich einmal gehört oder gesehen habe, kann ich mich nachher willkürlich oder unwillkürlich erinnern. Oder, wenn ich ein Ding gesehen habe, kann ich mir nach einer bloßen diskursiven Beschreibung die anschauliche Vorstellung eines ähnlichen selbst entwerfen. Ich kann mir z. B., wenn ich nur einen gemeinen Bären gesehen habe, nach einer bloßen Beschreibung einen Eisbären vorstellen. Auch können die so gewonnenen Vorstellungen in Beziehungen zu einander treten und mannigfache Verbindungen mit einander eingehen, so daß ein inneres Spiel der

---

1) N. Kr. I, 133 f.   2) N. Kr. I, 134.

Vorstellungen entsteht, das sich unabhängig von den unmittelbaren Sinnesempfindungen selbst erhält. In allen diesen Fällen haben wir zwar eine Anschauung des Gegenstandes, aber **ohne daß der Gegenstand selbst gegenwärtig ist**. Während wir in der Sinnesanschauung den Gegenstand als gegenwärtig erkennen, schauen wir ihn hier nur in der **Einbildung** an. Wir haben also neben der Sinnlichkeit und dem Verstande ein mittleres Gebiet zu unterscheiden, dasjenige der **Einbildungskraft**[1]).

Fries faßt nun alles, was zu dem allein unmittelbar in die Anschauung fallenden „empirischen Lebenszustand" an Vorstellungen hinzukommt, unter dem Namen „**Gedankenlauf**" zusammen. Dieser Gedankenlauf entspringt, wie sich jetzt aus dem Bisherigen ergibt, „teils aus unwillkürlichen Gesetzen des inneren Spiels der Vorstellungen", teils aus der willkürlichen Reflexion. Fries teilt daher (wobei er sich der Abhängigkeit von Platner bewußt ist)[2]) den Gedankenlauf in den **gedächtnismäßigen** der Einbildungskraft und in den **logischen** des Verstandes. Der erstere wird auch als „unterer", der letztere als „oberer" bezeichnet[3]).

Naturgemäß spielen beide ineinander über. Der Verstand verbreitet seine Tätigkeit über den ganzen Lauf unserer Gedanken. Er bestimmt daher mittelbar auch die Gesetze des gedächtnismäßigen Gedankenlaufs nach seinen Zwecken. Wenn also in den Vorstellungen des gedächtnismäßigen Gedankenlaufes schon vieles von unserer willkürlichen Bestimmung abhängig gefunden wird, so darf uns dies nicht irren. Wir haben nur stets das Gesetz im Auge zu behalten, nach welchem die jedesmaligen Veränderungen erfolgen. „Da gehören denn nur solche Gesetze dem gedächtnismäßigen Gedankenlauf und der Einbildungskraft, nach welchen Vorstellungen innerlich unwillkürlich bewirkt oder modifiziert werden, das übrige hingegen gehört dem logischen Gedankenlaufe"[4]).

---

1) N. Kr. I, 83 f. 134. 146.   2) N. Kr. I, 135.
3) N. Kr. I, 51.   4) N. Kr. I, 136.

Wir verstehen nun, wie Fries einerseits das Gebiet der Einbildungskraft als ein „weites Feld innerer Tätigkeit" bezeichnet, „welches zum Teil von willkürlichen Bestimmungen abhängt, zum Teil auch nicht"[1]), andrerseits den damit zusammenfallenden „gedächtnismäßigen Gedankenlauf" aus unwillkürlichen Gesetzen des inneren Spiels der Vorstellungen entspringen läßt[2]). Das Willkürliche an diesen „willkürlichen Bestimmungen" rührt nicht von der Einbildungskraft her, sondern vom Verstand, der die Rückerinnerung willkürlich lenkt oder auf künstlichem Wege eine willkürliche Kombination der Vorstellungen herbeiführt[3]).

Im einzelnen haben wir von dem Gesamtbeitrag, welchen die Einbildungskraft zum Ganzen der Erkenntnis liefert, nur kurz die Bedeutung der reproduktiven Einbildungskraft zu charakterisieren, um dann zu dem Hauptpunkt, zu der produktiven Einbildungskraft überzugehen und zuletzt einen Überblick über das Zusammenwirken verschiedener Formen der Einbildungskraft zu geben.

B. Die reproduktive Einbildungskraft.

Einbildungen sind Anschauungen von Gegenständen ohne deren Gegenwart. Sollen solche Anschauungen möglich sein, so muß es eine Fähigkeit des menschlichen Geistes geben, die durch äußere Wahrnehmungen hervorgerufenen Vorstellungen aufzubewahren. Diese Fähigkeit ist das Gedächtnis. Das Gedächtnis ist also nichts anderes als das Vermögen, einmal gehabte Vorstellungen aufzubewahren.

Nun haben wir aber jederzeit viele Vorstellungen im Gedächtnis, welche so schwach sind, daß wir uns ihrer zu einer bestimmten Zeit vielleicht mit aller Mühe nicht erinnern können, während sie uns ein andermal ungerufen einfallen. Wir müssen also auch hier die Regel des Vorhandenseins der inneren Tätigkeiten noch wohl von der Regel, nach der sie innerlich wahrgenommen werden, unter-

---

1) N. Kr. I, 134.   2) N. Kr. I, 82.   3) N. Kr. I, 264.

scheiden. Das Wiederhervorkommen der verschwundenen Vorstellungen ist, für sich betrachtet, ein bloßes Phänomen vor der inneren Wahrnehmung, welches dem inneren Sinn angehört. Es war die Einseitigkeit aller bisher versuchten Theorien, daß man nur bei diesem Phänomen vor dem innern Sinn stehen blieb, und man nannte diese Erscheinungen mit Unrecht eine Reproduktion oder Wiedererzeugung der Vorstellungen, da dieses bloße Wiedererscheinen derselben gar keine neue Erzeugung derselben voraussetzt, sondern nur ein Wiederklarwerden der dunklen, aber stets vorhandenen Vorstellungen ist, das, wie wir wissen, einerseits von der erhöhten Empfänglichkeit des innern Sinnes, andererseits von der erhöhten Lebhaftigkeit der Vorstellungen abhängt.

Enthält also das Gedächtnis nur den Grund der Fortdauer der Vorstellungen, der innere Sinn den Grund dessen, daß wir uns ihrer bewußt werden, so bringt die **reproduktive Einbildungskraft** die Gesetze hinzu, nach denen jenes beständige Steigen und Fallen ihrer Lebhaftigkeit verursacht wird, und von welchen also, neben gewissen sehr fein abgestuften körperlichen Einflüssen der Laune und Gesundheit und neben den später zu erörternden Beiträgen, welche die produktive Einbildungskraft liefert, der „gedächtnismäßige Gedankenlauf" abhängig ist [1]).

Die einzelnen Gesetze dieser „reproduktiven Einbildungskraft" oder „der Stärkung und Schwächung verschiedener Vorstellungen durcheinander" haben für uns kein weiteres Interesse. Sie sollen sich nach Fries in zwei Arten von Erscheinungen zusammenstellen lassen: Die Phänomene der Wiederverstärkung der Vorstellungen durch **Assoziation** und den Einfluß der **Gewohnheit** auf das innere Spiel unserer Vorstellungen [2]). Die Koordination beider ist keine vollständige. Wir erinnern uns, daß mit dem Wort „Gewohnheit" ja auch die durch die Einbildungskraft vertretene Ausbildungsstufe überhaupt bezeichnet wurde. Es umfaßt in diesem weiteren Sinne das ganze Ge-

---

1) N. Kr. I, 136 f. 145. 151.   2) N. Kr. I, 148 f.

biet des „gedächtnismäßigen Gedankenlaufs". Gewohnheit heißt nach Fries der „Einfluß, welchen die Wiederholung derselben aktiven oder passiven Zustände irgend eines Wesens auf die künftige Wiederentstehung dieses Zustandes hat, und dieser Einfluß besteht in der größeren Leichtigkeit, womit dieselben Veränderungen später wieder erfolgen." Gewohnheit ist daher in dieser weiteren Bedeutung „ein so allgemeines Gesetz, daß ihr Gebiet nicht nur das ganze innere Leben ist, sondern auch noch ein großer Teil der äußeren Natur [1]). Sie gibt daher auch kein eigenes positives Prinzip zur Einbildungskraft hinzu. Die Gesetze der Assoziation sind vielmehr die alleinigen Grundgesetze ihres reproduktiven Vermögens, und das Gesetz der Gewohnheit in seiner besonderen Anwendung auf die Vorstellungen ist eigentlich nur ein besonderer Fall der Assoziation der Vorstellungen, der sich in die Formel fassen läßt: „Je öfter und mit je größerer Lebhaftigkeit Vorstellungen in einem Lebenszustande beisammen gewesen sind, desto leichter erwecken sie sich wieder aufs neue" [2]).

Glücklicher als mit dieser Fassung des Verhältnisses von Gewohnheit und Assoziation ist Fries mit einer Beobachtung, durch welche er die Bedeutung der Gewohnheit für das Verhältnis des logischen zum gedächtnismäßigen Gedankenlauf einleuchtend hervorhebt. Die innere Wirkung der Gewohnheit auf unsere Tätigkeiten beruht ganz augenscheinlich darauf, daß eine Tätigkeit uns mechanisch wird, „daß wir in Rücksicht derselben keinen äußern Anstoß brauchen, und nicht über das einzelne derselben erst nachdenken dürfen, sondern daß sich alles gleichsam von selbst ergibt", was sich z. B. beim Auswendiglernen oder beim Erlernen irgend einer Fertigkeit leicht bemerken läßt. Stets kommt es hier darauf an, sich in Rücksicht einer Handlung nur im allgemeinen zu bestimmen, im einzelnen aber die bewußte Verstandestätigkeit außer Aktivität zu setzen, und die Handlung nur durch den Mechanismus

---

1) N. Kr. I, 166.   2) N. Kr. I, 169.

der Vorstellungsassoziation erfolgen zu lassen, wo sie den Unterbrechungen und Fehlgriffen des willkürlich tätigen Verstandes nicht mehr ausgesetzt ist. „Es trifft hier dasselbe Verhältnis ein, nach dem ein Nachtwandler im Schlafe größere Geschicklichkeiten beweist, als er wachend imstande ist, nach dem der einfache Naturinstinkt Tiere oft fleißiger arbeiten läßt, als Menschen der künstliche Verstand, indem der einfache Mechanismus der sich selbst überlassenen Assoziation regelmäßiger wirkt, als die einer willkürlichen Regel folgende Willkür des Verstandes" [1]. Auch dadurch wird bestätigt, daß die Gewohnheit, kein eigenes positives Prinzip neben der Einbildungskraft ist, vielmehr ihre Leistung nur darin besteht, daß sie einen besonderen Einfluß auf die Assoziation übt. In Wirklichkeit sind die Gesetze der Assoziation die alleinigen Grundgesetze des reproduktiven Vermögens der Einbildungskraft.

C. Die produktive Einbildungskraft.

Die Friesische Lehre von der produktiven Einbildungskraft schließt sich zunächst eng an Kant an, modifiziert dieselbe aber an einigen Punkten und gibt ihr zuletzt eine entschiedene Wendung im Sinne der spezifisch Friesischen Unterscheidung zwischen unmittelbarer Erkenntnis und Reflexion.

I. Die Kantische Lehre von der produktiven Einbildungskraft und ihre Modifikation durch Fries.

Für Kant bildet den eigentlichen Ausgangspunkt seiner Lehre von der produktiven Einbildungskraft [2]) das, was er

---

[1]) N. Kr. I, 168 f.
[2]) Auf die wechselnde Rolle, welche die produktive Einbildungskraft in den verschiedenen Darstellungen der transzendentalen Deduktion der Kategorien spielt, haben wir hier nicht einzugehen (vgl. dazu H. Vaihinger: Aus zwei Festschriften, Kantstudien VII, 1902, S. 105ff.). Für die vorliegenden Ausführungen ist ausschließlich die bedeutsame

die „Affinität" der Erscheinungen nennt. Vermöge der reproduktiven Einbildungskraft sind wir imstande, Vorstellungen zu assoziieren. Es wäre nun aber wohl denkbar, daß die Vorstellungen, in denen wir uns die Erscheinungen vergegenwärtigen, überhaupt nicht assoziabel wären. Es würde dann eine Menge Wahrnehmungen und auch wohl eine ganze Sinnlichkeit möglich sein, in welcher viel empirisches Bewußtsein in meinem Gemüt anzutreffen wäre, aber getrennt, und ohne daß es wirklich zum Bewußtsein meiner selbst gehörte. Ich kann aber nur dadurch, daß ich alle Wahrnehmungen zu einem Bewußtsein, nämlich der ursprünglichen Apperzeption zähle, überhaupt von ihnen sagen, dass ich mich ihrer bewußt sei. Es muß also einen objektiven, d. h. vor allen empirischen Gesetzen der Einbildungskraft a priori einzusehenden Grund geben, auf welchem die Möglichkeit beruht, die Wahrnehmungen als assoziabel und nach allgemeinen Regeln durchgängig verknüpfbar anzusehen. Diesen objektiven Grund aller Assoziation der Erscheinungen nennt Kant die Affinität derselben und leitet sie ab von der Tätigkeit der produktiven Einbildungskraft, die als eine „blinde, obgleich unentbehrliche Funktion der Seele, der wir uns aber selten nur einmal bewußt sind", jene objektive Einheit alles Bewußtseins hervorbringt, ohne die wir überhaupt keine Erkenntnis haben würden. Sie ist es daher, durch welche wir das Mannigfaltige der Anschauung einerseits mit der Bedingung der notwendigen Einheit der reinen Apperzeption andererseits in Verbindung bringen. Ohne sie wären die Kategorien bloße Gedankenformen, durch welche kein bestimmter Gegenstand erkannt werden könnte, die Erscheinungen aber ein zusammenhangsloses Aggregat von Wahrnehmungen, das bloß Mannigfaltigkeit, aber keine Einheit besäße und daher jede Erfahrungserkenntnis unmöglich machen würde. Die „beiden äußersten Enden, Sinnlichkeit und Verstand", müssen daher „vermittelst dieser tran-

Stellung maßgebend, welche ihr Kant in der nun tatsächlich vorliegenden Redaktion seiner Kritik anweist.

szendentalen Funktion der Einbildungskraft notwendig zusammenhängen"[1]).

Auch Fries weist der produktiven Einbildungskraft eine Mittelstellung zwischen Sinnlichkeit und Verstand an. Auch er betont wie Kant[2]) die Abhängigkeit der **produktiven** Einbildungskraft in Ansehung des Stoffs von der **reproduktiven**. So reich und unerschöpflich die produktive Einbildungskraft auch sein mag, so besteht doch alles Neue, was sie hervorzubringen vermag, nur in der Zusammensetzung und Verbindung der Vorstellungen, in einer neuen Form der Gegenstände; eigentlich schöpferisch wird sie nie. Von einem Schmerz, den ich nie empfunden habe, oder von einer Farbe, die ich nie gesehen habe, kann ich mir auch keine Einbildung schaffen[3]).

Aber eine Modifikation des Verhältnisses beider ist schon damit gegeben, daß Kant in derjenigen Ausgestaltung seiner Lehre von der Einbildungskraft, welche die zweite Ausgabe der Kritik der reinen Vernunft darbietet, die reproduktive Einbildungskraft, deren reproduktive Synthesis er noch in dem Abschnitt der ersten Auflage „von der Deduktion der reinen Verstandesbegriffe" zu den „transzendentalen Handlungen des Gemüts" gerechnet hatte[4]), in die Psychologie verweist, da ihre Synthesis lediglich empirischen Gesetzen, nämlich denen der Assoziation, unterworfen sei. Dagegen gehört die produktive Einbildungskraft als transzendentales Vermögen, das die Möglichkeit einer Erkenntnis a priori begründet, in die Transzendental-

---

1) Kritik der reinen Vernunft, Ausg. v. Kehrbach S. 133. 131 ff. 129. 95. 671 ff.

2) Anthropologie VII, 63: „Die produktive [Einbildungskraft] aber ist dennoch darum nicht **schöpferisch**, nämlich nicht vermögend, eine Sinnesvorstellung, die vorher unserem Sinnesvermögen nie gegeben war, hervorzubringen, sondern man kann den Stoff zu derselben immer nachweisen", vgl. auch „Reflexionen Kants zur kritischen Philosophie" herausg. v. B. Erdmann I, 91: „Die Einbildungskraft ist nicht produktiv in Ansehung der Empfindungen, sondern bloß [in Ansehung der] Anschauungen."

3) N. Kr. I, 147.   4) Kritik der reinen Vernunft S. 117.

philosophie ¹). Für die von Fries vertretene, die ganze Vernunftkritik beherrschende philosophisch-anthropologische Methode fallen beide Vermögen völlig in das Gebiet der „anthropologischen Kritik der Vernunft" und sind Objekte der psychologischen Behandlungsweise.

Eine weitere Modifikation der Friesischen Fassung der produktiven Einbildungskraft in ihrem Verhältnis zur Kantischen ergibt sich aus ihrem Verhältnis zu Raum und Zeit. Bei Kant erhält die produktive Einbildungskraft ihre Stellung erst in der transzendentalen Deduktion, in deutlich ausgeprägter Weise erst in der Fassung der zweiten Auflage. Nachdem zuerst Sinnlichkeit und Verstand als das den ganzen Gedankengang beherrschende Gegensatzpaar gegolten haben, tritt nun die Einbildungskraft als Mittelglied ein. Sofern aber dem produktiven Vermögen derselben die Aufgabe zugewiesen wird, durch eine unbewußte Synthesis des Mannigfaltigen der sinnlichen Anschauung die Möglichkeit „einer Assoziation der Erscheinungen" objektiv zu begründen, gehört sie nach der einen Seite ihrer Grundfunktion zur Sinnlichkeit ²) und hätte eigentlich bereits in der Lehre vom Raum und von der Zeit ihre Stelle. Auch nach Kant ist es die produktive Einbildungskraft, welche die Gestalten im Raum verzeichnet ³), und ihr Produkt sind geometrische Figuren, wie z. B. das Dreieck ⁴). Aber es verhält sich bei Kant mit diesem produktiven Vermögen wie mit der aktiven Seite der Sinnlichkeit überhaupt. Wie die Sinnlichkeit erst in der transzendentalen Analytik als aktives Prinzip erscheint, das mit dem Verstand unter den allgemeinen Begriff der Synthesis als der spontanen Einheit des Mannigfaltigen fällt ⁵), ohne daß darnach die transzendentale Ästhetik, für welche der Gegensatz Sinnlichkeit — Verstand mit dem von Rezeptivität und Spontaneität zusammenfällt, umgestaltet würde, so spielt auch die produk-

---

1) Kr. d. r. V. S. 673.   2) Kr. d. r. V. S. 672.
3) a. a. O. S. 155.   4) a. a. O. S. 206.
5) Windelband, Geschichte der neueren Philosophie. 2. Aufl. II, S. 57. Geschichte der Philosophie, 2. Aufl., 1900, S. 439 (Anmerk.).

tive Einbildungskraft ihre Rolle nur als ein nachgeborenes Kind der Kantischen Systematik, ohne daß ihre Bedeutung für die Lehre von Raum und Zeit in den grundlegenden Ausführungen zur Geltung kommt.

Anders bei Fries. Bei ihm erscheint die produktive Einbildungskraft sofort als das „Vermögen der anschaulichen Verbindung", der mathematischen Anschauung oder der formalen Anschauung, der z. B. die Vorstellungen von der Größe, Lage und Gestalt der Dinge im Raum angehören. Ihr scharf umgrenztes Gebiet ist das Gebiet der reinen Mathematik in ihrem ganzen Umfange. Während die reproduktive Einbildungskraft ihren Einfluß nicht bloß auf das Anschauliche beschränkt, ist die produktive ein bloßes Vermögen der Form an der Anschauung. Als solches trat sie schon bei der Betrachtung der äußeren Sinnesanschauungen hervor. Von ihr stammt die vereinigende Anschauung, durch welche uns die Erkenntnis der Körper als Materie im Raume und in der Zeit erst möglich wird. Während mich nämlich die einzelne Empfindung den Gegenstand nur erkennen läßt nach dem, was er für mich, den anschauenden Geist, ist, zeigt ihn uns jene vereinigende Anschauung so, wie die Gegenstände außer uns in ihrem Verhältnisse gegeneinander sind. Die anschauliche synthetische Einheit der Dinge in Raum und Zeit ist also das Eigentum der produktiven Einbildungskraft[1].

Fries bespricht daher auch die Lehre von Raum und Zeit in demjenigen Teil seiner „Neuen Kritik der Vernunft", welcher von der produktiven Einbildungskraft handelt. Von den drei Bedingungen, welche in jeder vollständigen Anschauung als sinnlicher Erkenntnis zusammenkommen, erstens der Empfindung, zweitens der Beziehung der Anschauung in der Empfindung auf die Vorstellungen von Raum und Zeit und drittens der Verbindung oder synthetischen Einheit des in der Anschauung gegebenen Mannigfaltigen vermittelst der Beziehungen desselben auf die Vor-

---

1) N. Kr. I, 146 f., 170 ff.

stellungen von Raum und Zeit, fallen die beiden letzteren in das Gebiet der produktiven Einbildungskraft.

So werden zuerst die Vorstellungen von Raum und Zeit näher betrachtet und als Ergebnis der Satz aufgestellt: „Die Anschauungen von Raum und Zeit entspringen nicht durch die Empfindung und deren Sinnesanschauungen, sondern aus einer Grundbestimmung des Geistes, welche nicht erst durch die Empfindung gegeben wird, und die Anschauung derselben unterscheidet sich als reine Anschauung von aller Sinnesanschauung" [1]). Der Beweis hierfür wird für

---

1) N. Kr. I, 177. Auffallend ist, wie Fries in diesem Zusammenhang, wie in seiner Erkenntniskritik überhaupt den Kantischen Terminus a priori fast völlig vermeidet. Dieser Umstand wird uns verständlicher, wenn wir die Ausführungen in Betracht ziehen, mit welchen er in seinem System der Logik, S. 322 f., die Erkenntnis a posteriori und a priori charakterisiert, und deren wenig glückliche Formulierung sie für eine zentrale Stellung in der Erkenntnislehre wenig brauchbar erscheinen läßt. Die Einteilung der Erkenntnisse in Erkenntnis a posteriori und a priori soll sich aus der Verbindung des Unterschiedes der intuitiven und diskursiven Erkenntnis mit dem der assertorischen und apodiktischen ergeben. Der Unterschied der assertorischen und apodiktischen Erkenntnis geht auf den Unterschied in unserer unmittelbaren Erkenntnis, ob Erkenntnisse nur aus sinnlichen Anregungen oder aus der reinen Selbsttätigkeit der Vernunft entsprungen sind. Derjenige zwischen intuitiver und diskursiver (rationaler) Erkenntnis gehört dagegen nur dem Vermögen des Bewußtseins oder der inneren Selbstbeobachtung. Intuitiv ist die Erkenntnis, die uns ganz durch Anschauung zum Bewußtsein kommt, diskursiv diejenige, deren wir uns mit Hilfe der Reflexion bewußt werden. Nun heißt die Erkenntnis eines Gegenstandes a posteriori, wenn sie sich darauf beruft, daß mir der Gegenstand schon in der Anschauung gegeben sei, wie z. B. jede Erzählung vergangener Begebenheiten; die Erkenntnis eines Gegenstandes heißt hingegen a priori, „wenn ich sie besitze, ehe mir ihr Gegenstand in der Anschauung gegeben ist". Demnach ist jede, aus der Sinnesanschauung entspringende (also intuitive) Erkenntnis und assertorische Erkenntnis eben damit a posteriori; und jede apodiktische diskursive Erkenntnis a priori. Durch dieses Zusammenfallen der apriorischen und der diskursiven Erkenntnis und die Beziehung der letzteren auf die Reflexion (die auch zum Bewußtwerden der Allgemeinheit und Notwendigkeit mathematischer Erkenntnis notwendig sein soll) kommt in die ganze Terminologie

Raum und Zeit gemeinsam im ganzen mit den Argumenten der Kantischen transzendentalen Ästhetik geführt. Nur fehlt das dritte Argument, das nach Kants eigener Erklärung (der er auch in der 2. Auflage, wenigstens der Raumlehre, Folge gegeben hat) in die „transzendentale Erörterung" gehört, völlig, das zweite, vierte und fünfte werden nicht eigentlich als Beweismittel, sondern als „Beschreibung" der Vorstellungen von Raum und Zeit eingeführt, und der tatsächliche Beweis, daß diese Vorstellungen aus einer Grundbestimmung des Geistes entspringen, welche nicht erst durch die Empfindung gegeben wird, und daß die Anschauung derselben sich als reine Anschauung von aller Sinnesanschauung unterscheidet, wird erst nachträglich im Anschluß an das erste Kantische Argument geführt[1]). Außerdem wird hierbei noch als ein „neuer Grund" hervorgehoben, daß die Vorstellungen von Raum und Zeit als reine Anschauungen in ihrer Unendlichkeit, Stetigkeit und Notwendigkeit weit über das in aller Sinnesanschauung Gegebene hinausgehen, während wir durch die auf den Augenblick ihrer Gegenwart beschränkte einzelne Anschauung nur das unmittelbar Wirkliche erkennen. Die Schärfe der mathematischen Zeichnung, Punkt, Linie und Fläche des Geometers, die Stetigkeit und Unendlichkeit des Raumes und der Zeit sind gar keine Gegenstände der Beobachtung, der Erfahrung, der Sinnesanschauung. „Die Gewißheit, mit der wir rückwärts in die Vergangenheit, vorwärts in die kommende Zukunft schauen, die Gewißheit, mit der wir hinter jeder Grenze von der Erweiterung des Raumes über sie hinaus überzeugt sind, kann gar nicht der Sinnesanschauung gehören, denn in der liegt nichts davon, sie kommt einzig der reinen Anschauung der produktiven Einbildungskraft zu, welche nicht nur auf das einzelne Wirkliche beschränkt ist, sondern sich in jeder Lehre der reinen Mathematik zur Anschaulichkeit allgemeiner Gesetze erweitert"[2]).

---

etwas Schiefes, das einer ausgebreiteten Anwendung des Begriffes nicht günstig sein konnte.
    1) N. Kr. I, 172 ff.   2) N. Kr. I, 178 f.

II. Die produktive Einbildungskraft und die Sinnestäuschungen.

In dieser produktiven Einbildungskraft haben aber nicht bloß die reinen Anschauungen von Raum und Zeit ihren Ursprung, sondern ihr fällt auch die Aufgabe zu, die Gegenstände selbst nach Dauer, Größe, Gestalt, Lage und Entfernung zu bestimmen, d. h. die Vorstellung der figürlichen synthetischen Einheit der Gegenstände zu liefern. Die Dinge werden uns nämlich in der Sinnesanschauung nicht als in Zeit und Raum konstruiert, sondern nur unter den Bedingungen einer jederzeit möglichen Konstruktion derselben in Zeit und Raum gegeben. Wäre das erstere der Fall, so müßten schon aus jeder einzelnen Wahrnehmung als solcher Gestalt, Entfernung und alle Verhältnisse der Lage eines Dinges im Raum, sowie die Zeitbestimmungen sich abnehmen lassen. Dies trifft aber nicht zu, wir können vielmehr diese Bestimmungen erst aus der Vergleichung mehrerer Wahrnehmungen durch Reflexion erhalten, was bei der Zeitbestimmung ohne weiteres einleuchtet, wo wir, ohne die Uhr in der Hand zu haben, oder nach der Sonne zu sehen, kaum um die Dauer einer Viertelstunde bestimmt wissen; was aber auch für die Konstruktion im Raume z. B. bei der Vorstellung der Tiefendimension deutlich hervortritt.

Hier berührt Fries einen Punkt, an welchen die Kritik der Kantischen Raumlehre mehrfach angeknüpft hat, die Frage, die hauptsächlich von Herbart formuliert, aber auch schon früher, besonders in Eberhards „Philosophischem Magazin" erhoben wurde[1]: Woher kommen die bestimmten Gestalten, die bestimmten Orte bestimmter Dinge, wenn den Empfindungen bloß eine a priorische Raumanschauung ohne Anhaltspunkte für die Art der Einordnung der Gegenstände in dieselbe „zugrunde liegt"? Fries verfolgt aber

---

[1] Vaihinger, Kommentar zu Kants Kritik der reinen Vernunft II, 180.

diese positive Seite der Sache nicht weiter, sondern wendet sich der negativen zu, um seinen Lieblingsgegensatz zwischen Reflexion und unmittelbarer Erkenntnis auch an der produktiven Einbildungskraft zu entwickeln.

Wenn nach Kant alle Erscheinungen in einer durchgängigen „transzendentalen Affinität" stehen, welche den im Objekte liegenden Grund der Möglichkeit der Assoziation des Mannigfaltigen enthält, und aus welcher die empirische Affinität die bloße Folge ist[1]), und wenn diese Affinität ein Werk der unbewußt schaffenden produktiven Einbildungskraft ist, so fragt es sich, wie denn überhaupt Sinnestäuschungen möglich sind. In den Vorstellungen der Sinne kann der Irrtum nicht liegen, denn keine Kraft der Natur kann von selbst von ihren eigenen Gesetzen abweichen; aber auch nicht im Verstand, da wenn er bloß nach seinen Gesetzen handelt, die Wirkung (das Urteil) mit diesen Gesetzen notwendig übereinstimmen muß. „Weil wir nun", fährt Kant in der Einleitung zur transzendentalen Dialektik[2]) fort, „außer diesen beiden Erkenntnisquellen keine andere haben, so folgt, daß der Irrtum nur durch den unbemerkten Einfluß der Sinnlichkeit auf den Verstand bewirkt werde, wodurch es geschieht: daß subjektive Gründe des Urteils mit den objektiven zusammenfließen und diese von ihrer Bestimmung abweichend machen, so wie ein bewegter Körper zwar für sich jederzeit die gerade Linie in derselben Richtung halten würde, die aber, wenn eine andere Kraft nach einer anderen Richtung zugleich auf ihn einfließt, in krummlinige Bewegung ausschlägt." Das irrige Urteil erscheint darnach als die Diagonale zwischen zwei Kräften, die das Urteil nach zwei verschiedenen Richtungen bestimmen, die gleichsam einen Winkel einschließen. Wenn wir trotzdem von einem „Betrug der Sinne" reden, so hängt dies damit zusammen, daß wir etwas für unmittelbar wahrgenommen halten, was wir doch nur erschlossen haben[3]). In-

---

1) Kritik der reinen Vernunft, 125 f.
2) a. a. O. S. 261.
3) Kritik der reinen Vernunft, S. 267.

Die Einbildungskraft. 61

dem nun Kant aber die produktive Einbildungskraft als eine „blinde, obgleich unentbehrliche, Funktion der Seele" einführt, wird es schwer verständlich, wie in deren unwillkürlichem Schaffen innerhalb der durch sie ermöglichten objektiven Assoziabilität der Erscheinungen ein Irrtum in der Wahrnehmung räumlicher und zeitlicher Verhältnisse sich finden kann, da innerhalb der letzteren für die transzendentale Synthesis der Erscheinungen das Moment der Willkürlichkeit wegfällt, das den Irrtum erklärt.

Hier setzt nun Fries ein, indem er der produktiven Einbildungskraft auch eine willkürliche Seite zuschreibt. Er geht von den Sinnestäuschungen auf dem Gebiete des Tastsinns und des Gesichts aus und erwähnt neben der bekannten Tastsinntäuschung, bei welcher „die Einbildungskraft" aus der kleinen zwischen zwei übereinander geschlagenen Fingern gefaßten und hin- und hergerollten Kugel zwei Kugeln macht, Irrtümer in Rücksicht der Größe und Entfernung von Gegenständen, die Verwechslung eines Gemäldes mit einem Basrelief, das größer Erscheinen des Mondes am Horizont als hoch am Himmel und der Gegenstände in Nebel und Dämmerung und anderes. Alle diese Vorgänge wären unerklärlich, wenn unsere Einbildungskraft ausschließlich eine unwillkürlich schaffende wäre. Denn niemand kann vor Irrtum und Fehlern so sicher sein, als wer zu schaffen vermag. Er gibt ja seinen Geschöpfen die Regel des Daseins selbst; wer will ihn also eines Fehlers zeihen! Gehen wir also mit unserer Einbildungskraft oft fehl, wie der optische Betrug beweist, so müssen wir eine willkürliche Tätigkeit derselben annehmen, durch deren Einmischung jene Fehler zustande kommen.

Wären unsere räumlich-zeitlichen Vorstellungen bloß durch unsere Willkür bestimmt, so könnten sie uns nicht Anschauungen einer Welt außer uns geben, sondern nur Vorstellungen einer von uns selbst gemachten, erdichteten Ordnung der Dinge. Würden sie als rein unwillkürliche der Selbsttätigkeit der produktiven Einbildungskraft entspringen, so könnten keine Irrtümer mit unterlaufen.

Wir haben daher auch hier zu berücksichtigen, daß das Vorhandensein der Tätigkeiten im Geiste mit dem Bewußtsein derselben nicht einerlei ist. Wir haben auch hier zu unterscheiden, was dem inneren Wiederbeobachtungsvermögen und was der zugrunde liegenden beobachtenden Erkenntnis angehört. Der Ausdruck „produktive Einbildungskraft" ist daher zweideutig. Wir können nämlich darunter verstehen „das Vermögen, mathematische Anschauungen von Raum und Zeit und der figürlichen Verbindung der Dinge in ihnen, zu haben, oder auch bloß das Vermögen, dieser mathematischen Anschauungen, so wie sie in der Vernunft liegen, uns nur wieder bewußt zu werden, sie in uns wahrnehmen zu können." Die letztere willkürliche Tätigkeit der produktiven Einbildungskraft gibt uns also keine neuen Erkenntnisse, sondern läßt uns nur solche bemerken, die unmittelbar schon in uns liegen. Dieses unmittelbare Vermögen der mathematischen Anschauung selbst ist eine ursprüngliche Selbsttätigkeit der Erkenntniskraft, deren eingehendere Erörterung eben deshalb in die Lehre von der unmittelbaren Erkenntnis, in die Theorie der Einheit und Verbindung gehört [1]).

Doch hebt Fries schon hier dasjenige Merkmal seiner „unmittelbaren Erkenntnis" hervor, das — obwohl in den bisherigen Darstellungen seiner Philosophie wenig beachtet — für seinen ganzen Standpunkt charakteristisch ist, und das gerade hier, im Gebiete der produktiven Einbildungskraft zu sonderbaren Konsequenzen führt. Da auch die wissenschaftliche mathematische Erkenntnis nichts anderes ist als die Reflexion auf das im unmittelbaren Vermögen bereits Gegebene, und etwaige Fehler nur auf Rechnung der Reflexion kommen, so ist in der produktiven Einbildungskraft als „ursprünglicher Selbsttätigkeit" die mathematische Erkenntnis, wenn auch dunkel, so doch stets irrtumslos und vollständig enthalten. „Wer Gegenstände nur aus zwei Standpunkten gesehen hat, in dessen Geist ist (bis auf die Grenze der Mangelhaftigkeit seiner Augen) die ganze Kon-

_____
1) N. Kr. I, 185 ff.

struktion derselben nach Größe, Lage und Entfernung vollständig." Ich habe ja von einem Standpunkt zum andern übergehen müssen, „ich kenne also ihre Entfernung, und sie mag so klein sein, als sie will, so habe ich hier eine bekannte Standlinie, von deren beiden Endpunkten sich gerade Linien nach jedem Gegenstand unter einem bestimmten Winkel anlegen; ich kenne also für die Lage jedes Punktes, den ich aus zwei Standpunkten angesehen habe, zwei Winkel und eine Seite aus einem Triangel, dessen Spitze jener Punkt ist, seine Entfernung und Lage ist also in meiner unmittelbaren mathematischen Anschauung gegeben." Ja dies gilt sogar von der Anwendung der Mathematik auf ein so schwieriges Gebiet wie das der Astronomie. Wir können z. B. sagen: „es liegt in unserer Vernunft, durch zwei Blicke nach dem gestirnten Himmel die Erkenntnis der Größe, Entfernung und verhältnismäßigen Lage aller Weltkörper, die ich sehe; nur die Selbstbeobachtung der Reflexion ist hier begrenzt, indem ich die Unterschiede nur bis an eine bestimmte Grenze zu messen vermag. Wer nur wenigemal durch die guten Instrumente eines Herschel oder Schröter den Himmel beobachtet hätte, der besäße in der unmittelbaren dunkeln Vorstellung seines Geistes dieselben astronomischen Kenntnisse wie jene. Die Überlegenheit jener aber läge nur in der Ausbildung ihrer innern selbstbeobachtenden Reflexion"[1]).

Es war notwendig, diese Stellen vollständig anzuführen, um schon hier anzudeuten, welche eigenartige Stellung mit dieser Lehre Fries in der Geschichte der Philosophie einnimmt. Der Punkt höchster Gewißheit, von welchem Descartes ausgeht, muß selbst unmittelbar gewiß sein, damit die übrige Erkenntnis als mittelbar gewisse von ihm abgeleitet werden kann. Der von hier aus die ganze neuere Erkenntnistheorie durchziehende Gegensatz von unmittelbarer und mittelbarer Gewißheit[2]) wurde in der Weise

---

1) N. Kr. I, 189 f.
2) Windelband, Geschichte der neueren Philosophie. 2. Aufl. 1899. I, 172 f.

der Geometrie gefaßt, welche Axiome von unmittelbarer Evidenz zugrunde legt, um von da auf dem Wege des Beweises weiterzuschreiten. Von Fries wird diese unmittelbare Evidenz auf den ganzen Inhalt dessen, was eigentlich Erkenntnis genannt zu werden verdient, hier zunächst der mathematischen Erkenntnis, ausgedehnt und die mittelbare Gewißheit der Reflexion auf dieselbe zugewiesen. Daß er dabei so weit geht, in die ursprüngliche Selbsttätigkeit des erkennenden Subjekts nicht bloß die Ergebnisse der reinen, sondern auch die der angewandten Mathematik als „unmittelbare dunkle Vorstellung des Geistes", aber doch als wirkliche „Kenntnis" zu verlegen, fordert allerdings die Kritik geradezu heraus. Für ihn war aber diese ganze Theorie das Mittel, zu erklären, wie die produktive Einbildungskraft einerseits eine von unserer Willkür unabhängige räumlich-zeitliche Ordnung der Dinge hervorbringt, und wie sie doch andererseits uns Bilder vortäuschen kann, welche der Wirklichkeit nicht entsprechen.

D. Das Verhältnis der produktiven und der reproduktiven Einbildungskraft.

I. Ihre wechselseitige Abhängigkeit.

Die produktive Einbildungskraft, sofern sie eine ursprüngliche Selbsttätigkeit der Erkenntniskraft ist, macht eine anschauliche Einheit und Verbindung der Dinge überhaupt erst möglich. Von hier aus betrachtet, muß die reproduktive Einbildungskraft als von ihr abhängig erscheinen. Denn da die Tätigkeit der letzteren darin besteht, Anschauungen von Gegenständen ohne deren Gegenwart wiederzugeben, so setzt sie die Funktion der produktiven Einbildungskraft, welche jene Anschauungen als räumlichzeitliche erst möglich macht, bereits voraus. Und doch soll andererseits die produktive Einbildungskraft von der reproduktiven abhängig sein, da sie selbst nie schöpferisch wird, sondern alles Neue, was sie hervorzubringen vermag, nur in der Zusammensetzung und Verbindung der reproduktiven Vorstellungen besteht [1]). Auch bei Kant finden wir diesen scheinbaren Gegensatz. Am deutlichsten spricht sich eine Stelle in den „Losen Blättern" [2]), aus: „Die Einbildungskraft ist teils eine produktive teils reproduktive. Die erste macht die letzte möglich, denn haben wir es nicht vorher in Vorstellung durch die Synthesis zustande gemacht, so können wir diese auch nicht mit andern in unserm folgenden Zustande verbinden." Dagegen äußert sich die „Anthropologie": Die produktive Einbildungskraft ist „nicht schöpferisch, nämlich nicht vermögend, eine Sinnenvorstellung, die vorher unserem Sinnenvermögen nie gegeben war, hervorzubringen, sondern man kann den Stoff zu derselben immer nachweisen" [3]).

Wie beides sich vereinigen läßt, ist am prägnantesten in einem bereits erwähnten Satz der „Reflexionen" [4]) zum Ausdruck gebracht: „Die Einbildungskraft ist nicht produktiv in Ansehung der Empfindungen, sondern bloß [in Ansehung der] Anschauungen." Sie produziert nicht den Stoff, sondern nur die Form der Erscheinungen und ist daher an das von den Sinnen und der reproduktiven Einbildungskraft gelieferte Material gebunden.

Auch bei Fries liegt in dieser Scheidung zwischen Stoff und Form die Lösung des scheinbaren Widerspruchs. Fries geht aber näher auf die Tatsache ein, daß der Stoff für die gestaltende Tätigkeit der produktiven Einbildungskraft nicht bloß durch die Empfindung, sondern auch durch die reproduktive Einbildung geliefert wird, und gelangt dadurch zu einer sorgfältigen Erörterung der Frage, in welcher Weise die reproduktive und die produktive Einbildungskraft zusammenwirken [5]).

---

1) N. Kr. I, 147.
2) Lose Blätter aus Kants Nachlaß, mitgeteilt von R. Reicke. 1889. I, 114.
3) Anthropologie in pragmatischer Hinsicht. S. W. VII, 63.
4) Reflexionen Kants zur kritischen Philosophie. Herausg. von Erdmann. I, 91.   5) N. Kr. I, 190 ff.

II. Das Zusammenwirken beider Vermögen.

Zunächst allerdings legt die produktive Einbildung unmittelbar die Formen ihrer figürlichen Verbindung an die Gegenstände der Sinnesanschauungen selbst; dann aber werden ihr auch die Reproduktionen dieser Sinnesanschauungen zugeführt, und nun gibt sie auch diesen ihre Formen und vereinigt sich eben darin mit der reproduktiven Einbildungskraft.

Die Art dieser Vereinigung ist aber bereits durch gewisse Veränderungen vorbereitet, welche an den Vorstellungen der reproduktiven Einbildungskraft vorgegangen sind.

1. Die problematischen Vorstellungen.

Durch das Spiel der Assoziationen werden nämlich die Vorstellungen der reproduktiven Einbildungskraft aus ihren ersten Verbindungen herausgerissen. Die Vorstellungen werden dadurch voneinander getrennt, wir stellen nunmehr bloße Teile aus früher gegebenen Erkenntnissen wieder vor, **die nicht selbst schon Erkenntnisse sind.** Eine Vorstellung heißt nämlich Erkenntnis, sobald eine Aussage, eine Assertion in ihr enthalten oder durch sie bestimmt ist. Im Gegensatz zu diesen assertorischen Vorstellungen wird in den erstgenannten Vorstellungen, welche durch die abstrahierende Assoziation von den wirklichen Erkenntnissen losgelöst sind und so für sich zum Bewußtsein kommen, nichts ausgesagt[1]). Wir nennen diese Vorstellungen pro-

---

[1]) N. Kr. I, 286. 191. Anthrop. I, 72. An diesem Punkte berührt sich der Friesische Begriff des Problematischen mit demjenigen der modernen Logik. So liegt z. B. Windelbands Bemerkung (Windelband, Logik, die Philosophie im Beginn des 20. Jahrhunderts I, 173), der Begriff des Problematischen eigne sich vielleicht besonders zu einer Verdeutlichung des Unterschiedes von logischer und psychologischer Behandlungsweise, mutatis mutandis in derselben Richtung einer fruchtbaren Verwertung desselben für die Unterscheidung des logisch Giltigen von dem bloß im Bewußtsein Vorhandenen.

blematische, wie wir das Urteil problematisch nennen, in dem nichts ausgesagt wird.

Mit diesen aus dem ursprünglichen Erkenntnisganzen losgerissenen „freien" Vorstellungen können wir dann in freier Willkür schalten, ohne an die strenge Regel der anschaulichen Erkenntnis gebunden zu sein. Nun ist für die produktive Einbildung die Möglichkeit gegeben, die Formen ihrer figürlichen Verbindung auch an die Bilder der reproduktiven zu bringen. Mit der Assoziation der reproduktiven vereinigt sich so die Kombination der produktiven Einbildungskraft.

Von diesen durch Abstraktion und Kombination entstandenen Vorstellungen machen wir dann einen zweifachen Gebrauch, teils nach dem Gesetze der Einbildungskraft im Dichten, teils nach dem Gesetze des Verstandes im Denken. Es entstehen so zwei abstrakte Vorstellungsweisen, die Bilder der Dichtungskraft und die Schemata der schematisierenden Einbildungskraft[1]).

2. Die Bilder der Dichtungskraft.

Was die erstgenannte Klasse, die Bilder betrifft, so sind sie zunächst nichts anderes, als Anschauungen von Gegenständen ohne deren Gegenwart, wie sie in der Erinnerung uns gegeben sind. So bleibt mir das Bild des abwesenden Freundes in der Einbildung, in der Einbildung gestalten sich mir die Szenen, indem ich den Worten des Geschichtschreibers, des erzählenden oder darstellenden Dichters folge. Das Kombinationsvermögen aber gestaltet diesen gegebenen Stoff in freiem Spiel zu neuen Formen. Die produktive Einbildungskraft ist dabei dem Gehalt nach an die Sinnesanschauung gebunden. Aber mit Zeiten, Räumen und Zahlen vermag sie in freier Weise zu spielen. Und zwar folgt sie dabei zwei Gesetzen. Einerseits können wir Zeit, Raum und Zahl beliebig vergrößern und verkleinern. Wir lassen in der Einbildung den Lilienstengel zur Palmen-

---

1) N. Kr. I, 287. Logik 64 ff.

höhe aufschießen; wir sind nicht an die sechs Fuß Menschengröße gebunden, sondern vermögen Riesengestalten durch die Wolken wandeln zu lassen; wir spielen mit Jahrtausenden und Sonnenweiten. Andrerseits aber können wir einen Stoff, den der Sinn in einer oder einigen Anordnungen zeigte, in mannigfach veränderten Anordnungen vor der Einbildung verbinden. So zieht z. B. die Einbildung im Centaur Roß und Mann in ein Bild zusammen oder vereinigt auseinandergerissene Teile in Greifen, Chimären, Flügelpferden zu einem Ganzen. Selbst die lebendigste, üppigste, wechselndste Einbildung folgt, wenn auch in unendlicher Verwicklung demselben Gesetz [1]).

3. Der Begriff des Schemas bei Fries und Kant.

Die auf diesem Wege entstandenen Bilder stellen aber immer noch individualisierte Gegenstände in der Anschauung vor, nur daß durch das Ineinandergreifen mehrerer Reihen früherer Sinnesanschauungen die Vorstellung der Wirklichkeit ihrer Gegenstände aufgehoben wird. Es gibt aber auch gewisse anschauliche Vorstellungen in uns, welche nicht auf einen bestimmten Gegenstand gehen, sondern eine unbestimmte Zeichnung schwebend zwischen vielen Bildern enthalten, welche der Bestimmung eines allgemeinen Begriffes entsprechen. Dahin gehören z. B. die Bedeutungen aller Nennworte in der Sprache, wenn sie nicht Eigennamen sind, z. B. Mensch, Pferd, Blume, Rose, Lilie, weiß, rot. Gleiche Teilvorstellungen vieler einzelner Erkenntnisse sind es, die ich mit diesen Worten vor der Vorstellung festhalte. Diese Vorstellungen sind die **Schemate der Einbildungskraft**. Das Schema ist also das unmittelbar klare Bewußtsein einer getrennten Teilvorstellung. Es bezieht sich auf die allgemeine Vorstellung eines Begriffes. Es ist gleichsam aus dem Übereinstimmenden der einzelnen Bilder geformt, die unter

---

1) Psychische Anthrop. I, 152f. N. Kr. I, 194.

den Begriff gehören, aber unbestimmt in Rücksicht ihrer Verschiedenheiten, „so daß ich, wenn ich sie mir näher bringen will, mir abwechselnd bald dieses bald jenes unter einen Begriff gehörige Bild vorstelle. So kann ich mir z. B. die Zahl Vier durch 4 Punkte oder Marken im einzelnen Bilde und doch allgemein vorstellen. Aber außerdem habe ich auch eine allgemeine Vorstellung, wo ich mir weder Punkte noch Marken, noch sonst etwas bestimmtes einzelnes, sondern nur, daß dasselbe 4 mal gesetzt wird, vorstelle, ohne doch einen allgemeinen Begriff von der Zahl Vier aus einander untergeordneten Merkmalen zu entwerfen, es ist nur eine klare Vorstellung von der allgemeinen anschaulichen Bedingung, welche diesem Begriffe zugrunde liegt. Diese ist das Schema"[1]. Einem solchen Schema gemäß kann dann die Einbildungskraft auch viele einzelne Bilder darstellen, indem sie das darin unbestimmt Gehaltene „auszeichnet" d. h. zeichnend genauer ausführt, oft ohne die Erfahrung zu Hilfe zu nehmen, z. B. in der Zeichnung erdichteter Blumen oder Tiere. Eines dieser Bilder, auf dessen Bildung sie dabei oft natürlich geleitet wird, ist besonders bemerkenswert, nämlich dasjenige, welches die Mittelform von allen unter einen Begriff gehörenden Arten und Bildern enthält, die Normalidee, ein einzelnes Bild, welches gleichsam die Regel für alle anderen unter das nämliche Schema gehörenden Bilder ausmacht. Eine solche Normalidee „gibt es besonders für jede näher anschauliche allgemeine Vorstellung, am bestimmtesten wird sie aber nur bei Begriffen, die sich in ihrer Allgemeinheit schon dem Bilde sehr nähern, bei bestimmten Tierformen und endlich bei der Vorstellung der menschlichen Gestalt"[2].

Es ist in mehrfacher Hinsicht interessant, zu sehen, wie Fries sich hier mit dem bei seinem Meister Kant wenig scharf umrissenen Begriff des Schemas abzufinden sucht, dessen nahe Beziehung zum alten Problem des Nominalismus und Realismus die an sich schon vorhandenen Schwie-

---

1) N. Kr. I, 291. Logik 64 f. N. Kr. I, 192. 2) N. Kr. I, 292.

rigkeiten vermehrt. Fries nähert sich schon durch die in der „Normalidee" vertretene Möglichkeit, durch bloße „Auszeichnung" des im Schema „unbestimmt Gehaltenen" ein einzelnes Bild zu gewinnen, einer stark psychologisch-empirischen Auffassung des Schemas. Dieser Standpunkt tritt noch deutlicher hervor bei dem an sich anerkennenswerten Versuch, das Schema dem Merkmal und dem Begriff gegenüber schärfer abzugrenzen. Schema, Merkmal und Begriff sind nach Fries alle drei in abstrakto vorgestellte allgemeine Teilvorstellungen; eine allgemeine Vorstellung, wie die, welche ich durch die Worte: Mensch, viereckig, schnell, oder was sonst bezeichne, kann sowohl ein Schema, als Merkmal, als Begriff sein. Aber „das Schema ist das subjektive Bewußtsein einer getrennten allgemeinen Vorstellung, sowie ich es durch Abstraktion erhalte, Merkmal und Begriff hingegen sind dieselbe Teilvorstellung, so wie sie in der Erkenntnis selbst liegt"[1]). Das Schema ist daher in jedem Geiste ein anderes, das Merkmal ist für jede Vernunft dasselbe. Während das Merkmal eine gewisse Teilvorstellung in dem Dinge ist, welche macht, daß es ein Mensch oder ein Baum ist, daß ich etwas Pflicht oder Recht nennen kann, ist das Schema das Bewußtsein desselben, so wie es durch Abstraktion klar ausgeschieden und gemeinhin im Denken angewandt wird, wenn man von Menschen, Bäumen, Pflichten oder Rechten spricht. Der Begriff aber ist die vollständige, mittelbare Vorstellung des Merkmals. Auch der Begriff ist für jede Vernunft derselbe. Aber nicht jeder kann das Merkmal, wie z. B. der Botaniker die Merkmale der Rosen und Lilien, mit gleicher Deutlichkeit zum Begriff erheben. Schema und Begriff sind also verschiedene Arten, wie uns Merkmale zum Bewußtsein kommen. Wir haben nichts im Begriff, was wir nicht vorher unmittelbar im Schema hatten. Aller positive Gehalt unserer Begriffe ist durch Vergleichung immer von der schematisierenden Einbildungskraft entlehnt. Was wir im Begriff hinzutun, ist nur die

---

1) N. Kr. I, 293.

Form, wir können den gegebenen Gehalt entweder als Begriff, oder als sein Gegenteil denken.

Diese Annäherung des „Schemas" an das „Bild" und der Umstand, daß es „in" jedem Geiste ein anderes ist, muß aber mit Notwendigkeit die Hauptrolle gefährden, welche das Schema auch nach Fries in dem Aufbau der Erkenntnislehre zu spielen hat. Auch für ihn wie für Kant sind die Schemate die zwischen Kategorie und Erscheinung vermittelnden Vorstellungen, welche die Anwendung der Kategorien auf die Erkenntnis von Gegenständen erst möglich machen. So ist z. B. die Zahl das Schema der Größe. Aber diese Lehre vom „Schematismus der metaphysischen Grundbegriffe" [1]) ist bei Fries mit jener Theorie des Schemas nicht in Zusammenhang gebracht. Würde dies geschehen, so müßte der schwankende subjektiv-psychologische Charakter des Schemas auch die Zuverlässigkeit der Erkenntnis, die es ermöglichen soll, beeinträchtigen.

Anders bei Kant. Hier tritt von Anfang an das Bild in schärferen Gegensatz zum Schema. Das Schema des Triangels z. B. kann „niemals anderswo als in Gedanken existieren und bedeutet eine Regel der Synthesis der Einbildungskraft, in Ansehung reiner Gestalten im Raume". Der Begriff vom Hunde „bedeutet eine Regel, nach welcher meine Einbildungskraft die Gestalt eines vierfüßigen Tieres allgemein vergleichen kann, ohne auf irgend eine einzige besondere Gestalt, die mir die Erfahrung darbietet, oder auch ein jedes mögliche Bild, was ich in concreto darstellen kann, eingeschränkt zu sein" [2]). Während das Bild „ein Produkt des empirischen Vermögens der produktiven Einbildungskraft" ist, ist das Schema sinnlicher Begriffe (als der Figuren im Raume) „ein Produkt und gleichsam ein Monogramm der reinen Einbildungskraft a priori [3]), wodurch und wonach die Bilder allererst möglich werden, die aber

---

1) Metaphysik 230. N. Kr. II, 29 f.
2) Kant, Kr. d. r. V., S. 144 f.
3) Auch Fries gebraucht diesen Ausdruck mit Berufung auf Kant. N. Kr. I, 291.

mit dem Begriffe nur immer vermittelst des Schema, welches sie bezeichnen, verknüpft werden müssen und an sich demselben nicht völlig kongruieren". Diesem an sich schon von jeder Bildlichkeit losgelösten „Schema" wird zuletzt noch „das Schema eines reinen Verstandesbegriffs" gegenübergestellt, als „etwas, was in gar kein Bild gebracht werden kann", als „reine Synthesis, gemäß einer Regel der Einheit nach Begriffen überhaupt, die die Kategorie ausdrückt", als „transzendentales Produkt der Einbildungskraft" [1]). Es ist von hier aus wohl verständlich, wenn Riehl zu der Ansicht gelangt, gerade diese Schemata seien im eigentlichen Sinn Begriffe, und was darüber hinausliege, sei nur noch das Wort, das diese Vorstellungen bezeichnet, aber keine für sich irgend faßbare Vorstellung mehr [2]).

Für Kant ist das Schema in erster Linie „Regel", für Fries „subjektives Bewußtsein" und „allgemeine Vorstellung". Ersterem droht dabei die sinnliche Seite des Schemas, letzterem seine erkenntnistheoretische Zuverlässigkeit zu entschwinden. Und doch ist beides für die im kritischen System ihm zugedachte Vermittlerrolle unentbehrlich. Es fragt sich daher, ob nicht diese selbst anfechtbar ist, ob nicht das „Schema" nur ein Ausdruck ist für gewisse psychische Vorgänge, welche sich bei der Bildung der Begriffe abspielen, nicht verwertbar als Baustein in der Architektonik des erkenntnistheoretischen Systems, sondern nur als psychische Größe in der eingehenden Analyse des Erkenntnisvorgangs.

---

1) a. a. O. S. 145, vgl. auch die Schrift über „Fortschritte der Metaphysik" S. W. I, 513.
2) A. Riehl, Der philosophische Kritizismus. 1876. I, 402.

Kapitel V.
Die Reflexion.

Auf dreierlei Wegen kommt uns die Geschichte unseres Erkennens zum Bewußtsein, durch Sinnesanschauung in der Empfindung, durch gedächtnismäßigen und durch logischen Gedankenlauf. Der letztere, dem wir uns nunmehr zuwenden, wird repräsentiert durch das Reflexionsvermögen, das nach Fries als Vermögen des logischen Denkens identisch ist mit dem denkenden Verstand[1].

Selbst in dieser für Fries so charakteristischen Lehre von der Reflexion ist der Zusammenhang mit den Begriffen, welche Kant geprägt hat, wenigstens teilweise vorhanden. Fries scheint sich dessen allerdings nicht bewußt zu sein, wenn er Kant vorwirft, daß er das „Wesen der Reflexion nie begriffen"[2] habe. Tatsächlich hat Fries nur einen Begriff, der auch bei Kant sich findet, in seiner Weise umgebogen. In dem den Anfang der transzendentalen Analytik der Kritik der reinen Vernunft bildenden Abschnitt von der „Amphibolie der Reflexionsbegriffe", führt Kant den Begriff der Überlegung oder Reflexion ein. Diese „hat es nicht mit den Gegenständen selbst zu tun, um geradezu von ihnen Begriffe zu bekommen, sondern ist der Zustand des Gemüts, in welchem wir uns zuerst dazu anschicken, um die subjektive Bedingungen ausfindig zu machen, unter denen wir zu Begriffen gelangen können". Zwar bedürfen nicht alle Urteile einer Untersuchung und einer Aufmerksamkeit auf die Gründe der Wahrheit, z. B. diejenigen nicht, welche un-

---
[1] Vgl, z. B. N. Kr. I, 373.
[2] N. Kr. I, 30.

mittelbar gewiß sind, wie der Satz: Zwischen zwei Punkten kann nur eine gerade Linie sein. Aber alle Urteile, ja alle Vergleichungen bedürfen einer Überlegung d. h. einer Unterscheidung der Erkenntniskraft, wozu die gegebenen Begriffe gehören"[1]. Die Begriffe können ja auch logisch verglichen werden, ohne daß man sich darum bekümmert, wohin ihre Objekte gehören, ob als Noumena für den Verstand, oder als Phänomena für die Sinnlichkeit. Diese logische Reflexion ist aber eine bloße Komparation, welche auf den „transzendentalen Ort" der Begriffe keine Rücksicht nimmt und sie daher ohne weiteres als gleichartig behandelt. Wollen wir aber mit diesen Begriffen zu den Gegenständen gehen, so ist zuvörderst „transzendentale Überlegung" nötig, für welche Erkenntniskraft sie Gegenstände sein wollen, ob für den reinen Verstand oder die Sinnlichkeit[2]).

Auch für Fries wie für Kant führt die Reflexion zur Feststellung des Verhältnisses gegebener Vorstellungen zu unseren verschiedenen Erkenntnisquellen, aber bei Fries fallen beide Arten der Reflexion zusammen, oder vielmehr die logische Reflexion wird zur transzendentalen, sofern das, was für die transzendentale Reflexion charakteristisch ist, die Beziehung auf die Gegenstände selbst, in der durch die Reflexion nur zum Bewußtsein gebrachten unmittelbaren Erkenntnis bereits in unanfechtbarer Weise enthalten ist. Jene kritische Überlegung erscheint dann deshalb nicht mehr als nötig, weil alles wesentliche Interesse der Erkenntnis durch die Eigenschaften der unmittelbaren Erkenntnis bereits befriedigt ist und der Reflexion nur noch die Aufgabe zufällt, den an sich schon vorhandenen und gesicherten Inhalt desselben durch „künstliche Selbstbeobachtung" zum Bewußtsein zu bringen. Dieser eigentümliche Standpunkt wird noch deutlicher hervortreten, wenn wir das Reflexionsvermögen in seinem Verhältnis zu den anderen Erkenntnisvermögen näher ins Auge fassen.

---

1) Kritik der r. V. S 239.   2) a. a. O. 240 f. 244 f.; anders in der Anthropologie S. W. VII b, 20.

A. Das Reflexionsvermögen in seinem Verhältnis zu den anderen Erkenntnisvermögen.

I. Reflexion und Einbildungskraft.

Der unter dem Einfluß der Einbildungskraft stehende gedächtnismäßige oder niedere Gedankenlauf ließ bereits an mehreren Punkten die Wirkung des leitenden Verstandes erkennen. Der gedächtnismäßige Gedankenlauf folgt für sich betrachtet den unwillkürlichen inneren Gesetzen der Assoziation. Aber dieses inneren Spiels der Vorstellungen bemächtigt sich der Verstand mit Hilfe des Willens. Er verbreitet seine Tätigkeit über den ganzen Lauf unserer Gedanken und bestimmt mittelbar auch die Gesetze des gedächtnismäßigen Gedankenlaufes nach seinen Zwecken. Es vollzieht sich darin das Grundgesetz der Ausbildung des menschlichen Geistes, daß die Assoziationen der Reflexion oder der zweckmäßigen Leitung des Verstandes unterworfen werden sollen[1]).

Die Grenze zwischen dem Gebiete der Einbildungskraft und demjenigen des Verstandes läßt sich daher nicht völlig scharf ziehen. So wird das unterscheidende Hauptmerkmal, die **willkürliche Bestimmung** des Vorstellungsverlaufs dem Tätigkeitsgebiete der Einbildungskraft teils zugeschrieben teils entzogen. Es darf uns zwar nach Fries nicht irren, „wenn in den Vorstellungen des gedächtnismäßigen Gedankenlaufes schon vieles von unserer willkürlichen Bestimmung abhängig gefunden wird. Wir müssen immer nur das Gesetz im Auge behalten, nach welchem jedesmal die inneren Veränderungen erfolgen, da gehören denn nur solche Gesetze dem gedächtnismäßigen Gedankenlauf und der Einbildungskraft, nach welchen Vorstellungen innerlich unwillkürlich bewirkt oder modifiziert werden, das übrige hingegen gehört dem logischen Gedankenlaufe"[2]). Andrerseits aber wird das zwischen den Sinnes-

---

1) N. Kr. I, 135. Logik 69. 2) N. Kr. I, 136.

anschauungen und den „willkürlichen Vorstellungen" der Reflexion liegende Gebiet der Einbildungskraft als ein weites Feld innerer Tätigkeit bezeichnet, „welches zum Teil von willkürlichen Bestimmungen abhängt, zum Teil auch nicht"[1]. Infolgedessen ist bei Fries auch die Verteilung der einzelnen willkürlichen Tätigkeiten auf die Gebiete der Einbildungskraft und Reflexion eine schwankende. Das eine Mal werden als die der Reflexion eigentümlichen Vorstellungsarten das willkürliche Dichten und das Denken bezeichnet. Das andere Mal wird das freie Spiel der Vorstellungen in der Dichtung, die außerdem als willkürliche Dichtung Dichtungskraft, als unwillkürlicher Traum und als Vermögen zu träumen Phantasie heißt, als „näheres Eigentum der Einbildungskraft" innerhalb des niederen gedächtnismäßigen Gedankenlaufs behandelt, während das mittelbare Erkennen im Denken der Untersuchung des logischen Gedankenlaufes zugerechnet wird[2]. Zu diesem Schwanken trägt wohl teils die eigentümliche Übergangsstellung der Einbildungskraft im allgemeinen bei, welche neben Anschauung und Denken, den beiden Hauptelementen, „wodurch unsere Erkenntnis vollständig wird", nicht gleichberechtigt ist und damit die Ergänzung durch eine höhere Tätigkeit besonders nahelegt, teils die bereits besprochene Doppelbedeutung der „produktiven Einbildungskraft" im besonderen, die einerseits als ursprüngliche Selbsttätigkeit, andrerseits als willkürliche Tätigkeit der Selbstbeobachtung und damit eigentlich selbst als Reflexion gefaßt wird.

Um so mehr bemüht sich Fries, das tatsächliche Verhältnis der Assoziation, welche den niederen gedächtnismäßigen Gedankenlauf, und der Reflexion, welche den höheren logischen bestimmt, im einzelnen klarzustellen. Der Kontrast zwischen Assoziation und Reflexion läßt sich an bekannten Verhältnissen zwischen Gedächtnis und Verstand bemerken. Man findet häufig schwache Menschen mit wenig Verstand, welche doch ein sehr treues Gedächtnis haben.

---

1) N. Kr. I, 134.   2) Logik 72. N. Kr. I, 195 f.

Der willkürliche Gedankenlauf tut hier der Assoziation wenig Abbruch und läßt diese allein spielen. Solche Menschen von „gar zu bereitwilliger Besinnungskraft" haben daher oft wenig eigenes Urteil, da sie vor lauter Zitaten fremder Meinungen gar nicht zur Anstrengung des eigenen Urteils gelangen können. So wertvoll daher ein gutes Gedächtnis ist, so notwendig ist es, daß dasselbe von der Reflexion beherrscht wird.

Wie die Reflexion aber diese ihre Herrschaft geltend macht, tritt am deutlichsten hervor, wenn wir den Einfluß der Gesetze der Gewohnheit auf unseren Gedankenlauf ins Auge fassen. Durch das Mechanischwerden bestimmter Tätigkeiten auf Grund häufiger Wiederholungen derselben aktiven und passiven Zustände, von welchem früher die Rede war, wird allerdings die bewußte Verstandestätigkeit für eben diese Vorgänge mehr oder weniger außer Aktivität gesetzt. Das willkürliche Eingreifen der Reflexion in unsere geistigen Beschäftigungen wird zurückgedrängt und von der Assoziation ersetzt. Wir sagen, daß wir eine Kunst können oder gelernt haben, wenn sie durch unsere bloße Assoziation der Vorstellungen ausgeübt wird, sobald wir wollen, ohne daß die Reflexion im einzelnen immer darauf zu achten braucht. Aber gerade darin liegt der Sieg der Reflexion über die Assoziation, daß der reflektierende Verstand diese Eingewöhnung bestimmter Assoziationen leitet, daß er beim Lernen die Assoziation durch Eingewöhnungen nach seinen Zwecken ordnet und sie nachher in der Ausübung jeder Kunst diesen Zwecken dienen läßt. So verläuft zwar das Denken des Menschen in Assoziationen, aber diese selbst werden wieder durch die Reflexion gelenkt und geleitet. Erst durch dieses Höhere in unserem Gedankengang, erst mit dieser willkürlichen Selbsterkenntnis wird ja der Mensch Meister seiner selbst, vermag er sich selbst zu beherrschen, sein Leben nach selbst gewählten Zwecken zu leiten, erst durch sie unterscheidet er sich von den Tieren, in denen gleichsam nur die Natur lebt, die nicht in sich selbst leben. „Der Grad der Macht dieser Reflexion über die Assoziationen scheidet Roheit und Bildung im Leben der Menschen; ihre Übermacht ist gesunde Vernunft, ihre Ohnmacht oder ihr Unterliegen unter die Assoziationen ist Gemütskrankheit" [1]).

Damit ist die Tätigkeit des Reflexionsvermögens, wenigstens grundsätzlich, der Tätigkeit der Einbildungskraft gegenüber abgegrenzt. Ihre Stellung in der Gesamtorganisation der Erkenntnis ist aber erst völlig geklärt, wenn ihr Verhältnis zur Anschauung, zum Verstand und zur Vernunft bestimmt ist.

II. Reflexion und Anschauung.

Der Unterschied des Anschauungs- und Reflexionsvermögens ist schon in dem gemeinen Unterschied zwischen Sinn und Verstand in der Sprache enthalten. Dem unmittelbaren Erkennen durch Anschauung, wie es der Sinn liefert, stellt der Verstand ein mittelbares diskursives Erkennen durch Denken entgegen, das dadurch charakterisiert ist, daß wir hier nicht anschauen, sondern durch Wort und Sprache denkend erkennen[2]). Schon für die erste Selbstbeobachtung stellt sich ja der Unterschied zwischen jener intuitiven Erkenntnis, der durch Affektion bestimmten Anschauung, und der diskursiven, durch Reflexion bestimmten willkürlichen Erkenntnis in voller Deutlichkeit dar. Der Streit der Philosophen hat sich daher meist nur um die Rechte des Sinnes oder des Verstandes gedreht, oder um die Frage, ob es möglich sei, die beiden als getrennt sich darstellenden Erkenntnisvermögen auf ein einziges zurückzuführen. So sagt Kant, es sei ihm nicht gelungen, Sinn und Verstand aus einer Quelle in unserem Geiste abzuleiten, und er hofft von dieser Vereinigung, wenn sie gelänge, für die Philosophie vielen Vorteil. Dagegen suchten die Empiriker in der Philosophie diese Vereinigung wirklich herzustellen, indem sie den Verstand aus dem Sinne ablei-

---

1) Logik 69 ff.   2) N. Kr. I, 206. 239.

teten, während die Rationalisten den Sinn in den Verstand
auflösten. Beides ist unrichtig. Die Anschauung des Sinnes
und das Urteil des Verstandes müssen als zwei verschiedene Elemente neben einander bestehen. Es ist nicht möglich, alles Denken als bloße Modifikation des Empfindens zu
erklären, schon deshalb nicht, weil ich mir in der Anschauung nur einer Erkenntnis bewußt werden kann, welche im
Augenblick der Wahrnehmung zu den Zuständen meines Geistes gehört, aber niemals einer über aller Zeit stehenden Notwendigkeit, wie sie schon in der einfachsten
mathematischen Erkenntnis: $2 \times 2 = 4$ gegeben ist. Man darf
es aber auch nicht mit Leibniz und der Wolffischen Schule
als die Absicht der Philosophie bezeichnen, die dunkle und
verworrene Vorstellungsart des Sinnes ganz auf deutliche
Erkenntnis durch Begriffe zu reduzieren. Denn die Begriffserkenntnis kann ohne unmittelbare Anschauung gar
nicht vorkommen, und wir vermögen einen großen Teil unsrer Erkenntnisse nie in Begriffe aufzulösen. Beim einzelnen
Denken müssen wir ja doch dem Definieren einmal Grenzen
setzen und müssen uns statt dessen eines anschaulichen
Schemas der Einbildungskraft bedienen. Durch alles Denken
vermöchten wir das individuelle Wirkliche nie zu erreichen,
wenn wir nicht auf die Anschauung zurückgehen. Insbesondere aber ist die ganze reine Mathematik als Wissenschaft ein Beweis dafür, daß es viele Verhältnisse gibt, die
sich nie in Begriffe auflösen lassen [1]).

---

1) N. Kr. I, 241 f. Fries führt hier zuletzt mit Berufung auf Kant
auch noch das „Paradoxon ähnlicher und gleicher, aber doch inkongruenter Dinge" an, die sich bei Kant, nicht in der Kritik der reinen
Vernunft, aber in § 13 der Prolegomena (Ausg. v. Rosenkranz III, 41 f.)
findet. Während es aber für Kant in erster Linie zur Widerlegung
der Meinung dient, „als ob Raum und Zeit wirkliche Beschaffenheiten
wären, die den Dingen an sich selbst anhingen", ist es für Fries Beweisgrund für die Selbständigkeit der Anschauung gegenüber der Reflexion. Fries hat dabei nicht bloß die Prolegomenastelle, sondern
auch die damit verwandte Stelle in den Metaphysischen Anfangsgründen der Naturwissenschaft (1. Hauptst., Erkl. 2, Anm. 3, S. W. V, 325)
in Betracht gezogen, welche die Frage behandelt, nach welcher Seite

Soll daher überhaupt eine Vereinigung von Sinn und Verstand stattfinden, so kann dies nicht dadurch geschehen, daß Sinn und Verstand aufeinander zurückgeführt werden, sondern dadurch, daß **wir beide durch ein Drittes, die Vernunft, zusammenbringen**. Alle mit jenen vergeblichen Versuchen zusammenhängenden Mißverständnisse beruhen nur darauf, daß nicht bemerkt wurde, der Unterschied unseres Anschauungsvermögens und der Reflexion sei nur ein Unterschied für die innere Wiederbeobachtung unserer Erkenntnisse und nicht für die unmittelbare Beschaffenheit unserer Erkenntnisse selbst[1]).

Das Vorhandensein der inneren Tätigkeiten im Geiste ist ja nicht hinlänglich, um sie uns zum Bewußtsein zu bringen. Wir müssen uns vielmehr mit Hilfe eines besonderen Vermögens der Selbstbeobachtung uns unserer Erkenntnisse erst wieder bewußt werden. Dies geschieht in erster Linie durch den inneren Sinn[2]). Anschauung ist also „eine Erkenntnis oder Vorstellung, welche wir durch den inneren Sinn unmittelbar in uns wahrnehmen"[3]). Dieses Wieder-

eine kreisförmige Bewegung z. B. die der Schnecke oder des Hopfens gerichtet sei. Vgl. hierzu wie zu dem ganzen Gegenstand: H. Vaihinger, Das Paradoxon der symmetrischen Gegenstände, Anhang zum II. Bd. des Kommentars zur Kritik der reinen Vernunft S. 518 ff. Bei Fries heißt es (N. Kr. I, 242 f.): „Es muß ein innerer Unterschied in dem Wesen der Dinge sein, daß sich der Hopfen jederzeit mit der Sonne, die Bohnen aber wider die Sonne, oder von der rechten zur linken um ihre Stange winden; dieser innere Unterschied beider Pflanzenarten läßt sich aber durchaus durch keine Begriffe verständlich machen, sondern nur durch das äußere Verhältnis der Anschauung, wie hier durch die Richtung im Laufe der Sonne um die Erde, oder durch das Verhältnis der rechten und linken Hand. Ebenso bei rechts und links gewundenen Schnecken, oder selbst der rechten und linken Hand desselben Menschen. So gleich in allen Teilen diese Hände sein mögen, so könnte man doch ungeachtet aller inneren Übereinstimmung nicht den kleinsten Teil der einen an die Stelle der andern setzen, indem in der einen immer alles verkehrt liegt als in der andern. Dieser Unterschied kann aber doch durchaus nur durch die Anschauung klar werden, und nie durch Begriffe."   1) N. Kr. I, 240.
2) Über den „inneren Sinn" s. oben und N. Kr. I, 105 ff. 331.
3) N. Kr. I, 240.

bewußtsein unserer Erkenntnis im inneren Sinn ist aber selbst sinnliche Anschauung als empirische Bestimmung unseres Selbstbewußtseins [1]). Der innere Sinn darf daher nicht mit der Reflexion verwechselt werden. Die eigentlichen inneren Sinnesanschauungen sind **unwillkürlicher** [2]) Art. Sie müssen solche Vorstellungen sein, zu denen wir genötigt werden, die also auf Empfindung beruhen, sonst würden wir uns in ihnen ja nur erkennen, wie wir willkürlich uns machen wollen, und nicht, wie wir tatsächlich sind. Ebendarum haben wir in ihnen aber auch nur den „sinnlichen Anfang unserer geistigen Selbsterkenntnis". Nur das **Vorübergehende und Veränderliche** in unserem Erkennen wird uns durch die innere Wahrnehmung bewußt. Alle dauernde innere Tätigkeit, alles Beharrliche der inneren Erfahrung kann erst mittelbar durch die zur Anschauung hinzukommende Reflexion erkannt werden. Die Reflexion ergänzt daher die durch den inneren Sinn anfangende innere Wahrnehmung zur vollständigen Selbsterkenntnis, indem es diese „**zu einem Ganzen der inneren Erfahrung erweitert**" [3]).

Diese Ergänzung wäre allerdings in **einem** Falle überhaupt unnötig, nämlich dann, wenn es unserer Vernunft möglich wäre, sich die ursprüngliche von den Affektionen des Sinnes unabhängige Grundform ihrer Erkenntnis un-

---

1) Reinhold, Fichte und Schelling S. 227.
2) N. Kr. I, 113. Dies ist das eigentliche unterscheidende Hauptmerkmal, während in betreff der Unmittelbarkeit der inneren Sinneswahrnehmung Fries sich schwankend ausspricht. Im Gegensatz zu der obengenannten Stelle N. Kr. I, 240 lesen wir I 105. „Dies [das Wiederbewußtwerden] macht sich aber nicht immer so unmittelbar, sondern erfordert einen inneren Sinn und Reflexion im gemeinen Leben. Wir gehen hier von einzelnen inneren Wahrnehmungen aus, und erheben diese erst mittelbar zu innerer Erfahrung." Diese Diskrepanz ist wohl aus der Abgrenzung des inneren Sinnes nach den beiden Seiten zu erklären. Der unmittelbaren Erkenntnis in der Anschauung gegenüber kann er mittelbar erscheinen, der Reflexion gegenüber unmittelbar.
3) N. Kr. I, 113. 110. 127. 236f. Reinhold, Fichte u. Schelling 227.

mittelbar zur Anschauung zu erheben, mit anderen Worten, wenn sie intellektuelle Anschauung besäße. Damit wäre die Vernunft in Rücksicht des Wiederbewußtseins ihres Innern vom inneren Sinne befreit und besäße gar keine Reflexion, da die intellektuelle Anschauung die ursprüngliche Erkenntnis der Vernunft darstellen würde, deren sich diese unmittelbar ohne Reflexion auch wieder bewußt wäre.

Noch Kant nahm es als eine unbestrittene Wahrheit an, daß es für unsere Vernunft keine solche Verstandesanschauung oder intellektuelle Anschauung gebe, sondern daß alle unsere Anschauung sinnlich sei. Die intellektuelle Anschauung schien ihm nur zur Idee eines göttlichen Verstandes zu gehören, in welchem das ursprüngliche Vorbild, der Archetypus unserer Erkenntnis liege, von dem uns Menschen aber nur ein unvollständiges Nachbild, ein Ektypus möglich sei. Sobald aber nach ihm Reinhold das Prinzip der Ableitung alles unseres Wissens von einem obersten Grundsatze aufstellte, mußte er, wie der gewöhnliche Rationalismus, wieder ganz in die Gewalt der Logik und der Begriffe fallen. Da diese aber für das Kritische, was er doch beherrschen wollte, durchaus leer waren, so mußte er bald zu dem unmittelbaren inneren Bewußtsein seine Zuflucht nehmen, dessen empirische Natur er doch ignorierte. In seiner höchsten Abgezogenheit aber erscheint uns bei Fichte das reine Selbstbewußtsein als intellektuelle Anschauung. Sinn ist der Quell der allgemeinen und notwendigen Erkenntnisse, welche die Voraussetzung alles Wissens sind, das „wahre Auge des Philosophen". Wandelte sich jedoch schon bei Fichte nach und nach das Ich zum reinen Ich, zur Idee der Gottheit, so ließ Schelling durch die intellektuelle Anschauung nur noch das Absolute oder die göttliche Ansicht der Dinge erfassen, die sich ihm aber in die absolute Leere der alles indifferenzierenden ewigen Einheit der Dinge verwandelt.

Alle diese Systeme der intellektuellen Anschauung beruhen aber auf einer Verwechslung. Das reine Selbstbewußtsein wird allerdings nicht vom Sinne allein in uns bestimmt, ist aber gar keine Anschauung, sondern nur ein unbestimmtes Gefühl, dem wir erst durch Reflexion seinen Gegenstand bestimmen können. Die innere Anschauung selbst dagegen ist niemals intellektuell. Sie konnte nur durch Verwechslung mit jenem reinen Selbstbewußtsein für intellektuell gehalten werden. Ihre sinnlichen Eigenschaften treten ja für die Selbstbeobachtung mit voller Deutlichkeit hervor. Erstlich sind die inneren Anschauungen veränderlich. Sie stellen einzelne, veränderliche Zustände des Geistes dar, deren Beschaffenheit sogar meist durch äußere Empfindung bestimmt worden ist. Zweitens findet zwar die sinnliche Anschauung durch das reine Selbstbewußtsein unabhängig vom Raume statt, ist aber doch insofern gleichartig mit der äußeren, als sie unter den sinnlichen Bedingungen der Zeit steht. Die innere Anschauung ist also ebenso sinnlich wie die äußere, beruht wie diese auf Empfindung, und ist nicht intellektuell[1]).

Mit dieser Abweisung der intellektuellen Anschauung als eines menschlichen Vermögens steht Fries völlig auf dem Boden Kants. In den Ausführungen zur Begründung derselben weicht er aber an zwei Punkten, die eng miteinander zusammenhängen, von Kant ab. Das reine ursprüngliche Selbstbewußtsein ist nach Kant eine transzendentale Funktion des reinen Verstandes, deren wir uns als vernünftige Wesen auch ohne die Vermittelung anderer Vernunfttätigkeiten bewußt werden können. Nach Fries ist es nur ein unbestimmtes Gefühl, dem wir erst durch Reflexion seinen Gegenstand bestimmen können. Auch Kant spricht von einer Reflexion, welche von der Sinnesanschauung zu unterscheiden ist. Für ihn hat sie aber den Sinn einer „transzendentalen Überlegung", d. h. der Handlung, durch welche ich unterscheide, ob die Vorstellungen als zum reinen Verstande oder zur sinnlichen Anschauung gehörig untereinander verglichen werden. Und die Unterlassung dieser Reflexion und die daher rührende Amphibolie

---

1) N. Kr. I, 243, Reinhold, Fichte und Schelling 221 ff.

der Reflexionsbegriffe war es, welche einerseits Leibniz dazu verleitete, alle Dinge bloß durch Begriffe miteinander zu vergleichen und so die ursprünglichen Bedingungen der sinnlichen Anschauungen zu übersehen, andererseits Locke, sich ausschließlich an die Sinnlichkeit zu halten [1]). Für Fries ist die Reflexion nur eine höhere Stufe des „Wiederbewußtseins" unserer Erkenntnis. Die erste Stufe bildet der „innere Sinn". Durch ihn bringen wir uns die sinnliche Erkenntnis in der Empfindung und die ersten zu ihr hinzukommenden Formen der Verbindung in der mathematischen Anschauung der produktiven Einbildungskraft zum Bewußtsein. Um uns aber „eines mehreren und allgemeineren" in unserem Innern bewußt zu werden, dazu bedürfen wir eben der Vermittlung der Reflexion.

Die Reflexion erweist sich damit als eine höhere Tätigkeit, welche in unmittelbarer Beziehung zum Verstand steht.

Ist sie mit diesem identisch, oder wie verhält sich das Reflexionsvermögen zu den vieldeutigen Begriffen Verstand und Vernunft überhaupt?

III. Reflexion und Verstand.

Schon in der bisherigen Besprechung des Verhältnisses der Reflexion zur Einbildungskraft und zur Anschauung trat gelegentlich die Auffassung hervor, daß Reflexionsvermögen und Verstand als identisch zu betrachten seien. Neben Sinnlichkeit und Einbildungskraft zeigte sich „bestimmter das eigene Gebiet des Verstandes, als das Gebiet desjenigen in der Erkenntnis, dessen wir uns nur durch Reflexion bewußt werden". Verstand bedeutet hier „eigentlich das Reflexionsvermögen, und dies ist der bestimmteste Begriff, der ihm in der gewöhnlichen Sprache gehört"[2]). Verstand „ist das Reflexionsvermögen, das Vermögen der Deutlichkeit in der Erkenntnis, oder was dasselbe sagt,

---

1) Kritik der reinen Vernunft 239 ff.
2) N. Kr. I, 239.

Verstand ist das Vermögen der Beurteilung der Dinge nach bestimmten (determinierten) vorausgegebenen Begriffen"[1]). Aber diese Identifikation gilt doch nur „eigentlich", nur für die Bestimmung des Begriffs „in der gewöhnlichen Sprache", nur als „Namenerklärung". Wir erinnern uns aus der Erörterung der „Grundvermögen", wie Fries es beklagt, daß die Begriffsbestimmungen der Geistesvermögen meistenteils auf eine unzweckmäßige Weise nach Namenerklärungen gemacht worden seien, die nur Kennzeichen des Begriffes zum Zweck der Unterscheidung der Dinge angeben, statt nach Sacherklärungen, die der wirklichen Einsicht in die Natur der Dinge dienen.

In der eingehenden Erörterung der Begriffe Verstand und Vernunft, welche er zur Verteidigung und Erläuterung seiner Fassung derselben in der Vorrede zum II. Band der psychischen Anthropologie gibt, legt er dieselbe Unterscheidung zugrunde. Die Namenerklärung des Verstandes „als Vermögen der Beurteilung der Dinge nach gegebenen bestimmten Begriffen" ist genauer betrachtet doch leer und ungenügend. Sie entspricht demjenigen nicht, was unsere Sprache bei diesem Worte gedacht wissen will. Der Sacherklärung nach ist mit dem Denken die Natur des Verstandes nicht ergründet, denn die wahre Kraft des Verstandes zeigt sich nicht nur im Erkennen, sondern „ebenso unmittelbar im höheren Lustgefühl, im Wollen, im verständigen Handeln"[2]).

Der Sinn dieser Erweiterung des Begriffs des Verstandes wird uns nur deutlich, wenn wir uns an die eigentümliche Friesische Lehre von den Grundvermögen: Erkenntnis, Gemüt und Tatkraft und deren Ausbildungsstufen in Sinn, Gewohnheit und Verstand[3]) erinnern. Der Verstand ist nicht selbst ein Grundvermögen, sondern eine Bildungsstufe der Grundvermögen und kehrt daher bei allen Grundvermögen wieder. Vom Standpunkte dieser tieferen Sacherklärung aus erscheint der Verstand als „Kraft der

---

1) Psych. Anthrop. II, XI.   2) Psych. Anthrop. II, XIX.
3) s. o. Kap. II, A.

Selbstbeherrschung", als die „innere Gewalt des Willens über unser Leben", die Worte „Verstand" und „Selbstbeherrschung" werden geradezu promiscue gebraucht[1]). Verstand bezieht sich also auf das Verhältnis der Selbstbeherrschung nicht bloß zur Erkenntnis, sondern zum ganzen geistigen Menschenleben, und der Begriff Verstand wird ebensowohl zum Hauptbegriff der Ethik, wie der Logik. Besonders deutlich tritt dies hervor, wenn in der praktischen Philosophie an die Stelle der Ausbildungsstufen: Sinn, Gewohnheit und Verstand die andere Fassung: Sinn, Gewohnheit und „eigener Geist" tritt. Während z. B. Völker mit erstarrter Ausbildung, wie die jetzigen Asiaten ganz unter der Herrschaft der Gewohnheit stehen, ringt in den europäischen Völkern der „eigene Geist" mit Gewohnheit und Herkommen, um fortgestaltend die Geistesbildung zu heben, den Dienst der Wahrheit, Schönheit und Gerechtigkeit immer reiner zu versehen [2]). Es müssen sich daher stets Mißverständnisse ergeben, wenn unter dem Verstand nur das Vermögen, nach bestimmten Begriffen zu urteilen, gedacht und er nicht zugleich und vorzüglich als die **Kraft der Selbstbeherrschung**, als die sittliche Willenskraft des Charakters anerkannt wird.

Daraus folgt nun, daß nach dieser tieferen Auffassung **das Reflexionsvermögen nicht identisch ist mit dem Verstand, d. h. der Kraft der Selbstbeherrschung überhaupt, sondern daß es nur diejenige Seite des Verstandes darstellt, welche im Gebiete des Denkens liegt.**

Während also der Verstand in der Ausbildung des „Gemütes" als Geschmack und Gewissen, für die „Tatkraft"

---

[1]) Psych. Anthrop. II, XVIIf., XXXII. Wir vernachlässigen im folgenden die noch weitere Bedeutung von „Verstand", die bei Fries (wie bei Kant) gelegentlich vorkommt, wenn es z. B. heißt „der Verstand als oberes Erkenntnisvermögen ist die Vernunft selbst in ihrer ursprünglichen Äußerung, welche ihr als erregbarer Erkenntniskraft unmittelbar zukommt" (N. Kr. I, 247), die aber hinter jener bestimmteren Fassung doch völlig zurücktritt.

[2]) Fries, Handbuch der praktischen Philosophie, I, 128, 130.

als „Charakter der Willkür" sich betätigt, gehört ihm in der Erkenntnis die Reflexion oder Überlegung als Kunst der Selbstbeobachtung, welche hier die Selbstbeherrschung des Verstandes übt und die im wesentlichen mit dem Denken selbst identisch ist[1]). Das Reflexionsvermögen ist der denkende Verstand. Soweit es sich daher, wie hier nur um Erkenntnistheorie handelt, kann allerdings der Verstand auch als „Reflexionsvermögen überhaupt" betrachtet werden [2]).

IV. Reflexion und Vernunft.

Diese Betonung einer in der Reflexion wirksamen Kraft der Selbstbeherrschung muß nun aber zu Schwierigkeiten führen, wenn es sich darum handelt, das Reflexionsvermögen der Vernunft gegenüber abzugrenzen.

Denn das unterscheidende Hauptmerkmal der Vernunft ist die unmittelbare Selbsttätigkeit, die ursprüngliche Spontaneität. Das Reflexionsvermögen ist nur ein Vermögen der inneren Selbstbeobachtung der Vernunft. Mit allem Reflektieren tun wir nichts Neues zur Erkenntnis hinzu. Wir beobachten nur, was in unserer Vernunft liegt. Wir müssen daher das Beobachtungsvermögen genau von dem unterscheiden, was beobachtet wird. Die unmittelbaren Erkenntnisse selbst werden von der Spontaneität der Vernunft geliefert. Sie liegen als das Gesetz ihrer Wahrheit über allen Irrtum erhaben in unserer Vernunft. Sie bleiben auch für sich immer unaussprechlich, können nicht zur Anschauung erhoben werden, und wir können uns ihrer auch nie im Ganzen, sondern nur in zerstreuten Einzelheiten oder allgemeinen Formen bei Gelegenheit sinnlicher Anschauungen bewußt werden.

Vernunft ist also „die notwendige Selbsttätigkeit der Erkenntnis, welche die Erkenntnisse unmittelbar in uns gibt". Genauer ist reine Vernunft in weiterer Bedeutung

---

1) *Psych. Anthrop.* I, 52, 82. 2) *N. Kr.* I, 239.

„das Vermögen der mathematischen und philosophischen Erkenntnis d. h. aller aus der reinen Selbsttätigkeit unserer Erkenntniskraft entspringenden Erkenntnisse", reine Vernunft in engerer Bedeutung „das Vermögen der philosophischen Erkenntnis, deren wesentliches Merkmal eben ist, daß sie nur durch Denken zum Bewußtsein kommen kann"[1]).

In diesem Verhältnis der Selbsttätigkeit der Vernunft, mit deren unmittelbarer Erkenntnis wir uns im Besitz alles Edleren und Höheren im menschlichen Geistesleben, der notwendigen Wahrheit, des Glaubens, der Ideen des Schönen und des Sittlichen befinden, und der Reflexion, durch welche wir diesen Besitz uns zum Bewußtsein bringen, liegt nach Fries das ganze Geheimnis der Philosophie verborgen. „Sobald es allgemein richtig verstanden sein wird, werden wir — meint Fries — eigentlich das Ende der Geschichte der Philosophie in ihrer jetzigen Bedeutung erreicht haben, indem die Wissenschaft dann eine so feste und sichere Organisation erhalten muß, als jetzt die reine Mathematik"[2]).

Auch die ganze bisherige Geschichte der Philosophie ist eigentlich nichts anderes, als eine Geschichte der Versuche, diese Begriffe der Reflexion und der Vernunft mehr und mehr voneinander zu scheiden. Aristoteles war es, der zuerst die Formen der Reflexion vollständig vom übrigen Gehalt der Erkenntnis abtrennte und in seiner Logik das Reflexionsvermögen zum Gegenstand besonderer Untersuchung machte. Aber sogleich fing auch der Irrtum an sich zu zeigen, welcher nur in der Deutlichkeit der Verstandeserkenntnis das Gesetz der Wahrheit sucht, und seitdem ist man beständig „mit mehr oder weniger Selbsttätigkeit geschäftig gewesen, mit dem Reflexionsvermögen allein Philosophie zu machen". Mit Hilfe der logischen Form der Definitionen, Schlüsse und Beweise allein, welche doch nur zur Wiederbeobachtung unserer Erkenntnisse dient, wollte man zur Philosophie kommen, „ein Verfahren, welches dem

---

1) Fries, Grundriß der Logik. S. 25 f.   2) N. Kr. I, 250.

ganz gleichkommt, wenn jemand durch das Fernrohr zur Astronomie kommen wollte, ohne einen Himmel, den er beobachtet"[1]). Den Höhepunkt erreichte diese Reflexionsphilosophie, welche mit Hilfe der bloßen logischen Form das System der Metaphysik aus der Logik zu schaffen versuchte, im Wolffianismus, bei welchem das Prinzip der logischen Beweiskraft allbeherrschend wird. Erst durch Jakobi und Kant wurde die Überzeugung in der deutschen Philosophie ziemlich allgemein, daß durch die bloße logische Reflexion in der Philosophie nichts gewonnen werden könne. Es blieb aber dunkel, warum dies so sei. Kant zeigte zwar, daß sich mit bloßer spekulativer Vernunft nichts ausrichten lasse, kam aber nicht auf die Untersuchung, warum dieses Vermögen für sich so unvermögend sei. Er vermochte auch nicht bestimmt anzugeben, warum die praktische Vernunft mehr vermöge, als die spekulative.

In der richtig verstandenen Reflexion liegt hier die Antwort. Kants spekulative Vernunft ist nichts anderes, als das Reflexionsvermögen, das als bloßes **Instrument der Wiederbeobachtung** natürlich für sich allein nichts zur Erkenntnis geben kann. Aller Gehalt wird ihm ja nur durch die von ihm beobachtete unmittelbare Erkenntnis der Vernunft zuteil, die aber bei Kant immer nur dunkel vorausgesetzt, niemals deutlich wurde. Daher blieben auch seine praktische Vernunft und ihr Glaube etwas sehr Dunkles, sobald man fragte, wie wir dazu kämen, denn auch hier sah er unmittelbar immer nur das, was dem Reflexionsvermögen gehörte[2]).

Wir sehen, Fries erkennt wohl die Bedeutung des Schrittes, welchen Kant über die bisherige Philosophie hinaus tat, indem er die bloß formale Logik als solche bezeichnete und ihr eine „transzendentale", eine erkenntnistheoretische Logik gegenüberstellte, er betont auch gelegentlich den Einfluß dieses Unterschiedes auf die logische und transzendentale Bedeutung von Verstand, Urteilskraft und Ver-

---

1) N. Kr. I, 254. 2) N. Kr. I, 25 ff.

nunft[1]), er vermißt aber die scharfe Unterscheidung der Reflexion von der Vernunft, welche der Darstellung erst die vollständige Klarheit gebracht hätte.

Es ist nun aber kein Zweifel, daß Fries selbst sich in eine nicht ohne weiteres lösbare Schwierigkeit verwickelt, wenn er einerseits in der Kraft der Selbstbeherrschung durch den Verstand, die in der Reflexion sich betätigt, die Kraft der Fortbildung unseres Geistes sieht, mit deren Hilfe der „eigene Geist" im Kampf mit dem Mechanismus der Gewohnheiten sich durchsetzt[2]), andererseits der Vernunft als eigentümliches Merkmal die Selbsttätigkeit zuschreibt. Ist denn jene Selbstbeherrschung nicht auch Selbsttätigkeit?

Es ist nicht uninteressant, die Antwort auf diese Frage an der Hand einer Vergleichung mit Fichte zu suchen. Der Friesischen „Reflexion" entspricht Fichtes „intellektuelle Anschauung", und Fichte vermißt ganz ähnlich wie Fries im Kantischen System die Beantwortung der Frage, deren Lösung er seinerseits in der intellektuellen Anschauung findet. Es läßt sich nach Fichte „im Kantischen System ganz genau die Stelle nachweisen, an der von ihr gesprochen werden sollte. Des kategorischen Imperativs ist man nach Kant sich doch wohl bewußt? Was ist denn dies nun für ein Bewußtsein? Diese Frage vergaß Kant sich vorzulegen, weil er nirgends die Grundlage aller Philosophie behandelte, sondern in der Kritik der reinen Vernunft nur die theoretische, in der der kategorische Imperativ nicht vorkommen konnte; in der Kritik der praktischen Vernunft nur die praktische, in der es bloß um den Inhalt zu tun war, und die Frage nach der Art des Bewußtseins nicht entstehen konnte"[3]).

Die Art aber, wie Fichte dieses Bewußtsein selbst faßt, die intellektuelle Anschauung ist von der Friesischen Reflexion völlig verschieden. Denn ihr sind nach Fichte ge-

---

1) System der Logik S. 342.
2) Handbuch der praktischen Philosophie 128, 130.
3) Fichte, Zweite Einleitung in die Wissenschaftslehre, Sämtliche Werke, I, 472.

rade diejenigen Merkmale eigen, welche von Fries der Reflexion abgesprochen und als charakteristische Momente dessen, was er „Vernunft" nennt, angesehen werden, die Selbsttätigkeit und die Unmittelbarkeit.

Die intellektuelle Anschauung besteht bei Fichte darin, daß der Philosoph im Vollziehen des schöpferischen Aktes, wodurch ihm das Ich entsteht, sich selbst anschaut. Sie ist also das unmittelbare Bewußtsein, daß ich handle und was ich handle. Sie ist das, wodurch ich etwas weiß, weil ich es tue, und ich kann keinen Schritt tun, weder Hand noch Fuß bewegen, ohne die intellektuelle Anschauung meines Selbstbewußtseins in diesen Handlungen; nur durch diese Anschauung weiss ich ja, daß ich es tue, nur durch diese unterscheide ich mein Handeln, und in demselben mich von dem vorgefundenen Objekte des Handelns[1]). Diese intellektuelle Selbstanschauung ist aber ihrerseits selbst ein ursprünglicher Akt nicht des theoretischen Wissens, sondern des schöpferischen Handelns. Sie nimmt, streng genommen, nicht ein Vorgefundenes auf, sondern sie schafft ihr Objekt selbst. Und wie es nach Fichte eine absolute Welterkenntnis nur deshalb gibt, „weil wir die Welt bis auf den letzten Rest aus dem Ich erzeugen"[2]), so ist das Bewußtsein dieses Ich selbst ein Erzeugnis seiner ursprünglichen Selbsttätigkeit.

Auch was Fries unter Reflexion versteht, soll zwar keine bloße „passive Beschauung unseres Geistes" sein, sondern ein lebendiges Einwirken auf unser Inneres, „wodurch die Lebenstätigkeiten, auf welche sich die gespannte Aufmerksamkeit richtet, an Stärke, an Lebendigkeit gewinnen"[3]). Sie greift also mit einer willkürlichen Tätigkeit in den Mechanismus der Vorstellungen ein. Die darin sich äussernde „Freiheit der Reflexion" hat nach Fries vielfach dazu geführt, daß Vernunft- und Reflexionsvermögen verwechselt wurden, indem die Willkürlichkeit der Reflexion für eine unbeschränkte Selbsttätigkeit gehalten wurde. Aber

---

1) Fichte, a. a. O., S. 463.
2) Windelband, Geschichte der neueren Philosophie II, 220.
3) N. Kr. I, 273 f.

diese Willkürlichkeit ist nur in sehr uneigentlicher Bedeutung Freiheit. Durch unseren Willen „machen wir doch offenbar Wahrheit und Erkenntnis nicht, sondern wir leiten nur[1]) unsere innere Selbstbeobachtung". Der Wille ist ja allerdings die höchste Spontaneität des Geistes, aber nicht als Spontaneität der Erkenntniskraft, sondern als ein für die Erkenntnis selbst fremdes Vermögen, welches nur einzelne veränderliche Wahrnehmungen bestimmen kann. Innerhalb der Erkenntnis selbst aber ist die willkürliche innere Selbstbeobachtung, die Reflexion überhaupt nur dadurch möglich, daß ihr die Spontaneität der Vernunft „als das Vermögen, mit Notwendigkeit zu erkennen", zugrunde liegt. Das Reflexionsvermögen besitzt also selbst keine ursprüngliche Spontaneität, sondern ist nur ein Vermögen der inneren Selbstbeobachtung der Vernunft. Wir tun mit allem Reflektieren nichts Neues zur Erkenntnis hinzu, sondern beobachten nur, was in unserer Vernunft liegt. Wir müssen also dieses Beobachtungsvermögen selbst genau von dem in der Vernunft Gegebenen unterscheiden, was beobachtet werden soll[2]).

Die Reflexion ist also die mittelbare Erkenntnis, durch welche wir uns die unmittelbare Erkenntnis der Vernunft zum Bewußtsein bringen. Auch in Beziehung auf dieses zweite Hauptmerkmal der Reflexion in ihrem Unterschied von der Selbsttätigkeit der Vernunft steht die Auffassung von Fries in einem charakteristischen Gegensatz zu derjenigen Fichtes. Das Korrelat der mittelbaren Erkenntnis durch die Reflexion ist bei Fries die unmittelbare Erkenntnis durch Anschauung und Vernunft. Nach Fichte ist dieser Unterschied gar nicht vorhanden. In dem Akte des alle Wahrnehmung erst möglich machenden Selbstbewußtseins sieht der Philosoph sich selbst zu, schaut sein Handeln unmittelbar an, „er weiß, was er tut, weil er es tut". Auch für die äußere Wahrnehmung, für das Sehen und Fühlen der Gegenstände ist eben damit das unmittelbare Selbst-

---

1) Von mir gesperrt.   2) N. Kr. I, 248; 268; 78.

bewußtsein die ausschließende Bedingung. In aller Wahrnehmung nehme ich zunächst nur mich selbst und meinen eigenen Zustand wahr. Ich habe, genau genommen, „kein Bewußtsein der Dinge, sondern nur ein Bewußtsein von einem Bewußtsein der Dinge". Dieses letztere ist daher ein vermitteltes, im Unterschied von dem Wissen um die eigenen Zustände als dem unmittelbaren.

Auf dieses vermittelte Verhältnis geht nun Fries schon in seiner ersten größeren Schrift „Reinhold, Fichte und Schelling" (1803) näher ein, indem er dabei die Darstellung in Fichtes „Bestimmung des Menschen" zugrunde legt [1]).

Wenn ich etwas wahrnehme, führt Fries aus [2]), so muß ich mir allerdings wieder erst bewußt werden, ich muß innerlich wahrnehmen, daß ich es wahrnehme, um nur darüber sprechen zu können. „Dies gilt aber von jeder, sowohl äußerer als innerer Wahrnehmung" [3]). Fichte meint jedoch, weil die äußere Wahrnehmung erst wieder innerlich wahrgenommen werden muß, sie sei für mich nur durch diese innere Wahrnehmung vorhanden, in der sie wahrgenommen wird. Dies ist falsch. Ich weiß vermittelst einer Wahrnehmung nicht erst dadurch, daß ich die Wahrnehmung selbst wieder wahrnehme. Denn müßte ich, um zu wissen, auch dieses Wissen erst wissen, so würde dann auch erst ein Wissen dieses Wissens erforderlich sein, um das Wissen vom Wissen möglich zu machen u. s. f. ins unendliche; und ich gelangte so niemals zum Wissen [4]). Dieses Wissen sowohl von etwas außer mir als von etwas in mir ist also unmittelbar in dem Akte der Wahrnehmung selbst vorhanden und auf beides kann sich mittelbar die willkürliche Selbstbeobachtung in der Reflexion richten, um es dadurch erst zur wirklichen Erkenntnis zu erheben.

Die Wahrnehmung meines Zustandes ist also keines-

---
1) Die obigen Stellen und die von Fries zitierten finden sich in der Ausgabe von Kehrbach S. 38 ff. u. 53.
2) Reinhold, Fichte u. Schelling, S. 35 ff.
3) Von mir gesperrt.   4) Reinhold etc., S. 35.

wegs die einzige, die ich habe. Sie macht vielmehr nur eine bestimmte Art meiner unmittelbaren Wahrnehmungen aus, nämlich die innere Wahrnehmung, und ihr stehen die äußeren Wahrnehmungen entgegen, welche von diesen inneren unabhängig und für mich gleich ursprünglich sind, wie jene. Es ist ja richtig, daß ich kein vollständiges Wissen, wenigstens kein solches, von dem ich wieder sprechen kann, ohne Beihilfe der Reflexion erhalte, daß also in gewissem Sinne all mein mitzuteilendes Wissen, und wenn ich's auch nur mir selbst mitteile, von der inneren Wahrnehmung abhängt. Aber diese innere Anschauung darf nicht mit intellektueller Anschauung verwechselt werden. Wie es einen äußern Sinn gibt, durch dessen Affektion die äußere Wahrnehmung entsteht, so gibt es einen inneren Sinn, durch dessen Affektion in uns die Wahrnehmung unserer Tätigkeiten bestimmt wird. Wie sollte denn sonst überhaupt dieses unmittelbare Bewußtsein organisiert sein, diese innere Selbstanschauung, deren Objekt sich beständig ändert und immer im Wechsel ist, wie sollten wir dieses Vermögen empirischer Bestimmungen des reinen Selbstbewußtseins uns sonst denken? Das Fichtesche unmittelbare Bewußtsein ist also nichts anderes, als eine sinnliche innere Anschauung, „der nur das reine Selbstbewußtsein als beständiges Korrelat, welches dadurch empirisch bestimmt wird, immer zugrunde liegt" [1]).

Die weitere Verfolgung jenes Gedankens einer „Affektion" des „innern Sinns" würde zu einer Erörterung aller der Schwierigkeiten Veranlassung geben, welche der Kantische, von Fries aufgenommene Begriff des „inneren Sinns", zumal in seinem Zusammenhang mit der Idealität der Zeit, mit sich führt.

Für unsern Zweck genügt es, gezeigt zu haben, wie in dieser Beleuchtung durch den Gegensatz zu Fichte die Friesische Unterscheidung zwischen der mittelbaren und willkürlichen Reflexion als dem Vermögen des Wiederbewußtseins, welches den inneren Sinn zur vollständigen

---

1) a. a. O., S. 86 f.

Selbsterkenntnis ergänzt, und der ursprünglichen Selbsttätigkeit der Vernunft, welche die unmittelbare Erkenntnis liefert, mit besonderer Schärfe hervortritt.

Der Inhalt dieser unmittelbaren Erkenntnisse wird uns später beschäftigen. Zunächst haben wir den verschiedenen Seiten des im Mittelpunkt der Friesischen Erkenntnislehre stehenden Reflexionsbegriffes weiter nachzugehen.

B. Die Art der Reflexionstätigkeit.

Die ursprüngliche unmittelbare Selbsttätigkeit der Vernunft wirkt unwillkürlich nach notwendigen Gesetzen. Der Wille kann auf diese Spontaneität keinen Einfluß haben. Sonst würden ja die Dinge nicht erkannt, wie sie sind, sondern wie wir sie machen. Mit der Reflexion aber, durch welche ich diese meine unmittelbaren Erkenntnisse wieder beobachte, greift eine willkürliche Tätigkeit in den Verlauf der Vorstellungen ein. Da die Reflexion nichts Neues schafft, so kann diese Tätigkeit des Willens nur in Modifikationen schon im Geiste vorhandener Vorstellungen bestehen. Der ganze Einfluß des Willens auf das Vorstellen bezieht sich also auf die innere Wahrnehmung der Vorstellungen[1]. Die Reflexionstätigkeit ist nichts anderes als ein „willkürliches Vorstellen".

In welcher Weise macht sich nun aber bei diesem willkürlichen Vorstellen der Einfluß des Willens auf den Vorstellungsverlauf geltend?

I. Die Arten des willkürlichen Vorstellens.

Auf den ersten Anblick treten uns verschiedene willkürliche Vorstellungsarten entgegen.

Die erste ist die Aufmerksamkeit. Sie gleicht einem inneren Auge, das wir willkürlich auf diesen oder jenen Gegenstand richten können; und wie der Gegenstand,

---

[1] N. Kr. I, 260 f.

auf den ich äußerlich die Axe des Auges richte, deutlicher wahrgenommen wird, so auch dasjenige, worauf das innere Auge gerichtet ist. Auch dunklere Vorstellungen können wir auf diese Weise wahrnehmen und bei dieser Wahrnehmung verweilen. Je länger dieses Verweilen dauert und je größer die Anspannung der Aufmerksamkeit war, mit desto mehr Lebendigkeit bleibt nachher eine solche Vorstellung im Gedächtnis gegenwärtig.

Eine zweite willkürliche Beeinflussung des Vorstellungsverlaufs findet statt in der Rückerinnerung. Der Vorgang besteht hier darin, daß der Verstand gewisse Vorstellungen mit Hilfe von andern diesen verwandten Vorstellungen zu finden sucht. Er bedient sich dabei der Gesetze der Assoziation. Ebendeshalb aber ist seine Tätigkeit hier immer eine künstliche. Denn die Gesetze der Assoziation wirken ja an und für sich unwillkürlich, und der Verstand verschafft sich den künstlichen Einfluß über sie nur dadurch, daß er durch die Aufmerksamkeit einzelne vorgeführte Vorstellungen festzuhalten und deutlicher zu machen sucht. Die unmittelbare Tätigkeit des Willens bezieht sich also auch hier nur auf die Aufmerksamkeit[1]).

Besonders auffallend zeigt sich drittens die Macht des Willens über unsere Vorstellungen im Dichten. Sie äußert sich allerdings auch hier nicht in neuen Schöpfungen, nicht in der Produktion von bisher nicht vorhandenen Vorstellungen; denn der Stoff in unseren Vorstellungen wird immer durch die reproduktive Einbildung aus dem geliefert, was wir durch Sinn und Erfahrung besitzen. Aber auch in Beziehung auf die Form ist das Dichten oft nichts anderes als ein unwillkürliches Phantasieren. Was der Verstand tut, wenn jemand sich mit Hilfe der Einbildungskraft irgend eine Situation ausmalt, eine Erzählung oder einen Roman erfindet, das ist „großenteils" nur die Leitung der unwillkürlichen Assoziation der Vorstellungen. Alles Willkürliche in den Vorstellungen der produktiven Einbildungskraft läuft

---

1) N. Kr. I, 263.

darauf hinaus, daß wir imstande sind, zu kombinieren. Aber auch dieses Vermögen mit seinem willkürlichen Wiederholen, Versetzen und Linienziehen beruht seinem Können, seiner Möglichkeit und seiner Gesetzmäßigkeit nach auf der Beschaffenheit unserer produktiven Einbildungskraft, die unwillkürlichen Gesetzen folgt. Die Kombination selbst also ist nicht ein Werk des Willens, sondern wird nur künstlich durch ihn geleitet, indem er sich dabei der unwillkürlichen Assoziation der Vorstellungen bedient, und der Aufmerksamkeit, welche diese Assoziation begünstigt und die Rückerinnerung ermöglicht.

Das eigentliche Gebiet der willkürlichen Erkenntnis aber ist viertens die logische Vorstellungsart. Der Einfluß des Willens ist auch hier nur ein künstlicher, durch die Leitung der Aufmerksamkeit vermittelter. Schon die Wahl der Worte zur Bezeichnung der Gedanken ist willkürlich, eine Willkürlichkeit, die sich aber stets des unwillkürlichen Gesetzes der Assoziationen bedient. Aber selbst unser freiestes Nachdenken, in welchem wir beständig neue Vergleichungen und Urteile aufeinander folgen lassen, besteht in nichts anderem als in einer Leitung der Assoziation durch die beständig dazwischen greifende Aufmerksamkeit. Es ist uns nicht möglich, von einem Satze oder von einer Materie zur andern gleichsam frei überzuspringen, sondern wir vermögen nur aus dem durch die Assoziation gelieferten Stoffe das Zweckmäßigste durch die Aufmerksamkeit aufzufassen und festzuhalten. Das Denken selbst kommt also nur durch ein bestimmtes Verhältnis zur reproduktiven Einbildung zustande, indem die Reflexion durch Aufmerksamkeit ihre Assoziationen willkürlich beherrscht und leitet. Gerade die eigentümlichsten Tätigkeiten des Denkens, welche wir durch die Worte Reflektieren, Überlegen, Nachdenken, Nachsinnen und ähnliche bezeichnen, sind nichts anderes als dieser innere willkürliche Gebrauch der Aufmerksamkeit[1]).

---

1) Logik 91.

II. Die willkürliche Aufmerksamkeit und das Grundgesetz des willkürlichen Vorstellens.

Von allen willkürlichen Vorstellungen bleiben uns also nur die unmittelbar willkürlichen inneren Wahrnehmungen, die **willkürliche Aufmerksamkeit** übrig. In ihr haben wir den unmittelbaren Grund aller Einwirkungen des Willens auf unsere Vorstellungen zu suchen. Dieselben erfolgen daher stets nach dem Gesetze: „**Eine Vorstellung wird dadurch in der inneren Wahrnehmung klarer, daß ich mir ihrer bewußt werden will.**" Dann fragt es sich aber noch weiter: Wie bewirkt der Wille dieses Klarerwerden der Vorstellungen? Wirkt er bloß mittelbar auf Belebung des inneren Sinnes, um dadurch Vorstellungen klarer auffassen zu lassen, oder wirkt er unmittelbar auf Verstärkung der Vorstellungen selbst, auf die er die Aufmerksamkeit richtet? Die erstere Auffassung wäre dadurch nahe gelegt, daß die Aufmerksamkeit sich wie ein inneres Auge von einem Gegenstand auf den anderen bewegt. Bedenken wir aber, wie die gesamte Aufmerksamkeit auf das Gedächtnis wirkt, und daß die Lebhaftigkeit der Vorstellungen im Gedächtnis eben in ihrer eigentümlichen Stärke liegt, so werden wir doch zu der Annahme genötigt, daß der Wille auch unmittelbar auf diese Verstärkung selbst wirken könne. Denn durch mittelbare oder unmittelbare Wirkung auf den inneren Sinn kann er diesen doch nur überhaupt reizbarer machen, aber nicht durch Auswahl der einzelnen bestimmten Vorstellung oder Belebung derselben im Gedächtnis unmittelbar zugunsten dieser einzelnen Vorstellung wirken.

So gelangt Fries zu folgendem „Grundgesetz des willkürlichen Vorstellens": „**Eine klare Vorstellung wird dadurch stärker, daß es mir Zweck wird, sie vorzustellen**" und sucht dieses Gesetz aus der Organisation unseres Geistes als einen besonderen Fall des allgemeinen Gesetzes der Assoziation abzuleiten, dessen Einfluß nur durch Gewohnheit erhöht werde. Das Wollen assoziere sich hier

nämlich mit dem Vorstellen, und unter dem Einfluß des durch
Übung und Gewohnheit sich mehr und mehr steigernden
Einflusses des Willens hebe sich dann der Grad der Stärke
einer Vorstellung[1]).

Diese ganze Erörterung der Art der Reflexionstätigkeit,
deren Erfolg sich auf eine größere Klarheit und eine wachsende Stärke der vorhandenen Vorstellungen beschränkt,
ist eine weitere Bestätigung dafür, daß es sich bei der Reflexion nur um die künstliche Wiederbeobachtung eines in
unserem Innern schon vorliegenden Inhalts handelt.

Eine weitere Untersuchung muß zeigen, welcher Hilfsmittel sich dabei die Reflexion bedient, um das Vorgefundene
zur wirklichen Erkenntnis zu machen.

C. Die Hilfsmittel der Reflexion.

Um die Mittel zu finden, deren die Reflexion sich bedient, haben wir den Zweck uns zu vergegenwärtigen, der
durch die Reflexion erreicht werden soll.

Der Zweck des Denkens überhaupt und damit auch
der Reflexion ist die logische Erkenntnis, d. h. die Erkenntnis durch die Unterordnung besonderer Vorstellungen
unter allgemeine. Im Urteil ordnen wir Gegenstände unter
allgemeine Begriffe; im Schluß besondere Fälle unter allgemeine Regeln; in der Wissenschaft Regeln unter allgemeine
Prinzipien nach der Form des Systems. Die nähere Erörterung dieser Formen und der damit zusammenhängenden
Grundsätze wird uns im folgenden Abschnitt beschäftigen.
Für jetzt handelt es sich um die Frage, auf welche Weise
diese logische Erkenntnis zustande gebracht wird, d. h.
durch welche Hilfsmittel jene Formen des Urteils, des
Schließens, des wissenschaftlichen Systematisierens „in die
Gewalt unseres Verstandes" kommen[2]).

Die Antwort, welche Fries hierauf gibt, ist keine völlig
einheitliche. Es werden als solche Hilfsmittel das einemal

---

1) N. Kr. I, 269.   2) Logik 94. N. Kr. I, 276.

nebeneinander gestellt: Vergleichung, Abstraktion und Sprache[1]); das anderemal Abstraktion, Vergleichung und Urteil[2]); endlich Vergleichung und Abstraktion[3]). Ja es werden gelegentlich sogar Abstraktion und Reflexion nebeneinander als Mittel zu vollständiger Selbstbeobachtung genannt. Die letztere Kombination ist auf Rechnung einer bei Fries sich mehrfach findenden Ungenauigkeit des Ausdrucks und der logischen Systematik zu setzen, wird uns aber erklärlicher, wenn wir in Kants Logik[4]) als „logische Verstandesaktus", wodurch Begriffe ihrer Form nach erzeugt werden, nebeneinander aufgeführt finden:

1. „Die Komparation d. h. die Vergleichung der Vorstellungen untereinander im Verhältnisse zur Einheit des Bewußtseins;

2. die Reflexion, d. h. die Überlegung, wie verschiedene Vorstellungen in Einem Bewußtsein begriffen sein können; und endlich

3. die Abstraktion oder die Absonderung alles übrigen, worin die gegebenen Vorstellungen sich unterscheiden."

Von den beiden Trichotomien ist die Hinzufügung des Urteils ebenfalls nicht als einfache Koordination eines weiteren Hilfsmittels der Reflexion zu betrachten, da das Urteil vielmehr der Akt ist, in welchem die Reflexion ihre Vollendung findet[5]). Die „Sprache" oder „Bezeichnung" aber, die in der ersten Trichotomie als weiteres Glied hinzugefügt ist, steht nicht in demselben Verhältnis zur Vergleichung und Abstraktion, wie diese beiden unter sich. Die Worte der Sprache dienen beiden, wie der Reflexion überhaupt, als Symbole, und die ganze Theorie dieser Vorstellungsart durch die Sprache beruht auf der einfachen Anwendung der Assozia-

---

1) Logik 92.   2) N. Kr. I, 323.
3) N. Kr. I, 276, ebenso auch in der ersten Auflage der Neuen Kritik der Vernunft I, 221.
4) S. W. Ausg. von Rosenkranz III, 273.
5) Die Vergleichungsbegriffe z. B. sind „die Werkzeuge, durch die der Verstand sich Urteile bildet", N. Kr. I, 278.

tion der Vorstellungen, deren wir uns willkürlich bedienen, um unsere Gedanken vermittelst des Zeichens leichter fassen und mitteilen zu können[1]). Der Hinweis auf die Sprache als Hilfsmittel der Bezeichnung wird daher besser, wie dies auch in der Neuen Kritik der Vernunft geschieht[2]), der eigentlichen Theorie vorausgeschickt.

Es bleiben also als wesentliche und eigentliche Hilfsmittel der Reflexion: **Vergleichung** und **Abstraktion**.

I. Die Theorie der Vergleichung.

Vergleichung heißt das Bewußtsein vom Verhältnis unserer Vorstellungen zueinander. Sie setzt also nur voraus, daß uns mehrere Vorstellungen zugleich durch sinnliche Anregung oder Assoziation vor der inneren Selbstbeobachtung klar werden. Ich werde mir dann nicht nur jeder einzelnen, sondern auch ihres Verhältnisses untereinander bewußt. Da wir aber, wie die Untersuchung des willkürlichen Vorstellens gezeigt hat, imstande sind, unter allen vor der inneren Wahrnehmung liegenden Vorstellungen einzelne auszuwählen, auf die wir besonders merken, so können wir gelegentlich jede Vorstellung mit jeder andern in Vergleichung bringen. Indem wir dies tun, gelangen wir zu Begriffen von der Einheit und Verbindung unserer Erkenntnisse, zu „allgemeinsten **Vergleichungsbegriffen**", die in folgender Tafel zusammengefaßt werden können, womit, da die Vergleichung auch zu Entgegensetzungen führt, zugleich die Tafel der **logischen Entgegensetzungen** gegeben ist:

„1. Stehen Vorstellungen im Verhältnis der Einheit oder nicht? **Einerleiheit** und **Verschiedenheit**.

2. Stehen Vorstellungen im Verhältnis der Verbindung oder nicht? **Einstimmung** und **Widerstreit**.

3. Wird durch gegebene Vorstellungen die Einheit eines Gegenstandes oder seine Verbindung mit andern erkannt? **Inneres** und **Äußeres**.

---

1) N. Kr. I, 275.   2) N. Kr. I, 274 f.

Kapitel V.

4. Gehören gegebene Vorstellungen in einer Erkenntnis zur Einheit und Verbindung oder zum Mannigfaltigen, Verbundenen? Bestimmung, Form; und Bestimmbares, Stoff, Gehalt, Materie"[1]).

Mit den Aufstellungen dieser Tafel schließt sich Fries völlig an die Darlegung an, welche Kant in dem Abschnitt der Kritik der reinen Vernunft „von der Amphibolie der Reflexionsbegriffe" gibt[2]). Auch hier die Begriffspaare: Einerleiheit und Verschiedenheit, Einstimmung und Widerstreit, Inneres und Äußeres, Materie und Form mit ganz ähnlicher Auslegung. Aber seine Absicht ist eine andere.

Bei Kant schließt sich das Stück als „Anhang" an das dritte Hauptstück des zweiten Buches der transzendentalen Analytik an, welches „von dem Grunde der Unterscheidung aller Gegenstände überhaupt in Phänomena und Noumena" handelt, und sucht zu zeigen, wie aus der Verwechslung des empirischen Verstandesgebrauches mit dem transzendentalen vermeintliche synthetische Grundsätze entstehen, welche die kritische Vernunft nicht anerkennen kann. Man vergleicht die Begriffe, ohne sich darum zu bekümmern, wohin ihre Objekte gehören, ob als Noumena für den Verstand oder als Phänomena für die Sinnlichkeit. Zu welchen Erschleichungen dies führt, sucht Kant an jenen vier Begriffspaaren zu zeigen und insbesondere den Grundfehler des Leibnizischen intellektuellen Systems der Welt darin aufzuweisen, daß Leibniz alle Dinge als Gegenstände des reinen Verstandes behandelte und sie bloß durch Begriffe mit einander verglich und daher natürlich keine andere Verschiedenheiten fand, als die, durch welche der Verstand seine reinen Begriffe voneinander unterscheidet. Von dieser falschen Voraussetzung aus, welche die Erscheinungen als Dinge an sich selbst nimmt, war z. B. sein Satz des Nichtzuunterscheidenden, sein principium identitatis indiscernibilium unbestreitbar, und mußten etwa zwei Tropfen Wasser, nach Qualität und Quantität als völlig gleich gedacht,

---

1) N. Kr. I, 277 f.   2) Kr. d. r. V., 239 ff.

auch als identisch angesehen werden. Sobald wir aber den „transzendentalen Ort" der Begriffe von diesen Gegenständen berücksichtigen, d. h. die Stelle, welche ihnen entweder in der Sinnlichkeit oder im reinen Verstande zukommt, so ergibt sich das Gegenteil. Da sie Gegenstände der Sinnlichkeit sind, so ist ihre Vielheit und numerische Verschiedenheit schon durch den Raum selbst, als die Bedingung der äußeren Erscheinungen gegeben. Da also die Dinge ein zwiefaches Verhältnis zu unserer Erkenntniskraft, nämlich zur Sinnlichkeit und zum Verstande haben können, und da von diesem Verhältnis die Frage abhängig ist, ob sie einerlei oder verschieden, einstimmig oder widerstreitend sind etc., so muß überall da, wo es nicht bloß auf die logische Form sondern auf den Inhalt der Begriffe, also auf das Verhältnis der Dinge selbst ankommt, eine „transzendentale Reflexion" vorausgehen, welche das Verhältnis gegebener Vorstellungen zu einer oder der anderen Erkenntnisart bestimmt.

Daraus geht hervor, daß für Kant nicht die Absicht maßgebend ist, die „Vergleichungsbegriffe", wie er sie ebenfalls nennt, zu entwickeln, sondern an diesen Vergleichungsbegriffen die Notwendigkeit einer „transzendentalen Reflexion" zu zeigen und damit seinem Grundgedanken der Unterscheidung der Erscheinungen und der Dinge an sich eine weitere Bestätigung zu verschaffen. Die Benennung „Reflexionsbegriffe" ist daher weniger zutreffend als die andere „Vergleichungsbegriffe". Denn die „Überlegung" (reflexio) hat es nach Kant, wie eine frühere Auseinandersetzung ergeben hat, „nicht mit den Gegenständen selbst zu tun, um geradezu von ihnen Begriffe zu bekommen", sondern um das „Verhältnis gegebener Vorstellungen zu unseren verschiedenen Erkenntnisquellen"[1]). Bei jenen „Vergleichungsbegriffen" selbst aber handelt es sich um Gegenstände oder Begriffe von Gegenständen. Sie sind für ihn ja nur das Material der Beweisführung für die Notwendigkeit der „transzendentalen Reflexion".

---

1) Kr. d. r. V., 239.

Fries bezeichnet zwar die Überlegung, „in welchen Erkenntniskräften gewisse Vorstellungen zusammengehören, ob sie dem Sinne oder dem Verstande, ob sie dem Verstande, der Urteilskraft oder der Vernunft zukommen" gelegentlich auch als eine der „bloß subjektiv der Selbstbeobachtung gehörigen Tätigkeiten, die nur vorbereitend für das Denken sind", die also eigentlich das erste und unmittelbarste der Reflexion" (das Wort in der Friesischen von Kant abweichenden Bedeutung genommen) „sind"[1]. Aber seine Hauptabsicht geht dahin, die Vergleichungsbegriffe als ein Hilfsmittel der Reflexion, als die „Werkzeuge, durch die der Verstand sich Urteile bildet", aufzuzeigen. Er berührt auch seinerseits die Kritik Kants an Leibnizens Intellektualphilosophie. Aber dem hier sich zeigenden „Mißverstand dieser Begriffe" stellt er sofort den Grundgedanken seiner Reflexionstheorie gegenüber. Diese Formen der Vergleichung können nur dazu dienen, uns der Einheit, so wie sie in unseren Erkenntnissen schon liegt, bewußt zu werden, keineswegs aber dazu, einen Aufschluß über das Wesen dieser Einheit selbst zu bekommen. „In dieser Rücksicht sind sie durchaus leere Formen, sie gehören bloß als Mittel zur Wiederbeobachtung, haben aber gar keinen metaphysischen Wert, wodurch sie in Prinzipien als Erklärungsgründe eingehen könnten"[2].

Hier kommt allerdings der Friesische Reflexionsbegriff dem besonders nahe, was Kant „logische Reflexion" im Sinne der „bloßen Komparation" nennt[3]), ist aber mit derselben doch nicht identisch. Denn es wird in ihr von der Erkennt-

---

[1] N. Kr. I, 276. [2] N. Kr. I, 280.

[3] Vgl. das oben Kap. V. über das Verhältnis von logischer und transzendentaler Reflexion Gesagte. Auch die Beispiele, welche Fries in der etwas anders geordneten Darstellung im System der Logik gibt (S. 99f.), bleiben innerhalb der bloß „logischen Reflexion". Die Reihenfolge der Vergleichungsbegriffe ist hier: 1. Form und Gehalt, Beispiel: Gestalt und Marmor einer Statue. 2. Äußeres und Inneres, Beispiel: Für den Menschen „etwas Äußeres" Vater oder Sohn zu sein, „mehr innerlich" (!), jung, alt, weise, klug zu sein. 3. Einerleiheit und Verschiedenheit, Beispiel: Affe und Mensch, beide Tiere, aber verschieden darin, daß der Mensch Anlage zum Verstand hat, der Affe

niskraft, wozu die gegebenen Vorstellungen gehören, doch nicht gänzlich abstrahiert, sondern zu den Tätigkeiten der Selbstbeobachtung gehört, wie wir sahen, wenn auch nur als nebensächlich erwähnt, die Überlegung, ob gewisse Vorstellungen dem Sinne oder dem Verstande zukommen.

II. Theorie der Abstraktion.

Wenn wir in der Anschauung eines Baumes Stamm, Zweige, Blätter und Blumen an ihm unterscheiden oder an einem Hute, daß er schwarz und rund ist, so ist eine solche Unterscheidung schon unmittelbar auf Grund einer Vergleichung möglich, ist aber noch nicht Abstraktion. Das Eigentümliche der Abstraktion ist, daß „in Rücksicht ihrer die Vorstellungen nicht durch bloße Zusammensetzung des Verschiedenen, sondern durch Ineinanderfügung der Teile verbunden werden. Z. B. wenn ich an dem Baume nicht nur Stamm und Zweige unterscheide, sondern ein Ding, das Stamm hat, ein Ding, das Zweige hat, so wie diese Bestimmungen in der Einheit der Vorstellung Baum vereinigt sind" [1]).

Dieses Heraustrennen einzelner Teilvorstellungen aus einer gegebenen ganzen Erkenntnis, dieses Entstehen „getrennter Vorstellungen" ist dadurch möglich, daß der willkürlichen Reflexion die „schematisierende Einbildungskraft" zu Hülfe kommt, welche Fries auch geradezu als „das eigentliche Vermögen der Abstraktion" bezeichnet [2]). Die Erörterung der Einbildungskraft hat uns bereits zu einer eingehenden Besprechung des Wesens der Schemate, d. h. „gewisser anschaulicher Vorstellungen in uns, welche nicht auf einen bestimmten Gegenstand gehen, sondern eine unbestimmte Zeichnung schwebend zwischen vielen Bildern enthalten", ihres Verhältnisses zu Merkmal und Begriff bei

---

nicht. 4. Einstimmung: Elektrizität und Flüssigkeit der Luft, widerstreitend: rot und grün als Farbe derselben Fläche.
1) N. Kr. I, 281.   2) N. Kr. I, 282.

Kapitel V.

Fries und ihres Unterschiedes vom Kantischen „Schematismus" geführt [1]).

Wie haben wir uns nun den Vorgang der Abstraktion selbst auf Grund der schematisierenden Einbildungskraft und der Assoziation der Vorstellungen näher zu denken?

Es ist ein Gesetz der reproduktiven Einbildungskraft, daß je öfter Vorstellungen einander begleiten, sie sich um so mehr verstärken und um so leichter sich wieder erwecken. Kommt also eine Teilvorstellung oftmals mit einer anderen Vorstellung zusammen, und zwar so, daß sie in verschiedenen Fällen verschiedene Nebenvorstellungen hat, oder vereinigen wir mehrere Vorstellungen, welche die gleiche Teilvorstellung enthalten, in einer inneren Wahrnehmung, z. B. die Vorstellungen: Tanne, Eiche, Linde, Buche, Weide, welchen allen die Teilvorstellung Baum gemeinschaftlich ist, so wird diese **gemeinschaftliche Teilvorstellung mehr verstärkt als die Nebenvorstellungen.** Diese Nebenvorstellungen selbst werden immer dunkler, bis sie sich endlich gar nicht mehr wahrnehmen lassen, und wir behalten schließlich, wenn die Vorstellungen vieler Arten von Bäumen als ähnlicher Vorstellungen in einer Wahrnehmung zusammenfallen, nur noch die Teilvorstellung Baum in abstracto übrig. Die Abstraktion vollzieht sich also nach folgendem Grundsatz: **„In ähnlichen Vorstellungen, welche im Geiste zugleich verstärkt werden, wird das ihnen Gemeinschaftliche mehr als die Unterscheidung verstärkt und kann also abgesondert wahrgenommen werden"** [2]).

So tritt die Abstraktion, wo die Bedingungen gegeben sind, schon als ein unwillkürlicher Vorgang in unseren Vorstellungen auf; ihr Einfluß breitet sich aber noch viel weiter aus durch willkürliche Einwirkungen des Verstandes im Denken und durch entsprechende Leitung desselben im Dienste der Erkenntniszwecke.

---

1) S. o. S. 68 ff.   2) N. Kr. I, 282 f.

III. Die Anwendung der Vergleichung und Abstraktion auf das Ganze unseres Vorstellens und Wissens.

Jede abstrakte Vorstellung enthält die Form einer Einheit im Mannigfaltigen unserer Vorstellungen. Diese Einheitsformen entspringen selbst nicht aus dem Verstande, sondern aus der Selbsttätigkeit der reinen Vernunft; der Verstand beobachtet sie nur, wenn sie in der Vernunft gegeben sind. Sie gehören daher als solche in eine Kritik der Vernunft (im engeren Sinne). Hier handelt es sich nur darum, wie diese Vorstellungsarten in unseren Erkenntnissen vorkommen und von der künstlichen Selbstbeobachtung des Denkens aufgefaßt werden.

1. Analytische und synthetische Einheit.

Nun ist die Einheit in unseren Vorstellungen entweder eine „analytische Einheit", d. h. eine Allgemeinheit, welche viele Vorstellungen unter sich enthält, so z. B. die Vorstellung „Mensch", unter welcher die Vorstellungen Europäer, Asiat, Jüngling, Mann, Greis, auch diejenigen des einzelnen Jünglings, des einzelnen Mannes enthalten sind; oder sie ist synthetische Einheit, d. h. eine Verbindung, in welcher viele Vorstellungen vereinigt werden, z. B. die Vorstellung des „Schachbretts", in welchem die 64 Felder enthalten sind.

Aber kommen nicht an den meisten Vorstellungen beide Einheiten zugleich vor? Nehmen wir zur besseren Verdeutlichung ein Beispiel dieser Art. Ich unterscheide an einem Rosenstock, den ich vor mir stehen sehe, die Wurzel, die Zweige, die Blätter, die Blüten. Diese Teile vereinigen sich für mich zu einem Ganzen in der Vorstellung von der gegenseitigen Einwirkung derselben, durch welche das Leben der Pflanze besteht. Wir haben also hier eine anschauliche Vorstellung von der Verbindung der Teile zu einem Ganzen. Wir können nun aber diese Vorstellung des Rosenstocks auch noch auf eine ganz andere Weise zerlegen, nämlich so, daß wir nicht Teile des Gegenstandes unterscheiden, sondern Merkmale angeben, die mit den Teilen des Gegenstandes doch immer den ganzen Gegenstand bezeichnen. Z. B. dieser Rosenstock ist eine hundertblättrige Rose, eine Zierblume, eine Pflanze, ein organisierter Körper u. s. w. Ich habe dann mit jeder dieser Bezeichnungen etwas **Allgemeines**, eine **analytische Einheit** genannt, unter welche neben diesem einen Rosenstock noch unzählige andere Gegenstände fallen können [1]).

Die beiden Arten der Einheit treten uns auch in den beiden Worten „**Welt**" und „**Natur**" entgegen. Welt ist „das verbundene Ganze aller möglichen Gegenstände unsrer Erkenntnis", und jeder einzelne Gegenstand ist nur ein Teil dieses in Raum und Zeit zusammengeordneten, durch die Wechselwirkungen aller Dinge verknüpften Weltganzen. Mit der „Natur" der Dinge überhaupt, wie mit der „Natur" jedes einzelnen Dinges dagegen meinen wir jedesmal diejenige Beschaffenheit unserer Erkenntnis, nach welcher „alles mannigfaltige Dasein einzelner Dinge unter **allgemeinen Gesetzen** steht, nach denen es abgemessen werden kann". Wir reden in diesem Sinne von einer „Natur außer uns" und einer „Natur in uns" [2]).

Im wesentlichen trifft diese Bestimmung der Begriffe „Welt" und „Natur" auch mit Kant zusammen [3]), der nur seine Unterscheidung des „Mathematischen" und „Dynamischen" auch hier einführt und zwischen Natur, „adjective (formaliter) genommen", als „dem Zusammenhang eines Dinges nach einem inneren Prinzip der Kausalität" und Natur „substantive (materialiter)" als dem „Inbegriff der Erscheinungen, sofern diese, vermöge eines inneren Prinzips der Kausalität, durchgängig zusammenhängen", schärfer unterscheidet [4]).

---

1) Logik 95 f.
2) a. a. O. S. 97.
3) Abgesehen von der weiter unten zu erörternden Beziehung zur „analytischen" und „synthetischen Einheit".
4) Kr. d. r. V. 348 f.

Dagegen ist die Beziehung dieser „Arten der Einheit" auf zwei verschiedene Arten der Abstraktion Fries eigentümlich, und er fixiert diese Unterscheidung der Abstraktionsarten auch in einer besonderen Benennung.

2. Die Abstraktionsarten.

Diejenige Art der Abstraktion, bei welcher wir „in der Vorstellung des Ganzen von den Teilen abstrahieren und so die bloße Form der Verbindung zum Ganzen vorstellen", nennt er die quantitative. Die einfachsten Beispiele hiefür sind die Vorstellungen des Raumes in abstracto und der Gestalten und Figuren in ihm, so wie sie die Geometrie betrachtet, meine Vorstellung von einem Würfel, einer Kugel von bestimmter Grösse; aber auch Ausdrücke wie: die Franzosen, Deutschland, der Apoll von Belvedere, die Gruppe des Laokoon, „wiefern ich damit die bloße Gestalt dieser Kunstwerke bezeichne, die ich im Gipsabdruck auch besitzen kann". Dieser quantitativen steht die qualitative Abstraktion gegenüber, bei welcher es sich um das „Allgemeine" handelt, welches vielen als Teilvorstellung zukommt [1]).

Diese Unterscheidung der beiden Abstraktionsarten kann freilich keine glückliche genannt werden. Wie wenig fruchtbringend sie für die Abstraktionstheorie überhaupt ist, verrät sich schon in einer gewissen Unsicherheit des Ausdrucks. Als Beispiele werden einerseits genannt „alle Vorstellungen von bestimmten Gestalten", andererseits Verbindungsformen unbestimmter Art, die sich durch unseren ganzen Gedankenkreis finden, wie z. B. „meine Vorstellung von der Gesellschaft der Freimaurer ins unbestimmte, von dem Handelsverkehr zwischen Europa und Indien ins unbestimmte" [2]).

Fries denkt sich hier als das, wovon abstrahiert wird, die Teile, die unbestimmte Materie, da nur die Form des

---

1) Logik 98. N. Kr. I, 288.   2) Logik 98.

Ganzen in Betracht gezogen wird. Ist aber diese gesonderte Vorstellung der Verbindungsform der Teile das wesentliche Merkmal der quantitativen Abstraktion, so wäre von der letzteren auch da zu reden, wo die individuellbestimmte Form eines einzelnen Ganzen vorgestellt wird. Fries selbst fühlt, dass diese Fassung zu eng wäre und redet von Vorstellungen „ins Unbestimmte", weiss auch für die darauf sich gründende Theorie der Zergliederung und Subsumierung mit der quantitativen Abstraktion nichts anzufangen. In der Tat wird hiedurch der Begriff der Abstraktion in unzweckmäßiger Weise verändert. Was nach Kant, und mit ihm nach der herkömmlichen Auffassung für die Abstraktion charakteristisch ist, die „Absonderung alles übrigen, worin die gegebenen Vorstellungen sich unterscheiden" [1]), trifft entweder auch für jene Vorstellung der Form des Ganzen zu, bezieht sich dann also nicht auf die Vorstellung „einer Kugel von bestimmter Größe", sondern auf die Vorstellung einer Kugel überhaupt; oder ist dieses Ganze ein individuell Bestimmtes, dann handelt es sich nicht um Abstraktion in dem für die philosophische Theorie brauchbaren und von Fries selbst in der Regel verwerteten Sinne des Wortes. Das für die Abstraktion maßgebende Grundverhältnis des Allgemeinen zum Besonderen liegt ja nur der von Fries so genannten „qualitativen Abstraktion" zugrunde.

Diese Art der Abstraktion tritt uns daher auch bei Fries fast ausschließlich entgegen, wenn wir die Bedeutung der Abstraktion als eines Hilfsmittels der Reflexion in ihrer Anwendung auf das Ganze unserer Erkenntnis weiter verfolgen.

3. Die Abstraktion als Hilfsmittel für das „Bewußtsein überhaupt".

Schon aus dem Verhältnis des Reflexionsvermögens zur Anschauung ergab sich, daß die einzelnen sinnlichen

---

[1] Kants Logik, S. W. III, 273.

Anschauungen, wie wir uns ihrer unmittelbar bewußt werden, nur ein Momentanes der inneren Wahrnehmung darstellen, das über den Augenblick der Gegenwart nicht hinausgeht. Ob der Mensch, das Haus, die Gegend, die ich in diesem Augenblicke sehe, wirkliche Gegenstände sind, oder ob mich Träume mit Phantasmen täuschen, ob der Schall, den ich höre, ein Klingen in meinem Ohre ist, oder ob ihm etwas draußen entspricht, das liegt nicht in der Wahrnehmung dieses Augenblicks. Eine solche anschauliche Erkenntnis gilt ja nur für die Zeit, in der sie wirklich währt. Ich kann von ihr nicht sagen: „Ich weiß", sondern nur: „ich schaue an". Ein zusammenhängendes Ganzes der Erkenntnis, eine vollständige Aussage, daß ich etwas weiß, kann ich aus dieser Anschauung nur durch Reflexion entwickeln. Aber wie ist dies der Reflexion möglich? Wie vermag sie sich von dem Augenblick der Gegenwart los zu reißen und von den sich folgenden einzelnen Wahrnehmungen zum Ganzen einer vereinigten inneren Erfahrung zu gelangen?

Hier ist der Punkt, wo die Abstraktion als Hilfsmittel eintritt. Durch sie wird eine bestimmte Wahrnehmung von dem Zustand des Augenblicks losgelöst und, durch die Rückerinnerung unterstützt, zur problematischen Vorstellung d. h. zu dem durch die Reflexion vermittelten Wiederbewußtsein einer Teilvorstellung. Die so getrennte Vorstellung bleibt dann nicht mehr als Bestandteil einer einzelnen Erkenntnis, sondern als **möglicher Bestandteil irgend einer Erkenntnis** im Bewußtsein. So bleibt z. B. die getrennte Vorstellung der Farbe rot als ein Bestandteil irgend möglicher Erkenntnisse vor meiner Reflexion liegen, und sie kann nun in der Form des „logischen Satzes der Bestimmbarkeit": „Jedes Ding ist entweder rot oder nicht rot", Mittel zur vollständigeren Selbstbeobachtung meiner Erkenntnis überhaupt werden. Auf diese Weise können wir dann im Urteil nicht bloß momentane Verbindungen der Anschauungen, sondern Verbindungen problematischer Vorstellungen in allgemeinen Regeln vorstellen. Die Abstraktion macht es also der Reflexion möglich, sich vom Augenblick der Gegenwart loszureißen und die Selbstbeobachtung zu einem Bewußtsein überhaupt zu erheben, „vor welchem eigentlich erst die Wahrheit unserer Erkenntnis erscheint" [1]).

Das „Bewußtsein überhaupt" ist bei Fries die Vollendung der Reflexion. Es hat also eine wesentlich andere Bedeutung als bei Kant, wo es in den „Prolegomena" [2]) die Stelle der transzendentalen Apperzeption vertritt. Nach Fries ist das „Bewußtsein überhaupt" nur die vollendete Selbstbeobachtung dessen, was als Wahrheit unserer Erkenntnis in der ursprünglichen Selbsttätigkeit unserer Vernunft an sich schon vorhanden ist. Bei Kant macht dieses „Bewußtsein überhaupt" die Erkenntnis des Gegenstandes in einer Erfahrung erst möglich. Für Fries bildet es die Spitze der subjektiven Bedingungen des Wiederbewußtseins der unmittelbaren Erkenntnis, für Kant die letzte Einheit der subjektiven Bedingungen des Erkennens, die aber zugleich objektive Giltigkeit mit einschließt, da sie es ist, die Erkenntnis von Objekten überhaupt erst möglich macht.

4. Die Abstraktion im Dienste der Reflexion in der Anwendung auf das Ganze der Erkenntnis.

a) Ihr Verhältnis zum Assertorischen, Problematischen und Apodiktischen.

Für Fries verläuft also die ganze Reihe der Stufen: innerer Sinn, Reflexion, „Bewußtsein überhaupt" auf der subjektiven Seite, und die Unterscheidung dieser Stufen dient ihm zugleich dazu, den Unterschied des Assertorischen, Problematischen und Apodiktischen in unseren Erkenntnissen deutlich zu machen. Nur assertorische Erkenntnis ist diejenige, die durch den inneren Sinn unmittelbar wahrgenommen wird, die problematische Vorstellung des Allgemeinen ist das Mittel, den inneren Sinn durch die Selbstbeobachtung der Reflexion zu ergänzen, die apodiktische

---

1) N. Kr. I, 298.   2) Kant, Prolegomena, S. W. III, 60.

Erkenntnis aber ist diejenige, die als „Gegenstand der vollendeten Selbstbeobachtung bestimmt ist". Dem entsprechen auch die Unterschiede des Wirklichen, Möglichen und Notwendigen. „Wirklich heißt der Gegenstand einer assertorischen Erkenntnis, möglich der Gegenstand einer problematischen Vorstellung, notwendig der Gegenstand einer apodiktischen Erkenntnis"[1]). Bei der vollständigen reflektierten Erkenntnis sind stets alle drei Stufen beteiligt. Sollen wir die Erkenntnis nicht bloß nach den Einzelheiten beobachten, wie sie dem inneren Sinn erscheinen, so muß die Assertion des Einzelnen in der Abstraktion durch die problematische Vorstellung des Allgemeinen bestimmt werden, damit wir mit Hilfe dieses Allgemeinen zum Bewußtsein des Apodiktischen gelangen.

b) Ihre Bedeutung für die Grundfrage nach dem Ursprung des Wissens um die Kategorien.

Erst auf dieser Grundlage kann nach Fries der Streit zwischen dem Empirismus Lockes, nach welchem alle unsere Erkenntnisse durch sinnliche Eindrücke bewirkt werden und dem Rationalismus Leibnizens, nach welchem die notwendigen und ewigen Wahrheiten jeder Vernunft durch angeborene Ideen gegeben sind, wirklich geschlichtet werden. Kant suchte dies dadurch zu erreichen, daß er unsere Erkenntnis zwar der Zeit nach immer mit sinnlicher Wahrnehmung anfangen, aber doch in unserem Geiste nicht völlig aus der Erfahrung entsprungen sein läßt. Die notwendigen Wahrheiten liegen vielmehr als Bedingungen der Möglichkeit der Erfahrung schon aller Empfindung zugrunde. Er nennt diese von der Erfahrung unabhängigen Erkenntnisse Erkenntnisse a priori, findet ihre unterscheidenden Merkmale in der Allgemeinheit und Notwendigkeit und ist nun imstande, diese apriorischen Erkenntnisse selbst, die Unentbehrlichkeit ihres Gebrauchs und die Art ihrer Anordnung nachzuweisen.

---

1) N. Kr. I, 299.

Geht man aber über die bloße Tatsache des Vorhandenseins dieser Erkenntnisse hinaus und fragt nach einer Theorie, fragt also wie unsere **Vernunft zu diesen Kategorien kommt**, so erhalten wir von Kant nur jene unbefriedigende Antwort: sie liegen unabhängig von aller Erfahrung in unserem Geiste; fragen aber vergebens, **was sie sonst sind und wodurch wir sie erhalten**[1].

Fries glaubt nun diese Grundfrage, deren Behandlung er bei Kant vermißt, auf der bisher gegebenen Grundlage einer Entscheidung näher führen zu können.

c) Die subjektive Allgemeingiltigkeit und ihr Verhältnis zum Begriff des Apodiktischen.

Wir haben zu diesem Zwecke in erster Linie von der **subjektiven Allgemeingiltigkeit** der Erkenntnis die **objektive Giltigkeit** zu unterscheiden. Wir können zwar vermuten, daß beide doch Wechselbegriffe sein werden, da es uns ja nicht möglich ist, gleichsam aus unserer Erkenntnis herauszutreten, um sie mit dem Gegenstand zu vergleichen. Die Auseinandersetzung darüber ist aber eine schwierigere, später zu lösende Aufgabe. Da es sich hier nur darum handelt, die Beschaffenheit unserer Erkenntnisse als solche zu beurteilen, so müssen wir zunächst bei der subjektiven Giltigkeit stehen bleiben.

Innerhalb dieser selbst aber ist ein wesentlicher Unterschied zu beachten. Subjektiv allgemeingiltig können wir erstens das nennen, was **für mich in allen Fällen** gilt, im Gegensatz zu dem was nur in einzelnen Fällen gilt. Dies wäre z. B. der Fall, wenn ich mir eine hypothetische Theorie der Voltaischen Säule entwerfe, sie durch Versuche prüfe, und alle meine Versuche damit übereinstimmen. Die Theorie hat dann für mich subjektive Allgemeingiltigkeit, auch wenn die Induktion eine unvollständige war. Macht nun aber ein anderer Versuche, die nicht mit meiner Theorie stimmen, so wäre diese Allgemeingiltigkeit wieder aufge-

---

[1] N. Kr. I, 801.

hoben. Wir müssen also sagen: subjektiv allgemeingiltig ist dasjenige, was für mich in jedem möglichen Fall gilt. Denn dann kann jeder Fall eines andern möglicherweise auch der meinige werden. Es würde also unter „dieser Allgemeingiltigkeit zugleich eine Giltigkeit für jedermann, dessen Vernunft organisiert ist, wie die meinige verstanden" [1]).

Fries glaubt sich daher darauf beschränken zu können, einen Unterschied zu machen zwischen der subjektiven Allgemeingiltigkeit dessen, was für jeden Fall gilt und der beschränkten Giltigkeit dessen, was nur in einzelnen Fällen gilt, da die erstere Allgemeinheit zugleich die Allgemeingiltigkeit für alle Wesen von derselben Vernunftorganisation einschließt. Fries stellt sich dabei der Sache nach völlig auf den Standpunkt Kants. Denn wenn auch bei Kant das einemal diese, das anderemal jene Allgemeinheit mehr hervortritt [2]), und das, was Fries subjektive Allgemeingiltigkeit dessen, was für jeden einzelnen Fall gilt, nennt, objektive Allgemeingiltigkeit heißt, so finden wir doch auch bei ihm die unzweideutige Feststellung: „Ein objektiv allgemeingiltiges Urteil ist es auch jederzeit subjektiv, denn wenn das Urteil für alles, was unter einem gegebenen Begriffe enthalten ist, gilt, so gilt es auch für jedermann, der sich einen Gegenstand durch diesen Begriff vorstellt" [3]).

Nun wird aber von Fries dieser Begriff der subjektiven Allgemeingiltigkeit zu demjenigen des Apodiktischen in Beziehung gesetzt. Als subjektiv allgemeingiltig oder apodiktisch gilt dann die Erkenntnis desjenigen, was jedermann weiß, und was für den einzelnen immer die gleiche Giltigkeit hat, als nur assertorisch giltig die Erkenntnis dessen, „was nur der einzelne weiß, und dessen Erkenntnis nur zu gewissen einzelnen Lebenszuständen gehört" [4]). Ich kann nicht von jedem anderen Menschen voraussetzen,

---

1) N. Kr. I, 303.   2) H. Vaihinger, Kommentar I, 204 f.
3) Kritik der Urteilskraft § 8. Sämtl. Werke IV, 60. Über die Bedeutung dieser Unterscheidung für die Erkenntnistheorie, siehe unten Kapitel VII.   4) N. Kr. I, 303.

daß er eben die Tatsachen kenne, die mir bekannt sind. Der Besitz dieser Kenntnisse ist also für jeden Menschen etwas Subjektiv-Zufälliges, denn die empirische Kenntnis des einzelnen hängt von der besonderen Lage ab, in der jeder Wahrnehmende sich befindet, und die bei jedem wieder eine andere ist. Alle empirischen Erkenntnisse sind daher assertorisch. Dagegen kann ich den Besitz rein mathematischer und philosophischer Erkenntnisse bei jedem Menschen voraussetzen, nur daß nicht jeder sich derselben in gleichem Grad deutlich bewußt wird. Sie gehören zur allgemeinen Form des Vernünftigen in meiner Erkenntnis, welche in jedem Menschen die gleiche ist. Sie sind daher von apodiktischer Art. Die apodiktische Erkenntnis ist demnach stets Vernunfterkenntnis, während die assertorische Erkenntnis stets Erfahrungserkenntnis oder, wie sie Fries auch im Gegensatz zur philosophischen und mathematischen Erkenntnis nennt, historische Erkenntnis ist.

d) **Die wechselseitige Abhängigkeit der apodiktischen und assertorischen Erkenntnis.**

Der Grund für dieses Verhältnis beider Erkenntnisarten zur Allgemeingiltigkeit wird uns erklärlich, wenn wir uns die anthropologische Grundlage dieses Verhältnisses deutlich machen. Die apodiktische Erkenntnis als das Dauernde, Beharrliche, Sichgleichbleibende in der Tätigkeit unserer Vernunft muß aus dem ursprünglichen Wesen unserer Vernunft entspringen. Sie ist daher nichts anderes als die eigentümliche Art, wie die Vernunft als ursprüngliche Selbsttätigkeit, als erregbare Erkenntniskraft sich äußert. Sie ist die „bloße Form der Erregbarkeit" der Vernunft, die als solche natürlich in jeder Vernunft dieselbe ist, die aber deshalb auch der Anregung durch den Sinn bedarf. Dagegen wird naturgemäß das Assertorische, dasjenige, was uns erst durch die Empfindung als Sinnesanschauung gegeben wird, beständig wechseln und bei dem einen so, bei dem andern anders beschaffen sein.

Aus diesem Wesen der apodiktischen Erkenntnis folgt ferner, daß durch sie nichts Neues in unseren Geist hineingetragen wird. Während ich in Rücksicht der bloß assertorischen Erkenntnis meine Erfahrung täglich **erweitere und neue Kenntnisse sammle** [1]), wird beim Lernen in Philosophie und Mathematik dem Schüler nur **aufgewiesen, was er schon im Innern seiner Vernunft besitzt.** Für die apodiktische Erkenntnis gilt das Platonische: μάθησις ἀνάμνησις, alles Lernen ist nur Erinnerung. Allerdings ist jener Aufweis von der einzelnen Erfahrungserkenntnis nicht unabhängig. Denn dasjenige, was als Form der Erregbarkeit in jeder Vernunft dasselbe ist, kann uns doch nur bei Gelegenheit der einzelnen Erregung in der Empfindung zum Bewußtsein kommen. Wollen wir uns also dieses Apodiktischen in unserer Erkenntnis bewußt werden, so ist dies nur so möglich, daß mit Hilfe der Abstraktion „die getrennte Vorstellung jener Form der Erregung für sich vor der Reflexion festgehalten wird" [2]). Denken wir daran, daß die „getrennte Vorstellung" auch als problematische bezeichnet wird, so können wir den ganzen Sachverhalt auch so fassen: der apodiktischen Erkenntnisse werden wir uns nur mit Hilfe der eine problematische Vorstellung derselben ermöglichenden Abstraktion bei Gelegenheit der assertorischen Erkenntnisse bewußt.

Andrerseits ist die assertorische Erkenntnis, die empirische Kenntnis der Tatsachen für sich allein überhaupt noch keine Erkenntnis. Sie ist es nur insoweit, als Notwendigkeit, also apodiktische Erkenntnis in ihr ist. Denn der „Quell aller Notwendigkeit in unserer Erkenntnis ist die apodiktische Erkenntnis" [3]). Erst dadurch, daß die isolierten historischen Tatsachen unter die allgemeinen und notwendigen Regeln, unter die apodiktischen Gesetze treten, wird aus der bloßen einzelnen Wahrnehmung **Erfahrung.**

---

1) N. Kr. I, 303. „Ein jeder hat da seine eigene Erkenntnis; zu wissen, wer Jajadeva war, wo die Tiber fließt, wie viel Monde der Saturn hat, das kann ich nicht jedem zumuten, denn das will erst gelernt sein."   2) N. Kr. I, 305.   3) N. Kr. I, 305.

Meine Einzelwahrnehmung eines Baumes z. B. tritt dadurch, daß ihn meine Anschauung zu einer bestimmten Zeit an einen bestimmten Ort versetzt, durch seine Verbindung in Raum und Zeit mit allem andern, was ich in Raum und Zeit erkenne, und durch seine Unterordnung unter notwendige Gesetze[1]) nun als ein Teil in das Erfahrungsganze[2]) aller meiner Erkenntnis ein. Oder etwa in der Wahrnehmung der Mühle am Wasser, des am Rade hinströmenden Wassers und des sich drehenden Rades liegt noch nicht der Erfahrungssatz, daß das strömende Wasser durch den Stoß das Rad umdrehe. Es müssen vielmehr noch andere mathematische und philosophische Vorstellungen hinzukommen, durch welche ich erst den Stoß und Druck denke, um die Wahrnehmungen zur Erfahrung zu erheben. Die Erfahrung entsteht also durch die Vereinigung der Wahrnehmung mit der apodiktischen Erkenntnis, „sie ist nicht apodiktische Erkenntnis, aber auch nicht Wahrnehmung, sondern die Auffassung der letzteren unter der Bedingung der ersteren"[3]). Auch von hier aus bestätigt es sich also, daß die Erkenntnis des Apodiktischen nur durch die Reflexion mit Hilfe der Abstraktion möglich ist.

---

1) Was bei Kant in der transzendentalen Ästhetik noch nicht hervortritt und durch die spätere Ausbildung des Synthesisbegriffs bedingt ist: Die Gebundenheit der Apodikticität auch des anschauungsmäßig Erkannten an die synthetischen Funktionen des Verstandes, das wird hier von Fries energisch betont. Vgl. die Stelle im System der Logik S. 322: „Der Grund meiner Behauptungen der Geometrie liegt in der Anschauung des Raumes, aber ich muß mir die Verhältnisse dieser Anschauung erst überlegen, sie mit dem Verstande fassen und in Urteilen aussprechen, um mir ihrer apodiktischen Bestimmung bewußt zu werden."

2) Auch Fries teilt hier den Kantischen Doppelsinn der Erfahrung. Er identifiziert einerseits assertorische Erkenntnis als solche und Erfahrungserkenntnis, und versteht andererseits unter Erfahrung die assertorische Erkenntnis „wiefern wir uns auch ihres notwendigen Zusammenhangs mit anderen durch ihre Unterordnung unter die apodiktischen Gesetze bewußt werden" (Logik, 321).

3) N. Kr. I, 308 f. Genau genommen ist daher auch das Apodiktische der Erkenntnis nicht mit der Notwendigkeit identisch. Denn

c) Anwendung auf die apriorische Erkenntnis.

Da aber nach Fries dieser Unterschied des Assertorischen und Apodiktischen ganz mit dem Kantischen a posteriori und a priori übereinstimmt, so läßt sich das gewonnene Ergebnis auch auf die apriorische Erkenntnis anwenden. Alle assertorische Erkenntnis ist Erkenntnis a posteriori, da sie erst aus der einzelnen Erregung entspringt, alle apodiktische Erkenntnis a priori, da sich ihr Gesetz der Notwendigkeit auch über alle zukünftige Wahrnehmung verbreitet. Die letztere wird dann von Fries in Übereinstimmung mit Kant[1]) noch genauer bestimmt als reine Erkenntnis a priori. An sich ist ja jede Vorhersagung eine Erkenntnis a priori. So wenn ich z. B. vor der Anstellung eines Versuchs behaupte: wenn du den Funken aufs Schießpulver fallen läßt, so wird es sich entzünden. Denn was Schießpulver sei, weiß ich doch nur aus der Belehrung durch Sinnesanschauungen, also mit Hilfe von assertorischen Bestimmungen. Es gibt aber auch reine Erkenntnisse a priori, die ohne alle Wahrnehmung des Gegenstandes schlechthin apodiktisch sind und a priori gelten, z. B. der mathematische Satz: „daß die Summe der Winkel eines gradlinigen Dreiecks gleich zwei rechten sei", oder der philosophische: „daß alle Veränderungen eine Ursache haben"[2]). Die Erkenntnis

jede mögliche Erkenntnis ist zwar mit Notwendigkeit bestimmbar als Erfahrung, da jede Wahrnehmung unter der Regel des Apodiktischen steht. Aber „nur die allgemeinen Gesetze selbst sind subjektiv allgemein giltig, d. h. apodiktisch, der einzelne Fall wird von einem erkannt, vom andern aber nicht, er ist subjektiv zufällig" (I, 309).

1) Einleitung zur II. Ausg. der Kritik der r. V.; Kehrbach, 648.
2) N. Kr. I, 306, Logik, 324. Mit diesem letzteren Beispiel, dessen rein a priorischer Charakter mit der Unmöglichkeit begründet wird, „durch Beobachtung alle Veränderungen zu umfassen", scheint sich Fries mit Kant im Widerspruch zu befinden, der in dem Abschnitt über den „Unterschied der reinen und empirischen Erkenntnis" (Kr. d. r. V. S. 648) den Satz: „eine jede Veränderung hat ihre Ursache" als Beispiel eines nicht reinen Satzes a priori anführt. Aber der Gegensatz ist nur scheinbar und hängt mit der Doppelbedeutung des Wortes „rein" zusammen. Kant selbst ge-

Kapitel V.

a priori darf aber auch nicht so mißverstanden werden, als ob sie unserer Vernunft vor aller Wahrnehmung zukäme, wobei man also das vorher und nachher nicht auf das Gegebensein des Gegenstandes in der Anschauung, sondern auf die Erkenntnis selbst bezog. In diesem Fall würde man zur Annahme angeborener Ideen kommen, „die wir doch in der Tat nicht besitzen, da vielmehr alle wirkliche Erkenntnis uns erst durch die Wahrnehmung und mit der Wahrnehmung gegeben wird. Jedes wirkliche Erkennen unserer Vernunft ist sinnlich angeregt, aber in jedem

braucht auf der folgenden Seite den Satz „daß alle Veränderung eine Ursache haben müsse" als Beweis dafür, daß es „notwendige und im strengsten Sinne allgemeine, mithin reine Urteile a priori in menschlicher Erkenntnis wirklich gebe", und er verteidigt sich gegen den ihm deshalb (in der Leipz. Gel. Zeitung 1787 Nr. 94) deshalb gemachten Vorwurf in der Abhandlung „Über den Gebrauch teleologischer Prinzipien in der Philosophie" (1788 S. W. VI, 389, vgl. Vaihinger, Kommentar I, 211 f.) dadurch, daß er zweierlei Bedeutungen des Wortes „rein" unterscheidet. Im ersteren Fall handelte es sich um Erkenntnisse a priori, denen gar nichts Empirisches beigemischt ist, im zweiten Fall um solche, die von nichts Empirischem abhängig sind, und Kant betont, daß er es im ganzen Werke nur mit der letzteren zu tun habe. Auch Fries faßt das Wort in diesem Sinne, wenn er als Grund für den rein apriorischen Charakter anführt, daß es unmöglich sei, durch Beobachtung alle Veränderungen zu umfassen, denn damit will er eben sagen, daß der Satz, als abhängig von der Erfahrung gedacht, überhaupt nicht ausgesprochen werden könnte. In der Tat ist die Frage der „Beimischung von etwas Empirischem" in dem Sinne, wie sie Kant hier versteht, für das a priori unwesentlich. Er fährt in der angeführten Abhandlung fort: „Freilich hätte ich den Mißverstand durch ein Beispiel der ersten Art Sätze verhüten können: alles Zufällige hat eine Ursache. Denn hier ist gar nichts Empirisches beigemischt." In dem Sinn aber, in welchem Veränderung „ein Begriff ist, der nur aus der Erfahrung gezogen werden kann", ist es „das Zufällige" auch. Auch sogenannte „reine" Begriffe entwickeln sich erst an dem Anschauungsmaterial. In dieser Beziehung findet unter ihnen nur ein Gradunterschied, kein grundsätzlicher Unterschied statt. Das wesentliche Merkmal ist die Abhängigkeit eines Satzes von der Erfahrung und nicht die Beziehung der darin gebrauchten Begriffe zum Anschauungsmaterial, das für ihre Bildung unerläßlich ist.

einzelnen liegt die ursprüngliche apodiktische Form mit zugrunde, welche selbst nicht aus der Empfindung entsprungen ist" [1]).

Wir sehen, Fries weist trotz seiner anthropologischen Neigungen mit voller Entschiedenheit die zeitliche und nativistische Auffassung des a priori ab. Die beiden grundlegenden Kantischen Sätze, die stets zusammen zu nehmen sind: „daß alle unsere Erkenntnis mit der Erfahrung anfange, daran ist gar kein Zweifel" und der andere: „Wenn aber gleich alle unsere Erkenntnis mit der Erfahrung anhebt, so entspringt sie darum doch nicht eben alle aus der Erfahrung" finden bei ihm ihren durchaus korrekten Ausdruck.

Auf dieses a priori aber wendet er seine Theorie der Reflexion und Abstraktion an. Zur vollständigen Erkenntnis gehört stets, daß uns die Reflexion mit Hilfe der Abstraktion diese in der unmittelbaren Erkenntnis vorhandenen apriorischen Gesetze zum Bewußtsein bringt und wir ihnen dann mittelbar den einzelnen Fall unterordnen. Es darf dabei aber nie außer acht gelassen werden, daß alle die Formen in abstracto, deren wir uns dabei bedienen, nur Werkzeuge der Selbstbeobachtung, nur die Formen sind, mit welchen wir jene Erkenntnisse auffassen, niemals das Wesen der Wahrheit selbst.

Welches sind nun diese Formen, deren sich die Abstraktion in der Reflexion bedient?

D. Die Formen der Reflexion.

Die Formen der Reflexion d. h. der willkürlichen künstlichen Wiederbeobachtung haben wir in denjenigen Formen zu sehen, die in der Regel „Denkformen genannt" werden: im Begriff, Urteil, Schluß und System und es handelt sich zunächst darum, diese Formen zu beschreiben.

---

[1] N. Kr. I, 307.

I. Die Beschreibung der Denkformen.

Durch die Hilfsmittel der Reflexion, durch Abstraktion und Vergleichung bildet sich der Verstand zuerst Begriffe, durch Vergleichung aus diesen Urteile, und endlich aus diesen Schlüsse und Systeme.

Da der Zweck des Denkens, die logische Erkenntnis nichts anderes ist als Unterordnung besonderer Vorstellungen unter allgemeine, so wird auch durch diese Formen des Denkens stets das Verhältnis des Allgemeinen zum Besonderen ausgesprochen. Im Begriff ist die Vorstellung des Allgemeinen selbst, aber nur als problematische gegeben. Im Urteil ordnen wir Gegenstände unter allgemeine Begriffe und bringen dadurch das problematische Allmeine wieder zum Besonderen in Beziehung. Im Schluß fassen wir besondere Fälle unter allgemeine Regeln und im System Regeln unter allgemeine Prinzipien für die Zwecke der Wissenschaft.

Die Einzelbeschreibung dieser logischen Erkenntnisweise[1]) hat für uns kein weiteres Interesse, abgesehen von zwei Punkten, welche teils wegen ihrer Beziehung zur Friesischen Grundposition, teils wegen ihrer Bedeutung für die Klassifikation der Denkformen besondere Erwähnung verdienen.

1. Die Bildung der Begriffe.

Die Bildung der Begriffe ist, wie bereits die Lehre von der Abstraktion gezeigt hat, von der schematisierenden Einbildungskraft abhängig. Das Schema als das unmittelbar klare Bewußtsein einer getrennten Teilvorstellung liegt stets dem Begriffe zugrunde. Aller positive Gehalt unserer Begriffe ist durch Vergleichung von der schematisierenden Einbildungskraft entlehnt. Es kann daher nichts in den Begriff kommen, was nicht vorher im Schema war. Der Begriff unterscheidet sich aber vom Schema dadurch, daß er

---

1) N. Kr. I, 208 ff., Logik, 102 ff.

Anspruch auf Allgemeingiltigkeit erhebt und daher allgemein mittelbar sein muß. Das Schema besteht für mich vor meiner inneren Wahrnehmung als ein vorübergehender Gemütszustand, in dem ich eben jetzt erkenne, ohne daß dieses Erkennen für sich eine Beziehung auf mein Erkennen überhaupt hätte. Allgemeine Begriffe dagegen, wie „Mensch", „Baum" gehören nicht zu einem einzelnen empirischen Bewußtsein, sondern sind mitteilbar und können in mehreren Gemütern dieselben sein.

Es liegt in der Natur der Sache, daß der Begriff auf dem Wege zu dieser Allgemeingiltigkeit verschiedene Stadien durchläuft. Wir nennen ihn dunkel, wenn er zwar als Bestandteil in unseren Vorstellungen vorkommt, aber nicht abgesondert vorgestellt wird. Dies gilt z. B. von den allgemeinen philosophischen Begriffen der Einheit, des Seins, der Substanz, der Ursache, die als dunkle Begriffe in der täglichen Vorstellungsweise jedes Menschen enthalten sind, aber nur von der Philosophie klar herausgestellt werden. Wird der Begriff abgesondert für sich vermittelst eines Schema vorgestellt, so nennen wir ihn klar, und deutlich ist er, wenn ich mir ihn bestimmt nach dem Verhältnis von Umfang und Inhalt durch Definition und Einteilung, also mit Unterscheidung seiner Merkmale vorstelle[1]).

Die Begriffsbildung selbst erfolgt nach zwei Grundregeln, entweder durch Analysis oder durch Determination. Die Analysis geht von der Betrachtung des Besonderen aus und gelangt durch allmähliche Zerlegung zu immer allgemeineren Bestimmungen. Ich vergleiche z. B. einen „Falken" mit „Adlern, Geiern, Eulen" u. s. w. und sondere durch Abstraktion das Merkmal „Raubvogel" als Teilvorstellung dieser Arten aus. Ich vergleiche weiter den „Raubvogel" mit anderen „Vögeln" und tue nun dasselbe mit dem Merkmal „Vögel". Die Determination dagegen geht umgekehrt von dem allgemeinen aus und gelangt durch die Verbindung allgemeiner Vorstellungen zur Bildung von be-

---

1) N. Kr. I, 293 f., 211 f., Logik, 110 ff.

sonderen, z. B. durch die Verbindung der Vorstellungen „Ebene" und „Begrenzung" zum Begriffe der begrenzten Ebene. Sie ist also Zusammensetzung der Begriffe, logische Synthesis.

Das Verhältnis dieser beiden Regeln wird nun von Fries in einer durch seine Grundunterscheidung der Reflexion und der unmittelbaren Erkenntnis bedingten charakteristischen Weise gefaßt. Für den reflektierenden Verstand ist alle Determination, alle logische Synthesis das Abgeleitete, die Analysis, die Zergliederung unserer Vorstellungen das ursprüngliche. Der Verstand ist darauf angewiesen, stets vom Zusammengesetzten aus zum Einfacheren fortzugehen. Niemand kann ein anderes Bewußtsein allgemeiner Vorstellungen besitzen, als dasjenige, welches er erst durch Abstraktion erhalten hat.

Bei der unmittelbaren Erkenntnis verhält es sich gerade umgekehrt. Das zusammengesetztere Besondere, die erste unmittelbare Verbindung oder Synthesis ist in unserer Erkenntnis früher als das einfachere Allgemeine. Aus dieser ursprünglichen Synthesis werden die Begriffe erst durch Abstraktion herausgehoben. Das so Getrennte kann dann durch logische Synthesis wiedervereinigt werden, die ihresteils wieder die vorangegangene Analysis voraussetzt.

Wir müssen also die **unmittelbare Synthesis der Vernunft** wohl unterscheiden von der **mittelbaren Synthesis des Verstandes**. In der Vorstellung z. B., welche wir im gemeinen Leben mit dem Wort „Pferd" verbinden, ist die unmittelbare von der Analysis noch nicht zerstörte Synthesis gegeben, in der Erklärung dagegen, welche etwa der Naturhistoriker aus der Determination des Begriffes Tier gibt: „Pferd ist ein vierfüßiges Tier mit Hufen und einem ganz behaarten Schwanz", die logische, aus den getrennten Teilen wieder zusammensetzende Synthesis des Verstandes.

Die „unmittelbare Synthesis der Vernunft", wie sie Fries versteht, tritt hier in eine interessante Parallele zu der „**produktiven Synthesis der Einbildungskraft a priori**" bei Kant. Es gibt nach Kant eine reine Einbildungskraft als ein „Grundvermögen der menschlichen Seele, das aller Erkenntnis a priori zum Grunde liegt". Sie schafft im Mannigfaltigen die Einheit, welche wir in den Gedankenformen der Kategorien denken. Sie ist also „ein Vermögen, die Sinnlichkeit a priori zu bestimmen", und ihre Funktion, die „Synthesis des Mannigfaltigen der sinnlichen Anschauung" nennt Kant „figürlich (synthesis speciosa)" zum Unterschied von der „intellektuellen Synthesis ohne alle Einbildungskraft bloß durch den Verstand"[1]).

Diese ursprüngliche Synthesis muß also bei jeder Analysis schon vorausgesetzt werden und trifft hier im Prinzip völlig mit dem zusammen, was Fries „unmittelbare Synthesis" der Vernunft nennt, steht auch wie bei diesem im Gegensatz zu jener „mittelbaren Synthesis" der Begriffe, welche der formalen Logik angehört, und deren sämtliche Operationen **durch jene ursprüngliche Synthesis erst möglich gemacht werden.** Auch für Fries gibt es eine ursprüngliche produktive Einbildungskraft, wie uns aus der Theorie der Einbildungskraft bekannt ist. Während aber diese nur einen Bestandteil der ursprünglichen unmittelbaren Synthesis der Vernunft bildet, ist bei Kant die ganze vorbewußte und ursprüngliche synthetische Funktion der produktiven Einbildungskraft zugewiesen. Geht man allerdings

---

[1]) Kr. d. r. V., 132 f., 672, 658. Es ist daher unrichtig, wenn Nelson (Abhandlungen der Fries'schen Schule, Neue Folge, II. H. S. 310 f.), um Kant gegen Fries ins Unrecht zu setzen, folgendermaßen argumentiert: „Wenn diese „ursprüngliche" Synthesis, die aller Analysis vorhergehen soll, wieder eine „gedachte" ist, wenn sie, wie nach Kant alle Synthesis eine Verstandeshandlung ist, die nur durch das Urteil verrichtet werden kann, so wäre sie selbst nur durch Begriffe möglich, bedürfte also zu ihrer Möglichkeit bereits der analytischen Einheit. Diese aber ist wiederum nur unter Voraussetzung einer synthetischen Einheit möglich. Und so fort ohne Ende. Es könnte also gar keine Synthesis zustande kommen; wir würden uns vielmehr nur im Kreise herumdrehen." Denn auch für Kant ist jene ursprüngliche Synthesis nicht selbst wieder eine „gedachte", sondern eine vorbewußte transzendentale Funktion der Einbildungskraft; auch für ihn ist die ursprüngliche Synthesis „selbst erst die Bedingung der Möglichkeit alles Urteilens".

von der Annahme aus, daß Kant die „produktive Einbildungskraft" erst später in die Reihe der grundlegenden synthetischen Funktionen aufgenommen hat[1]), dann fiele für den früheren Entwurf jene ursprüngliche Synthesis ausschließlich der transzendentalen Apperzeption zu und würde mit der Friesischen „unmittelbaren Synthesis" auf einer Stufe stehen.

2. Die Einteilung der Urteile.

Im Urteil erkennen wir durch Begriffe. Wir können also von hier aus, nämlich aus der Form der Begriffe, die wir schon kennen, die notwendige Form aller Urteile selbst bestimmen. Durch einen Begriff läßt sich nur erkennen, „indem man Gegenstände in Rücksicht der Unterordnung unter ihn bestimmt denkt"[2]). Daraus lassen sich folgende Erfordernisse für jedes Urteil ableiten.

1. Jedes Urteil muß eine Vorstellung von einem Gegenstande enthalten: das Subjekt des Urteils, durch welches die Quantität des Urteils bestimmt, d. h. der Umfang von Gegenständen angegeben wird, für welche das Urteil gilt.

2. Zu jedem Urteil gehört ein Begriff, zu welchem der Gegenstand im Verhältnis der Unterordnung gedacht wird: das Prädikat des Urteils, das seine Qualität ausmacht.

3. In jedem Urteil wird durch die Unterordnung des Subjektes unter das Prädikat eine Verbindung dieser beiden Vorstellungen gedacht: die Kopula, welche die Relation des Urteils bestimmt.

4. In jedem Urteil steht die in demselben ausgesprochene mittelbare Erkenntnis in einem bestimmten subjektiven Verhältnis zur unmittelbaren Erkenntnis: die Modalität des Urteils.

So macht Fries den Versuch, die Einteilung der Urteile aus dem Wesen des Begriffs und des Urteils selbst abzuleiten. Da auch für ihn die Tafel der Urteilsformen für das „ganze

---

1) H. Vaihinger, Aus zwei Festschriften. Kantstudien 1902, VII, 105 ff.   2) Logik, 127.

System aller metaphysischen Grundbegriffe"[1]) bestimmend wird, so ist diese Ableitung ein wesentliches Element im Aufbau seines kritischen Systems. Auch er stellt sich auf den Standpunkt, daß sich jede „reine philosophische Untersuchung", nach den vier spekulativen Momenten des Verstandes: Quantität, Qualität, Relation und Modalität einteilen läßt[2]). Aber während Kant diese Einteilung aus der traditionellen Logik einfach aufnimmt, sucht Fries dieselbe durch eine Beweisführung zu stützen, die in den systematischen Aufbau selbst eingefügt ist.

II. Die analytische Erkenntnis.

Die „Beschreibung der Formen des Denkens" wird von Fries auch „anthropologische Logik" genannt. Von ihr ist die „analytische Erkenntnis" zu unterscheiden, welche der „philosophischen Logik" angehört. Die Unterscheidung beider ist ein nicht unwesentlicher Beitrag zur verwickelten Frage nach der Friesischen Methode.

1. Das Verhältnis der philosophischen zur anthropologischen Logik.

Nach Fries sind die bisherigen Untersuchungen, „wiewohl sie den Anfang jeder neueren reinen und allgemeinen Logik machen", „doch nur anthropologischer Art". Wir haben bisher nur die Regeln untersucht, nach denen unser Verstand denkt, die Regeln, nach denen er begreift, urteilt, schließt und Systeme baut. Dies ist aber kein Thema für die Philosophie, sondern nur für die Anthropologie. Es ist die Aufgabe einer „anthropologischen Logik", deren Hauptfrage ist: „Wie kommen Begriff und Denken unter die Tätigkeiten des menschlichen Geistes? Wie verhalten sie sich zu den übrigen Tätigkeiten des Erkennens und wie stimmen sie mit diesen zur Einheit der lebendigen Tätigkeit

---

1) Vgl. N. Kr. II, 30.   2) Logik, 102.   3) Logik, 102, 169.

unseres Geistes zusammen"?¹) Die hierher gehörigen Untersuchungen zerfallen bei Fries in zwei Teile, deren erster als anthropologische Propädeutik der Logik" „die Geschichte der menschlichen Erkenntnis", und deren zweiter als „reine allgemeine Logik" eine „Beschreibung der Formen des Denkens" enthält²).

Von philosophischer Erkenntnis ist hierin noch nichts enthalten. Denn philosophische Erkenntnis besteht im allgemeinen aus notwendigen Gesetzen für das Wesen der Dinge überhaupt und nicht in einzelnen Regeln über die Denkweise unseres Verstandes. Eine philosophische Logik wird es daher nicht bloß „subjektiv" mit den Gesetzen, nach denen wir denken, sondern „objektiv" mit den „Gesetzen der Denkbarkeit eines Dinges" zu tun haben. Diese philosophische logische Erkenntnis ist die „analytische Erkenntnis", d. h. „diejenige, deren Wahrheit aus der bloßen Zergliederung (Analysis) unserer eigenen Vorstellungen folgt, welche aus dem reflektierenden Verstande für sich allein entspringt" im Gegensatz zu der synthetischen Erkenntnis, die außer dem Reflexionsvermögen noch irgend ein anderes Gesetz des Erkennens fordert, um ihre Wahrheit zu bestimmen³).

Dieser Unterschied der philosophischen von der anthropologischen Logik, der bei Fries zweifellos vorhanden ist, darf aber auch nicht überspannt werden. Dies geschieht, wenn man ihn etwa dazu benutzt, Fries als „entschiedenen Gegner der praktisch-psychologischen Methode" hinzu-

---

1) Logik, 6. Über das Verhältnis der Logik zur philosophischen Anthropologie überhaupt, vgl. oben S. 10 ff.
2) Logik, 31 ff. und 102 ff. In der N. Kr. ist die „Beschreibung der logischen Erkenntnisweise" von dem Abschnitt über die „Logik als philosophische Wissenschaft" sogar durch die Theorie der Reflexion getrennt. In der 3. Auflage der Logik bezeichnet dann Fries „die Lehre von den Formen des Denkens" überhaupt als „reine allgemeine Logik" und gibt dieser zwei Abschnitte: die „anthropologische Logik" als „Beschreibung unseres Erkennens und Denkens überhaupt" und die „philosophische Logik".
3) Logik, 170.

stellen¹). Denn Fries fordert in der Einleitung zu seiner Logik tatsächlich in erster Linie eine „psychologische oder anthropologische Untersuchung der menschlichen Denkvermögen oder des Verstandes" und er bezeichnet diese anthropologischen Untersuchungen als die „jetzt bei weitem wichtigeren, bei ihnen sind wir noch lange nicht im reinen, hier mögen noch manche Entdeckungen zu machen sein; mehrere, die ich gemacht habe, und die, wenn auch mir unbewußt andere schon früher sie gemacht hätten, doch in unsern Handbüchern fehlen, sind eigentlich die Ursach', warum ich hier eine ganz neue Ausarbeitung der Logik mitteile"²). Wir können überhaupt „mit der reinen Logik nicht anfangen, sondern, um nur erst die eigentliche Beschaffenheit der Begriffe und Urteile, mit deren Gesetzen sie anfängt, einsehen zu lernen, müssen wir ganz andere anthropologische Untersuchungen vorausschicken"³). In der Geschichte der Philosophie ist denn auch die anthropologische Logik „unwillkürlich mit allen Teilen der Logik verflochten und vermengt bearbeitet worden. Die philosophische Logik ist nämlich so arm an Gehalt und so abhängig in allen ihren Behauptungen von der anthropologischen, daß man gar nicht imstande ist, sie abgesondert für sich aufzustellen. Das Verhältnis und der Unterschied dieser beiden Erkenntnisweisen ist aber bisher noch nie richtig verstanden worden⁴). In der Logik des Aristoteles und seiner Schule

---

1) So Nelson, J. F. Fries und seine jüngsten Kritiker, Abhandlungen der Fries'schen Schule, Neue Folge. 1905, II, 248 f.
2) Logik 8; 6. 3) Logik 11.
4) Logik 8. Diese Stelle wird in den „Abhandlungen der Fries'schen Schule, Neue Folge (von Nelson a. a. O. 249) folgendermaßen zitiert: „Diese anthropologische Logik ist unwillkürlich mit allen Teilen der Logik verflochten und vermengt bearbeitet worden. Das Verhältnis und der Unterschied dieser beiden logischen Erkenntnisweisen ist bisher noch nie richtig verstanden worden." Es ist also der entscheidende Satz: „Die philosophische Logik ist nämlich so arm — aufzustellen", der auch in der von Nelson zitierten 3. Auflage der Logik sich findet, einfach weggelassen, so daß der Schein erweckt wird, als ob es Fries hier nur darauf ankäme, die Anthro-

liegt ein Vorurteil für die Selbstgenügsamkeit der demonstrativen Logik tief versteckt, welches in der Geschichte der Philosophie große Folgen gehabt hat." Die anthropologische Logik darf also mit der philosophischen zwar nicht verwechselt werden, ist aber praktisch von derselben nicht zu trennen und tatsächlich für sie unentbehrlich. Wir müssen mit der anthropologischen Beobachtung unseres eigenen Erkennens rechnen und werden dann „die Einsicht in die philosophische Logik gleichsam ungesucht mit erhalten" 1). Denn die philosophische Logik läßt sich ohne die anthropologische „weder aufstellen noch verstehen" 2).

Es war notwendig, die hiefür in Betracht kommenden Stellen vollständig zu geben, da es sich hier um eine Ergänzung des früher über das Verhältnis der Logik zur philosophischen Anthropologie Gesagten und damit um die prinzipielle Stellung der „anthropologischen Vernunftkritik" von Fries überhaupt handelte, deren genaue Darlegung schon wegen ihrer Beziehung zur Frage des Psychologismus in der Erkenntnistheorie von Interesse ist. Zweierlei hat sich uns unwidersprechlich ergeben: erstens, daß die anthropologische Untersuchung des Denkens bei Fries einen Teil der Lehre vom Denken, der Logik, bildet, und zweitens, daß die Gesetze der Philosophie oder demonstrativen Logik

---

pologie aus dem Gebiete der Logik hinauszuweisen. Da auch die übrigen Stellen entsprechend ausgewählt sind, paßt dann das Ganze allerdings in die Beweisführung, daß Fries ein „entschiedener Gegner" der „praktisch-psychologischen Methode" sei, während er in Wirklichkeit zwar vor der Verwechslung der anthropologischen und philosophischen Ansicht warnt, aber ebensosehr die Unentbehrlichkeit der Anthropologie für die Logik betont. Dies geschieht nicht bloß hier, sondern ausdrücklich auch in der Vorrede zur 3. Auflage der Logik (z. B. S. XI).

1) Logik 10.
2) Grundriß der Logik 4. In dieser Stelle, wo es heißt: „Die philosophische Logik läßt sich aber, wiewohl dies oft übersehen wird, ohne die erstere weder aufstellen, noch verstehen", würde sich das „erstere" auf die „philosophische, demonstrative Logik" beziehen, ergibt aber so keinen Sinn. Es muß ein Druckfehler sein; statt „erstere" muß es „letztere" heißen.

nur von dieser anthropologischen Grundlage aus gewonnen werden können¹).

2. Der Unterschied analytischer und synthetischer Urteile.

Die philosophische logische Erkenntnis, um deren Näherbestimmung es sich jetzt handelt, ist also die „analytische Erkenntnis" oder „Zergliederungserkenntnis".

Da sie Sache des Verstandes ist, so wird sie in Urteilen bestehen. Die philosophische Logik ist also „das System der analytischen Urteile" und wir haben die analytische Erkenntnis näher zu bestimmen, indem wir die analytischen Urteile den synthetischen gegenüber abgrenzen.

Fries erkennt wohl die große Bedeutung der Kantischen Unterscheidung der analytischen und synthetischen Urteile. Er gibt aber auch neue wertvolle Beiträge zum genaueren Verständnis dieses Unterschieds, die in der Geschichte dieses vielbesprochenen Kapitels der Logik mehr Beachtung verdient hätten, als sie gefunden haben.

Fries gibt denselben folgende Fassung: „Ein Urteil heißt analytisch (Urteil durch Zergliederung), wenn in seinem Prädikat nur Vorstellungen seines Subjektes wiederholt werden; synthetisch (Urteil durch Verbindung) hingegen, wenn es im Prädikat neue Vorstellungen enthält, die über das Subjekt hinzukommen. Sage ich z. B. „„Jedes gleichseitige Dreieck hat drei gleiche Seiten"", so ist das Urteil analytisch, indem das Prädikat nur einen Teil des Subjektes wiederholt. Sage ich hingegen: „„Jedes gleichseitige Dreieck hat drei gleiche Winkel"", so kommt im Prädikat über die „„Gleichseitigkeit"", von der im Subjekt die Rede war, noch die „„Gleichwinklichkeit"" hinzu, als notwendig mit jener verbunden, das Urteil ist also syn-

---

1) Vgl. auch Grundriß der Logik 6: „Diese Denkformen lernen wir da ihrer anthropologischen Bedeutung nach kennen und zugleich einsehen, wie sich die Gesetze der demonstrativen Logik aus ihnen herleiten lassen."

thetisch" ¹). In engerem Anschluß an Kant, aber unter der Voraussetzung, daß das Wesen des Urteils in der Subsumtion bestehe, wird dem Unterschied auch folgende Fassung gegeben: „Im synthetischen Urteil wird die Verbindung von Subjekt und Prädikat dadurch vorgestellt, daß man die Sphäre des Subjektes mit in die Sphäre des Prädikates setzt, im analytischen hingegen werden nicht nur die Sphären beider Begriffe verglichen, sondern das Prädikat wird zugleich auch in den Inhalt des Subjektes gesetzt. Z. B. ohne den Begriff der Dreiseitigkeit kann ich gar kein Dreieck denken, er ist ein Teil aus dem Inhalte dieses Begriffes; verbinde ich hingegen für das Dreieck Gleichseitigkeit und Gleichheit der Winkel, so ordne ich hier nur die einzelnen gleichseitigen Triangel, aber nicht den Begriff gleichseitiges Dreieck, dem Begriff des gleichwinkligen unter" ²).

Daraus folgt, daß wir nur durch selbständige synthetische Urtheile wirklich Gehalt in unseren Erkenntnissen gewinnen, während die analytischen sich nur mit leeren Formen der Erläuterung beschäftigen.

Diese wichtige, auf den ersten Anblick einfach erscheinende Einteilung hat nun aber doch ihre eigenen Schwierigkeiten.

Die Einteilung ist nicht anwendbar, wenn die Bedeutung der in der sprachlichen Fassung des Urteils gebrauchten Worte nicht scharf bestimmt ist. Wenn ich z. B. sage: „Alle Luft ist elastisch und flüssig", so kommt es genau darauf an, was ich unmittelbar bei dem Worte „Luft" denke. „Gehe ich von der Definition aus: „„Luft ist die elastisch flüssige Materie"", so ist jenes Urteil ganz analytisch; gehe ich hingegen von der genauern schematischen Bedeutung des Wortes Luft aus, so wird die Flüssigkeit wohl immer dabei mitgedacht werden, die Elastizität aber eben nicht von jedem. Dann wäre also das Urteil:

---

1) Logik 170 f., N. Kr. I, 315 f. 2) N. Kr. I, 316.

„„Alle Luft ist elastisch"", ein synthetisches" [1]). Die Schwierigkeit ist nur zu lösen, wenn wir beachten, was wir eigentlich durch das Wort in der Sprache bezeichnen; nämlich nicht den Gegenstand der Erkenntnis selbst, sondern nur das Schema oder den Begriff als eine allgemeine problematische Vorstellung. „Denn durch Worte in der Sprache teilen wir uns nicht Anschauungen, sondern nur Begriffe mit." Sage ich z. B.: Friedrich II. König von Preußen lebte in der Mitte des achtzehnten Jahrhunderts, so habe ich damit nur seinen Namen und die Zeit genannt, in der er lebte, aber von dem, was und wer er gewesen ist, von seiner Geschichte nichts mitgeteilt; analytisch habe ich vielmehr im Subjekte hier einen bloßen Namen, „zu dem ich in einer weiteren Erzählung Schritt vor Schritt erst synthetisch seine Geschichte zusetzen könnte." Denke ich mir allerdings unter dem Worte Friedrich II. unmittelbar den ganzen Mann mit seinem Leben und seiner ganzen Geschichte, dann freilich liegt analytisch in dem Worte selbst alles, was ich von ihm aussagen kann. Aber tatsächlich vermag ich ja mit dem Worte nicht den ganzen Umfang aller dieser Einzelheiten zu denken. Die Worte dienten mir daher bei dieser der Natur unseres Verstandes ganz widersprechenden Bezeichnungsweise nicht zum Zeichen meiner Gedanken, sondern zum Ausdruck für ein x, einen unbekannten Gegenstand, den ich nie vollständig zu bestimmen vermöchte. Es bleibt also nichts anderes übrig, als daß wir, dem Wesen der Reflexion entsprechend, die Bedeutung der Worte nur auf das beschränken, „was nach Begriffen unmittelbar bei ihnen gedacht wird", also auf den allgemeinen Begriff, den es zunächst erweckt, während jede weitere oder nähere Bestimmung, die dann als Erweiterung meiner Erkenntnis hinzukommt, als eine neue Synthesis anzusehen wäre.

Wenn eine bestimmte Anwendung des Unterschiedes analytischer und synthetischer Urteile möglich sein soll, so

---

1) Logik 171.

ist also zweierlei erforderlich: erstens, daß die Vorstellung des Subjektes ein allgemeiner Begriff ist, daß es sich also um allgemeine Urteile handelt, zweitens, daß die Begriffe bestimmt durch ihre Definition nach vollendeter wissenschaftlicher Vorstellungsweise gedacht werden, da sonst das Verhältnis unsicher bleibt.

Mit diesen Ausführungen hat Fries bereits diejenigen Punkte klar herausgehoben, welche in der späteren Diskussion des Problems als die beherrschenden hervortraten. Besonders hat Schleiermacher den Unterschied zwischen analytischen und synthetischen Urteilen als „nur relativ" bezeichnet[1]) und von dem Gedanken aus, daß die Vollendung irgend eines beliebigen Begriffs die Vollendung des Begriffs der Welt, also des Wissens überhaupt voraussetzt, die Möglichkeit betont, alle Urteile als Mittel, zum vollständigen Begriff zu gelangen, zugleich aber als in diesem schon enthalten d. h. als analytisch zu betrachten. Dagegen stehe der Unterschied fest „in bezug auf jedes einzelne für sich gesetzte Subjekt". Seiner Kritik schließt sich Sigwart mit eingehenderer Begründung an. „Ob ein Urteil über empirische Gegenstände analytisch ist oder nicht, kann niemals entschieden werden, wenn ich nicht den Sinn kenne, welchen der Urteilende mit seinem Subjektsworte verbindet, den Inbegriff der Merkmale, die er auf diesem bestimmten Stadium der Begriffsbildung darin zusammengefaßt hat. Der Fortschritt aber, von einer Bedeutung zur andern entsteht ihm durch ein synthetisches Urteil." Sollte aber ein Urteil an und für sich als analytisch betrachtet werden müssen, so wäre dies nur unter der Voraussetzung vollkommen fester und abgeschlossener Bedeutung der Wörter möglich. Das Kantische Beispiel für analytische Urteile: Alle Körper sind ausgedehnt, ist nur dann streng richtig, „wenn vorausgesetzt ist, daß mit dem Worte Körper immer jedermann das Merkmal ausgedehnt,

---

1) F. Schleiermacher, Dialektik. Aus Schleiermachers handschriftlichem Nachlasse, herausgegeben von L. Jonas. 1839. § 308. S. 264, 267.

niemand je das Merkmal schwer verbindet"[1]). Sigwart glaubt nun aber daraus folgern zu müssen, „daß damit schließlich jedes Motiv wegfällt, das mich vernünftigerweise bestimmen könnte, solche Urteile auszusprechen, da sie lauter Binsenwahrheiten sind, die niemandem etwas sagen. Wer wird sich in Urteilen herumtreiben, wie alle Dreiecke sind dreieckig, alle Vierecke sind viereckig?"

Zu dieser Folgerung gelangt man aber nur dann, wenn man, wie dies bei Schleiermacher und Sigwart der Fall ist, den Umstand nicht hinreichend berücksichtigt, daß dem werdenden Wissen des Einzelnen nicht bloß ein „vollendeter Begriff der Welt", oder die unmögliche Identität eines Begriffssystems in allen Individuen gegenüberzustellen ist, sondern daß das urteilende Individuum stets das vorhandene **Begriffssystem der Wissenschaften seiner Zeit** vorfindet, dem gegenüber es selbst als lernendes sich verhält. Das ist der Punkt, welcher bei Fries besonders hervortritt. Hier sind bestimmte Wortbedeutungen in Definitionen festgelegt, die allerdings mit dem Fortschritt der Wissenschaft selbst sich verändern können, die aber dem einzelnen gegenüber eben jenes fertige Begriffssystem darstellen. Das analytische Urteil: „Alle Luft ist elastisch" kann von hier aus betrachtet, seinen guten Sinn haben. Allerdings bestätigt es sich auch hier, daß das analytische Urteil überhaupt nicht verständlich ist, wenn wir dabei stehen bleiben, es in isolierter Betrachtung auf die Analyse eines Begriffs, einer Anschauung zu gründen. Es ist nicht zu verstehen, weshalb der Urteilende im analytischen Urteil sprachlich und logisch trennt und wieder vereinigt, was er in der Anschauung oder im Begriff bereits beisammen hat, wenn wir nicht die Umstände berücksichtigen, durch welche das Urteil veranlaßt ist, und die nicht bloß beim verneinenden Urteil, wo es bereits Sigwart überzeugend nachgewiesen hat[2]), sondern auch beim bejahenden Urteil in einer entgegengesetzten Zumutung besteht, im letzteren Fall also in

---

[1] Sigwart, Logik. 2. Aufl. 1889. I, 135.
[2] Sigwart, Logik. 2. Aufl. 150 ff.

einer Zumutung, Subjekt und Prädikat getrennt zu halten, die neben anderen Umständen in dem unvollkommnen durch die Wissenschaft der Zeit zu ergänzenden Wissensstand des Subjekts ihren Grund haben kann[1]).

Jedenfalls aber ist bei der Erörterung des Unterschieds der analytischen und synthetischen Urteile stets zu fragen, ob derselbe auf den Wissensstand eines Einzelnen oder auf das Begriffssystem der Wissenschaft zu beziehen ist. Es ist kein Zweifel, daß es sich in einer Erörterung über die Fragen des Denkens und Erkennens nur um das letztere handeln kann. Fries hat daher ganz recht, wenn er zu dem Ergebnis kommt: „Wir können daher von dieser Unterscheidung nur für wissenschaftliche Zwecke, wo man es mit der Bedeutung der Worte ganz genau nehmen darf, bestimmten Gebrauch machen." Er wahrt damit der Kantischen Grundfrage: „Wie sind synthetische Urteile a priori möglich?", die sich ihrem Wesen nach nicht auf die Erkenntnisbedingungen für einen beliebigen Einzelnen, sondern auf diejenigen der Wissenschaft überhaupt bezieht, auch der an sich begründeten Kritik an der absoluten Geltung jenes Unterschieds gegenüber ihr Recht.

Auch für die Friesische Philosophie hat nun dieser Unterschied der analytischen und synthetischen Urteile ausschlaggebende Bedeutung. **Neue Erkenntnis, Erweiterung unserer Erkenntnis gewinnen wir nur durch die synthetischen Urteile.** Aller Gehalt der Philosophie ist also nur in den synthetischen Urteilen der Metaphysik zu suchen. Durch das ganze System der analytischen Urteile werden wir an Erkenntnissen nicht reicher. **Das analytische Urteil enthält eigentlich nur eine Wiederholung desselben Gedankens.** Aber wozu dann diese Tautologie? Die Antwort liegt darin, daß diese analytischen Urteile, wie die Formen der Reflexion überhaupt, dazu dienen, die eigentliche Erkenntnis, die unmittelbare, die in den

---

1) Vgl. hierzu meine Abhandlung: „Das Verhältnis der Logik zur Psychologie, Zeitschrift für Philosophie und philosophische Kritik. Bd. 109, S. 200 f.

synthetischen Urteilen ihren Ausdruck findet, zur Entwicklung und zu deutlichem Bewußtsein zu bringen. **Deutlich** aber ist in unserm Innern das, dessen wir uns durch Reflexion bewußt werden, während **dunkel** das genannt wird, was wir gar nicht gewahr werden, und **klar**, was der innere Sinn wahrnimmt. Analytische Formen unserer Erkenntnis sind also diejenigen, welche ausschließlich aus der Reflexion, aus dem Denkvermögen entspringen, und analytische Urteile solche, deren Wahrheit oder Falschheit durch bloßes Denken bestimmt werden kann[1]).

Der Unterschied der analytischen und synthetischen Urteile teilt also die gesamte Philosophie in zwei Teile: die **formale Philosophie oder philosophische Logik**, welche sich ausschliesslich auf das Reflexionsvermögen gründet, und die **materiale Philosophie oder Metaphysik**, welche ihre eigenen Gegenstände der Erkenntnis in den Vorstellungen der notwendigen Einheit, Güte und Schönheit besitzt und sich des Reflexionsvermögens nur zur Verdeutlichung bedient.

3. Die Grundsätze des Denkens.

Für eine Theorie der analytischen Urteile, die uns hier nur in kurzer Übersicht zu beschäftigen hat, handelt es sich darum, die allgemeinsten Regeln der analytischen Erkenntnis, die „Grundsätze des Denkens" zu gewinnen. Sie müssen sich als Formen der Reflexion alle aus dem Wesen der Reflexion ableiten lassen, sie müssen alle aus demselben „anthropologischen Verhältnis der Wiederholung meiner Gedanken durch die Reflexion vermittelst des Prädikates im Urteil" entspringen. Aber sie selbst, die eigentlich philosophischen Grundsätze sind als die **Gesetze der Bestimmung des Gegenstandes durch bloße Reflexion** von denen der anthropologischen Logik als den allgemeinsten Regeln überhaupt, nach denen wir reflektieren und mit Reflexion erkennen, aus denen sie abgeleitet werden, stets zu unterscheiden.

---

1) N. Kr. I, 320 f., Logik 172 f.

a) **Die anthropologischen Grundsätze des Reflektierens.**

Die Hilfsmittel der Reflexion sind Abstraktion und Vergleichung, und im Urteil findet das Ergebnis der Reflexion seinen Ausdruck. Aus den Grundverhältnissen der Vergleichung, der Abstraktion und des Urteilens müssen sich also zunächst die „anthropologischen Grundsätze des Reflektierens" ergeben.

1. Die Abstraktion beruht darauf, daß es dieselbe Erkenntnis ist, deren ich nur als Teilvorstellung in der ihr untergeordneten besonderen Erkenntnis bewußt werde, oder welche ich für sich als allgemeine abstrakte Vorstellung mir zum Bewußtsein bringe. Es folgt daraus, daß alles, was vom Allgemeinen gilt, auch von dem diesem untergeordneten Besonderen gilt, und daß, was vom Besonderen gilt, bedingungsweise auch von dem übergeordneten Allgemeinen gilt. (Dictum de omni et nullo.)

2. Das Grundverhältnis der Vergleichung setzt voraus, daß ich jede möglichen zwei Vorstellungen miteinander vergleichen kann[1]). (Satz der Bestimmbarkeit.)

3. α) Da das Urteil, als bloße Wiederholung einer unmittelbar in der Vernunft schon gegebenen Erkenntnis, nur durch eine andere von ihm verschiedene Erkenntnis Giltigkeit hat, so muß es einen anderweitigen Grund seiner Aussage haben; woraus der logische Satz des zureichenden Grundes entspringt: „Jede Behauptung in einem Satz muß einen anderweitigen zureichenden Grund haben, warum sie ausgesagt wird."

---

1) In der N. Kr. (I, 323) ist diesem „Grundverhältnis der Vergleichung" die andere Fassung gegeben: „Ich kann jeden Gegenstand mit jedem Begriffe vergleichen, und jeder Gegenstand ist durch jeden Begriff bestimmbar, indem ihm der Begriff entweder als Merkmal zukommt oder nicht." Mit der Beziehung auf den „Gegenstand" ist aber über die „anthropologischen Behauptungen" bereits hinausgegangen, weshalb wir die konsequentere Fassung der Logik (S. 176) wählen, bei welcher die Vergleichung auf die Vorstellungen beschränkt ist. Diese Diskrepanz zeigt die Schwierigkeit, die Trennung der philosophischen Grundsätze von den anthropologischen, von denen sie doch abgeleitet sind, so streng festzuhalten.

β) Da ich im Subjekt des Urteils Vorstellungen einem Begriff unterordne, im ganzen Urteil aber wieder die Unterordnung der unter dem Subjektbegriff stehenden Vorstellungen unter das Prädikat denke, so liegt darin eine bloße Wiederholung meines eigenen Gedankens, woraus zunächst der **Satz der Identität** entspringt: „einen Begriff, den ich im Subjekt eines bejahenden Urteils denke, kann ich auch in das Prädikat desselben setzen, z. B. „Jeder Mensch ist ein Mensch", dann der Satz des Widerspruchs: „Widersprechende Vorstellungen lassen sich nicht verbunden denken"[1]).

b) **Die philosophischen Gesetze der Bestimmung des Gegenstandes.**

Wollen wir nun aus diesen als **Formeln der Logik** bekannten „anthropologischen Grundsätzen des Reflektierens" die philosophischen „**Gesetze der Bestimmung des Gegenstandes**" durch bloße Reflexion ableiten, so haben wir den **Satz des Grundes** zuerst auszuscheiden. Er darf nicht etwa mit dem allgemeinen metaphysischen Gesetz der Kausalität, daß jede Begebenheit eine Ursache hat, verwechselt werden. Denn es handelt sich hier nicht um die Ursachen der Dinge überhaupt, sondern um die Wahrheit ihrer Urteile. Man darf aber auch nicht das Dasein der Dinge für den Grund und die Giltigkeit der Erkenntnis für die Folge nehmen. In jeder Erkenntnis allerdings wird etwas über das Dasein der Dinge behauptet, aber der Satz bezieht sich gar nicht auf alle Erkenntnisse überhaupt, sondern nur auf die Urteile. Das Urteil ist aber nur eine **mittelbare Erkenntnis**, die Wiederholung einer anderen Erkenntnis vor unserem Bewußtsein. Es handelt sich also im Satz des Grundes nur um das Verhältnis der Urteile zu dieser „anderen" eigentlichen, zu der unmittelbaren Er-

---

[1] Logik 176 f. Auch hier an der entsprechenden Stelle der N. Kr. (I, 324) die inkonsequente Beziehung auf den Gegenstand: „Im Subjekt denke ich einen Gegenstand, indem ich die Erkenntnis desselben gegen die Sphäre eines Begriffs bestimme u. s. w."

kenntnis, um Fragen wie die: „worauf berufe ich mich, wenn ich dies oder jenes behaupte? auf die Anschauung, oder auf andere bekannte Sätze oder worauf sonst?"

Da der Satz vom Grunde also wegfällt, so kommen für die Ableitung der philosophischen Grundgesetze nur die drei übrigen Formeln in Betracht und es ergeben sich aus ihnen die folgenden drei Sätze:

1. Aus dem Dictum de omni et nullo: Jedem Dinge kommen die Merkmale seiner Merkmale zu und keinem Dinge kommt das Gegenteil eines seiner Merkmale zu.

2. Aus dem Satz der Bestimmbarkeit: Jedem Gegenstand kommt entweder ein Begriff oder dessen Gegenteil zu z. B. jedes Ding ist entweder ein Mensch oder nicht.

3. Aus dem Satz der Identität: Jedes Ding ist das was es ist.

4. Aus dem Satz des Widerspruchs: Kein Ding ist das, was es nicht ist.

Da von diesen Gesetzen, wie die Ableitung gezeigt hat, jedes auf einem eigenen Verhältnis der Reflexion beruht, so werden sie sich nicht aufeinander zurückführen lassen.

c) Die Anwendung der Grundsätze des Denkens.

Die Grundsätze des Denkens sind Grundsätze der analytischen Erkenntnis, die als bloße Formen der Reflexion selbst keine neue Wahrheit schaffen. Aber da sie die Gesetze des reflektierenden Denkens selbst aussprechen, und jedes Urteil unter der Form des Reflektierens steht, so muß ihnen doch alle Wahrheit gemäß, und keine darf ihnen zuwider sein. Sie sind also erstens negative Kriterien der Wahrheit aller Urteile überhaupt. Alle Urteile müssen ihnen gemäß, keines darf ihnen zuwider sein. Zweitens aber müssen sich alle analytischen Urteile aus ihnen ableiten lassen. Darin liegt ihre unmittelbarste Bedeutung.

Da alle analytischen Urteile ausschließliche Erzeugnisse des Verstandes selbst sind, so lassen sie sich immer allgemein und apodiktisch aussprechen. Die Unterschiede der Quantität und Modalität fallen also weg und nur die Qualität und die Relation kommen in Betracht. Die Ableitung geschieht darnach in folgender Weise:

1. Für analytische, kategorische und konjunktive Urteile, die nur aus der Zergliederung eines gegebenen Begriffs entstehen können, ist das Prinzip, wenn sie bejahend sind, der Satz der Identität, wenn sie verneinend sind, der Satz des Widerspruchs. Ich finde z. B. im Begriff Körper das Merkmal der „Teilbarkeit", dessen Gegenteil die „Einfachheit" ist, und spreche nun nach dem Satze des Widerspruchs das Urteil aus: „Kein Körper ist einfach".

2. Analytische disjunktive Urteile entspringen aus dem Satze der Bestimmbarkeit, da von allen Einteilungen nur diejenige nach A und Non-A aus dem Denken allein gewonnen werden kann, während alle anderen aus dem Inhalt der Erkenntnis fließen und daher synthetischer Natur sind.

3. Für die analytisch-hypothetischen Urteile ist die Erwägung maßgebend, daß das einzige analytische Verhältnis von Grund und Folge das im Dictum de omni et nullo enthaltene ist, nach welchem die Bestimmungen des Allgemeinen auch auf sein Besonderes und umgekehrt übertragen werden. Diese analytisch-hypothetischen Urteile sind von größerer Wichtigkeit als die vorhergenannten. Denn sie sind eo ipso Schlüsse und können daher in ihre für die Deutlichkeit des Denkens unentbehrlichen Wiederholungen auch synthetische Urteile aufnehmen. Sie sind es deshalb, weil hier, im Unterschied von anderen hypothetischen Urteilen, bei der Abhängigkeit von bloßen Begriffen, sich der Nachsatz von selbst versteht, wenn der Vordersatz gegeben ist. Das Dictum de omni et nullo ist also zugleich das Prinzip aller Schlüsse[1]).

d) Die Beziehung der Grundsätze des Denkens auf den „Gegenstand" bei Fries und bei Kant.

Für die Rolle, welche diesen „Grundgesetzen" im philosophischen System zukommt, ist die Stellung maßgebend, welche Fries der „analytischen Erkenntnis" zuweist. Er

---

1) Logik 187 f., N. Kr. I, 328 f.

gibt sich, wie wir gesehen haben, große Mühe, sie **nach zwei Seiten hin abzugrenzen**, zuerst nach der Seite der bloß anthropologischen Erkenntnis, die nur nach der Natur des Verstandes fragt, ohne allgemeine Gesetze „für das Wesen der Dinge" aufstellen zu wollen; dann nach der Seite der synthetischen Erkenntnis, welche der unmittelbaren Selbsttätigkeit der Vernunft entspringend, im Gegensatz zur bloßen Wiederholung des bereits vorhandenen im analytischen Urteil, eine wirkliche Bereicherung unseres Wissens herbeiführt.

Der Schwerpunkt liegt zweifellos in der letzten Unterscheidung, welche im Prinzip mit der Kantischen Unterscheidung der analytischen und synthetischen Urteile zusammentrifft. Es fragt sich, ob die **andere Abgrenzung gegenüber den Formen der anthropologischen Logik überhaupt eine durchgreifende Bedeutung besitzt.**

Zunächst kann dieser Unterschied schon deshalb kein tiefer gehender sein, weil die philosophischen Grundgesetze ohne Zuhilfenahme anderweitiger Faktoren von den „anthropologischen Grundsätzen des Reflektierens" aus durch dasselbe Reflexionsvermögen gewonnen werden. Er ist aber auch, wie sich bei der Darstellung der anthropologischen Grundsätze gezeigt hat, von Fries nicht konsequent durchgeführt. Dieselbe „Bestimmung des Gegenstandes durch die bloße Reflexion", welche erst das charakteristische Merkmal der philosophischen Grundgesetze bilden sollen, tritt in der „Neuen Kritik" schon beim Satz der Bestimmbarkeit („Ich kann jeden Gegenstand mit jedem Begriffe vergleichen . . . . . .") und beim Satz der Identität („Im Subjekt denke ich einen Gegenstand . . . . . .") auf, während in der Logik allerdings die Subjektivität des Anthropologischen strenger durchgeführt ist.

Was soll überhaupt **Gegenstand** hier bedeuten? Was soll es bedeuten, wenn gesagt wird, die Denkgesetze seien im Gebiet der analytischen Erkenntnis „nicht subjektiv die Gesetze, nach denen wir denken, sondern objektiv die Gesetze der Denkbarkeit eines Dinges", wenn diese Gesetze doch nur „leere Gesetze der Denkbarkeit" [1]) und bloße „Regeln der Tautologie" sein sollen? Wir bleiben ja völlig innerhalb der formalen Logik, wenn diese Sätze neben ihrer Brauchbarkeit als Prinzipien aller analytischen Urteile nur als negative, als rein formale Kriterien der Wahrheit dienen sollen. Fries schließt sich dabei abgesehen von einer unwesentlichen Differenz in der Benennung und in der Zahl der Grundgesetze völlig an Kant an. Die betreffenden Ausführungen Kants [2]) aber über das „bloß logische Kriterium der Wahrheit, nämlich die Übereinstimmung einer Erkenntnis mit den allgemeinen und formalen Gesetzen des Verstandes und der Vernunft" beziehen sich auf die „allgemeine Logik", die nach Kants ausdrücklicher Definition von allem Inhalt der Erkenntnis d. i. „von aller Beziehung derselben auf das Objekt" abstrahiert und „nur die logische Form im Verhältnisse der Erkenntnisse aufeinander, d. i. die Form des Denkens überhaupt" [3]) betrachtet, die also ihrer Aufgabe nach im ganzen mit der von Fries so genannten „anthropologischen Logik" zusammenfallen würde. Es liegt darin die Bestätigung dafür, daß jene abgeblaßte Beziehung auf den Gegenstand bei Fries nicht imstande ist, einen hinreichend scharfen Unterschied zwischen anthropologischen und philosophischen Grundsätzen zu begründen. In diesem Sinne gebraucht auch Kant das Wort „Ding", wenn er dem Satz des Widerspruchs die Form gibt: „Keinem Dinge kommt ein Prädikat zu, welches ihm widerspricht" und hinzufügt, der Satz gehöre darum „bloß in die Logik", weil er „von Erkenntnissen, bloß als Erkenntnissen überhaupt, unangesehen ihres Inhalts" gelte [4]). Es würde also dem Stand-

---

1) N. Kr. I, 324.
2) Fries führt die Stelle in seiner Logik S. 185 nicht an, es können aber keine andere Ausführungen gemeint sein, als diejenigen des III. Abschnitts der Einleitung zur transzendentalen Logik, der überschrieben ist „Von der Einteilung der allgemeinen Logik in Analytik und Dialektik". K. d. r. V. 81 ff.
3) Kr. d. r. V., 79.   4) Kr. d. r. V., 151.

punkt der Friesischen Reflexionstheorie mehr entsprechen, die anthropologische Untersuchung im Sinne eines fortlaufenden Hilfsmittels der philosophischen Logik zu verwenden, als einzelne formal-logische Sätze als anthropologisch-reflektierende im Gegensatz zu den philosophisch-logischen aufzustellen.

In ganz anderem prägnanten Sinn gebraucht ja **Kant** die Beziehung auf den Gegenstand von jenem Briefe an Herz vom 21. Februar 1772[1]), in welchem er den Schlüssel zu dem ganzen Geheimnis der Metaphysik mit der Frage gefunden zu haben glaubt: „auf welchem Grunde beruht die Beziehung desjenigen, was man Vorstellung nennt, auf den Gegenstand?" bis zur vollständigen Ausbildung der Theorie vom „Verhältnis des Verstandes zu Gegenständen überhaupt" in der Kritik der „reinen Vernunft". Diese grundlegenden Ausführungen der „**transzendentalen Analytik**", in welchen die letzte Begründung der **synthetischen** Urteile a priori gegeben ist, finden bei Fries ihr Korrelat erst in der Lehre von der „unmittelbaren Erkenntnis".

E. Das logische Ideal der Reflexion.

Was die Reflexion leisten kann, ist ausschließlich die **Verdeutlichung** unserer Erkenntnis. Die Vollkommenheit der reflexiven Erkenntnis oder die **formale Vollkommenheit** unserer Erkenntnis im Gegensatz zu der materialen, welche auf den Umfang der Erkenntnis sich bezieht, wird also in der **Vollendung ihrer logischen Deutlichkeit** bestehen. Da dieses Ideal der logischen Vollkommenheit es nur mit den Erkenntnissen zu tun hat, die wir wirklich besitzen, nur auf die Vollständigkeit der Selbstbeobachtung des unmittelbar Erkannten geht, so können wir vollständig nachweisen, unter welchen Formen unsere Erkenntnis erscheinen müßte, wenn sie diesem Ideal ganz entsprechen soll.

---

1) Kants Gesammelte Schriften, herausgeg. von der preuß. Akad. X, 125.

I. Beweis, Demonstration und Deduktion.

Die Begriffe erhalten durch Erklärung und Einteilung, die Urteile durch systematische Begründung ihre volle Deutlichkeit. Die systematische Erkenntnis selbst aber wird stets in Urteilen ausgesprochen. Es kommt also vor allem auf die Begründung der Urteile an.

Nach dem logischen Satz des Grundes muß jede Behauptung ihren zureichenden Grund haben. Vom wissenschaftlichen Standpunkte aus verlangt also jedes mögliche Urteil eine Rechtfertigung, warum es gefällt wird. Diese Rechtfertigung ist auf dreierlei Weise möglich, entweder durch Beweis d. h. Begründung eines Urteils durch andere Urteile, oder Demonstration, Begründung eines Urteils aus der Anschauung, oder Deduktion, Begründung eines Urteils aus der erkennenden Vernunft.

Fries wendet diese Begründungsarten auf die Einteilung der Erkenntnis in historische (aus der Empfindung stammende), mathematische (aus reiner Anschauung) und philosophische (aus bloßen Begriffen) an, indem er damit den Unterschied einerseits zwischen assertorischer und apodiktischer und anderseits zwischen intuitiver und diskursiver Erkenntnis kombiniert. Die historische Erkenntnis ist demonstrabel und zugleich assertorisch, da sie auf der in der Sinnesanschauung gegebenen einzelnen Anregung beruht. Die mathematische dagegen ist demonstrabel und apodiktisch zugleich, da die Anschauung, auf welche sie sich gründet, in der produktiven Einbildungskraft als der Selbsttätigkeit der Vernunft ihr eigenes Gesetz hat. Wir beobachten zwar diese Erkenntnis mit Hilfe der Reflexion, aber die Quelle ihrer Gesetzlichkeit ist die Anschauung selbst. Die philosophische Erkenntnis endlich ist diejenige, deren wir uns nur durch Reflexion bewußt werden. Sie ist also durchaus diskursiv und apodiktisch [1]).

Demonstration wird also hier „gegen den gemeinen logischen Sprachgebrauch" ganz vom Beweis unterschieden.

---
1) Logik 358 f. 410. N. Kr. I, 332, 334.

Demonstrieren heißt nur, eine Wahrheit in der Anschauung nachweisen. Wegen dieser Begründung aus der Anschauung werden auch alle Beweise in der Mathematik durch die Konstruktion zu Demonstrationen. Aber nicht bloß die abgeleiteten Sätze, sondern vor allem auch die Grundsätze müssen demonstriert werden. Man übersieht dies in der Regel nur deshalb, weil sie in der unmittelbaren Evidenz, die man von ihnen fordert, sich gleichsam selbst demonstrieren. Die aus der Anschauung entlehnten Grundsätze der Mathematik heißen daher Axiome zum Unterschied von den nur in Begriffen denkbaren philosophischen Grundsätzen, die Akroame genannt werden[1]).

Mit Recht beruft sich Fries bei dieser Unterscheidung der Demonstration vom Beweis auf Kant. Kant gebraucht zwar gelegentlich, so z. B. in seiner Schrift über den „einzig möglichen Beweisgrund zu einer Demonstration des Daseins Gottes"[2]) von 1763 den Ausdruck Demonstration auch im Sinne eines „strengen Beweises". Aber überall, wo es sich um die scharfe Scheidung der Methoden selbst handelt, wird beides auseinandergehalten, nur daß dabei das Wort „Beweis" auch in einem weiteren Sinne gebraucht wird. So heißt es in der Logik: „Ein Beweis, welcher der Grund mathematischer Gewißheit ist, heißt Demonstration, und der der Grund philosophischer Gewißheit ist, ein akroamatischer Beweis"[3]) und in der Methodenlehre der „Kritik der reinen Vernunft"[4]) wird das verschiedene Verfahren

---

1) Hiermit schließt sich Fries an Kants Logik § 35, Sämtliche Werke III, 294 an.

2) Sämtliche Werke I, 160, vgl. besonders den Satz S. 285 f.: „Es ist ferner gezeigt worden, daß der Beweis, aus den Eigenschaften der Dinge der Welt auf das Dasein und die Eigenschaften der Gottheit zu schließen, einen tüchtigen und sehr schönen Beweisgrund enthalte, nur daß er nimmermehr der Schärfe einer Demonstration fähig ist. Nun bleibt nichts übrig, als daß entweder gar kein strenger Beweis hiervon möglich sei, oder daß er auf demjenigen Beweisgrunde beruhen müsse, den wir oben angezeigt haben."

3) Sämtl. Werke III, 245.

4) In dem Abschnitt „Die Disziplin der reinen Vernunft im dogmatischen Gebrauche" S. 562 f.

beider eingehend dargelegt. „Nur ein apodiktischer Beweis, sofern er intuitiv ist, kann Demonstration heißen." „Aus Begriffen a priori (im diskursiven Erkenntnisse) kann aber niemals anschauende Gewißheit d. i. Evidenz entspringen, so sehr auch sonst das Urteil apodiktisch gewiß sein mag. Nur die Mathematik enthält also Demonstrationen, weil sie nicht aus Begriffen, sondern der Konstruktion derselben, das ist der Anschauung, die, den Begriffen entsprechend a priori gegeben werden kann, ihre Erkenntnis ableitet." „Da hingegen das philosophische Erkenntnis dieses Urteils entbehren muß, indem es das Allgemeine jederzeit in abstracto (durch Begriffe) betrachten muß, indessen daß Mathematik das Allgemeine in concreto (in der einzelnen Anschauung) und doch durch eine Vorstellung a priori erwägen kann, wobei jeder Fehltritt sichtbar wird. Ich möchte die ersteren daher lieber akroamatische (diskursive) Beweise nennen, weil sie sich nur durch lauter Worte (den Gegenstand in Gedanken) führen lassen, als Demonstrationen, welche wie der Ausdruck es schon anzeigt, in der Anschauung des Gegenstandes fortgehen."

Die ganze Unterscheidung hat ja tiefere prinzipielle Bedeutung. Sie weist auf einen der grundlegenden neuen Gesichtspunkte zurück, welche der Kritizismus für die Methode der philosophischen Forschung brachte, den Gegensatz zwischen der mathematischen und der philosophischen Methode der Beweisführung. Von Descartes' Idee einer Philosophie als Universalmathematik[1]) bis Christian Wolffs schulmäßiger Ausgestaltung des philosophischen Systems war es das Ideal der Philosophen gewesen, der philosophischen Beweisführung die Zuverlässigkeit des mathematischen Verfahrens zu verleihen. Die Unterscheidung beider Methoden bildete ein Hauptferment in der Entwicklung Kants. Schon in seiner „Untersuchung über die Deutlichkeit der Grundsätze der natürlichen Theologie und der Moral" von 1763 gibt er die Merkmale an, durch welche die

---

1) Vgl. Windelband, Geschichte der neueren Philosophie, 2. Aufl. 1899. S. 170.

„Art zur Gewißheit im mathematischen Erkenntnisse zu gelangen", sich von „der im philosophischen" unterscheidet[1]). In der Methodenlehre der Kritik der reinen Vernunft wird dann die Verschiedenheit beider Methoden völlig aufgeklärt, ein Epilog, der den Zentralpunkt der ganzen Kritik betrifft. Denn auf der Verwechslung beider beruhte die Hoffnung der reinen Vernunft, „im transzendentalen Gebrauch sich eben so glücklich und gründlich erweitern zu können, wie es ihr im mathematischen gelungen ist". Mit der strengen Scheidung beider ist allen diesen Versuchen der Lebensnerv durchschnitten. Der philosophischen Erkenntnis als „Vernunfterkenntnis aus Begriffen" wurde nun die „mathematische aus der Konstruktion der Begriffe" gegenübergestellt, wobei unter Konstruktion des Begriffs nichts anderes zu verstehen ist, als die Darstellung der ihm korrespondierenden Anschauung a priori[2]).

Indem Fries, der Mathematiker und Philosoph, diesen Gegensatz in seiner Unterscheidung der Demonstration und des Beweises terminologisch fixierte, erweist er sich als echter Schüler Kants.

Dagegen weicht er in der näheren Ausführung der Theorie des Beweises erheblich von ihm ab. Der Wert des Beweises darf nach Fries überhaupt nicht hoch eingeschätzt werden. Es ist das gewöhnliche Vorurteil der Philosophen, daß man alles müsse beweisen können, was wahr sein solle. So wollte man eine ewige Realität der Dinge, die Unsterblichkeit der Seele, die Freiheit des Willens und das Dasein Gottes beweisen, und zwar immer „aus etwas, was weder ewig, noch frei, noch die Gottheit war, was man aber schon glaubte bewiesen zu haben", ohne zu bedenken, daß die Wahrheit dessen, was wir beweisen wollen, schon in dem liegen muß, wovon ich im Beweis ausgehe, da ich durch den Beweis nichts Neues finde, sondern nur Vorhandenes deutlicher mache. Wo aber haben wir in den endlichen Prämissen, aus denen wir den Beweis führen wollen,

---

1) S. W. I, 79 ff.   2) a. a. O. S. 548.

das Ewige, Freie oder die Gottheit? Es sind höchste Bedingungen in unserer Erkenntnis, aus denen sich zwar viel beweisen läßt, die selbst aber keinem Beweise unterworfen werden können.

Der Grund des ganzen Vorurteils, das unter den neueren Philosophen zuerst von Jakobi als solches erkannt wurde, liegt darin, daß man die Begründung eines Urteils mit dem Beweis verwechselte. Jeder Beweis besteht aus Schlüssen, jeder Schluß aber ist nur die Ableitung eines Urteils aus anderen Urteilen, in denen seine Wahrheit schon mitgegeben ist. Woher kommen aber die obersten Prämissen? Woher die Grundurteile, die in keinem andern wieder enthalten sind? Nach dem Satz vom Grunde muß allerdings jedes Urteil in einer anderen Erkenntnis den Grund haben, warum es wahr oder falsch ist, ich muß von jedem Urteil, das ich aussage, einen Grund angeben können, warum ich es behaupte. Diese Begründung muß aber keineswegs notwendig durch den Beweis geschehen.

Wir haben vielmehr auch hier die mittelbaren und die unmittelbaren Urteile auseinanderzuhalten. Nur das mittelbare Urteil, das selbst noch von anderen Urteilen abhängt, ist dem Beweis zugänglich; zuletzt beruht aber alle Wahrheit auf unmittelbaren Urteilen, auf Grundsätzen, die selbst eines Beweises weder fähig, noch bedürftig sind. Aber irgendwelche Begründung muß ihnen doch gegeben werden. Auf welche Weise aber? Da in diesen Grundurteilen nur eine anderweitig bereits gegebene unmittelbare Erkenntnis wiederholt wird, so beruht seine Wahrheit eben auf der Übereinstimmung mit dieser unmittelbaren Erkenntnis, und zwar entweder so, daß wir uns der in einem Grundsatz ausgesprochenen unmittelbaren Erkenntnis auch unmittelbar bewußt werden, in welchem Fall die unmittelbare Erkenntnis selbst als Anschauung gegeben ist und die Begründung durch Demonstration erfolgt; oder so, daß wir des Urteils und der Reflexion bedürfen, um die Erkenntnis in uns zu finden. Diese letzteren Grundurteile, die sich also nicht demonstrieren lassen, sind die philosophischen.

Kapitel V.

Wir behaupten sie schlechthin und noch dazu apodiktisch, ohne uns irgendwie auf eine zugrunde liegende Anschauung berufen zu können. Worin liegt aber dann ihre Begründung?

Wie vermögen wir z. B. unsere Voraussetzung des Gesetzes der Beharrlichkeit der Substanzen, des Gesetzes der Kausalität, des Glaubens an Gott und Ewigkeit, des Glaubens an Ehre und Gerechtigkeit u. s. w. zu rechtfertigen? Da uns diese Gesetze der Natur, diese Gesetze der Freiheit oder der ewigen Ordnung der Dinge nicht in der Anschauung gegeben sind, und wir uns ihrer also nur im Urteil wieder bewußt werden, so müssen sie doch als unmittelbare Erkenntnis in unserer Vernunft liegen. Wir können also unser Urteil hier nur dadurch begründen, daß wir aufweisen, welche ursprüngliche Erkenntnis der Vernunft ihm zugrunde liegt, ohne doch imstande zu sein, diese Erkenntnis unmittelbar neben das Urteil zu stellen und es so durch sie zu „schützen"[1]).

Diese Art der Begründung eines Grundsatzes nennt Fries die Deduktion desselben, und er gibt auch genauer an, worin sie besteht. „Sie soll das Gesetz in unserer unmittelbaren Erkenntnis aufweisen, welches einem Grundsatz zugrunde liegt und durch ihn ausgesprochen wird. Da wir uns aber hier dieses Gesetzes eben durch den Grundsatz bewußt werden, so kann die Deduktion einzig darin bestehen, daß wir aus einer Theorie der Vernunft ableiten, welche ursprüngliche Erkenntnis wir notwendig haben müssen, und was für Grundsätze daraus notwendig in unserer Vernunft entspringen." Daraus ergibt sich die Bedeutung der Anthropologie für die Philosophie. Da wir die Grundsätze der Philosophie, die ohne alle Begründung in unseren Überzeugungen liegen, durch eine Deduktion schützen, in der wir zeigen, wie die in ihnen ausgesprochenen Sätze aus dem Wesen der Vernunft entspringen, so beruft sich hier die Philosophie in Rücksicht der Wahrheit ihrer Sätze zuletzt auf innere Erfahrung; jedoch nicht um

---

1) N. Kr. I, 341 f., Logik 411 f.

diese zu beweisen, denn dadurch würden sie selbst zu bloßen Erfahrungssätzen, sondern nur um sie als unerweisliche Grundsätze in der Vernunft aufzuweisen. „Ich beweise nicht, daß jede Substanz beharrlich sei, sondern ich weise nur auf, daß dieser Grundsatz der Beharrlichkeit der Substanz in jeder endlichen Vernunft liege; ich beweise nicht, daß ein Gott sei, sondern ich weise nur auf, daß jede endliche Vernunft an einen Gott glaubt"[1]).

Wir gewinnen dadurch die Möglichkeit, dem Satz vom Grunde zu genügen, ohne der lästigen und falschen Zumutung uns unterwerfen zu müssen, alles zu beweisen, was wir in Urteilen behaupten. Wir vermögen über alle Wahrheit ein entscheidendes Urteil zu fällen, ohne aus den Schranken unseres Wesens in das Objekt überzuspringen. „Wir sagen nicht: die Sonne steht am Himmel, sondern nur: jede endliche Vernunft weiß, daß die Sonne am Himmel steht, wir sagen nicht: der Wille ist frei, sondern nur: jede endliche Vernunft glaubt an die Freiheit des Willens; wir sagen nicht: es ist ein Gott, sondern nur: jede endliche Vernunft ahndet in dem Leben der Schönheit der Gestalten durch die Natur die allwaltende ewige Güte"[2]).

Eine solche Deduktion muß für jedes aus der ursprünglichen Selbsttätigkeit der Vernunft entspringende, also für jedes apodiktische Urteil möglich sein. Sowohl Mathematik als Philosophie beruhen also auf deduzierbaren Grundsätzen. Da aber mathematische Grundsätze auch durch Demonstration begründet werden können, so wird die Deduktion nur für die Philosophie zum Bedürfnis.

Diese Auffassung der „Deduktion" bei Fries ist für die Art der Begründung entscheidend, welche er den letzten Prinzipien der Erkenntnis gibt. Sie ist daher auch von besonderer Bedeutung für die Stellung, welche seine anthropologische Methode zum Kritizismus einnimmt.

---

1) N. Kr. I, 343, vgl. auch Metaphysik 112.
2) N. Kr. I, 343 f.

II. Das Verhältnis der Friesischen „Deduktion" zu verwandten Begriffen bei Kant.

1. Deduktion und Beweis.

Fries bemerkt selbst zu seiner Darstellung des Wesens der Deduktion, was Kant Deduktion nenne, habe einen ähnlichen Zweck, enthalte aber ganz andere Mittel der Ausführung[1]). Diese Mittel der Ausführung aber hält Fries für verfehlt, da Kant hierbei den Beweis mit der Deduktion verwechselt habe. Von der unrichtigen Voraussetzung aus, daß die Ableitung einer Erkenntnis aus ihren Gründen nur durch Beweisen geschehen könne, wollte Kant die Grundsätze des reinen Verstandes aus dem Prinzip der Möglichkeit der Erfahrung beweisen, wobei mit Notwendigkeit ein logischer Zirkel im Beweise entsteht. Denn wie will er z. B. das Gesetz der Möglichkeit überhaupt aus dem Gesetz der Möglichkeit der Erfahrung beweisen? Auch war dies der Hauptgrund für sein transzendentales Vorurteil, das ihn hinderte, einzusehen, daß seine transzendentale Erkenntnis eigentlich psychologischer oder besser anthropologischer Natur sei[2]). Denn ein empirisch-psychologischer „Beweis" wäre allerdings gleichbedeutend gewesen mit einer empirischen Begründung der ganzen Erkenntnis a priori, und eine solche konnte Kant freilich nicht gelten lassen.

In der Tat hängt die Frage, in welchem Verhältnis die Deduktion zum Beweise steht, aufs engste mit den Grundlagen der ganzen Vernunftkritik zusammen. Die „Beweiskraft" der transzendentalen Deduktion, welche das ganze Gebäude stützt[3]), ist durch die Tragweite bedingt, welche

---
1) N. Kr. I, 342.
2) N. Kr. I, 28 f., vgl. oben Kap. 1.
3) In einer Anmerkung der Schrift über die „metaphysischen Anfangsgründe der Naturwissenschaft" (Sämtl. Werke, V, 313 f.) sucht Kant allerdings gegenüber dem Einwurf der Allg. Lit. Zeit. Nr. 295, daß „ohne eine ganz klare und genugtuende Deduktion der Kategorien das System der Kritik der reinen Vernunft in seinem Fundament wanke", zu beweisen, daß der Satz, auf welchem

man der Art ihrer Begründung beimißt. Die kritische Prüfung der Deduktion als Methode der Erkenntnistheorie wird uns später zu beschäftigen haben. Hier nötigt uns zunächst der von Fries erhobene Vorwurf, Kant habe die Deduktion mit dem Beweis verwechselt, auf das Verhältnis beider bei Kant genauer einzugehen.

Es ist kein Zweifel, daß Kant an vielen Stellen der Kritik die Deduktion als einen Beweis, das Deduzieren als ein Beweisen angesehen wissen will. Schon wo er von den Prinzipien einer transzendentalen Deduktion überhaupt redet und dazu der Analogie des Rechtshandels sich bedient, tritt dies mit voller Deutlichkeit hervor. „Die Rechtslehrer, wenn sie von Befugnissen und Anmaßungen reden, unterscheiden in einem Rechtshandel die Frage über das, was Rechtens ist (quid juris), von der, die die Tatsache angeht (quid facti), und indem sie von beiden Beweis fordern, so nennen sie den ersten, der die Befugnis, oder auch den Rechtsanspruch dartun soll, die Deduktion." So bedarf auch die Befugnis der zum reinen Gebrauch a priori bestimmten Begriffe einer Deduktion „weil zu der Rechtmäßigkeit eines solchen Gebrauchs Begriffe aus der Erfahrung nicht hinreichend sind, man aber doch wissen muß, wie diese Begriffe sich auf Objekte beziehen können, die sie doch aus keiner Erfahrung hernehmen". Kant nennt daher „die Erklärung der Art, wie sich Begriffe a priori auf Gegenstände beziehen, die transzendentale Deduktion derselben"[1]). In dieser Erklärung liegt aber die Rechtfertigung der objektiven Giltigkeit der Kategorien, indem wir beweisen, daß vermittelst ihrer allein ein Gegenstand gedacht werden kann[2]). Ihre Aufgabe ist „die objektive Giltig-

---

das System der Kritik erbaut sei, „daß der ganze spekulative Gebrauch unserer Vernunft niemals weiter, als auf Gegenstände möglicher Erfahrung reiche" auch ohne vollständige Deduktion feststehe. Der etwas künstlichen Beweisführung dafür steht jedoch die durchaus zentrale Stellung der Deduktion in der Kritik der reinen Vernunft gegenüber.

1) Kr. d. r. V. 108 f.   2) Kr. d. r. V. 113.

Kapitel V.

keit der reinen Begriffe a priori begreiflich zu machen und dadurch ihren Ursprung und Wahrheit festzusetzen"[1]. Die vollständigste Begriffsbestimmung findet sich in der „Kritik der praktischen Vernunft", wo die Deduktion bezeichnet wird als „die Rechtfertigung der objektiven und allgemeinen Giltigkeit und der Einsicht der Möglichkeit eines solchen synthetischen Satzes a priori"[2]. Es wird daher auch von der Deduktion selbst als „Beweis" geredet[3], die einzelnen Schritte der Deduktion treten als eine Notwendigkeit, als ein „Müssen" auf, die Deduktion vollzieht sich in beiden Auflagen der Kritik der reinen Vernunft in den Formen eines Schlussverfahrens und die Schlußkette wird durch ein „also" oder „folglich" abgeschlossen[4].

Darnach läge es nun am nächsten, die logische Definition der Deduktion einfach durch den „Beweis" als genus proximum zu geben. Daß wir aber die Deduktion nicht einfach als eine Art des „Beweises" in dem herkömmlichen Sinn des Wortes aufzufassen haben, geht schon daraus hervor, daß Kant dieselbe in der Regel nur als „Erklärung" oder als „Rechtfertigung" bezeichnet. Ja die Deduktion wird sogar gelegentlich als eine hinter dem Beweise etwas zurückstehende Art der Rechtfertigung einer Behauptung aufgeführt, wenn es z. B. heißt: „Wenn also zu dem Begriffe eines Dinges eine Bestimmung a priori synthetisch hinzukommt, so muß von einem solchen Satze wo nicht ein Beweis, doch wenigstens eine Deduktion der Rechtmäßigkeit seiner Behauptung unnachlaßlich hinzugefügt werden"[5].

Wodurch unterscheidet sich die Deduktion so bedeutend von der gewöhnlichen Art des Beweises, daß sie gelegentlich dem Beweis überhaupt als eine besondere Art der Rechtfertigung einer Behauptung gegenübergestellt werden kann?

Wir finden Anhaltspunkte für die Beantwortung dieser

---

1) Kr. d. r. V. 136.
2) Kritik der prakt. Vernunft, Ausg. v. Kehrbach S. 56.
3) z. B. Kr. d. r. V. 668. 4) Kr. d. r. V. 137, 687.
5) Kr. d. r. V. 216.

Frage in der Methodenlehre der Kritik der reinen Vernunft, wo in dem Abschnitt über „die Disziplin der reinen Vernunft in Ansehung ihrer Beweise" [1]) die Merkmale des „transzendentalen Beweises" aufgezeigt werden.

Die erste Eigentümlichkeit der Beweise transzendentaler und synthetischer Sätze besteht darin, daß die Vernunft bei diesen „vermittelst ihrer Begriffe sich nicht geradezu an den Gegenstand wenden darf, sondern zuvor die objektive Giltigkeit der Begriffe und die Möglichkeit der Synthesis derselben a priori dartun muß"; und zwar ist dies nicht etwa bloß „eine Regel der Behutsamkeit, sondern betrifft das Wesen und die Möglichkeit der Beweise selbst". Ich bedarf eines Leitfadens, welcher mir eine Bürgschaft dafür ist, daß ich über den Geltungsbereich jener Begriffe nicht hinausgehe. In der transzendentalen Erkenntnis, wo es sich um Begriffe des Verstandes handelt, ist dieser Leitfaden die mögliche Erfahrung. Der Beweis zeigt also nicht, daß ein gegebener Begriff z. B. der Begriff von dem, was geschieht, geradezu auf einen anderen Begriff z. B. den einer Ursache führe, denn ein solcher Übergang wäre ein Sprung, der sich gar nicht verantworten ließe, sondern er zeigt, daß die Erfahrung selbst, mithin das Objekt der Erfahrung, ohne eine solche Verknüpfung unmöglich wäre. Der Beweis mußte also zugleich die Möglichkeit anzeigen, „synthetisch und a priori zu einer gewissen Erkenntnis von Dingen zu gelangen, die in dem Begriffe von ihnen nicht enthalten war". Will ich aber sogar vermittelst bloßer Sinne über meine Erfahrungsbegriffe hinaus den Beweis für eine Behauptung der reinen Vernunft führen, so müßte derselbe noch viel mehr, falls er überhaupt möglich ist, die Rechtfertigung eines solchen Schrittes der Synthesis als eine notwendige Bedingung seiner Beweiskraft in sich enthalten. Fehlschlüsse oder Widersprüche sind sonst unvermeidlich. Es ergibt sich daher als erste Regel der „Disziplin der reinen Vernunft in Ansehung ihrer Beweise": „keine tran-

---

1) Kr. d. r. V. 595 ff.

szendentalen Beweise zu versuchen, ohne zuvor überlegt und sich desfalls gerechtfertigt zu haben, woher man die Grundsätze nehmen wolle, auf welche man sie zu errichten gedenkt, und mit welchem Rechte man von ihnen den guten Erfolg der Schlüsse erwarten könne"[1]).

Die zweite Eigentümlichkeit transzendentaler Beweise liegt darin, daß zu jedem transzendentalen Satze nur ein einziger Beweis gefunden werden kann. Auf dem Gebiete der Anschauung ist der Stoff zu synthetischen Sätzen ein mannigfaltiger, ich kann ihn auf mehr wie eine Art verknüpfen, von mehr wie einem Punkte ausgehen und so durch verschiedene Wege zu demselben Satze gelangen. Beim transzendentalen Satz dagegen kann der Beweisgrund nur ein einziger sein, nämlich eben der Begriff, welcher die synthetische Bedingung der Möglichkeit des Gegenstandes enthält[2]). So liegt der Beweis für den Satz: alles, was geschieht, hat eine Ursache, ausschließlich darin, daß der Begriff der Kausalität objektive Zeitbestimmung und damit Erfahrung erst möglich macht. Sehen wir daher den Dogmatiker mit zehn Beweisen seine Vernunftbehauptungen begründen, so verrät er damit, daß er eigentlich gar keine hat. Denn wenn er einen wirklich triftigen apodiktischen Beweis besäße, wozu bedürfte er der übrigen? Er gleicht dem Advokaten, der, auf die Schwäche der Richter rechnend, das eine Argument auf diesen, das andere auf jenen einrichtet.

Aus dem Bisherigen folgt auch die dritte Eigentümlichkeit der transzendentalen Beweise, nämlich daß sie niemals „apagogisch" sondern jederzeit „ostensiv" oder „direkt" sein müssen. Der apagogische Beweis besteht darin, daß man das Gegenteil der zu beweisenden Behauptung widerlegt, während bei dem direkten Beweis sich stets mit der

---

1) Kr. d. r. V. S. 597 f.
2) Vgl. die andere Fassung in den „Reflexionen Kants zur kritischen Philosophie" herausgeg. von Erdmann 1885, II, 524: „In der transzendentalen Erkenntnis ist nur ein einziger Beweis möglich, nämlich aus dem Begriff des Subjektes."

Überzeugung von der Wahrheit zugleich die Einsicht in die Quellen desselben verbindet. Wollte man synthetische Sätze im Gebiete der reinen Vernunft, wo es stets möglich ist, das Subjektive unserer Vorstellungen dem Objektiven, der Erkenntnis des Gegenstandes unterzuschieben, durch apagogischen Beweis rechtfertigen, so könnte es häufig geschehen, entweder daß das Gegenteil eines Satzes bloß den subjektiven Bedingungen des Denkens, aber nicht dem Gegenstande widerspricht, oder daß beide Sätze nur unter einer fälschlich für objektiv gehaltenen subjektiven Bedingung einander widersprechen. Wollte ich z. B. die Behauptung, daß die Sinnenwelt dem Raume nach unendlich sei, durch den Beweis rechtfertigen, daß sie nicht endlich und begrenzt sein könne, so gehe ich von der falschen subjektiven Voraussetzung aus, daß die Sinnenwelt in sich selbst ihrer Totalität nach gegeben sei, was unmöglich ist, da Erscheinungen als bloße Vorstellungen nie an sich selbst als Objekt gegeben sein können. Es sind darum beide Sätze falsch, sowohl die Behauptung der Endlichkeit als der Unendlichkeit einer an sich selbst gegebenen Sinnenwelt, ebenso wie die einander widerstreitenden Sätze: ein jeder Körper riecht entweder gut oder nicht gut, beide falsch sein können, da ein drittes möglich ist, nämlich daß er gar nicht rieche[1]). Wer daher eine Behauptung der reinen Vernunft beweisen will, der „muß seine Sache vermittelst eines durch transzendentale Deduktion der Beweisgründe geführten rechtlichen Beweises d. i. direkt führen, damit man sehe, was seine Vernunftansprüche für sich selbst anzuführen haben[2]). So allein ist eine sichere Kontrolle der Tragweite eines transzendentalen Beweises möglich.

Diese drei Eigentümlichkeiten der transzendentalen Beweise beziehen sich nun allerdings zunächst auf transzendentale und synthetische Sätze überhaupt, deren Gesamtheit das System der reinen Vernunft ausmachen würde. Dies entspricht dem Zweck des ganzen Abschnitts

---

1) Kr. d. r. V. 409, 602.   2) a. a. O. S. 603.

der Kritik der reinen Vernunft, in welchem diese Ausführungen enthalten sind, der „transzendentalen Methodenlehre". Hier handelt es sich nicht mehr um die Materialien zu dem Gebäude der reinen und spekulativen Vernunft, sondern um den Plan des Gebäudes. Die transzendentale Methodenlehre ist die „Bestimmung der formalen Bedingungen eines vollständigen Systems der reinen Vernunft"[1]). Zu diesen formalen Bedingungen gehört auch die „Disziplin der reinen Vernunft in Ansehung ihrer Beweise". Der größte Teil der Ausführungen dieses Abschnittes beschäftigt sich daher mit den über das Erfahrungsgebiet hinausgehenden „Behauptungen der reinen Vernunft" und der Art ihres Beweises, was auch aus den Hauptbeispielen: dem Beweis eines notwendigen obersten Wesens und der Unendlichkeit der Welt hervorgeht. Im Vordergrund steht die Forderung, sich zu rechtfertigen, woher man die Grundsätze nehmen wolle, auf welche man seine Behauptungen zu gründen gedenkt, die Forderung eines „durch transzendentale Deduktion der Beweisgründe geführten rechtlichen Beweises". Doch will Kant den „transzendentalen Beweis" zugleich ganz allgemein charakterisieren, sowohl in Beziehung auf Erfahrungsbegriffe, als auf die darüber hinausgehenden Behauptungen der reinen Vernunft. Die Frage, wie sich diese doppelte Beziehung zu dem Zweck der Methodenlehre verhält, hängt mit der andern nach dem Verhältnis des „Systems der reinen Vernunft" zur „Kritik der reinen Vernunft" zusammen und hat uns hier nicht weiter zu beschäftigen.

Wichtiger ist für uns der Umstand, daß jene Beweisgründe in den „Grundsätzen des Verstandes" und in den „Grundsätzen aus reiner Vernunft" zu suchen sind. Darnach möchte es scheinen, als ob die Deduktion dieser Grundsätze etwas von dem transzendentalen Beweis Verschiedenes wäre, da jene ja eben den Beweisgrund liefern, der dann den Vollzug des Beweises möglich macht. An sich wäre es ja auch denkbar, daß mit Hilfe der einmal dedu-

---

1) a. a. O. S. 544.

Die Reflexion.

zierten Grundsätze synthetische Erkenntnisse, die von diesen selbst verschieden wären, gewonnen würden; aber tatsächlich ist das einzige Prinzip der transzendentalen Beweisführung im Gebiete der Erfahrungsbegriffe das Prinzip der Möglichkeit der Erfahrung, und im Gebiete der reinen Vernunft im engeren Sinne des Wortes sind überhaupt keine synthetischen Erkenntnisse a priori möglich. Der **transzendentale Beweis**, soweit er überhaupt geführt werden kann, gilt also vor allem den Grundsätzen als solchen[1]) und **liegt in der Deduktion selbst**, was auch durch die Kantische Bemerkung bestätigt wird, daß ein jeder seine **Sache vermittelst eines durch transzendentale Deduktion der Beweisgründe geführten rechtlichen Beweises direkt führen solle.**

Es bleibt also dabei, daß Kant in der Deduktion einen „Beweis" sieht. Wir wissen aber jetzt, daß er dem hierbei in Betracht kommenden „transzendentalen" Beweis eine Sonderstellung zuschreibt, wir kennen auch die Merkmale, durch welche sich derselbe von allen andern Arten des Beweises unterscheidet. Der Vorwurf, den Fries Kant macht, daß er die Deduktion mit dem Beweis verwechsle, ist also jedenfalls dahin zu berichtigen, daß Kant in der Deduktion nicht einen Beweis wie andere, sondern einen **Beweis von ganz besonderer Art** sieht, dessen eigentümliche Merkmale ihm eine einzigartige Stellung zuweisen. Selbst der Gedanke läge von hier aus nicht allzufern, eine solche Art der „Rechtfertigung" eines Satzes überhaupt nicht mehr Beweis zu nennen.

Um aber das Verhältnis des Friesischen Begriffs der Deduktion zu demjenigen Kants noch genauer zu bestimmen, haben wir zunächst diejenigen Bearbeitungen der Erkenntnisse a priori näher ins Auge zu fassen, welche er von der „Deduktion" im eigentlichen Sinne des Wortes unterschieden wissen will, die aber Berührungspunkte mit der Friesischen Deduktion aufweisen.

---
1) Vgl. auch K. Fischer, Geschichte der neueren Philosophie, 4. Aufl., IV, 575.

2. Die „empirische Deduktion" und die „physiologische Ableitung".

Für die genaue Fassung des Deduktionsbegriffes bei Fries und Kant ist das Verhältnis wesentlich, in welchem das, was Kant „empirische Deduktion" nennt, einerseits zur transzendentalen Deduktion und andererseits zur physiologischen Ableitung steht. Wir müssen uns zum Zwecke einer scharfen Abgrenzung dieser Begriffe den Zusammenhang vergegenwärtigen, in welchem diese Begriffe in der Kritik der reinen Vernunft Verwendung finden.

Nachdem Kant in dem Abschnitt über „die Prinzipien einer transzendentalen Deduktion überhaupt" im Anschluß an die von den Rechtslehrern gemachte Unterscheidung zwischen der Rechtsfrage und der Tatsachenfrage die Deduktion vorläufig als „Dartun des Rechtsanspruches" bestimmt hat, erwähnt er zunächst die „Menge empirischer Begriffe", deren wir uns wegen ihrer jederzeit durch die Erfahrung beweisbaren objektiven Realität ohne jemandes Widerrede und ohne Deduktion bedienen, berührt die „usurpierten Begriffe", wie etwa „Glück, Schicksal", mit deren Deduktion man in nicht geringe Verlegenheit geraten könne, „indem man keinen deutlichen Rechtsgrund, weder aus der Erfahrung, noch der Vernunft anführen kann, dadurch die Befugnis eines Gebrauchs deutlich würde"[1]), und kommt dann auf die empirischen Begriffe zu sprechen, deren Befugnis zum reinen Gebrauch a priori jederzeit einer Deduktion bedarf, „weil zu der Rechtmässigkeit eines solchen Gebrauchs Beweise aus der Erfahrung nicht hinreichend sind, man aber doch wissen muß, wie diese Begriffe sich auf Objekte beziehen können, die sie doch aus keiner Erfahrung hernehmen. Diese „Erklärung der Art, wie sich Begriffe a priori auf Gegenstände beziehen", nennt Kant „transzendentale Deduktion" und unterscheidet sie von der empirischen Deduktion „welche die Art anzeigt, wie ein Begriff durch Erfahrung

---

1) Kr. d. r. V. S. 103 ff.

und Reflexion über dieselbe erworben werden, und daher nicht die Rechtmässigkeit, sondern das Faktum betrifft, wodurch der Besitz entsprungen". Von den apriorischen Anschauungen des Raumes und der Zeit oder den apriorischen Verstandesbegriffen eine solche empirische Deduktion versuchen zu wollen, würde „ganz vergebliche Arbeit sein; weil eben darin das Unterscheidende ihrer Natur liegt, daß sie sich auf ihre Gegenstände beziehen, ohne etwas zu deren Vorstellung aus der Erfahrung entlehnt zu haben".

„Indessen kann man", fährt Kant hierauf fort „von diesen Begriffen, wo nicht das Prinzipium ihrer Möglichkeit, doch die Gelegenheitsursachen ihrer Erzeugung in der Erfahrung aufsuchen, wo alsdann die Eindrücke der Sinne den ersten Anlaß geben, die ganze Erkenntniskraft in Ansehung ihrer zu eröffnen, und Erfahrung zustande zu bringen, die zwei sehr ungleichartige Elemente enthält, nämlich eine Materie zur Erkenntnis aus den Sinnen, und eine gewisse Form, sie zu ordnen, aus dem inneren Quell des reinen Anschauens und Denkens, die bei Gelegenheit der ersteren zuerst in Ausübung gebracht werden und Begriffe hervorbringen. Ein solches Nachspüren der ersten Bestrebungen unserer Erkenntniskraft, um von einzelnen Wahrnehmungen zu allgemeinen Begriffen zu steigen, hat ohne Zweifel seinen großen Nutzen, und man hat es dem berühmten Locke zu verdanken, daß er dazu zuerst den Weg eröffnet hat. Allein eine Deduktion der reinen Begriffe a priori kommt dadurch niemals zustande, denn sie liegt ganz und gar nicht auf diesem Wege, weil in Ansehung ihres künftigen Gebrauchs, der von der Erfahrung gänzlich unabhängig sein soll, sie einen ganz andern Geburtsbrief, als den der Abstammung von Erfahrungen, müssen aufzuzeigen haben. Diese versuchte physiologische Ableitung, die eigentlich gar nicht Deduktion heißen kann, weil sie eine quaestionem facti betrifft, will ich daher die Erklärung des Besitzes einer reinen Erkenntnis nennen. Es ist also klar, daß von dieser allein es eine transzendentale Deduktion und keineswegs eine empirische geben könne, und daß letztere in Ansehung der reinen Begriffe a priori nichts als eitele Versuche sind, womit sich nur derjenige beschäftigen kann, welcher die ganz eigentümliche Natur dieser Erkenntnisse nicht begriffen hat" [1]).

Aus dem Wortlaut dieser Erörterungen geht zunächst hervor, daß Kant eine empirische Deduktion der empirischen Formen als „ganz vergebliche Arbeit", als „eitele Versuche", die „physiologische Ableitung" derselben aber als möglich und sehr nützlich bezeichnet. Schon J. B. Meyer[2]) hat daher die „physiologische Ableitung" von der „empirischen Deduktion" zu trennen gesucht und hinzugefügt, den hier ausgesprochenen Grundgedanken habe Kant auch anderwärts nicht zum völlig klaren Ausdruck gebracht und dadurch zum Mißverständnis seiner Wissenschaft vom Apriori selbst Anlaß gegeben; Fries' Verbesserung Kants knüpfe hier an. Auch die meisten Anhänger der Friesischen Philosophie stellen sich auf diesen Standpunkt und in den „Abhandlungen der Friesischen Schule, Neue Folge"[3]), sucht Nelson einen durchgreifenden Unterschied zwischen der „physiologischen Ableitung" und der „empirischen Deduktion" durch einen sonderbaren Begriff der letzteren zu konstruieren. Nach dem ersten Abschnitt des Paragraphen „von den Prinzipien einer transzendentalen Deduktion überhaupt" gebe es zwei Klassen von Begriffen, solche, deren Rechtsgrund in der Erfahrung, und solche, deren Rechtsgrund in der Vernunft liege. Darnach sei die empirische Deduktion die Deduktion eines Begriffs durch Anführung eines Rechtsgrundes aus der Erfahrung, während die transzendentale Deduktion in der Aufweisung des Rechtsgrundes in der Vernunft bestehe. Daraus folge dann von selbst, daß nur von empirischen Begriffen eine empirische Deduktion möglich sei. „Denn, einen Begriff, dessen Rechtsgrund nicht in der Erfahrung liegt, durch Anführung eines Rechtsgrundes aus

---

1) Kr. d. r. V., 104 f.
2) Jürgen Bona Meyer, Kants Psychologie. 1870. S. 164.
3) a. a. O., 279 ff.

der Erfahrung zu deduzieren, wäre ein logischer Widerspruch"[1]).

Sollte Kant wirklich eine so eingehende Beweisführung darauf verwenden, einen so einfachen Widerspruch aufzudecken, zu zeigen, daß die Deduktion empirischer Begriffe nicht die Deduktion apriorischer ist? Der ganze Abschnitt wird durch diese Verschiebung des Deduktionsbegriffes in ein falsches Licht gerückt. Die einleitenden Sätze dienen ja nur zur Erläuterung des Unterschiedes der Rechtsfrage von der Tatsachenfrage nach der Analogie des Rechtshandels. Die Absicht der ganzen nun folgenden Ausführung aber ist darauf gerichtet, die Unmöglichkeit einer „empirischen Deduktion" der „reinen Verstandesbegriffe" zu beweisen. Es ist die negative Vorbereitung der transzendentalen Deduktion, die darin liegt, daß die andere in Betracht kommende Deduktion, nämlich die empirische abgewiesen wird. Die Ausführung schließt mit der Konstatierung des Ergebnisses: „Es ist also klar, daß von diesen allein es eine transzendentale Deduktion und keineswegs eine empirische geben könne ....." und der nächste Absatz beginnt mit der positiven Vorbereitung der transzendentalen Deduktion, nämlich damit, den Leser „von der un-

---

[1] a. a. O. 280 f. Wenn in demselben Zusammenhang (S. 292) Nelson die in meiner Schrift über das „Kant-Friesische Problem" (übrigens als Kants Ansicht) ausgesprochene „Meinung", für die transzendentale Deduktion sei die empirische Psychologie völlig unbrauchbar, unter anderem darauf zurückführt, daß ich die Beiwörter „empirisch" und „transzendental" auf die Verschiedenheit der Gegenstände statt auf die Verschiedenheit der Erkenntnisart beziehe, so kann ich in der entgegengesetzten Ansicht nur eine völlige Verkennung des Kernpunktes der Kantischen Beweisführung sehen. Schon der Wortlaut: „Erklärung der Art, wie sich .. beziehen" .. und „Art, wie .. erworben worden", zeigt, daß es sich nicht um die Arten der deduzierten Gegenstände, sondern um die Arten der Deduktion handelt, vgl. auch Kants Erklärung Kr. d. r. V. S. 80: „Der Unterschied des Transzendentalen und Empirischen gehört also nur zur Kritik der Erkenntnisse, und betrifft nicht die Beziehung derselben auf ihren Gegenstand."

umgänglichen Notwendigkeit" einer solchen Deduktion zu überzeugen.

Innerhalb jenes negativen Teils der Ausführung aber bildet die Besprechung der „physiologischen Ableitung" nur eine Episode, die daraus zu erklären ist, daß Kant in derselben den bedeutendsten Versuch einer empirischen Deduktion sieht[1]). Diese enge Beziehung zwischen beiden Begriffen ergibt sich schon aus der Ausdrucksweise, nach welcher die empirische Deduktion das „Faktum betrifft, wodurch der Besitz (eines Begriffes) entsprungen" und die „physiologische Ableitung", völlig damit übereinstimmend, da sie „eine quaestionem facti betrifft", „die Erklärung des Besitzes einer reinen Erkenntnis" ist; und wenn, wie Kant sagt, die physiologische Ableitung „eigentlich gar nicht Deduktion heißen kann", so setzt dies voraus, daß sie „uneigentlich" so genannt, d. h. als empirische Deduktion angesehen wird. Ein solches „Nachspüren der ersten Bestrebungen unserer Erkenntniskraft, um von einzelnen Wahrnehmungen zu allgemeinen Begriffen zu steigen", kann, für sich betrachtet, ganz wohl „seinen großen Nutzen" haben. Sobald diese physiologische Ableitung aber als Deduktion der reinen Begriffe a priori gelten soll, muß sie versagen, da apriorische Begriffe zu ihrer Rechtfertigung „einen ganz anderen Geburtsbrief als den von Erfahrungen müssen aufzuzeigen haben". Versagt der empirische Weg selbst bei diesem von Locke erwähnten, in mancher sonstigen Hinsicht nützlichen Verfahren, so kann es sich um eine empirische Deduktion überhaupt nicht handeln.

Nun ist auch verständlich, wie Kant trotz dieses engen Zusammenhangs beider einerseits die physiologische Ableitung als möglich und nützlich bezeichnet, andrerseits in

---

1) Ähnlich H. Cohen, der J. B. Meyers Unterscheidung zwischen der empirischen Deduktion und der physiologischen Ableitung als eine nichtige bezeichnet und in der „physiologischen Ableitung" die „beste Art" der empirischen Deduktion sieht (Kants Theorie der Erfahrung, 2. A., 1885, S. 292 f.).

der empirischen Deduktion „eitele Versuche" sieht, „womit sich nur derjenige beschäftigen kann, welcher die ganz eigentümliche Natur dieser Erkenntnisse nicht begriffen hat". Die physiologische Ableitung fällt nämlich dann unter dieses letztere Urteil, wenn sie leisten soll, was sie nicht kann: eine Deduktion der reinen Begriffe a priori liefern.

Es ist leicht zu erkennen, weshalb die Anhänger des Friesischen Standpunktes so großen Wert darauf legen, die physiologische Ableitung von der empirischen Deduktion zu trennen. Gelingt dies, so fällt die physiologische Ableitung, welche man als der Friesischen Deduktion nahestehend betrachtet, nicht mit unter das Verwerfungsurteil Kants und es läßt sich dann die Friesische Deduktion an Kants „physiologische Ableitung" anknüpfen. Eine genaue Interpretation der in Betracht kommenden Stellen der Kritik der reinen Vernunft zeigt dagegen, daß jedenfalls Kant selbst, soweit die transzendentale Deduktion in Betracht kommt, jede Ableitung dieser Art als durch die „ganz eigentümliche Natur" der Erkenntnisse a priori ausgeschlossen erachtet. Was aber Fries betrifft, so unterscheidet sich sein Deduktionsbegriff von der physiologischen Ableitung einerseits dadurch, daß das Verfahren der Deduktion der „philosophischen Anthropologie" zufällt und damit in den mit der empirischen Psychologie nicht einfach identischen Kreis der durch diesen Namen umgrenzten Aufgaben[1]) gehört, und andrerseits dadurch, daß der Nachweis der Apodikticität der apriorischen Grundsätze, welche in der ursprünglichen unmittelbaren Erkenntnis der Vernunft allerdings schon liegt, nicht mit der Aufweisung dieser Grundsätze in der Vernunft zusammenfällt, sondern auf eine „Theorie der Vernunft" sich gründet.

Damit haben wir uns aber bereits einem Kantischen Begriff genähert, dessen Verhältnis zur Friesischen Deduktion einer kurzen Beleuchtung bedarf.

---

1) S. oben Kap. 1.

3. Die „metaphysische Deduktion".

Die metaphysische Deduktion hat nach Kant die Aufgabe, den „Ursprung der Kategorien überhaupt durch ihre völlige Zusammentreffung mit den allgemeinen logischen Funktionen des Denkens darzutun", während die transzendentale die „Möglichkeit derselben als Erkenntnisse a priori von Gegenständen einer Anschauung überhaupt darstellt"[1]).

Durch die metaphysische Deduktion werden also die reinen Verstandesbegriffe als vorhanden nachgewiesen, indem sie aus der Tafel der Urteile abgeleitet werden. Was hierbei geschieht, erhellt noch deutlicher aus dem Parallelismus der beiden Hauptstücke des ersten Buches der „transzendentalen Analytik" in der Kritik der reinen Vernunft. Dem zweiten Hauptstück, welches von der „Deduktion der reinen Verstandesbegriffe" handelt, wobei also nur die transzendentale Deduktion als Deduktion im eigentlichen Sinne gilt, steht zur Seite ein erstes Hauptstück „von dem Leitfaden der Entdeckung aller reinen Verstandesbegriffe", und in dem letzteren haben wir den Abschnitt zu sehen, in welchem die „metaphysische Deduktion" gegeben wird. Wenn also in der Einleitung zu dem ersten Buch der transzendentalen Analytik das Programm aufgestellt wird: „Wir werden also die reinen Begriffe bis zu ihren ersten Keimen und Anlagen im menschlichen Verstande verfolgen, in denen sie vorbereitet liegen, bis sie endlich bei Gelegenheit der Erfahrung entwickelt und durch eben denselben Verstand, von denen ihnen anhängenden empirischen Bedingungen befreiet, in ihrer Lauterkeit dargestellt werden"[2]), so ist darin die Aufgabe der metaphysischen Deduktion mitskizziert.

Warum wird aber auch auf diese Aufgabe der Deduktionsbegriff ausgedehnt, und was bedeutet hier „metaphysisch"? Wenn Kant den Begriff der metaphysischen Deduktion auch nur an dieser einzigen Stelle einführt, so müssen dieser Aufstellung eines Korrelates zur transzendentalen

---

1) Kr. d. r. V. 677. 2) Kr. d. r. V. 86 f.

Deduktion doch bestimmte methodologische Gesichtspunkte zugrunde liegen, die für uns von Interesse sind, da die metaphysische Deduktion offenbar mit der Friesischen Deduktion Berührungspunkte hat.

Das Verhältnis der metaphysischen Deduktion zur transzendentalen hat seine Analogie an dem Verhältnis der „metaphysischen" zur „transzendentalen Erörterung" des Raumes und der Zeit in der „transzendentalen Ästhetik". Es liegt nahe, dieses Verhältnis zur weiteren Erläuterung der metaphysischen Deduktion zu verwenden. Nach Kant ist Erörterung (expositio) überhaupt „die deutliche (wenn gleich nicht ausführliche) Vorstellung dessen, was zu einem Begriffe gehört; metaphysisch aber ist die Erörterung, wenn sie dasjenige enthält, was den Begriff als a priori gegeben darstellt". Unter „transzendentaler Erörterung" versteht er „die Erklärung eines Begriffs, als eines Prinzips, woraus die Möglichkeit anderer synthetischer Erkenntnisse a priori eingesehen werden kann". Und zwar ist dazu erforderlich „1. daß wirklich dergleichen Erkenntnisse aus dem gegebenen Begriffe herfließen, 2. daß diese Erkenntnisse nur unter der Voraussetzung einer gegebenen Erklärungsart dieses Begriffs möglich sind" [1]).

Während also die metaphysische Erörterung das a priori als tatsächlich vorhanden aufweist, gibt die transzendentale Erörterung eine Begründung der Möglichkeit synthetischer Erkenntnisse a priori. Dies entspricht völlig der Kantischen Definition, „daß nicht eine jede Erkenntnis a priori, sondern nur die, dadurch wir erkennen, daß und wie gewisse Vorstellungen (Anschauungen oder Begriffe) lediglich a priori angewandt werden oder möglich seien, transzendental (d. i. die Möglichkeit der Erkenntnis oder der Gebrauch derselben a priori) heißen müsse". Transzendental ist daher „weder der Raum noch irgend eine geometrische Bestimmung desselben a priori", „sondern nur die Erkenntnis, daß diese Vorstellungen gar

---

1) Kr. d. r. V. 51, 53.

nicht empirischen Ursprungs sein, und die Möglichkeit, wie sie sich gleichwohl auf Gegenstände der Erfahrung beziehen können"¹).

Handelt es sich aber dann bei dem Unterschied der metaphysischen und der transzendentalen Deduktion nicht einfach je um dasselbe Verfahren wie bei der metaphysischen und transzendentalen Erörterung, nur das eine Mal auf Raum und Zeit, das andere Mal auf die empirischen Begriffe angewandt? Und ist daher die metaphysische Deduktion, die das „wirkliche Stattfinden von Begriffen a priori erweist"²), die „in den Formen und Mitteln des Bewußtseins das Apriorische aufzeigt"³), nicht einfach der „metaphysischen Erörterung" gleichzusetzen? Die Entscheidung darüber hängt an dem Begriff der „Erörterung". Allerdings redet Kant gelegentlich auch von einer transzendentalen Deduktion der Begriffe Raum und Zeit. „Wir haben oben", heisst es in der Kritik der reinen Vernunft⁴), „die Begriffe des Raumes und der Zeit vermittelst einer transzendentalen Deduktion zu ihren Quellen verfolgt, und ihre objektive Giltigkeit a priori erklärt und bestimmt", und in den Prolegomena wird von der „transzendentalen Deduktion der Begriffe in Raum und Zeit" gesagt, daß sie zugleich die Möglichkeit einer reinen Mathemathik erkläre, die „ohne eine solche Deduktion, und ohne daß wir annehmen, „„Alles, was unsern Sinnen gegeben werden mag, (den äußeren im Raume, den inneren in der Zeit), werde von uns nur angeschaut, wie es uns erscheint, nicht wie es an sich selbst ist"", zwar eingeräumt, aber keineswegs eingesehen werden könnte"⁵). In dem „Verfolgen zu den Quellen" können wir die metaphysische Erörterung, in der Erklärung und Bestimmung der objektiven Giltigkeit⁶) die transzendentale Erörterung wieder-

---

1) Kr. d. r. V. 80.
2) A. Riehl, Der philosophische Kritizismus I, 867.
3) H. Cohen, Kants Theorie der Erfahrung 2. Aufl. 1881, S. 292.
4) Kr. d. r. V. 105.
5) Prolegomena § 12. S. W. III, 40 f.
6) Obwohl hier der Gegensatz zwischen der scheinbar völlig

finden, was auch durch das „zugleich" der Prolegomena bestätigt wird. Der Ausdruck „transzendentale Deduktion" würde hier also beide Arten der Erörterung umfassen. Daß aber Kant diesen Terminus hier nur im uneigentlichen Sinne gebraucht, geht schon daraus hervor, daß er wenige Sätze später die Notwendigkeit betont, nicht allein von den reinen Verstandesbegriffen, sondern auch vom Raume die transzendentale Deduktion, nämlich die eigentliche echte im Sinne der „Rechtfertigung" ihrer objektiven Giltigkeit, zu suchen. Wir werden daher mehr Nachdruck auf die Ausführung zu legen haben, durch welche Kant der „Erörterung" ihre spezielle Bedeutung zuweist.

Die „Erörterung" oder „Exposition" erhält ihre Bestimmung durch das Verhältnis, in welchem sie zur Definition steht. Definitionen im eigentlichen Sinne des Wortes hat nur die Mathematik. Definieren heisst „den ausführlichen Begriff eines Dinges innerhalb seiner Grenzen ursprünglich darstellen". Dazu gehört, daß in dieser Darstellung weder zu viel noch zu wenig Merkmale enthalten sind. Dies ist, streng genommen, aber nur in der Mathematik möglich. Nur sie stellt den Gegenstand, den sie denkt, auch a priori in der Anschauung dar, und der so gedachte Gegenstand kann sicher nicht mehr noch weniger enthalten als der Begriff, „weil durch die Erklärung der Begriff von dem Gegenstande ursprünglich, d. i. ohne die Erklärung irgend wovon abzuleiten, gegeben wurde". Mathematische Definitionen können daher niemals irren; denn da hier der Begriff in der Definition selbst gemacht wird, so enthält er auch gerade nur das, was die Definition durch ihn gedacht haben will. Nur in der Form, hinsichtlich der Präzision, sind Fehler möglich. Die Zuverlässigkeit der mathematischen Definitionen liegt also in ihrem synthetischen Charakter, darin, daß sie Konstruktionen ursprünglich gemachter Begriffe

---

selbständigen transzendentalen Ästhetik und der transzendentalen Analytik, welche auch den reinen Anschauungsformen des Raumes und der Zeit erst objektive Giltigkeit verschaffen soll, besonders grell hervortritt.

sind. Dagegen sind die philosophischen Definitionen, wie sich Kant schon in der „Untersuchung über die Deutlichkeit der Grundsätze der natürlichen Theologie und Moral"[1]) nachzuweisen bemüht, analytischer Art. Sie sind Zergliederungen gegebener Begriffe. Hier gehen die Begriffe, wenn auch nur verworren, voran, und es ist vielfältiger Irrtum möglich, entweder indem Merkmale hineingebracht werden, die wirklich nicht im Begriffe lagen, oder Merkmale fehlen, die hineingehören. Ich werde daher bei solchen a priori gegebenen Begriffen, z. B. dem der Substanz, der Ursache, des Rechts, der Billigkeit niemals sicher sein, daß die deutliche Vorstellung eines solchen nur verworren gegebenen Begriffs mit voller Ausführlichkeit und Präzision entwickelt worden ist. Es findet daher genau genommen hier nur eine Annäherung an die eigentliche Definition statt. Kant will deshalb solche philosophische Erklärungen der Begriffe lieber Erörterungen oder Expositionen nennen. Auch eine solche unvollständig bleibende Exposition ist aber doch „als Teil einer Definition eine wahre und brauchbare Darstellung eines Begriffs". Die Definition schwebt hier stets vor als „die Idee einer logischen Vollkommenheit, die wir zu erlangen suchen müssen"[2]).

Wenn nun aus dem Bisherigen sich ergibt, daß Kant in der „Erörterung" eine analytische Erklärung gegebener Begriffe sieht und diese Bedeutung sowohl für die metaphysische als für die transzendentale Erörterung gilt[3]), so muß es zweifelhaft erscheinen, ob unter diesen Umständen noch von einem Parallelismus mit dem Verhältnis der metaphysischen zur transzendentalen Deduktion die Rede sein kann, wo doch die letztere als „Rechtfertigung" von der ersteren

---

1) S. W. I, § 1, S. 79 ff.
2) Kr. d. r. V. 559 f., Logik § 105. S. W. III, 331 f.
3) Wobei freilich die Schwierigkeit entsteht, daß hier der Begriff der (analytischen) Erörterung gerade auf die der konstruierenden und synthetischen Mathematik zugrunde liegende Anschauung angewandt wird. Die Lösung liegt darin, daß der grundlegende Nachweis der Möglichkeit der Mathematik nicht dieser selbst, sondern der Transzendentalphilosophie zukommt. Kr. d. r. V. 562.

als bloßem Aufweis des a priori sich deutlich abhebt. Die genauere Untersuchung zeigt jedoch, daß die Übertragung des Expositionsbegriffs auf die „transzendentale Erörterung" eigentlich doch nur eine scheinbare ist. Der Form nach kann ja allerdings Kant die transzendentale Erörterung als „Erklärung eines Begriffs" bezeichnen. Aber wenn dieser Begriff ein Prinzip ist, woraus die Möglichkeit anderer synthetischer Erkenntnisse a priori eingesehn werden kann, und wenn nachgewiesen werden soll, daß „diese Erkenntnisse nur unter der Voraussetzung einer gegebenen Erklärungsart dieses Begriffes möglich sind", so ist dieser Nachweis selbst doch nicht bloß analytische Erklärung, sondern ein Beweisverfahren[1]). Es lässt sich auch vermuten, weshalb Kant sich veranlaßt sah, auf diese künstliche Weise den Begriff der transzendentalen Erörterung einzuführen. Die Aufgabe einer Erklärung des „Begriffs[2]) vom Raume" als eines Prinzips der Möglichkeit synthetischer Erkenntnisse a priori, durch welches der Begriff der Objekte a priori bestimmt werden soll, mußte, von der transzendentalen Logik aus gesehen, die Frage erwecken, ob denn nun damit die objektive Giltigkeit dieser Prinzipien (des Raumes und der Zeit) endgiltig erwiesen sei und was für eine Funktion dann der transzendentalen Deduktion der Kategorien in dieser Hinsicht zufallen könnte. Indem aber Kant auch diesen Nachweis, daß auf Grund der Raum- und Zeitanschauung synthetische Urteile a priori möglich seien, als „Exposition" bezeichnete, indem er dieser Grundlegung einer Synthesis noch den Charakter einer analytischen Erklärung zu geben suchte, wollte er jede Antizipation der eigentlichen Deduktion ausschliessen, wobei freilich die Beschränkung auf die bloße analytische Erklärung nur dem Namen nach vorhanden war.

Bei der „metaphysischen Deduktion" dagegen

---

1) Vgl. auch Vaihinger, Kommentar II, 155.
2) Begriff im allgemeinsten Sinne des Wortes genommen, da ja das vierte und fünfte Raumargument gerade darauf gerichtet ist, nachzuweisen, daß der Raum kein Begriff (im engeren Sinne), sondern eine Anschauung sei.

verhielt es sich umgekehrt. Wie dort der eigentlich nur der analytischen Erklärung zukommende Begriff der Erörterung auch auf den Nachweis der Möglichkeit synthetischer Erkenntnisse a priori übertragen wurde, so hier der eigentlich nur auf den Beweis der objektiven Giltigkeit anzuwendende Begriff der Deduktion auf die bloße „Entdeckung der Verstandesbegriffe". Allerdings wirkt bei der letzteren, der metaphysischen Deduktion noch der Umstand mit, daß hier der Aufweis des a priori nicht bloß als analytische Erklärung auftritt, sondern durch die Ableitung aus den logischen Funktionen des Urteilens gestützt wird. Es ist aber doch nur die „Entdeckung", nicht die „Rechtfertigung" der reinen Verstandesbegriffe, um die es sich hier handelt. Was die Tafel der Urteile liefert, ist nur der „Leitfaden" für die Entdeckung der Kategorien. Bei der Tätigkeit eines Erkenntnisvermögens tun sich verschiedene Begriffe von selbst hervor, die dann mit Hilfe einer länger und mit Scharfsinn angestellten Beobachtung gesammelt werden können. Aber bei diesem Verfahren ist weder eine Garantie für Vollständigkeit der Aufzählung noch Ordnung und systematische Einheit zu erlangen. Dies ist nur möglich mit Hilfe jenes „Leitfadens" der Urteilsfunktion[1]. Die letztere ist aber doch nur ein „Leitfaden" im Gegensatz zu dem Prinzip der Möglichkeit der Erfahrung, durch welches die Kategorien ihre „Rechtfertigung" finden. Das Wesentliche ist die Auffindung und Darlegung des a priori, und die metaphysische Deduktion kommt damit der „metaphysischen Erörterung" sehr nahe, deren Aufgabe ist: die „deutliche Vorstellung" dessen, „was den Begriff, als a priori gegeben, darstellt".

Die enge Berührung mit dem Begriff der Exposition verrät sich auch darin, daß das völlig parallele Verfahren sowohl in der Kritik der praktischen Vernunft als in der Kritik der Urteilskraft als „Exposition" bezeichnet wird. In der ersteren lesen wir[2]: „Die Exposition des obersten Grundsatzes der praktischen Vernunft ist nun ge-

---
1) Kr. d. r. V. 87.
2) Kritik der prakt. Vernunft, Ausg. v. Kehrbach 56.

schehen, d. i. erstlich, was er enthalte, daß er gänzlich a priori und unabhängig von empirischen Prinzipien für sich bestehe, und dann, worin er sich von allen anderen praktischen Grundsätzen unterscheide, gezeigt worden". Auf sie hat zu folgen die „Deduktion", d. h. die „Rechtfertigung seiner objektiven und allgemeinen Giltigkeit und der Einsicht der Möglichkeit eines solchen synthetischen Satzes a priori".

Auch die Exposition der Geschmacksurteile, d. h. die Erörterung „dessen, was in ihnen gedacht wird" geht der Deduktion, d. h. „der Rechtfertigung des Anspruches eines dergleichen Urteils auf allgemein-notwendige Giltigkeit" voraus und beide zusammen, die Exposition und die Deduktion, machen die gesamte Aufgabe der ästhetischen Urteilskraft aus[1]).

Das Verfahren Kants in den drei Kritiken, so wie er es selbst methodologisch aufgefaßt wissen will, zerfällt also stets in zwei Stadien, deren erstes die Aufzeigung und Darstellung des Apriori in seiner Verschiedenheit von allem Empirischen enthält, während im zweiten die Rechtfertigung der allgemein-notwendigen Giltigkeit gegeben wird. Die Art der Durchführung in beiden Stadien ist sehr verschieden, aber grundsätzlich handelt es sich in dem ersten Stadium stets um das, was schon für die „metaphysische Erörterung" charakteristisch ist, den Aufweis eines tatsächlich vorhandenen Apriori in seinem Unterschied von allem Empirischen.

Damit haben wir nun die Grundlage gewonnen für die Beantwortung der Frage, wie sich der Deduktionsbegriff von Fries zu der „metaphysischen Deduktion" Kants und zu dessen analogem Begriff der metaphysischen Erörterung verhält.

Zunächst legt die empirisch-psychologische Richtung, welche der Friesischen Erkenntnistheorie gewöhnlich als Hauptmerkmal zugeschrieben wird, den Gedanken nahe, es

---

1) Kritik der Urteilskraft § 30. S. W. IV, 140.

möchte das, was Fries unter Deduktion versteht, nichts anderes sein, als der empirisch-psychologische Nachweis des Vorhandenseins des Apriori, also in demselben Gegensatz zur transzendentalen Deduktion Kants stehen, wie bei diesem die „metaphysische Deduktion". In Wirklichkeit trifft dies keineswegs zu. Denn die Deduktion ist nach Fries eine Art der Begründung, die als solche gleichberechtigt neben Demonstration und Beweis tritt, und sie besteht darin, daß aus einer Theorie der Vernunft abgeleitet wird, welche ursprüngliche Erkenntnis wir notwendig haben müssen, und was für Grundsätze daraus notwendig für unsere Vernunft entspringen.

Dagegen findet sich ein anderer Begriff bei Fries, welcher in nächster Beziehung zu Kants „metaphysischer Deduktion" steht. Es ist der später näher zu erörternde der Spekulation. Unter Spekulation versteht Fries das „regressive Verfahren, durch welches wir uns unserer reinen Vernunfterkenntnisse bewußt werden"[1]. Diese reinen Vernunfterkenntnisse sind aber teils mathematische, teils philosophische. Wenn nun auch innerhalb dieser beiden Klassen das spekulative Verfahren ein sehr verschiedenes ist, so gilt doch für beide das charakteristische Merkmal der Spekulation, daß wir uns durch sie „nur dessen deutlich bewußt werden, was immer schon in jedes Menschen dunkler Vorstellung begründet ist".

Die Spekulation hebt aus dem gemeinen Verstandesgebrauch die allgemeinsten apodiktischen Gesetze der Mathematik und Philosophie abstrahierend heraus, deren wir uns in der einzelnen Anwendung täglich bedienen und bereitet sie dadurch für die Deduktion vor[2]).

Wir können also, indem wir damit unsere Besprechung des Verhältnisses des Kantischen Begriffes der „metaphysischen Deduktion" zum Friesischen Deduktionsbegriff abschließen, von der „Spekulation" schon jetzt so viel sagen, daß Fries unter diesem Namen die beiden Verfahrungs-

---

[1] Grundriß der Logik 129. Logik 537 ff.
[2] N. Kr. I, 387.

weisen zusammengefaßt, welche Kant „metaphysische Erörterung" und „metaphysische Deduktion" nennt.

Damit sind aber die Arten des Kantischen Deduktionsbegriffs noch nicht erschöpft. Es findet sich bei Kant noch eine Fassung desselben, welche in näherer Beziehung zur Friesischen Deduktion steht als alle bisherigen Modifikationen des Begriffes.

4. Die „subjektive Deduktion".

a) Die subjektive Deduktion der reinen Verstandesbegriffe bei Kant.

In der Vorrede zur ersten Ausgabe der Kritik der reinen Vernunft spricht Kant von der Wichtigkeit und Schwierigkeit der „Deduktion der reinen Verstandesbegriffe" und führt dann den Begriff der „subjektiven Deduktion" mit folgenden Worten ein: „Diese Betrachtung, die etwas tief angelegt ist, hat aber zwei Seiten. Die eine bezieht sich auf die Gegenstände des reinen Verstandes und soll die Giltigkeit seiner Begriffe a priori dartun und begreiflich machen; eben darum ist sie auch wesentlich zu meinen Zwecken gehörig. Die andere geht darauf aus, den reinen Verstand selbst, nach seiner Möglichkeit und den Erkenntniskräften, auf denen er selbst beruht, mithin ihn in subjektiver Beziehung zu betrachten, und, obgleich diese Erörterung in Ansehung meines Hauptzwecks von großer Wichtigkeit ist, so gehört sie doch nicht wesentlich zu demselben, weil die Hauptfrage immer bleibt, was und wie viel kann Verstand und Vernunft, frei von aller Erfahrung, erkennen, und nicht, wie ist das Vermögen zu denken selbst möglich? Da das letztere gleichsam eine Aufsuchung der Ursache zu einer gegebenen Wirkung ist, und insofern etwas einer Hypothese Ähnliches an sich hat (ob es gleich wie ich bei anderer Gelegenheit zeigen werde, sich in der Tat nicht so verhält), so scheint es, als sei hier der Fall, da ich mir die Erlaubnis nehme, zu meinen, und dem Leser auch frei stehen müsse, anders zu meinen. In Betracht dessen, muß ich dem Leser mit der Erinnerung zuvorkommen: daß im Fall meine subjektive Deduktion nicht die ganze Überzeugung, die ich erwarte, bei ihm gewirkt hätte, doch die objektive, um die es mir hier vornehmlich zu tun ist, ihre ganze Stärke bekomme, wozu allenfalls dasjenige, was Seite 92 bis 93 gesagt wird, allein hinreichend sein kann"[1]).

Es erhebt sich die Frage, wo eigentlich Kant diese subjektive Deduktion gegeben hat, da sich nur aus der tatsächlichen Ausführung ein deutliches Bild dieses subjektiven Verfahrens gewinnen ließe. B. Erdmann[2]) spricht die Ansicht aus, Kants Hinweis auf den Gedankengang der objektiven Deduktion, der schon in dem einleitenden Abschnitt ausgesprochen sei, ferner seine Andeutungen über die Bedeutung der ersten Ausführungen der Deduktion selbst, endlich die inhaltliche Vergleichung dieser Ausführungen mit dem letzten Abschnitt derselben zeigen zur Genüge, daß die objektive Deduktion in dem ersten und dritten, die subjektive Deduktion in dem zweiten Abschnitt des ganzen Hauptstücks zu suchen sei. Nur sei diese Trennung, wie von vornherein zu erwarten sei, keine strenge. Der zweite Abschnitt enthalte die objektive Deduktion ebenfalls, nur trete die Beziehung auf die Frage nach den subjektiven oder, wie wir sagen würden, psychologischen Bedingungen der Verstandeserkenntnis bestimmter in den Vordergrund. Umgekehrtes gelte von dem dritten Abschnitt.

Erdmann hat also selbst die Verteilung der objektiven und subjektiven Deduktion auf die drei Abschnitte bedeutend eingeschränkt, indem er nur von einem Vorwiegen des einen oder des andern sprach. Wir werden noch weiter gehen müssen. Nach Kant selbst haben wir darin **zwei Seiten**, nicht zwei gesonderte Teile der Deduktion der reinen Verstandesbegriffe zu sehen. Nicht bloß im zweiten, sondern

---

1) Kr. d. r. V., 8 f.
2) Benno Erdmann, Kants Kritizismus in der ersten und in der zweiten Auflage der Kritik der reinen Vernunft, Leipzig 1878, S. 24.

auch im dritten Abschnitt durchzieht jene Betrachtung des reinen Verstandes selbst, nach seiner Möglichkeit und den Erkenntniskräften, auf denen er selbst beruht, also die Berücksichtigung der subjektiven Seite die ganze Beweisführung. Kant hat daher auch die beiden Abschnitte, in welchen die Verbindung der subjektiven mit der objektiven Deduktion ihm bedenklich erschien, samt dem psychologischen Schluß des ersten Abschnitts durch eine vollständige Neubearbeitung ersetzt.

In dem ersten Abschnitt aber, „von den Prinzipien einer transzendentalen Deduktion"[1]) ist von der subjektiven Deduktion überhaupt nicht die Rede. Wenn Kant in diesem Abschnitt den Versuch als völlig verfehlt ablehnt, durch die an sich mögliche und innerhalb ihrer Grenzen berechtigte „physiologische Ableitung" eine Deduktion der reinen Begriffe a priori zu geben[2]), und eine solche empirische Deduktion zu den eitelen Versuchen rechnet, womit sich nur derjenige beschäftigen kann, welcher die ganz eigentümliche Natur dieser Erkenntnisse nicht begriffen hat[3]), so kann er nicht von demselben Verfahren sagen, wie es in dem Abschnitt über die subjektive Deduktion geschieht, daß diese Erörterung in Ansehung seines Hauptzwecks von großer Wichtigkeit sei, und daß, im Fall seine subjektive Deduktion nicht die ganze Überzeugung, die er erwarte, bei ihm gewirkt hätte, doch die objektive, um die es ihm hier vornehmlich zu tun sei, ihre ganze Stärke bekomme[4]). Wir müssen vielmehr annehmen, daß die in der subjektiven Deduktion zu gebende Antwort auf die Frage: „Wie ist das Vermögen zu denken selbst möglich?" etwas anderes ist als die in der „physiologischen Ableitung" versuchte „Erklärung des Besitzes einer reinen Erkenntnis".

1) Kr. d. r. V. S. 103 ff.
2) Vgl. die frühere Ausführung über das Verhältnis der „empirischen Deduktion" und der „physiologischen Ableitung".
3) Kr. d. r. V. 105.
4) Kr. d. r. V. 8 f. Auch Riehl scheint (der philosophische Kritizismus I, 372 ff.) die Identität der „physiologischen Ableitung" und der „subjektiven Deduktion" vorauszusetzen.

b) Die Deduktion der Ideen bei Kant.

Diese Auffassung findet ihre Bestätigung darin, daß es nach Kant auch eine „subjektive Deduktion" der Ideen gibt. Kants wahre Meinung aus den verschiedenen Stellen zu erkennen, ist allerdings auch hier dadurch erschwert, daß der Begriff „transzendentale Deduktion" in verschiedener Bedeutung gebraucht ist.

Von den transzendentalen Ideen ist nach Kant zwar eigentlich keine objektive oder transzendentale Deduktion möglich, wie von den Kategorien [1]). Denn als Ideen haben sie keine Beziehung auf ein Objekt, das ihnen kongruent gegeben werden könnte. Aber eine „subjektive Ableitung derselben aus der Natur unserer Vernunft" kann unternommen werden und wurde von Kant geleistet, indem er zeigte, wie durch die eigentümliche Funktion der Vernunft, nämlich das Schlußverfahren aus dem obersten Grundsatze der reinen Vernunft, daß, wenn das Bedingte gegeben ist, auch die ganze Reihe einander untergeordneter Bedingungen, mithin das Unbedingte, gegeben sein muß, die transzendentalen Ideen abgeleitet werden können.

Diese subjektive Deduktion der Ideen findet nun aber eine eigentümliche Ergänzung durch die Deduktion der Ideen als „regulativer Prinzipien". Hält man sich rein an den Wortlaut, so findet ein völliger Widerspruch zwischen den Äußerungen Kants an den verschiedenen Stellen statt. Während er früher bewiesen zu haben glaubt, daß eine transzendentale Deduktion in Ansehung der Ideen jederzeit unmöglich ist, hält er jetzt eine transzendentale Deduktion derselben für notwendig. „Man kann sich eines Begriffs a priori mit keiner Sicherheit bedienen, ohne seine transzendentale Deduktion zustande gebracht zu haben. Die Ideen der reinen Vernunft verstatten zwar keine Deduktion von der Art, als die Kategorien; sollen sie aber im mindesten einige, wenn auch nur unbestimmte objektive Giltig-

---

[1]) Kr. d. r. V. 289, 517.

keit haben und nicht bloß leere Gedankendinge (entia rationis ratiocinantis) vorstellen, so muß durchaus eine Deduktion derselben möglich sein, gesetzt, daß sie auch von derjenigen weit abwiche, die man mit den Kategorien vornehmen kann". Kant sieht darin sogar die „Vollendung des kritischen Geschäftes der reinen Vernunft" und liefert dieselbe dadurch, daß er zeigt, wie diese transzendentalen Ideen, die psychologische, kosmologische und theologische zwar nicht als konstitutive Prinzipien unsere Erkenntnis über Gegenstände zu erweitern vermögen, aber als regulative Prinzipien unserer empirischen Erkenntnis des Mannigfaltigen systematische Einheit geben. Da ein unvermeidliches Bedürfnis der Vernunft eine solche Einheit fordert, so ist es eine notwendige Maxime der Vernunft, nach dergleichen Ideen zu verfahren. Kant selbst bezeichnet dies als die „transzendentale Deduktion aller Ideen der spekulativen Vernunft" [1]).

Da die „transzendentale Deduktion" im eigentlichen Sinne des Wortes nach Kant die Erklärung der Art ist, wie sich Begriffe a priori auf Gegenstände beziehen, die transszendentalen Ideen aber auf keinen ihnen korrespondierenden Gegenstand und dessen Bestimmung direkt bezogen werden, so kommt hier dieser Terminus nur in einer etwas allgemeineren Bedeutung zur Anwendung. Eine gewisse Berechtigung dafür liegt ja doch darin, daß, wenn die Ideen uns auch nicht zeigen, wie ein Gegenstand beschaffen ist, sie uns doch Anleitung geben, wie wir die Beschaffenheit und Verknüpfung der Gegenstände der Erfahrung überhaupt zu suchen haben. Wenn z. B. die objektive Realität des Begriffes einer höchsten Intelligenz auch nicht darin bestehen kann, daß er sich direkt auf einen Gegenstand bezieht, so liegt der Erkenntniswert dieser Idee doch darin, daß die Dinge der Welt so betrachtet werden, als ob sie von einer höchsten Intelligenz ihr Dasein hätten. Durch diese Deduktion der Ideen als regulativer

---

1) Kr. d. r. V. 522.

Prinzipien wird ihnen daher auch wenigstens „einige, wenn auch nur unbestimmte objektive Giltigkeit" gesichert[1]). Es trifft dies völlig zusammen mit dem, was Kant von der subjektiven Deduktion der Verstandesbegriffe sagt, indem er die Möglichkeit offen läßt, daß derselbe beim Leser nicht die „ganze Überzeugung wecken" könnte.

Halten wir nun Kants Lehre von der subjektiven Deduktion der Ideen zusammen mit seinen Ausführungen über die subjektive Deduktion überhaupt, so wird es völlig einleuchtend, daß die letztere nicht mit der „physiologischen Ableitung" identisch sein kann. Sie ist mehr. Sie ist eine Ableitung „aus der Natur der Vernunft" und sie wird, indem sie zeigt, wie die transzendentalen Ideen zur Befriedigung eines unabweisbaren Vernunftbedürfnisses dienen, sogar in gewissem Sinne zur „transzendentalen Deduktion".

c) **Die subjektive Seite der Deduktion bei Fries und Kant.**

Hier ist der Punkt, wo sich der Friesische Deduktionsbegriff am nächsten mit dem Kantischen berührt. Auch für Fries ist die Deduktion keine bloße „Erklärung des Besitzes einer reinen Erkenntnis", sondern eine Begründung der philosophischen Grundsätze durch Ableitung aus einer Theorie der Vernunft. Nur wird für Fries diese Deduktion überhaupt die einzig mögliche und besitzt daher für Kategorien wie für Ideen dieselbe Giltigkeit. Für die Ideen muß sich so gut wie für die Verstandesbegriffe der Ursprung der Einheitsformen aus dem Wesen unserer Vernunft nachweisen lassen. Kant mußte sich auf eine Deduktion der Kategorien beschränken, da er die anschauliche Erkenntnis als die allein für sich selbst gesicherte ansah und daher für jede aus bloßer Vernunft entspringende Erkenntnis einen aus dieser selbst abzuleitenden Berechtigungsgrund forderte. Dies war für die Kategorien wohl möglich, weil durch sie jene Anschauung eben erst zum

---

1) Kr. d. r. V. 517, 521.

Ganzen der Erfahrung wird, aber für die Ideen nur in sehr unvollständiger Weise, weil für sie in der Erfahrung kein Gegenstand sich findet[1]). Anders bei einer Deduktion, welche nur subjektive Ableitung aus dem Wesen der Vernunft sein will. Da es unserer Vernunft jederzeit unmöglich ist, gleichsam aus sich selbst herauszutreten zum Gegenstand, um ihre Erkenntnis mit diesem zu vergleichen, so können wir auch die Prinzipien der Erfahrungserkenntnis nicht dadurch nachweisen, daß wir ihr Verhalten zu den Dingen selbst erhärten, sondern dadurch, daß wir zeigen, jede menschliche Vernunft „weiß" ihrer Natur nach gerade diese Gesetze und muss nach ihnen urteilen. Genau so verhält es sich mit der Giltigkeit der Ideen. Die Deduktion kann auch hier nur darin bestehen, daß wir zeigen: jede endliche Vernunft glaubt kraft der Organisation ihres Wesens notwendig an die ewige Realität der Ideen[2]). Auch die Deduktion der Prinzipien der praktischen Vernunft kann auf keinem anderen Wege geschehen. Sie besteht darin, „daß wir nachweisen, wie sich in unserer Vernunft der praktische Glaube an die Zweckgesetzgebung im Wesen der Dinge mit dem spekulativen Glauben an die ideale Ansicht der Dinge vereinigt"[3]).

So ist für Fries mit der Beschränkung der Deduktion auf den Nachweis der subjektiven Allgemeingiltigkeit aus einer Theorie der Vernunft die **gleichmäßige Ausdehnung derselben auf die Kategorien, auf die Ideen und auf die Prinzipien der praktischen Vernunft** gegeben. Bei Kant ist die Deduktion der Kategorien von der der Ideen durch die Beziehung auf Gegenstände möglicher Erfahrung und die daraus sich ergebende objektive Giltigkeit geschieden, der oberste Grundsatz der praktischen

---

1) N. Kr. II, 170 f. Kants Behandlung der regulativen Prinzipien im Anhang zur Dialektik der reinen Vernunft beruht nach Fries auf einem Mißverständnis, indem er die Maxime des systematisierenden Verstandes mit Ideen vermengt habe. N. Kr. II, 307.
2) N. Kr. II, 203 f.
3) N. Kr. III, 161 f. und Vorrede I, XXIII.

Vernunft aber trägt seine Gewißheit in sich selbst, und sein Kreditiv besteht nur darin, daß er selbst als ein Prinzip der Deduktion der Freiheit als einer Kausalität der reinen Vernunft aufgestellt werden kann[1]).

In Kants Ausführungen über die subjektive Deduktion aber verrät sich das subjektiv-psychologische Element im Gesamtaufbau seiner Kritik, das in der transzendentalen Deduktion nach der Darstellung der ersten Auflage mit der objektiven Deduktion völlig verwachsen ist, und das dann Kant selbst in der zweiten Auflage ausgeschaltet hat, — diejenige Seite des Kantischen Deduktionsbegriffs, welche dann von Fries zur alleinherrschenden gemacht und mit dem Prädikat der vollen Allgemeingiltigkeit ausgestattet wurde.

III. Die Theorie als logisches Ideal.

1. Die Theorie als Vereinigung der Systemformen.

Aus der Vereinigung der bisher besprochenen Formen des wissenschaftlichen Verfahrens ergibt sich ein logisches Ideal von der Gestalt, unter welcher die menschliche Wissenschaft erscheinen müßte, wenn sie vollständig systematisch ausgebildet wäre. Sämtliche drei Arten der Begründung, der Beweis, die Demonstration und die Deduktion müssen in diesem logischen Ganzen unserer Erkenntnis zusammenwirken. In dieser ihrer Vereinigung heißen sie Theorie und es kann als die logische Aufgabe unserer Erkenntnis bezeichnet werden, alles in ihr auf seine letzten Erklärungsgründe zurückzuführen und es in der Theorie systematisch aus dieser abzuleiten.

Hiebei ist nun aber die Rolle, welche die drei Systeme der Erkenntnis, der historischen, mathematischen und philosophischen, spielen, eine sehr verschiedene. In ihnen sind drei Anfänge unserer Erkenntnis gegeben, die zunächst

---

1) Kritik der prakt. Vernunft, Ausg. v. Kehrbach 57 f.

unabhängig nebeneinander stehen und erst unter der Form eines Vernunftschlusses zu einem Ganzen vereinigt werden. Die historische Erkenntnis, die Erkenntnis der Tatsachen für sich allein kann es zu keiner wirklichen Erklärung bringen. Sie entspringt aus den sinnlichen Anregungen unserer Erkenntnis und kommt uns an Anschauungen zum Bewußtsein, besteht aber nur aus einer Mannigfaltigkeit der einzelnen Tatsachen, von denen jede als besonderer Teil, als individuelles Dasein, für sich besteht, ohne sich auf andere neben ihm zu beziehen. Andererseits bringen es auch die philosophischen Grundsätze für sich allein zu keiner Theorie, denn hier fehlt die Möglichkeit, das Besondere unter die allgemeinen Regeln der Einheit zu fassen. Die Wahrheit der Tatsachen ist ja meist in der Wahrheit der Gesetze schon enthalten. Sollen wir also zu einer Theorie und zu wirklicher Erklärung gelangen, so kann dies nur durch Mathematik geschehen.

2. Die Vermittlerrolle der Mathematik.

Erst die mathematische Anschauung bringt die Regel zur historischen Tatsache und den einzelnen Fall zur philosophischen Regel hinzu. Die einzelnen Tatsachen sollen durch Grund und Folge zueinander in Beziehung gesetzt werden. Alle Reihen von Grund und Folge werden aber durch Zeit und Raum d. h. durch mathematische Verbindung in unsere Erkenntnis eingeführt. Die letztere ist also der Grund aller Erklärbarkeit überhaupt.

3. Die Unerklärlichkeit der Qualitäten.

Daraus ergibt sich nun eine bedeutsame Folgerung. Da alle Erklärbarkeit auf der Mathematik beruht, so können wir auch nur da von Erklärungen sprechen, wo sich bloße Unterschiede der mathematischen Zusammensetzung aus dem Gleichartigen, bloße Größenunterschiede zeigen. Qualitäten sind daher unerklärbar. Jede Größenzusammensetzung können wir aus ihren einfachsten Elementen ableiten, aber verschiedene Qualitäten aus historischer und philosophischer Erkenntnis lassen sich nicht auf einander zurückführen[1].

Damit ist sowohl das Vorurteil des Naturalismus abgelehnt, daß sich alles müsse erklären lassen, als dasjenige des Rationalismus, daß alles aus Einem höchsten Erklärungsgrund abzuleiten sei. Jede Erklärung setzt ja den Bestand der Tatsachen schon voraus und kann nur die Verbindung der Tatsachen unter einander betreffen. Aus den Formen dieser Verbindung aber lassen sich niemals die Tatsachen selbst ableiten. Das Apodiktische dient nur dazu, die historischen Erkenntnisse als Teile eines Ganzen zu ordnen. Für sich allein ist es nur leere allgemeine Form, der erst ein Inhalt gegeben werden muss. Acht historische Erkenntnis ruht daher ebensowohl auf ihren eigenen unabhängigen Anfängen, als apodiktische Erkenntnis auf den ihrigen. Wenn mir z. B. der Tatbestand der Dinge für einen Augenblick der Welt, z. B. der Stand der Gestirne für irgend eine Epoche gegeben ist, so kann ich daraus den Ablauf der Weltbegebenheiten durch alle Zeit vorwärts und rückwärts aus den allgemeinen Gesetzen der Mathematik und Philosophie erklärend berechnen. Das Gegebensein der einzelnen Tatsachen ist dabei stets vorausgesetzt. Es ist daher auch „Unsinn, die Geschichte der Welt aus dem Chaos beginnen zu lassen oder irgend eine Geschichte einen ersten Ursprung zu nennen"[2].

Daß jene Abhängigkeit aller Erklärung von Mathematik und die Unerklärlichkeit aller Qualitäten nicht schon länger anerkannt wurde, rührt daher, daß es uns unmöglich ist, reine Tatsachen für sich auch nur aufzufassen ohne die mathematischen Bedingungen des Raumes und der Zeit, in deren umfassendem Zusammenhang dann das rein faktische Element der Erkenntnis scheinbar verschwindet.

---

1) N. Kr. I, 355 ff., Logik 483 ff.
2) Logik 498. N. Kr. I, 363.

Mit dieser Behauptung einer Abhängigkeit aller Erklärung von der Mathematik und der Rolle, welche damit der Mathematik im Haushalt der Wissenschaften zukommt, kann sich Fries auf Kant berufen, nach welchem „in jeder besonderen Naturlehre nur so viel eigentliche Wissenschaft angetroffen werden kann, als darin Mathematik anzutreffen ist". Auch schreibt der Beweis hierfür der Mathematik ähnlich wie bei Fries eine Vermittlerrolle zwischen den rationalen und den empirischen Bestandteilen der Wissenschaft zu. Eigentliche Wissenschaft, insbesondere der Natur, erfordert nämlich nach Kant, damit ihre Gewißheit apodiktisch sei, einen reinen Teil, der dem empirischen zugrunde liegt, und der auf Erkenntnis der Naturdinge a priori beruht. Nun heißt aber, etwas a priori erkennen, es aus seiner bloßen Möglichkeit erkennen. „Die Möglichkeit bestimmter Naturdinge kann aber nicht aus ihren bloßen Begriffen erkannt werden; denn aus diesen kann zwar die Möglichkeit des Gedankens (daß er sich selbst nicht widerspreche), wie des Objektes, als Naturdinges erkannt werden, welches außer dem Gedanken (als existierend) gegeben werden kann. Also wird, um die Möglichkeit bestimmter Naturdinge mithin um diese a priori zu erkennen, noch erfordert, daß die dem Begriffe korrespondierende Anschauung a priori gegeben werde, d. i. daß der Begriff konstruiert werde. Nun ist die Vernunfterkenntnis durch Konstruktion der Begriffe mathematisch. Also mag zwar eine reine Philosophie der Natur überhaupt, d. i. diejenige, die nur das, was den Begriff einer Natur im allgemeinen ausmacht, untersucht, auch ohne Mathematik möglich sein, aber eine reine Naturlehre über bestimmte Naturdinge (Körperlehre und Seelenlehre) ist nur vermittelst der Mathematik möglich; und, da in jeder Naturlehre nur so viel eigentliche Wissenschaft angetroffen wird, als sich darin Erkenntnis a priori befindet, so wird Naturlehre nur so viel eigentliche Wissenschaft enthalten, als Mathematik in ihr angewandt werden kann." Daraus ergibt sich nach Kant dann in erster Linie für die Chemie und die Psychologie, daß sie „von dem Range einer eigentlich so zu nennenden Naturwissenschaft entfernt bleiben" müssen[1]).

Die Unerklärlichkeit der Qualitäten ist in diesen Ausführungen Kants im Unterschied von Fries kein Bestandteil der Beweisführung. Sie steckt darin, wenn von dem Objekt als Naturding die Rede ist, „welches ausser dem Gedanken (als existierend) gegeben werden kann". Die Irrationalität des Historisch-Einzelnen findet bei Kant schon im ersten Paragraphen der transzendentalen Ästhetik nur ihre Berücksichtigung in dem Gegebensein der Gegenstände, „vermittelst der Sinnlichkeit". Daher der schon frühe von Gegnern Kants und später besonders von Herbart gemachte Einwand: wenn zu den a posteriori „gegebenen" noch ungeordneten Empfindungen nur die reine Raumanschauung a priori hinzukommt, woher dann die bestimmten Gestalten und die bestimmten Raumbeziehungen bestimmter Dinge?[2]). Im Besonderen ist der Gesichtspunkt der Qualität maßgebend für die zweite Klasse der Grundsätze des reinen Verstandes, für die „Antizipationen der Wahrnehmung". Als Prinzip derselben gilt: „In allen Erscheinungen hat das Reale, was ein Gegenstand der Empfindung ist, intensive Größe, d. i. einen Grad"[3]). Dieser Satz abstrahiert nach Kant selbst von der empirischen Qualität der Empfindungen, und es ist um so auffallender, daß der Verstand einen solchen synthetischen Satz über den Grad alles Realen in den Erscheinungen, also über die Möglichkeit des inneren Unterschiedes selbst „antizipieren" kann. Die Qualität der Empfindung ist ja „jederzeit bloß empirisch, und kann a priori gar nicht vorgestellt werden (z. B. Farben, Geschmack etc.)". Kant sieht die Lösung darin, daß das Reale, welches „den Empfindungen überhaupt korrespondiert", nur im Gegensatz zu der Negation = o etwas vorstellt, dessen Begriff „an sich ein Sein enthält" und nichts bedeutet als „die Synthesis in einem

---

1) Kant, Metaph. Anfangsgr. d. Naturwissensch. S. W. V, 309 f.
2) Siehe oben S. 59.
3) Nach der Fassung der zweiten Ausgabe der Kr. d. r. V. S. 162.

empirischen Bewußtsein überhaupt", und gelangt zur präzisen Formulierung seines Ergebnisses in dem Satz: „Alle Empfindungen werden daher, als solche, zwar nur a posteriori gegeben, aber die Eigenschaft derselben, daß sie einen Grad haben, kann a priori erkannt werden. Es ist merkwürdig, daß wir an Größen überhaupt a priori nur eine einzige Qualität, nämlich die Kontinuität, in aller Qualität aber (dem Realen der Erscheinungen), nichts weiter a priori, als die intensive Qualität derselben, nämlich daß sie einen Grad haben, erkennen können, alles übrige bleibt der Erfahrung überlassen"[1]). In der letzten Bemerkung liegen alle die prinzipiellen Schwierigkeiten, welche für die Anwendung dieser Grundsätze des reinen Verstandes auf die wirkliche wissenschaftliche Forschung entstehen. Zu dem „Übrigen", welches der Erfahrung überlassen bleibt, gehört ja nicht bloß jede bestimmte Qualität, sondern gehört auch jede bestimmte, auch die in bestimmten Zahlen ausdrückbare, Beziehung zwischen den Qualitäten, wie sie den Gegenstand der Erfahrungswissenschaften bildet. Die Ergebnisse dieser letzteren nehmen aber doch auch Allgemeingiltigkeit und Notwendigkeit für sich in Anspruch. Kant hat diese Prädikate ausschließlich für die Prinzipien a priori reserviert. Er sieht sich daher genötigt, innerhalb der sogenannten „Naturwissenschaft" eine Teilung vorzunehmen zwischen der „historischen Naturlehre", welche nichts als „systematisch geordnete Fakta der Naturdinge enthält", und der „Naturwissenschaft", die selbst dann wieder in „eigentliche" gänzlich nach Prinzipien a priori verfahrende und „uneigentliche", ihren Gegenstand nach Erfahrungsgesetzen behandelnde zerfällt[2]). Aber auch die „eigentliche Naturwissenschaft" bedarf der Objekte, auf welche sie Anwendung findet, und diese Objekte und ihre Beziehungen sind von bestimmter Art, und die Verarbeitung derselben führt daher zu bestimmten Sätzen, die aber als

---

1) a. a. O. 170.
2) Metaph. Anfangsgr. d. Naturwissenschaft. S. W. V. 306.

Kapitel V.

wissenschaftliche Sätze, obwohl empirischen Inhalts, doch Anspruch auf Allgemeinheit und Notwendigkeit erheben.

Kant hat dies wohl gefühlt, wenn er es in der angeführten Stelle in den „metaphysischen Anfangsgründen der Naturwissenschaft" ausspricht, daß die Möglichkeit bestimmter Naturdinge nicht aus ihren bloßen Begriffen erkannt werden kann. Aber er hält zur Ergänzung dieses Mangels nur für erforderlich, daß die dem Begriffe korrespondierende Anschauung a priori gegeben werde. Dadurch entsteht der Schein, als ob eine reine Naturlehre über bestimmte Naturdinge nur vermittelst der Mathematik völlig a priori möglich sei.

Bestimmte Naturdinge sind aber stets Dinge von bestimmter Qualität, und Qualitäten lassen sich nie restlos in mathematische Bestimmungen auflösen. Sie sind als solche unerklärbar. Man wird also in jeder Wissenschaft mit Ausnahme der reinen Mathematik selbst an einen Punkt kommen, auf welchen Mathematik nicht mehr anwendbar ist.

Fries hat das Verdienst, diese Seite der Kantischen Lehre von der Anwendung der Mathematik auf die Wissenschaft, die bei Kant in der von Schopenhauer[1]) so scharf kritisierten Bezeichnung des Empirischen der Anschauung als eines „Gegebenen" versteckt liegt, in seiner Lehre von der Unerklärlichkeit aller Qualitäten zur vollen Deutlichkeit herausgearbeitet zu haben. Die Tragweite dieser Lehre für die Erkenntnistheorie wird uns später zu beschäftigen haben. Aus dem Bisherigen geht jedenfalls hervor, dass sie das Kor-

---

1) Vgl. Schopenhauer, Kritik der Kantischen Philosophie, Sämtliche Werke, Ausg. von Grisebach 1, S. 559. „Nach der in der transzendentalen Ästhetik gegebenen ausführlichen Erörterung der allgemeinen Formen der Anschauung muß man erwarten, doch einige Aufklärung zu erhalten über den Inhalt derselben, über die Art, wie die empirische Anschauung in unser Bewußtsein kommt, wie die Erkenntnis dieser ganzen, für uns so realen und so wichtigen Welt in uns entsteht. Allein darüber enthält die ganze Lehre Kants eigentlich nichts weiter, als den oft wiederholten nichtssagenden Ausdruck: „„Das Empirische der Anschauung wird von Außen gegeben"".

relat der Abhängigkeit aller Erklärung von der Mathematik ist. Indem Fries beides betonte, gelangte er zu seiner Lehre von der Theorie, in welcher mathematische, philosophische und historische Erkenntnis sich zu vereinigen hat. Kant schwebt als wissenschaftliches Ideal bei allem „empirischen Realismus" doch stets ein System apriorischer Erkenntnis in seiner Isolierung vor, er sucht daher auch innerhalb der Naturwissenschaft ein Sondergebiet für sie abzugrenzen. Fries macht Ernst damit, daß das Apodiktische in unserer Erkenntnis für sich nur leere allgemeine Form ist, und richtet sein Augenmerk darauf, der einzelnen „historischen" Erkenntnis, die ihre eigenen „unabhängigen Anfänge" hat, durch Unterordnung unter die apodiktischen Formen Notwendigkeit zu verleihen.

F. Der Fortschritt der Reflexionserkenntnis.

Die Vollkommenheit unserer Erkenntnis, wie sie durch die Vereinigung der philosophischen, mathematischen und historischen Wissenschaft erreicht wird, ist nur eine Idee, der wir uns allmählich annähern können.

Wie ist dies möglich? Wie vermag die Reflexionserkenntnis in der Annäherung an dieses Ziel fortzuschreiten?

Das hierzu erforderliche wissenschaftliche Verfahren haben wir in erster Linie von der bloßen wissenschaftlichen Darstellung des schon Gefundenen zu unterscheiden, wie sie in den systematischen, konstitutiven Methoden gegeben wird. Wenn von wissenschaftlicher Methode die Rede ist, sind meist die letzteren gemeint, obwohl es sich hier nur um die Subsumtion des Besonderen unter bereits gefundene allgemeine Gesetze handelt. Ist aber die Aufgabe gestellt, Neues zu finden, so richtet sich die wissenschaftliche Methode nach anderen Regeln. Welches sind diese heuristischen Methoden der logischen Erfindungskunst?

Da alles unser Erkennen der Zeit nach mit einzelner sinnlicher Wahrnehmung anfängt, so wird es sich bei dem, was wir mehr in uns finden sollen, stets um die Erkenntnis allgemeiner apodiktischer Formen handeln. Wir suchen dabei stets **Allgemeines** zu dem **Besonderen** hinzu. Während also das erstgenannte Verfahren stets progressiv ist, das Allgemeine als gegeben voraussetzt, und mit Hilfe der subsumierenden Urteilskraft diesem das Besondere unterordnet, sind die heuristischen Methoden alle **regressiv**, gehen vom Besonderen zum Allgemeinen und gehören daher der **reflektierenden Urteilskraft** an.

Dabei haben wir zwei Hauptformen zu unterscheiden. Wir suchen entweder **prosyllogistisch** zu den besonderen Behauptungen durch Zergliederung die allgemeineren Gründe, welche wir in ihnen schon voraussetzen, dies ist die Methode der **Spekulation**. Oder wir verfahren **regressiv beweisend**, indem wir Erfahrungen zu allgemeinen Ansichten kombinierend zu den einzelnen Fällen historischer Erkenntnis, die gegeben sind, das Allgemeine hinzusuchen. Dies ist der Fall der **Induktion**[1]).

Beide Verfahrungsarten bedürfen einer genaueren Erörterung.

I. Die Spekulation.

Fries wird nicht müde, zu betonen, die philosophische Erkenntnis sei nicht von der Art, daß sie erst völlig neu entdeckt und von den einzelnen erst neu erlernt werden müßte. Vielmehr sei jeder Mensch in ihrem Besitz und wende sie, wenn auch unbewußt und unbedacht beim Denken täglich an. Erst wenn mehrere ihre Meinungen mit einander vergleichen und, etwa in Betreff der Beurteilung der Natur der Dinge, der sittlichen Lebensverhältnisse oder Religionswahrheiten, in Widerstreit mit einander geraten, so zeigt sich, daß unser Urteil in allen diesen Dingen von gewissen allgemeinen Voraussetzungen über Natur, sittliches Leben und den Glauben ausgeht, über die wir uns nur durch Denken klar werden können. Wir haben diese allgemeinen Gesetze, welche aller unserer Erkenntnis zugrunde

---

1) N. Kr. I, 381 f. Logik 515 f.

liegen, in unserm Geiste aufzusuchen. Dies geschieht durch die **zergliedernde Methode der Spekulation.** Wir gehen dabei aus vom **gemeinen Verstandesgebrauch**, der die Begriffe in concreto anwendet, und suchen dieselben in abstracto darzustellen. Aber wie sollen wir von diesen Beurteilungen des täglichen Lebens zu einem letzten gelangen, das als Prinzip gelten kann? Die bloße Zergliedernng für sich allein gibt mir ja keinen Anhaltspunkt dafür, ob ich nicht noch weiter fortgehen kann, ob ich wirklich zu einem letzten unableitbaren Prinzip gelangt bin. Außerdem sollen diese Prinzipien für sich unerweisliche Sätze und doch, als Verbindung allgemeiner Begriffe, nicht unmittelbar allgemein verständlich sein. Worauf soll dann aber ihre Giltigkeit beruhen?

Die Antwort darauf ergibt sich aus dem eigentlichen Wesen der in der Spekulation zur Anwendung kommenden **regressiven Methode.** Indem man hier, nicht wie sonst von den Gründen zu den Folgen übergeht, sondern mit den Folgen beginnt und sich zu den Gründen durchzufinden sucht, wird durch dieses logische Experiment der rückwärts gehenden Untersuchung die ganze Bedeutung derselben verändert. Es kommt nämlich hier „zunächst nicht darauf an, die philosophische Wahrheit einem Beweis zu unterwerfen oder sie von andern Wahrheiten abzuleiten, sondern nur sie kennen zu lernen, wie sie eben in uns ist. Es kommt hier zunächst nicht darauf an: das Wesen der Dinge, welche die Gegenstände unserer Erkenntnis sind, sondern nur unsere Erkenntnis selbst als die Tätigkeit unserer Vernunft kennen zu lernen. Mögen diese Erkenntnisse wahr und giltig sein oder nicht; wir fragen zuerst nur, was für Erkenntnisse hat denn der Mensch? wie ist sein Erkenntnisvermögen beschaffen?"[1]) Die regressive Spekulation beweist also nicht einen Satz durch den andern, sondern sie zeigt nur subjektiv, daß, wer einen gewissen Satz annimmt, die Wahrheit eines andern schon voraussetze. Wir suchen

---

1) Metaphysik S. 99 ff.

z. B. in der Spekulation einen Grund für die Behauptung, daß die Kreisbewegung des Mondes eine stetig wirkende anziehende Kraft der Erde voraussetze — und finden, daß wir diese Behauptung nur als eine Folge des allgemeinen Gesetzes annehmen, daß jede Veränderung, also auch in diesem Fall die in der Kreisbewegung sich darstellende stetige Veränderung der Bewegungsrichtung ihre Ursache haben müsse. Die regressive Methode gibt also der Spekulation einen durchaus subjektiven Charakter. Das Philosophieren wird in eine innere Erfahrungssache verwandelt, es wird zur „erfahrungsmäßigen geistigen Selbstbeobachtung", zur anthropologischen Untersuchung. Fries will daher diese regressive Methode auch die kritische und die Untersuchung selbst Kritik der reinen Vernunft genannt wissen[1]), denn sie hat es nur mit Beurteilung der Grundüberzeugungen der menschlichen Vernunft zu tun, ohne eine dogmatische Aufstellung darüber geben zu können.

Durch die Spekulation werden also alle wahrhaft allgemeinen Urteile, alle apodiktischen Gesetze aus dem gemeinen Verstandesgebrauche auf dem Wege der Zergliederung herausgehoben.

Da die apodiktischen Gesetze teils mathematische, teils philosophische sind, so haben wir auch zwei Arten der Spekulation zu unterscheiden. Die mathematische Spekulation hat, wenn sie dem Fortschritt der Wissenschaft dienen will, neue Zusammensetzungen zu suchen. Als analytische Heuristik erfindet sie neue Arten der Konstruktion und führt sie auf ihre Prinzipien zurück. Als synthetische Heuristik verwendet sie die gefundene neue Methode, um vermittelst ihrer von den einfachsten Elementen zu den zusammengesetzteren aufzusteigen. Die erste Art der Erfindung ist die seltenste und schwerste. Sie ist allein dem mathematischen Genie zugänglich und ist selbst für dieses oft ein Geschenk des guten Glückes. In dieses Gebiet gehört z. B. die Erfindung der Buchstabenrechnung, und die Erfindung der Differentialrechnung durch Newton und

---

1) Metaphysik 104.

Leibniz. In der Philosophie dagegen folgt die Erfindungskunst den einfachsten Regeln. Ist nur erst die Sprache so weit ausgebildet, daß sie mit eigener Lebendigkeit eine hinreichende Biegsamkeit der Abstraktion verbindet, was allerdings nicht Sache des einzelnen Mannes sondern der Nation ist, so ist alles gegeben, was der Philosoph zu seinen Erfindungen bedarf. Er hat ja nicht, wie der Historiker, neue Tatsachen zu suchen, oder wie der Mathematiker, neue Zusammensetzungen, sondern er soll nur die Grundformen seiner eigenen Überzeugungen in sich beobachten, wie sie schon da liegen.

Spekulation als Aufsuchen der Prinzipien, als „kritische Methode" ist eben deshalb für die gesamte Philosophie unentbehrlich. Gerade dasjenige Gebiet der Philosophie stellt der Spekulation die wichtigsten Aufgaben, welches wir in der Philosophie ihr gewöhnlich entgegensetzen, das Gebiet der Ideen oder des Praktischen. Denn die Idee ist „nichts anderes, als der ganz aus der Reflexion erzeugte, und nur durch sie geltende Begriff, welcher sich nur durch Spekulation über das dunkle Gefühl des gemeinen Bewußtseins erhebt". Der Mittelpunkt unseres Geistes, ein unendlicher Glaube und eine ewige Liebe, kündigt sich schon dem gemeinen Verstande im dunklen Gefühle der Würdigung des Wertes der Tugend, im dunklen Gefühl des Gefallens am Schönen und Erhabenen und endlich im Gefühle der Hohheit der Religion als das ewig Bestehende an. Aber es gibt einen Punkt, wo die Idee des Ewigen, belebt durch jenen Glauben und jene Liebe, aus dem bloßen Kreise des Gefühls in das Begreifliche heraustritt, wo sich das im Gefühl nur Geahnte in helle und klare Begriffe auflöst. Das aber ist die Aufgabe, welche allein die Spekulation zu lösen vermag. Sie trennt sich hier von dem gemeinen Bewußtsein, aber nicht etwa, um der Vernunft neue Gebiete des Übersinnlichen zu eröffnen, sondern einzig, um sie in dem langerworbenen Felde der Erfahrung mit sich selbst zu verständigen[1]).

---

1) N. Kr. I, 384 ff. Logik 544 ff.

Kapitel V.

Ist diese Arbeit der Spekulation getan, sind die philosophischen Prinzipien, aufgefunden, so handelt es sich darum, sie zu rechtfertigen. Dies geschieht in der Deduktion, deren Methode wir bereits kennen gelernt haben. Nehmen wir noch als drittes die Aufgabe hinzu, das „systematische Verhältnis der so gewonnenen und gerechtfertigten Prinzipien zur Anwendung im Ganzen der menschlichen Erkenntnis nachzuweisen", so haben wir die Hauptaufgaben der Philosophie als Wissenschaft, im besonderen der Metaphysik umschrieben.

Die Spekulation ist also nach Fries die für die gesamte Philosophie grundlegende Methode. Ihre Stellung wird dadurch noch deutlicher, daß er ihr im Kantischen System ihren Ort anweist. Jene drei Aufgaben können nämlich, meint Fries, getrennter oder miteinander verbundener behandelt werden. „Stellen wir sie ganz gesondert nebeneinander, so ist die erste diejenige, welche Kant die Grundlegung einer metaphysischen Lehre genannt und vorzüglich klar für die Metaphysik der Sitten bearbeitet hat, die zweite Aufgabe für sich würde ich die Kritik der Vernunft, die dritte aber das System einer rein philosophischen Lehre nennen"[1]. Mit dieser Kantischen Parallele zu seiner spekulativen Methode hat Fries einen glücklichen Griff getan. Denn in der Vorrede zu seiner „Grundlegung der Metaphysik der Sitten" hat Kant die Absicht dieser Schrift in ganz analoger Weise bestimmt, wenn er sagt: „Gegenwärtige Grundlegung ist aber nichts mehr, als die Aufführung und Festsetzung des obersten Prinzips der Moralität, welche allein ein, in seiner Absicht ganzes und von aller anderen sittlichen Untersuchung abzusonderndes Geschäft ausmacht"[2]. Die Schrift gibt daher Antwort auf die Frage: was ist Moralität? Sie beschäftigt sich mit der quaestio facti[3]), während die Deduktion der Kritik der praktischen Vernunft die quaestio juris entscheidet. Die Stellung

---

1) Metaphysik 118 f.   2) S. W. VIII, 9.
3) K. Fischer, Geschichte der neueren Philosophie, 4. Aufl., V, 56.

beider, der Grundlegung zur Methaphysik der Sitten und der Kritik der praktischen Vernunft hat allerdings in Kants Entwicklung verschiedene Phasen durchgemacht[1]), aber schon der Ausgangspunkt der „Grundlegung", die „gemeine sittliche Vernunfterkenntnis" gibt Fries das Recht, darin eine seiner Spekulation, die nur das in jeder menschlichen Vernunft Vorhandene zergliedert, analoge Methode zu sehen.

Die volle Bedeutung dieser zentralen Stellung der „Spekulation" in der Friesischen Methode wird erst hervortreten,

---

1) Es lag keineswegs von Anfang an im Plane Kants, der früher in Aussicht genommenen eigentlichen „Metaphysik der Sitten" eine solche grundlegende Schrift vorausgehen zu lassen. Ich führe die Data kurz auf (nach der akademischen Ausgabe von Kants Gesammelten Schriften IV, 627 ff. P. Menzer). Zunächst ist nur die Rede von den „metaphysischen Anfangsgründen der praktischen Weltweisheit" (Brief an Lampert v. 31. Dez. 1765), von den „reinen Prinzipien der Sittlichkeit „als einem Teil des geplanten Werkes „die Grenzen der Sinnlichkeit und der Vernunft" (an Herz vom 7. Juni 1771 u. 21. Febr. 1772), dann von der „Metaphysik der Sitten" (Brief Hamanns an Hartknoch vom 11. Jan. 1783). Erst im April 1784 heißt es in einem Brief Hamanns an Joh. Georg Müller v. 30. April 1784: „Kant arbeitet an einem Prodromus zur Moral, den er anfänglich Antikritik betiteln wollte, und auf Garves Cicero Beziehung haben soll. Den jetzigen Titel lesen wir zum ersten Mal in Hamanns Brief an Scheffner vom 19./20. Sept. 1789, in welchem zugleich mit der Absendung des Manuskriptes die Vollendung des Werkes bezeugt wird. Aber das Verhältnis zur „Kritik der praktischen Vernunft" war, wie die Vorrede zeigt, noch keineswegs klar. Denn dort heißt es: „Im Vorsatze nun, eine Metaphysik der Sitten dereinst zu liefern, lasse ich diese Grundlegung vorangehen. Zwar gibt es eigentlich keine andere Grundlage derselben, als die Kritik der reinen praktischen Vernunft, sowie zur Metaphysik die schon gelieferte Kritik der reinen spekulativen Vernunft". Da es aber Kant zu der für eine „Kritik der praktischen Vernunft" erforderlichen Vollständigkeit noch nicht bringen konnte, so hat er sich „statt der Benennung einer Kritik der reinen praktischen Vernunft, der von einer Grundlegung zur Metaphysik der Sitten bedient" (VIII, 8 f.). In der für unsere Frage maßgebenden endgiltigen Ausarbeitung finden wir aber ein Verhältnis beider, welches im wesentlichen mit der Friesischen Gliederung der philosophischen Aufgaben übereinstimmt.

wenn wir die ihr gegenüber völlig untergeordnete und doch mit ihr in der Darstellung der Friesischen Philosophie häufig verwechselte Aufgabe der Induktion genauer kennen lernen.

II. Die Induktion.

1. Die untergeordnete Stellung der Induktion im Friesischen System.

Es liegt nahe, in der Gesamtauffassung eines Systems, wie desjenigen von Fries, welches der inneren Erfahrung eine so große Bedeutung beimißt, der Induktion eine hervorragende Stelle anzuweisen.

In der Tat geschieht dies auch in den meisten Darstellungen der kritischen Philosophie. So macht z. B. H. Ulrici[1]) gegen Fries geltend, die Induktion gewähre nur dann Gewißheit, wenn der Schluß von den Tatsachen auf die allgemeinen Gesetze ein richtiger Schluß und außerdem die weiteren Folgerungen vom Gefühl innerer Notwendigkeit getragen seien, und O. Liebmann[2]) erklärt den Versuch für absurd, die Apriorität jener notwendigen Erkenntnisformen aus einer Betrachtung des erkennenden Subjektes durch Induktion nachzuweisen, da dieses Subjekt selbst samt seinem unzertrennlichen Korrelate, dem Objekte, ohne Voraussetzung von Raum, Zeit und Kategorien, nicht nur nicht empfinden, vorstellen, erkennen könnte, sondern überhaupt nichts wäre. Die philosophische Anthropologie gleiche hier jemandem, der durch Zusammenzählung aller Bäume das Dasein des Waldes nachweisen wolle, sie sehe im Anfang ihres Unternehmens den Wald vor Bäumen nicht. Auf dem Wege der empirischen Induktion könne man immer nur zu einer komparativen Allgemeinheit und einer relativen Notwendigkeit kommen. Empirische Induktion selbst aber sei, so wie ihr Objekt, nur ermöglicht durch die absolute Not-

---

1) H. Ulrici, Das Grundprinzip der Philosophie, I, 1845, S. 377.
2) O. Liebmann, Kant und die Epigonen 1865, S. 140—156.
Vgl. meine Schrift: Das Kant-Friesische Problem 1902, S. 23 f.

wendigkeit und Allgemeinheit, die Apriorität jener obersten Erkenntnisformen, Raum, Zeit und Kategorien.

Diese und ähnliche Einwände gegen die Friesische Philosophie sind gegenstandslos. Denn er schließt nicht von den Tatsachen auf die allgemeinen Gesetze, seine philosophische Anthropologie gleicht auch nicht etwa demjenigen, der durch Zusammenzählung aller Bäume das Dasein des Waldes nachweisen wollte, sein Verfahren ist vielmehr genau das umgekehrte. Sollten wir bei dem Bild bleiben, so müßten wir sagen: er geht von der Gesamtwahrnehmung des Waldes aus, um diese zu zergliedern. Sein Verfahren der Aufsuchung der philosophischen Prinzipien ist ja, wie sich uns gezeigt hat, das der Spekulation, welche dadurch die eigentliche Rechtfertigung derselben aus einer „Theorie der Vernunft", die Deduktion vorbereitet.

Die Bedeutung der Induktion tritt demgegenüber ganz in den Hintergrund. Es ist nach Fries geradezu der Grundfehler der Erfahrungsphilosophie seit Bacon, „daß sie meint, der Mensch lehre alle Naturgesetze durch die Induktion kennen, daß sie also fälschlich die Methode der Induktion für eine selbständige unabhängige, Methode hält, welches diese doch nie werden kann". Ein Versuch der Verständigung mit der Erfahrungsphilosophie muss daher vor allem darauf ausgehen, ihr das Vertrauen auf die Induktionen zu schwächen[1]). Zu diesem Zwecke muss die Grundlage dieser Induktionen einer näheren Prüfung unterzogen werden.

2. Die Abhängigkeit der Induktion von „leitenden Maximen".

Die Schule der Empiriker wollte die Auffindung allgemeiner Gesetze auf das Prinzip der Erwartung ähnlicher Fälle als Prinzip der Induktion und auf die Gesetze der Wahrscheinlichkeitsrechnung, also auf die Theorie der mathematischen Wahrscheinlichkeit gründen. Sie gelangen aber auf

---

1) Metaphysik 185 f.

diesem Wege nur zu untauglichen „empirischen Induktionen", welche durch Zusammenzählen ähnlicher Fälle allgemeine Regeln zu erraten suchen. Das hierbei maßgebende Gesetz der Erwartung ähnlicher Fälle ist, für sich allein betrachtet, nur ein Gesetz der reproduktiven Einbildung und nicht des denkenden Verstandes. Die zuverlässigen „rationellen Induktionen" ruhen alle „auf vorausgesetzten leitenden Maximen, welche selbst durch die philosophische und mathematische Erkenntnis a priori bestimmt werden". Gerade die richtige Lehre von der Schlußkraft der Induktionen führt also über die Erfahrungsphilosophie hinaus und zeigt, daß „alle Induktionen nur durch vorausgesetzte notwendige Wahrheiten der Mathematik und Metaphysik giltig werden"[1]). Ein Beispiel wird dies deutlicher machen. Man hat die Aufgabe zur Berechnung gestellt, wie wahrscheinlich es sei, daß die Sonne morgen wieder aufgehen werde? Aus der seit einigen Jahrtausenden vorhandenen Betrachtung der regelmässigen Reihenfolge dieser Erscheinung berechnet Buffon zur Antwort seine, Laplace eine andere Zahl. Fries sagt dagegen: das Rechnen hat hier gar keine Bedeutung, wir können nur antworten: wir haben gar keinen Grund zu vermuten, daß der regelmässige Verlauf jener Erscheinungen werde unterbrochen werden. Wir nehmen mit Bestimmtheit an, daß der Wechsel der Tageszeiten auf der Erde unverändert fortgehen muß, so lange die jetzigen planetarischen Verhältnisse der Erde ungeändert bleiben, und wir tun dies, weil wir die Gesetze dieser Verhältnisse kennen und eben in diesen die leitenden Maximen haben, welche unser Urteil bestimmen. Eine Änderung dieser Verhältnisse, die nur etwa durch ein Verlöschen des Sonnenlichtes oder durch eine Störung in der Bewegung der Erde von innen oder von aussen her eintreten könnte, vermögen wir nicht in Rechnung zu nehmen, da wir weder für das eine noch für das andere irgend Gründe kennen.

---

1) Metaphysik 185 ff. Logik 444 ff.

Mit Hilfe der Wahrscheinlichkeitsrechnung gelangen wir also in der Erforschung von Naturgesetzen stets nur dazu, daß wir aus der Nachweisung der Regelmäßigkeit in einer Reihe von Ereignissen immer sicherer bestimmen können, diese Ereignisse müssen von irgend einem gemeinschaftlichen Grunde abhängen. Das Gesetz dieses Grundes selbst aber vermag sie nicht zu bestimmen. Das ist nur der Induktion mit Hilfe ihrer leitenden Maximen möglich. Wenn sich z. B. für die Beobachtung die Keplerischen Gesetze als giltig für jeden Planeten, für jeden Trabanten der Planeten und jeden Kometen erweisen, so ist mit immer steigender mathematischer Wahrscheinlichkeit ein gemeinschaftlicher Erklärungsgrund dieser Bewegungen zu vermuten. Dieser selbst aber läßt sich nur durch die leitenden Maximen der Mathematik des Himmels bestimmen.

Während also die zergliedernden spekulativen Methoden volle Selbständigkeit besitzen, ist die Induktion niemals selbständig, sondern erhält ihre Beweiskraft nur von den durch Spekulationen aufzuklärenden Prinzipien, welche ihr als leitende Maximen zugrunde liegen müssen[1]. Innerhalb dieser Grenzen vermag sie allerdings regressive Beweise zu führen, indem sie die Erscheinungen unserer leitende Maximen zusammenordnet, während die Spekulation sich damit begnügen muß, allgemeine Regeln durch Zergliederung aufzuweisen[2].

3. Induktion und empirische Naturgesetze.

Aber hat dann die Induktion für die Philosophie überhaupt irgendwelche Bedeutung? Nach Fries selbst soll die Induktion nur „den Erfahrungswissenschaften dienen, um empirische Naturgesetze zu erforschen", während die kritische Methode allein uns wahrhaft über unsere philosophischen Erkenntnisse aufklären und durch ihre Deduktion deren Prinzipien rechtfertigen kann. Im Gebiete der reinen

---
[1] Metaphysik 187 ff. Grundriß der Metaphysik 30.
[2] Logik 562.

Philosophie herrscht die Spekulation als Kritik der Vernunft, im Gebiete der Erfahrung die Induktion, welche die Gebiete der Erfahrung unter ihre Gesetze bringt. Die Spekulation „führt zu philosophischen und mathematischen Erörterungen, Induktion ist nur Nachhilfe für die Unterordnung einzelner Wahrnehmungen unter allgemeine Gesetze". Die Kritik der Vernunft soll nur die Philosophie, die Induktion „die Erfahrungswissenschaften ausbilden"[1]).

Nun ist ja das Ziel der Induktion allerdings nicht die Feststellung eines Einzelfalls, sondern die Aufstellung allgemeiner Gesetze. Dadurch unterscheidet sich die Induktion von der Analogie. Fries befindet sich hier in Übereinstimmung mit Kant. Die Induktion schließt von vielen Dingen auf alle einer Art, die Analogie von vielen Bestimmungen und Eigenschaften, worin Dinge von einerlei Art zusammenstimmen, auf die übrigen, sofern sie zu demselben Prinzip gehören[2]). So schließe ich z. B. nach der Induktion: Axendrehung ist bei den meisten Planeten beobachtet worden, also werden sich wohl alle um ihre Axe drehen; dagegen nach der Analogie: weil dieser und jener Planet sich um die Axe drehen, werden es wohl auch Pallas und Juno tun. Fries tadelt daher, daß Kant mit der in der Anmerkung zu diesem Paragraphen gegebenen Regel der Induktion: „was vielen Dingen einer Gattung zukommt, das kommt auch den übrigen zu", diesen Unterschied wieder verwische. Die Analogie habe für sich gar keine Schlusskraft. Der Schluss von den bekannten Fällen auf die unbekannten sei überhaupt nur möglich mit Hilfe der durch Induktion präsumierten Regel. Sonst wäre ich ja nicht sicher, ob nicht die mir bekannten Arten einer Gattung gerade diejenigen Merkmale besitzen, welche den übrigen nicht zukommen.

---

1) Metaphysik 184, 182, 169, 159. N. Kr. I, 390.
2) Vgl. Kant, Logik § 84. S. W. III, 320 f. Fries, Logik 36 f., N. Kr. I, 396.

4. Das Verhältnis der Induktion zur philosophischen Anthropologie.

Lernen wir also mit Hilfe der Induktion die durch die Erfahrung auszumittelnden Naturgesetze kennen, um sie nach Analogien anzuwenden, so werden wir dabei in erster Linie an die empirischen Naturgesetze denken. Daß es sich aber nicht ausschließlich um diese allein handelt, geht schon daraus hervor, daß die Auffindung der Prinzipien als Aufgabe der Induktion neben diejenige der Spekulation gestellt wird. Prinzipien werden nach Fries „dem Verstande nie unmittelbar gegeben, sondern er muß sie und ihr Verhältnis zur Anwendung immer erst erfinden. Dieses gelingt der reflektierenden Urteilskraft für reine Vernunfterkenntnis durch Zergliederung, für die Erfahrung durch Induktion" [1]). Das wichtigste Gebiet der Induktion ist ja die innere Erfahrung, und so fällt ihr die Aufgabe zu, die „allgemeinen Gesetze des Geisteslebens, nach denen sich alle Anlagen desselben entwickeln", aus den besonderen Untersuchungen herauszuheben und so festzustellen [2]). Wir werden uns daher ihrer gerade da bedienen, wo wir „nicht bei dem nur Beschreibenden der Erfahrungsseelenlehre für diese und jene Klasse von Geistesvermögen und ihren vorkommenden Varietäten stehen bleiben, sondern wo wir diese reine Tatsache nur als Grund brauchen, von welchem eine vernünftige Induktion nach gut gewählten heuristischen Maximen ausgeht, um sich zu den allgemeinen Gesetzen unseres inneren Lebens und somit zu einer physikalischen Theorie dieses Lebens rein nach seinen geistigen Verhältnissen zu erheben" [3]).

Damit wird also der Induktion eine hervorragende Rolle für die ganze anthropologische Vernunftkritik — denn um diese handelt es sich in der zitierten Stelle — zugeschrieben. Man hat versucht, diese ganze Stelle auf die Deduktion zu beziehen, die allerdings einer „durchaus erfah-

---

1) Metaphysik 159. 2) N. Kr. I, 49. 3) N. Kr. I, 41.

rungsmäßigen Erkenntnisweise angehöre", nämlich der „ganz subjektiven Untersuchung des Ursprungs gewisser Grundurteile in der Vernunft" [1]). Dabei ist übersehen, daß das Deduktionsverfahren bei Fries keineswegs auf derselben Linie steht, wie die „erfahrungsmäßige Erkenntnisweise" überhaupt. Die Ableitung aus einer Theorie der Vernunft, die Entwicklung aus anthropologischen Prinzipien erhebt sich über die bloße Erfahrungsseelenlehre als „Theorie des inneren Lebens". Eben mit ihr fällt der „philosophischen Anthropologie" eine Aufgabe zu, welche ihre einfache Identifizierung mit der empirischen Psychologie verbietet [2]). Fries stellt daher auch die Induktion in direkten Gegensatz zur Deduktion, wenn er sagt: „Wir haben oben gezeigt, wie diese kritische Methode allein uns wahrhaft über unsere philosophischen Erkenntnisse aufklären und durch ihre Deduktion deren Prinzipien rechtfertigen könne; wie dagegen die Induktion nur den Erfahrungswissenschaften diene, um empirische Naturgesetze zu erforschen" [3]). Allerdings muß

---

1) L. Nelson a. a. O., Abhandlungen der Fries'schen Schule. Neue Folge, II. H., S. 274 ff. Die damit verbundene Kritik der Darstellung meiner Schrift: „Das Kant-Friesische Problem" unterschiebt mir, wie dies in den „Abhandlungen" mehrfach der Fall ist, eine Ansicht, die ich nicht vertrat, und die ein leidlich aufmerksamer Leser auch nicht darin finden kann, um dieselbe dann lebhaft zu bekämpfen. Ich habe die Stelle in der N. Kr. I, 41, welche der Induktion eine so umfassende Bedeutung für die „philosophische Anthropologie" zuweist, nicht auf die „Deduktion" bezogen, sondern eben auf die philosophische Anthropologie. Diese Unterschiebung war überhaupt nur dadurch möglich, daß von meinem Satze: „Die Untersuchung der philosophischen Anthropologie soll nach Fries auf den Standpunkt der empirischen Psychologie oder der inneren Selbstbetrachtung beginnen, ... erheben" die hier gesperrten Worte weggelassen und durch die Beziehung auf die Deduktion ersetzt wurden. Die letztere Beziehung ist also ausschließlich Eigentum Nelsons. Inwieweit sie tatsächlich richtig ist, wird sich aus den obigen Ausführungen ergeben, in welchen der Versuch gemacht ist, über die für die richtige Auffassung der Friesischen Philosophie so wichtige Lehre von der Induktion eine vollständige Übersicht zu gewinnen.

2) Siehe oben Kap. I.   3) Metaph 184.

die Deduktion durch Induktionen aus der inneren Erfahrung durch „eine Theorie für die Form der vernünftigen Erkenntnis" vorbereitet werden[1]), aber sie selbst hat eine höhere Aufgabe zu erfüllen, welche durch Induktion nicht lösbar ist.

Deutlicher wird uns die Rolle, welche nach Fries die Induktion in der Philosophie zu spielen hat, wenn wir ihr Verhältnis zur Spekulation in Betracht ziehen. Unverkennbar tritt bei Fries die Ansicht hervor, daß die **Spekulation in ihrer Aufgabe einer Aufsuchung der Prinzipien durch die Induktion unterstützt wird**, und es wird von diesem Gesichtspunkte aus die Induktion der Spekulation koordiniert. Die Aufgabe der reflektierenden Urteilskraft, „die Regel über den Fall hinzuzusuchen", wird nach Fries auf zweierlei Weise erfüllt: „durch Spekulation, wenn die in unserer Erkenntnis schon vorausgesetzte Regel nur für die Reflexion herausgehoben werden durfte, oder durch Induktion, wenn wir die Regel aus gegebenen Fällen erst zu erraten suchen"; und beiden, der Spekulation wie der Induktion ist gemeinsam die Voraussetzung von Gesetz und Regel überhaupt, sie unterscheiden sich nur „nach einem eigenen Verhältnis zu dieser Regel"[2]). Ja, die Induktion tritt geradezu da ein, wo die Spekulation nicht ausreicht. „Wir bedienen uns wissenschaftlich der Induktion da, wo die Spekulation nicht mehr imstande ist, uns die philosophischen und mathematischen Gesetze bis zur Unterordnung der einzelnen Erfahrungen genau anzugeben, um zu versuchen, ob

---

1) N. Kr. II, 15. Freilich spricht dies Fries gelegentlich in einer Form aus, welche mit jener Gegenüberstellung der Deduktion und der Induktion nur schwer zu vereinigen ist, wenn es z. B. N. Kr. II, 74 heißt: „Im Streite gegen diese beiden [einseitigen Empirismus und einseitigen Rationalismus] sind wir dann auch eigentlich genötigt worden, die höchsten Prinzipien unserer Theorie der transzendentalen Apperzeption durch Induktion aus innerer Erfahrung abzuleiten". Immerhin ist diese Ableitung selbst noch nicht die eigentliche Deduktion und die Wahl der Induktion als polemisch bedingt bezeichnet.

2) N. Kr. II, 294 f. vgl. auch N. Kr. II, 311 „Alle Theorie bildete sich entweder durch Spekulation oder durch Induktion".

wir nicht umgekehrt aus den untergeordneten Fällen die übergeordnete Regel erraten können". Und Fries bestätigt die hieraus sich ergebende Beziehung der Induktion auf die philosophischen und mathematischen Gesetze selbst, indem er den „wahren Berechtigungsgrund" für dieses Verfahren darin findet, „daß wir im allgemeinen schon wissen: alle historische Erkenntnis steht unter empirischen Gesetzen und Regeln, die wir nur nicht immer für einzelne Fälle bestimmt genug auszusprechen imstande sind" [1]).

Wie läßt sich diese von Fries der Induktion zugewiesene Aufgabe mit den Bemerkungen vereinigen, nach welchen dasselbe Verfahren nur den Erfahrungswissenschaften dienen soll, um empirische Naturgesetze zu erforschen? Die Antwort auf diese Frage hängt teilweise von der Stellung ab, welche den „leitenden Maximen" in der Induktion zukommt.

5. Die leitenden Maximen.

Die Induktion schließt von der Zusammenstimmung mehrerer Fälle auf die Einheit einer zugrunde liegenden Regel. Die Schlußkraft derselben liegt aber nicht eigentlich in der Anhäufung der einzelnen Fälle, sondern in den **leitenden Maximen**, welche uns schon im voraus vermuten lassen, wo und wie wir eine Zusammenstimmung der Tatsachen unter Gesetzen zu erwarten haben. Diese Maximen sind verschiedener Art je nach dem Grade ihrer Allgemeinheit. Die allgemeinsten leitenden Maximen für die Ausbildung der Wissenschaften überhaupt sind die **Maxime der Einheit**, welche besagt, daß alle menschliche Erkenntnis unter Gesetz und Regel steht, die **Maxime der Mannigfaltigkeit**, nach welcher Gesetz und Regel immer erst anschauliche Erkenntnis der einzelnen Tatsachen fordern, und die beide verbindende **Maxime der Wissenschaft**, nach welcher das Allgemeine nie aus dem Besonderen entspringt,

---

[1] N. Kr. I, 401.

vielmehr das Besondere stets den allgemeinen Bestimmungen unterliegt. Diese Maximen, welche in ihrer Verbindung die allgemeinen Regeln der Methode für Spekulation und Induktion geben, sind aber selbst keine Gesetze, die als Prinzipien eines Systems der Unterordnung angesehen werden dürften, sie sind uns nur behilflich in der Gewinnung allgemeiner Gesichtspunkte für die Gesetze in einer Wissenschaft oder auch für die Auffindung neuer Gebiete der Anwendung für schon bekannte Gesetze[1]).

Eine zweite Gruppe von Maximen[2]), und zwar die gehaltvollsten unter allen, sind die aus den apodiktischen Erkenntnissen, sowohl den mathematischen, als den metaphysischen entlehnten[3]). Unter den philosophischen und mathematischen Prinzipien steht jede theoretische Untersuchung. Sie müssen daher durch ein richtiges spekulatives Verfahren schon ermittelt sein, ehe die Induktion beginnen kann[4]). Die metaphysischen Erkenntnisse spielen im Gange unseres Denkens überhaupt keine andere Rolle als diejenige leitender Maximen, da sie keine dogmatische Entwicklung in konstitutiven Systemen zulassen. Kriterien dieser Art sind z. B. der metaphysische Grundsatz der Beharrlichkeit, daß allem Wechsel in den Erscheinungen unveränderliche Wesen zugrunde liegen, und derjenige der „Bewirkung", daß alle Veränderungen nach notwendigen Gesetzen von Ursachen abhängen. Nehmen wir in der Natur bestimmte Veränderungen wahr, so setzen wir metaphysisch voraus, daß es Eigenschaften unveränderlicher Wesen und daß sie durch notwendige Ursachen bestimmt seien. Welches diese Wesen und Ursachen für den bestimmten Fall der Erfahrung aber seien, das bestimmt nicht das metaphysische Gesetz selbst,

---

1) Metaphysik 120, 164 ff.
2) Eine Einteilung derselben gibt Fries selbst nicht; sie läßt sich nur aus zerstreuten Bemerkungen zusammenstellen, ermöglicht aber so erst einen Überblick über die Bedeutung derselben für die Induktion und damit über das wenig durchsichtige Verhältnis der Induktion zur Spekulation.
3) Metaphysik 120.   4) Logik 563.

sondern erst mit Hilfe derselben als leitender Maxime „die induktorische Ausbildung der Erfahrungen" [1]).

Eben diese Ausbildung der Erfahrungen erfordert aber noch eine dritte Gruppe von Maximen. Neben den allgemeinen leitenden Maximen der Mathematik und Philosophie haben wir auch die Erfahrung selbst noch von dem höchsten erreichbaren Gesichtspunkt aus zu übersehen, um daraus „bestimmtere leitende Maximen" zu bilden. So sind es z. B. die „leitenden Maximen der Mechanik des Himmels", welche den gemeinschaftlichen Erklärungsgrund der Planetenbewegungen bestimmen. So gibt uns die philosophische Sprachlehre Maximen für geschichtliche Sprachforschung, und eben solche Maximen leiten alle experimentale Naturbeobachtung überhaupt [2]). Die Maximen solcher Induktionen müssen daher für jedes Gebiet der Erfahrung besonders erforscht werden [3]).

6. Resultate.

Nun vermögen wir die Friesische Lehre von der Induktion und ihrem Verhältnis zur Philosophie völlig zu überblicken. Das Resultat ist kein durchaus einheitliches. Die Hauptaufgabe der Induktion ist die Erforschung empirischer Naturgesetze. Sie dient — allerdings nicht als unabhängige Methode, sondern unter der Leitung der auf spekulativem Wege gewonnenen leitenden Maximen — der Naturgeschichte, der Chemie, der Experimentalphysik und Anthropologie, kurz, allen Wissenschaften, die in weitester Bedeutung zur Naturlehre als Erfahrungswissenschaft gehören [4]). Andererseits dient dieselbe Induktion als Ergänzung der Spekulation,

---

1) Metaphysik 121.   2) N. Kr. II, 295 f.
3) Logik 564, N. Kr. II, 315. Metaphysik 186 f. Die Forderung, daß die Maximen der „rationellen Induktionen" (der in der Wissenschaft allein zulässigen) erst für jedes Gebiet der Erfahrung besonders erforscht sein müssen, ist Metaph. 186 ungenauerweise von Fries ganz allgemein ausgesprochen, während es doch auch allgemeine leitende Maximen für das Gesamtgebiet der Erfahrung gibt.
4) Metaphysik 176.

indem wir da, wo das Mannigfaltige der Erscheinungen zu weit von den höchsten philosophisch-mathematischen Gesetzen entfernt steht, um vermittelst dieser konstruiert werden zu können, aus den einzelnen Tatsachen das Gesetz zu erraten suchen. Wir gelangen durch sie nicht bloß zu konstitutiven Gesetzen, sondern wir können uns dabei auch der leitenden Maximen, die, wie sich Fries gerne ausdrückt, „insgeheim" zugrunde liegen, bewußt werden¹), und zwar der „bestimmteren", für die einzelnen Erfahrungswissenschaften geltenden Maximen, die wir als dritte Gruppe kennen gelernt haben, und für welche die Spekulation nicht ausreicht. Da aber die letzteren nichts anderes sind als angewandte Philosophie und Mathematik, so haben wir, indem wir diese „erraten", uns philosophische und mathematische Gesetze zum Bewußtsein gebracht. Nun verstehen wir, wie Fries in der Induktion eine Ergänzung der Spekulation sehen kann. Daß aber die Stellung der Induktion in der Philosophie bei Fries nicht zu völliger Klarheit durchgebildet ist, zeigt die einfache Gegenüberstellung zweier Stellen, wie derjenigen, welche der Spekulation und Deduktion die Induktion als Dienerin der Erfahrungswissenschaften und Mittel zur Erforschung empirischer Naturgesetze entgegenstellt, und der anderen, wonach Spekulation und Induktion als Methoden der „reflektierenden Urteilskraft" sich überhaupt nur nach ihrem Sonderverhältnis zu Gesetz und Regel im allgemeinen, der gemeinsamen Voraussetzung beider unterscheiden²).

Die Grundposition der Friesischen Reflexionstheorie wird jedoch dadurch nicht berührt, die wir in dem Satze finden können, daß die **Spekulation als kritische Methode allein und wahrhaft über unsere philosophischen Erkenntnisse aufklären kann.** Die In-

---

1) Vgl. N. Kr. II, 296.
2) Metaph. 184, N. Kr. II, 295. Hierher gehört auch die Stelle N. Kr. II, 74, wo im Widerspruch mit der Höherstellung der kritischen Methode die Möglichkeit angedeutet wird, die Induktion als „oberste Instanz" auch in „spekulativen Dingen" anzusehen.

duktion bleibt stets von ihr und von der Deduktion abhängig, da sie die Giltigkeit der ihr unentbehrlichen, leitenden Maximen, die Giltigkeit der allgemeinen und notwendigen Wahrheiten, niemals von sich aus begründen kann.

Fries steht in dieser methodologischen Frage dem Empirismus gegenüber gänzlich auf der Seite Kants. Der englischen und französischen Erfahrungsphilosophie fehlt nach Fries das „helle Licht einfacher und fester Prinzipien", die nicht selbst der Erfahrung zu entnehmen, sondern auf kritischem Wege zu gewinnen sind[1]).

---

1) Vgl. Metaph. 190.

Kapitel VI.

Die unmittelbare Erkenntnis der Vernunft.

Die Reflexion, welche uns bisher beschäftigt hat, ist nur ein „Wiederbewußtsein"; durch sie beobachten wir nur die in unserem Bewußtsein vorhandenen Erkenntnisse. Woher aber stammen diese Erkenntnisse selbst? Den ersten Inhalt der Erkenntnis von der äußeren und inneren Welt liefert die Sinnesanschauung. Der hierin gegebene Stoff wird durch die mathematische Anschauung in Raum und Zeit verbunden und durch das Denken zu empirischer und mathematischer Wissenschaft erhoben. Was aber der logische Gedankenlauf hier leistet, ist nur die Zusammenordnung von Teilen, der Inhalt liegt teils in der sinnlichen Anschauung der Erfahrung, teils in der reinen Anschauung. Aber es gibt neben der empirischen und mathematischen auch eine philosophische Wissenschaft, deren eigentümlicher Inhalt in den philosophischen Prinzipien besteht und in solchen ursprünglichen Erkenntnissen unserer Vernunft liegen muß, deren wir uns nicht unmittelbar in der Anschauung, sondern nur mittelbar im Denken bewußt werden. Eine genaue Beobachtung des eigentümlichen Inhaltes des logischen Gedankenlaufes muß uns also auf diese ursprüngliche unmittelbare Erkenntnis der Vernunft führen, die den nächsten Gegenstand unserer Untersuchung zu bilden hat.

Diese unmittelbare Vernunfterkenntnis ist, als Wissenschaft dargestellt, die Metaphysik. Aus dem Bisherigen ergibt sich, daß es sich dabei um Erkenntnisse handelt, welche uns nur durch Denken bewußt werden, und, da wirklich neuer Inhalt durch das Denken gewonnen werden soll, um synthetische Urteile, so daß hier „Metaphysik" völlig im Kantischen Sinne gebraucht wird: „Metaphysik ist die Wissenschaft in synthetischen Urteilen a priori aus bloßen Begriffen."

Die hieraus resultierende Aufgabe ließe sich zunächst in 3 Fragen teilen: „1. welche Behauptungen finden in unseren Urteilen statt, ohne daß die Behauptung auf Anschauung gegründet würde? 2. welche Prinzipien setzen wir bei diesen Beurteilungsweisen voraus? 3. wie entspringen diese Prinzipien in unserem Geiste?" Die Beantwortung der beiden ersten Fragen fällt der Grundlegung und dem System der Metaphysik zu. Nur die letzte gehört im eigentlichen Sinne der erkenntnistheoretischen Untersuchung, der Kritik der Vernunft an.

Es ist charakteristisch für die ganze Friesische Philosophie, daß in der Antwort auf die Frage: „**Wie entspringen diese Prinzipien in unserem Geiste?**" zugleich **die Antwort auf die Frage nach ihrer Giltigkeit liegt**. Wir können diese Prinzipien nicht erst machen, sondern nur als vorhandene aufweisen, wir können auch ihre Giltigkeit nicht erst durch unsere wissenschaftlichen Hilfsmittel herbeiführen, sondern nur die schon vorhandene Überzeugung von ihrer Giltigkeit in wissenschaftliche Formen fassen, und dadurch allerdings aus ihr selbst heraus berichtigen. Eine wissenschaftliche Theorie der Vernunft und eine Deduktion der metaphysischen Prinzipien, welche jene Aufgabe zu lösen sucht, setzt also voraus, daß die in diesen Prinzipien zum Ausdruck kommende unmittelbare Erkenntnis der Vernunft sich als etwas unmittelbar Gewisses schon im gemeinen Menschenverstande ankündigt. Das psychologische Medium, durch welches dies geschieht, ist das **Wahrheitsgefühl**.

A. Die Auffassung der unmittelbaren Erkenntnis im Gefühl.

I. Das „Wahrheitsgefühl" als Tatsache.

Wir verwenden die Begriffe des Verstandes, indem wir schließen. Im Schlusse aber wird stets eine Behauptung aus gegebenen Voraussetzungen abgeleitet. Es muß daher zuletzt erste Voraussetzungen geben, die selbst nicht wieder ableitbar sind. Woher erhalten wir diese? Nicht indem wir sie begreifen, sondern indem wir unmittelbar ihre Wahrheit fühlen. Das Verständliche als Begreifliches führt zuletzt auf ein Unbegreifliches, dessen Wahrheit der Mensch nur fühlt. Es ist daher ein völlig unerfüllbares Verlangen, alles „begreifen" zu wollen. Wissenschaftliche Erkenntnis kann vielmehr überhaupt nur vermittelst ihrer durchs „Gefühl der reinen Vernunft" gegebenen ersten Voraussetzungen bestehen, und die Schlüsse in ihr wiederholen eigentlich nur die in den Voraussetzungen enthaltene im Gefühl gegebene Gewißheit[1].

Daß Gefühle bei unseren Beurteilungen der Wahrheit mitwirken, bestätigt ja auch die tägliche Erfahrung. Man sagt z. B.: ich fühle wohl, daß du recht haben magst, aber ich sehe es noch nicht klar ein. Oder man antwortet einem, der für ein Geschäft guten Rat sucht: nähere Regeln lassen sich da nicht vorschreiben, dein Gefühl wird dir schon sagen, was du zu tun hast. Ebenso setzen wir ein allgemeines Wahrheitsgefühl, ein moralisches Gefühl, Gewissen genannt, voraus, welches über den sittlichen Wert der Handlungen entscheidet, und ein Gefühl der Lust und Unlust, welches dem Geschmack angehört und als ästhetisches Gefühl dazu dient, das Schöne und Erhabene zu beurteilen[2]. In allen diesen Fällen tritt dem Erschließen einer Wahrheit die unmittelbare Behauptung derselben im Urteil durch Gefühl gegenüber.

---

1) Ps. Anthrop. I, 178; II, Vorr. XV; Metaph. 80.
2) Logik 352, N. Kr. I, 406.

II. Die Arten des Wahrheitsgefühls.

Genauer lassen sich drei Arten des Wahrheitsgefühls unterscheiden.

Die erste Art derselben beruht nur auf dem Grade, wie weit ich mir eben jetzt der Gründe eines Urteils bewußt bin. Jedes Urteil nur nach bestimmten Begriffen und abgemessenen Schlüssen aussprechen zu wollen, ist der Fehler der Pedanterie. Gesunde, lebendige Urteilskraft muß sich im Leben oft dem Gefühl anvertrauen. Insbesondere ist dies der Fall in allen verwickelten Verhältnissen, in welchen schnelle Entscheidung gefordert wird. Hierher gehört teils der praktische Takt des Geschäftsmanns, des Advokaten, der in der verwickeltsten Prozeßsache nach einer kurzen Übersicht eine Entscheidung trifft, des Arztes, der nach wenigen Fragen den Zustand eines Kranken genau zu beurteilen weiß; teils das sittliche Gefühl, wobei das Gewissen unmittelbar ohne Vergegenwärtigung aller Prämissen des Urteils den Wert einer Handlung abmißt. In allen diesen Fällen wirken die Bestimmungsgründe des Urteils, wenn auch nur in dunkler Vorstellung, mit, und wir geben auch zu, daß, wenn wir uns nachträglich ausführlich überlegen wollen, was unser Urteil bestimmt hat, das Gefühl sich in bestimmte Begriffe und Schlüsse müsse auflösen lassen. Wo es daher auf wissenschaftliche Untersuchung ankommt, gilt die Berufung auf diese Gefühle gar nichts, sie gelten nur etwas, sofern sie sich ganz in logisch deutliche Schlußreihen auflösen lassen. Wo diese Kontrolle fehlt, wird das Gefühl der Schutz aller Vorurteile. Hingegen lassen die beiden anderen Arten der Gefühle keine solche Auflösung in Raisonnement zu.

Bei der zweiten Art handelt es sich um die unmittelbare Tätigkeit der subsumierenden Urteilskraft. Ich kann zwar zu einer gegebenen Regel stets wieder eine neue hinzufügen, welche mich lehrt, wie die erste anzuwenden sei. Soll ich aber überhaupt zu wirklichem Denken kommen, so muß ich doch einmal eine Regel unmittelbar selbst anwenden, einem Begriff unmittelbar etwas unterordnen. Dies geschieht aber nicht wiederum durch vermittelnde Begriffe des Verstandes, sondern durch die unmittelbare Tätigkeit der Urteilskraft im Gefühl.

Die dritte Art der Gefühle zeigt sich als Tätigkeit der reflektierenden Urteilskraft bei jedem Urteil, das wir unmittelbar der Anschauung entnehmen, und bei jedem philosophischen Grundurteil, welches der ursprünglichen Selbsttätigkeit der Vernunft entspringt, z. B. bei dem Ich bin des Selbstbewußtseins, besonders aber auch da, wo die Urteilskraft ihren eigenen für den Verstand nicht erreichbaren Prinzipien folgt, in den Urteilen über Schönheit.

Diese letzte Klasse von Gefühlen ist es also, welche der Auffassung der unmittelbaren Erkenntnis dient. Auch diese sind, wie die der zweiten Art, im Gegensatz zu der ersten, welche sich in Schlußreihen entwickeln läßt, unauflöslich[1]).

Bei der großen Bedeutung, welche Fries der letztgenannten Art des Wahrheitsgefühls für die philosophische Erkenntnis überhaupt zuschreibt, und bei der zentralen Stellung, welche ihm in seinem System zukommt, ist eine genaue Abgrenzung derselben anderen verwandten Begriffen gegenüber erforderlich.

III. Das „Wahrheitsgefühl" in seinem Verhältnis zum „Glauben".

Ist das „Wahrheitsgefühl", von welchem Fries redet, nicht einfach dem „Glauben" gleichzusetzen? Zur gegenseitigen Abgrenzung beider Begriffe ist es nötig, auf den Friesischen Glaubensbegriff etwas näher einzugehen.

1. Glaube in logischer und in metaphysischer Bedeutung.

Zunächst sind drei Arten des logischen Fürwahrhaltens zu unterscheiden: Wissen, Glaube und Meinung. Wissen

---

1) Logik 353 ff. N. Kr. I, 407 ff.

bedeutet Fürwahrhalten mit vollständiger Gewißheit. Meinung dagegen heißt nur Fürwahrhalten mit Wahrscheinlichkeit, die Annahme eines vorläufigen Urteils. Wir würden aber gar keine Veranlassung haben, ein solches nur wahrscheinliches Urteil auszusprechen, wenn wir nicht ein Interesse an dieser Annahme hätten. Eben dadurch entsteht aber der Glaube in der gewöhnlichsten Bedeutung des Wortes. **Glaube nach logischer Bedeutung des Wortes** ist die Annahme einer Meinung, nur weil mich ein Interesse treibt, in Rücksicht ihrer mein Urteil zu bestimmen.

Nun kommen aber dieselben Worte, Wissen und Glauben, auch in den hiervon ganz zu unterscheidenden Überzeugungsweisen der Vernunft in anderer Bedeutung vor. Während es sich in der erstgenannten bloß logischen Bedeutung der Worte nur um Verhältnisse zur Reflexion handelt, betreffen hier Wissen, Glaube und Ahndung die transzendentale Bestimmung der unmittelbaren Erkenntnis selbst. Wissen heißt hier nicht die vollständige Gewißheit, sondern alle Überzeugung aus der Anschauung, Glaube die Überzeugung ohne Beihilfe der Anschauung, und die dritte hier in Betracht kommende Art, die „Ahndung", heißt die Überzeugung nur aus Gefühlen ohne „bestimmten Begriff". Glaube als reiner Vernunftglaube ist daher nach Fries die Überzeugung, welche dem Menschen nur im reinen Denken durch Ideen klar wird. In diesem Sinne „glauben" wir „an die ewige Wahrheit und ein ewiges Wesen der Dinge an sich, welches unabhängig von Raum, Zeit und Zahl, unabhängig von Natur und Schicksal stattfindet"[1]).

Beides, die logische und die metaphysische Bestimmung dieser Wortbedeutungen, darf nicht verwechselt werden. Fries meint diese Verwechslung in Kants Glaubensbegriff zu finden.

---

1) Logik 423. N. Kr. I. 397 ff. Metaph. 465 ff. Prakt. Philosophie II, 27 ff.

2. Kants Glaubensbegriff.

Kants ältere Bestimmungen des Glaubens bezogen sich auf den historischen Glauben, der nur eine Art des Glaubens im logischen Sinne ist. Stets handelt es sich dabei um ein Fürwahrhalten auf das Zeugnis eines anderen hin. In Erfahrungssachen, in Geschichte und Beschreibung sind wir meistens darauf angewiesen. Auch Vernunfterkenntnisse, philosophische und mathematische lassen sich so übertragen. Der gemeine Mann glaubt die Religionslehre seinem Katechismus. Selbst Gelehrte müssen viele mathematische, Wahrheiten z. B. beim Gebrauch trigonometrischer Tafeln, auf Zeugnis annehmen. Aber dieser „historische Glaube" beruht stets auf einem Wahrscheinlichkeitsschluß, welcher bestimmt, ob der Zeuge die Wahrheit gesagt habe, oder nicht. Dieser „Glaube" kann daher nicht die Überzeugung mit sich führen, welche dem Glauben an die ewige Wahrheit in der Regel zugeschrieben wird, darf also nicht mit dem metaphysischen Glauben vermengt werden.

In der Kritik der reinen Vernunft[1]) hat dann Kant den Glauben genau definiert als ein Fürwahrhalten aus objektiv unzureichenden, subjektiv aber zureichenden Gründen. Aber Fries wendet ein, es käme nun darauf an, noch weiter zu erklären, was dies „subjektiv zureichend" bedeute, diese nähere Bestimmung fehle bei Kant, und wenn wir sie suchen, so finde sich, daß er die logische und metaphysische Bedeutung des Glaubens miteinander vermengt habe[2]). Bei genauer Lektüre der Kantischen Ausführungen wird man diese Kritik kaum berechtigt finden. Die von Fries vermißte Erörterung dessen, was unter dem „subjektiv zureichend" zu verstehen sei, wird von Kant tatsächlich gegeben. Das theoretisch unzureichende Fürwahrhalten kann nach Kant eigentlich bloß in praktischer Beziehung Glaube genannt werden, und zwar ist diese praktische Absicht entweder die der Geschicklich-

---

1) Im dritten Abschnitt des „Kanons der reinen Vernunft" Kr. d. r. V. 622 f.   2) **Logik** 424 f., 525 f. N. Kr. I, 399 f.

keit oder der Sittlichkeit. Im ersteren Falle ist die Voraussetzung und das Fürwahrhalten gewisser Bedingungen z. B. der Glaube des Arztes, die von ihm nicht sicher festzustellende Krankheit sei Schwindsucht, ein **zufälliger** Glaube, oder da er dem wirklichen Gebrauche der Mittel zu gewissen Handlungen zugrunde liegt, ein **pragmatischer** Glaube. Ein „Analogon" dieses praktischen ist derjenige Glaube, der sich auf ein Objekt bezieht, hinsichtlich dessen wir zwar nichts unternehmen, aber doch eine Unternehmung uns wenigstens denken können. Kant nennt dies den „doktrinalen Glauben" und rechnet hierzu z. B. den Glauben, daß es auch Bewohner anderer Welten gebe, aber auch die Lehre vom Dasein Gottes, da die zweckmässige Einheit der Natur als vollendet gedacht, mich nötigt, einen weisen Welturheber vorauszusetzen.

Diesem pragmatischen und diesem doktrinalen Glauben, der nach Kant etwas Wankendes an sich hat, da Schwierigkeiten der Spekulation ihn häufig zurückdrängen, ohne ihn jedoch beseitigen zu können, steht gegenüber der **moralische Glaube**, der ein **notwendiger** ist, da er auf schlechthin notwendige Zwecke, nämlich das Handeln nach dem Sittengesetz, sich bezieht und daher auch die einzige Bedingung, unter welcher dieser Zweck mit allen übrigen Zwecken zusammenhängt und dadurch praktische Giltigkeit erhält, nämlich daß es einen Gott und eine künftige Welt gibt, als notwendigen Glauben miteinschließt.

Fries meint nun aber, selbst der Kantische sogenannte moralische Glaube beruhe nur auf einer Mißdeutung des reinen Vernunftglaubens oder der Überzeugung ohne Anschauung infolge einer Vermengung mit dem logischen Begriff des Glaubens[1]), und er sucht dies in seinem „Handbuch der praktischen Philosophie" näher zu zeigen. Wer von der Notwendigkeit der sittlichen Gebote überzeugt sei und Unsterblichkeit und Gottheit als die Bedingungen ihrer Giltigkeit anerkenne, müsse allerdings auch von der Wahrheit der letzteren überzeugt sein, aber man könne das doch nicht als

---

1) N. Kr. I, 399 f.

das letzte Wort in dieser Untersuchung anerkennen. „In der Erklärung", fährt Fries fort, „daß Glaube ein nur subjektiv begründetes Fürwahrhalten sei, hat sich Kant doch wohl von dem logischen Begriff der Annahme einer wahrscheinlichen Meinung, welche nur subjektiv bestimmt werden kann, leiten lassen; und allerdings wird auch so, wenn wir irgend etwas als Bedingung der Möglichkeit der notwendig anerkannten sittlichen Gesetze zu bestimmen vermögen, ein, wenn schon subjektives, doch notwendiges Fürwahrhalten aus einem Bedürfnis der reinen praktischen Vernunft bestimmt sein. Allein wie könnten wir denn etwas als Bedingung der Möglichkeit der Sittengesetze bestimmen, wenn uns nur wissenschaftliche und keine ewige Wahrheit zu Gebote steht? Die religiöse Überzeugung, der wahre Glaube kann durch keinen Beweis, auch nicht durch Kants moralischen Beweis im eigentlichen Sinne begründet werden. Jeder anscheinende Beweis enthält hier ein verdecktes ὕστερον πρότερον, denn „das Vertrauen auf Gott, die Grundüberzeugung von dem heiligen Urgrund aller Dinge ist die erste Glaubenswahrheit, von der irgend eine andere nur abgeleitet werden kann"[1]).

Nun hat aber Kant keinen Zweifel darüber gelassen, daß es sich bei seinem moralischen Glauben nicht um Wissen, nicht um logische Gewißheit, sondern um moralische Gewißheit handelt. Da diese Gewißheit „auf subjektiven Gründen (der moralischen Gesinnung) beruht, so muß ich nicht einmal sagen: es ist moralisch gewiß, daß ein Gott sei etc., sondern ich bin moralisch gewiß etc. ... das heißt: der Glaube an einen Gott und eine andere Welt ist mit meiner moralischen Gesinnung so verwebt, daß, so wenig ich Gefahr laufe, die zweite einzubüßen, ebensowenig besorge ich, daß mir der erstere jemals entrissen werden könne"[2]). Die einzige Voraussetzung, auf welche dieser Vernunftglaube sich gründet, ist die moralische Gesinnung. Sehen wir da-

---
1) Prakt. Philos. II, 35 f.
2) Kr. d. r. V. 626, vgl. auch Kritik der prakt. Vernunft 151, 174, 162.

von ab und denken uns „einen, der in Ansehung sittlicher Gesetze gänzlich gleichgiltig wäre, so wird die Frage, welche die Vernunft aufwirft, bloß eine Aufgabe für die Spekulation und kann alsdann zwar noch mit starken Gründen aus der Analogie, aber nicht mit solchen, denen sich die hartnäckigste Zweifelsucht ergeben müßte, unterstützt werden"[1]).

Damit tritt der Unterschied, welchen Kant zwischen dem theoretischen Fürwahrhalten und dem Vernunftglauben macht, in voller Schärfe hervor. Der Kern der Friesischen Kritik ist aber eigentlich gegen die Beziehung gerichtet, welche bei Kant zwischen der moralischen Gesinnung und dem Inhalt des moralischen Glaubens, zwischen der praktischen Vernunft und den „übersinnlichen Gegenständen" besteht. Er sieht darin einen, wenn auch nicht theoretischen, so doch moralischen Beweis, der die Giltigkeit einer ewigen Wahrheit eigentlich schon voraussetze. Darin läge der Vorwurf eines Zirkels in der Beweisführung, eine methodologische Frage, die uns, im Zusammenhang mit der allgemeinen Voraussetzung des Erkennens überhaupt, später zu beschäftigen haben wird.

Im bisherigen haben wir zunächst die Grundlage gewonnen, um das Wahrheitsgefühl dem Glauben gegenüber abzugrenzen. Das, was Fries Glauben in logischer Bedeutung nennt, ist schon dadurch, daß es nur zu Wahrscheinlichkeiten führt, von dem Wahrheitsgefühl völlig verschieden. Kants reiner praktischer Vernunftglaube stimmt wenigstens hinsichtlich der unmittelbaren, nicht erst durch Reflexion vermittelten Überzeugung von der Giltigkeit des Sittengesetzes mit dem Friesischen Wahrheitsgefühl überein, bezieht sich aber auf ein engeres Gebiet als dieses auf die philosophischen Grundwahrheiten überhaupt bezügliche „Bewußtsein einer notwendigen rein vernünftigen Erkenntnis".

3. Fries und Jakobi.

Diese zu enge Bedeutung des Glaubensbegriffes ist auch der erste der Gründe, welche Fries veranlassen, trotz so

---
1) Kr. d. r. V. 627.

mancher Berührungspunkte dem Glaubensbegriff Jakobis sein „Wahrheitsgefühl" gegenüberzustellen. Wenn Jakobi die Überzeugung mit unmittelbarer Gewißheit Glaube oder auch Offenbarung nannte, so wählte er mit Offenbarung einen zu künstlichen, mit Glauben einen dem deutschen Sprachgebrauch nicht allgemein entsprechenden Ausdruck. Denn abgesehen davon, daß Glaube als „historischer Glaube" in vielen Fällen gar keine unmittelbare Gewißheit gewährt, sondern das Urteil nur auf mündliche oder schriftliche Zeugnisse gründet, gibt es außer den Religionswahrheiten, auf welche der Glaube sich bezieht, noch mancherlei Fälle, in denen wir Urteile mit unmittelbarer Gewißheit behaupten, Urteile über Wahrgenommenes auf Grund von Sinnesanschauungen, Behauptung mathematischer Grundsätze aus reiner Anschauung, Voraussetzung philosophischer Grundwahrheiten. Wer wird z. B. sagen, er glaube daran, daß jede Veränderung eine Ursache habe oder daß in allen Gegenwirkungen der Körperwelt die Masse weder vermehrt noch vermindert werden könne, und doch setzt der gemeine Menschenverstand in den gewöhnlichen Beurteilungen des täglichen Lebens diese Wahrheiten voraus. „Nur bei den Religionswahrheiten, z. B. bei der Überzeugung, daß die Seele unsterblich, daß ein heiliger Wille der Urheber aller Dinge sei, ist das Wahrheitsgefühl zugleich reiner Glaube, eine Überzeugung des sittlichen Selbstvertrauens"[1]).

Fries trifft damit denjenigen Punkt, welcher Jakobis Glaubensphilosophie die meisten Angriffe eingetragen hat.

---

[1]) Metaph. 73 f., vgl. auch N. Kr. I, 338: „Jakobi appellierte dagegen an den Glauben und die Offenbarung, ohne die uns nicht einmal die einfachste Überzeugung um eine Farbe und einen Schall wird; seine Sätze aber blieben zu undeutlich, er behielt nur mit der Negative recht. Was hilft es uns, gegen Zweifel und Unglauben an den Glauben zu appellieren? Die den Glauben haben, sind wohl geschützt, die Kunst ist nur, die Ungläubigen von uns abzuhalten. Gegen diese ist aber das Lobpreisen des Glaubens nur gewalttätiges Parteimachen, um nicht allein zu stehen, sondern sich mit seinen Freunden als den Auserwählten und Eingeweihten in Ansehen zu erhalten."

Die weitere Bedeutung des „Glaubens", die Ausdehnung dieses Begriffes auf Objekte, auf welche er gewöhnlich nicht angewandt wird, bildet einen der Hauptgegenstände der Jakobischen Schrift: „David Hume über den Glauben"¹), und und der Gedankengang dieser Schrift bestätigt das Recht der kritischen Vorsicht, mit welcher Fries für die ihm mit Jakobi gemeinsame „Überzeugung mit unmittelbarer Gewißheit" die Bezeichnung „Wahrheitsgefühl" derjenigen des „Glaubens" vorzog. Schon der Eingang des Gesprächs beleuchtet die Begriffsverwirrung: „Ich: ... Sehen sie den Band an! — Humes Essays! Er: Also wider den Glauben? Ich: Für den Glauben! Haben sie den Hume kürzlich gelesen?" und Jakobi — Ich verteidigt sich dann gegen den Vorwurf, einen „blinden Glauben" zu lehren, durch den Hinweis auf die eines strengen Beweises nicht fähige und darum auch nur zu glaubende unmittelbare Gewißheit der äußeren Gegenstände und — was für uns von besonderem Interesse ist — auf die Autorität Humes und seinen Begriff des belief. „Alle die bitteren Vorwürfe", heißt es da, „die ich eben abgelesen habe, die muß alle hier mein guter David Hume aufladen. Er mag sehen, wie er sich mit der Logik und dem Menschenverstande vergleicht, und zu den ersten Regeln des Vernunftgebrauchs den Rückweg findet; er mag sehen, wie er die Vorwürfe von κενοδοξία, von Wortspielerei, Windmacherei, blauem oder leerem Dunst, vornehmlich aber den Verdacht von sich abtreibe: er wolle unvermerkt alles auf Glauben an positive Sätze der Religion zurückbringen. Denn es ist auch nicht Einer von diesen Ausfällen, der ihm nicht gerade auf den Leib ginge, da er sich des Wortes Glaube nicht allein in demselbigen Verstande, worin es von mir gebraucht worden ist, bedient, sondern auch bei demselben mit Bedacht sich aufhält, um zu erhärten, daß es das eigentliche Wort für die Sache sei; das Einzige, dessen man sich dabei mit Fug bedienen könne"²).

---

1) F. H. Jakobis Werke II, 127 ff.: David Hume über den Glauben, oder Idealismus und Realismus, ein Gespräch.
2) a. a. O. 149 f.

Aber Jakobi kann sich in dieser Form auf die Autorität Humes nur deshalb berufen, weil er das Wort belief mit Glauben übersetzt, und dieses deutsche Wort auch das mitumfaßt, was Hume als faith bezeichnet. Gerade derjenige Unterschied, dessen Nichtbeachtung den Gegnern Jakobis so anstößig war, ist bei Hume vorhanden. Während Jakobi die unmittelbare Überzeugung vom Dasein der sinnlichen Objekte mit derjenigen vom Übersinnlichen in dem einen Worte Glauben zusammenfasst, gebraucht Hume für den religiösen Glauben die Sonderbezeichnung faith und versteht unter belief die aus einer gewohnheitsmäßigen Verknüpfung der Vorstellungen entspringende Überzeugung von der Existenz eines Gegenstandes oder seiner Beziehung zu anderen Objekten, die sich von der Einbildung nur durch ein eigenartiges Gefühl unterscheidet [1]).

Bei Jakobis Gewährsmann Hume findet sich also gerade derjenige Unterschied, den Fries bei Jakobi vermißt, die Unterscheidung zwischen dem religiösen Glauben und der Überzeugung mit unmittelbarer Gewißheit überhaupt.

---

1) Man vergleiche folgende Stellen bei Hume: „It follows, therefore, that the difference between fiction and belief lies in some sentiment or feeling, which is annexed to the latter, not to the former, and which depends not on the will, nor can be commanded at pleasure." „I say then, that belief is nothing but a more vivid, lively, forcible, firm, steady conception of an object, than what the imagination alone is ever able to attain." An Enquiry concerning Human Understanding, Sect. V, Part II. Ausgabe von Green and Grose Vol. II, S. 134; und die andern: a. a. O. Sect. XII, Part. III: „Divinity or Theology, as it proves the existence of a Deity, and the immortality of souls, is composed partly of reasonings concerning particular, partly concerning general facts. It has a foundation in reason, so far as it is supported by experience. But it best and most solid foundation is faith and divine revelation"; endlich in den Dialogues concerning Natural Religion (A Treatise of Human Nature and Dialogues concerning Natural Religion, Ausg. Green and Grose, Vol. II, 382): „You propose then, Philo, said Cleanthes, to erect religious faith on philosophical scepticism; and you think, that if certainety or evidence be expelled from every other subject of enquiry, it will all retire to these theological doctrines, and there acquire a superior force and authority."

Übersetzt man das Humesche belief mit Glauben¹), so wird der ganze Unterschied wieder verwischt, und allen den Mißverständnissen, welche die glücklichere Formulierung dieser Überzeugungsweise im Friesischen „Wahrheitsgefühl" zu vermeiden wußte, ist wieder Tür und Tor geöffnet.

Wird so von Fries der religiöse Glaube nur zu einer besonderen Art des Wahrheitsgefühls in Beziehung gebracht und dadurch von dem Wahrheitsgefühl überhaupt unterschieden, so handelt es sich nun weiter darum, dasselbe der Sinnesanschauung gegenüber abzugrenzen.

IV. Das Verhältnis des „Wahrheitsgefühls" zum „Sinn".

Fries liegt besonders daran, eine Vermischung seines „Wahrheitsgefühls" mit dem „Sinn" oder mit der Anschauung zu verhindern.

Diese Vermischung hat nach Fries teils der Mystizismus, teils die englische Psychologie verschuldet.

1. Fries und der Mystizismus.

Der Lehre von Wahrheitsgefühl ist vorgeworfen worden, die Berufung auf das Gefühl sei mystisch und begünstige die Schwärmerei. Aber dieser Vorwurf ist nur dadurch möglich, daß das Wahrheitsgefühl mit „Sinn" verwechselt wurde. Mystizismus besteht keineswegs darin, daß der Mensch seinem Wahrheitsgefühl folgt, sondern darin, daß er sich auf keine wissenschaftliche Rechtfertigung der Aussprüche seines Gefühls einlassen will, in der Einbildung des Schwärmers, daß er eines nur ihm eigenen inneren

---

1) Am meisten dürfte sich noch der Ausdruck „Überzeugung" empfehlen. Die Übersetzung mit „Gewißheit", die z. B. Riehl (Der philosophische Kritizismus 1, 65, neben „Überzeugung" und in mißverständlicher Weise damit abwechselnd) gebraucht, wird wohl deshalb besser vermieden, weil Hume selbst das entsprechende englische Wort certainety (z. B. Enquiry a. a. O. II, 22) für die durch Demonstration nachweisbaren Wahrheiten der Mathematik anwendet.

"Sinnes", einer geheimnisvollen inneren Anschauungsweise teilhaftig worden sei, oder — so ist es bei den großen wissenschaftlichen Vertretern des Mystizismus — in der Verwechslung der **gedachten** Erkenntnis mit der **anschaulichen**. So beurteilt Pythagoras die abstrakten rein mathematischen Formen, Platon die abstrakten logischen Formen in derselben Weise, wie wir die Gegenstände der Sinnesanschauung zu beurteilen pflegen. Was also den Mystikern gemeinsam ist, ist eigentlich die Voraussetzung eines **höheren Anschauungsvermögens**, während die Anschauung beim Menschen doch nur als Sinnesanschauung möglich ist.

Dieser mystische Grundzug ist es auch, der nach Fries der Philosophie seines Freundes Jakobi eigen ist, und durch die er sich von ihm geschieden weiß. Er spricht sich darüber am deutlichsten in seiner Geschichte der Philosophie aus[1]). Jakobi erkannte mit durchgreifendem Scharfsinn die Schwäche des logischen Dogmatismus, die darin liegt, daß jeder Beweis wieder Voraussetzungen fordert, alle erweisliche Wahrheit daher auf unmittelbaren ersten Wahrheiten ruhen muss. Daraus hätte sich für ihn die Aufgabe ergeben müssen, das System dieser unmittelbaren und unerweislichen notwendigen Wahrheiten aufzusuchen und nachzuweisen. Aber eine solche schulmäßige Aufgabe stellte er sich nicht, sondern er gefiel sich nur darin, philosophische Herzensangelegenheiten rednerisch auszuschmücken, rednerisch zu verteidigen, und so wandte er seine Lehre vom Glauben besonders zur Verteidigung des Glaubens an eine höhere göttliche Wahrheit an. Damit verwickelte er sich, obwohl entschiedener Feind alles Mystizismus, doch in eine mystische Art zu philosophieren und „befreundete sich mit jener angeblich geistreichen Dunkelsprecherei, wofür die Leute den Hamann loben, und welche in der liebenswürdigeren Weise z. B. des Claudius und Herder in humoristische Dichtung übergeht, aber auch so dem festen wissenschaftlichen Denker

---

1) Fries, Geschichte der Philosophie II, 1840, S. 645 ff., vgl. auch Fries, Von deutscher Philosophie, Art und Kunst, den Abschnitt: „Jakobis Gabe und seine Fehler", 38 ff.

nur lästig wird mit ihren Sprüchen, die, wenn sie philosophisch gemeint sein sollen, weder wahr noch falsch sind". Von hier aus ist auch Jakobis Streit mit Kant zu beurteilen. Jakobi hat vollkommen recht gegen Kant in den Einwendungen, welche er gegen Kants Lehre vom transzendentalen Idealismus macht. Es weist ganz richtig darauf hin, wie Kant in seinen scharfen Sätzen von der gänzlichen Unerkennbarkeit der Dinge an sich seinem eigenen transzendentalen Idealismus und dann seiner Lehre widerstreite, daß der Gegenstand in der Sinnesanschauung den Sinn zu seiner Erkenntnis affiziere. Allein Jakobi gibt dem ganzen Streit dadurch eine falsche Wendung, daß er die eigentliche Bedeutung des transzendentalen Idealismus nie verstand und gegen Kant für einen Realismus streitet, den Kant nie verworfen hatte, sondern in seiner ganzen intelligibeln Weltansicht voraussetzte. So trifft seine Gegenrede eigentlich immer nur den Fichteschen Idealismus, niemals aber wahrhaft den Kantischen. Doch diese ganze Polemik der Einwendungen taugt nie zur Bestreitung eines großen philosophischen Werkes. So ist Jakobi hier an einem untergeordneten Fehler Kants hängen geblieben und hat daneben nicht gesehen, daß Kants großes Werk ja gerade die große Aufgabe löst, auf die er selbst hinwies, ohne sie zu lösen. „Das ganze große Werk des transzendentalen Leitfadens und des kategorischen Gebotes, sowie die richtige Behandlung des transzendentalen Idealismus in der Lehre von den Antinomien hat er gar nicht beachtet, wiewohl mit dieser Nachweisung der synthetischen Urteile a priori gerade alle jene philosophischen Grundwahrheiten nachgewiesen worden sind, welche Jakobi dem Glauben oder dem Gefühl fordert."

Der spätere Jakobi hat wenigstens den Unterschied zwischen der „Sinnesempfindung" und dem die „Erkenntnis des Übersinnlichen vermittelnden Geistesgefühl" stark betont und durch die enge Beziehung, in welche er nun das letztere zur „Vernunft" setzt, eine Annäherung an die Friesische Gefühlstheorie vollzogen. Er beklagt es jetzt, daß er dreißig Jahre vorher in dem Gespräch „David Hume über den Glauben" mit allen ihm gleichzeitigen Philosophen Vernunft nannte, was nicht Vernunft ist: nämlich das über der Sinnlichkeit schwebende Vermögen der Begriffe, Urteile und Schlüsse, das doch unmittelbar aus sich schlechterdings nichts offenbaren kann, daß er dagegen das, was die Vernunft wirklich und wahrhaft ist „das Vermögen der Voraussetzung des an sich Wahren, Guten und Schönen, mit der vollen Zuversicht zu der objektiven Giltigkeit dieser Voraussetzung" unter dem Namen Glaubenskraft über die Vernunft stellte — eine Quelle arger Mißverständnisse und unüberwindlicher Schwierigkeiten des Ausdrucks und der Darstellung seiner wahren Meinung[1]). Jetzt aber ist ihm das „Vermögen der Gefühle", dasjenige, welches den Menschen allein „von dem Tiere spezifisch unterscheidet, ihn der Art, nicht bloß der Stufe nach, d. i. unvergleichbar über dasselbe erhebt", „mit der Vernunft eins und dasselbe"; oder anders ausgedrückt: „Es gehet uns das, was wir Vernunft nennen, und über den bloßen, der Natur allein zugewandten Verstand erheben, aus dem Vermögen der Gefühle einzig und allein hervor. Wie die Sinne dem Verstande in der Empfindung weisen, so weiset ihm die Vernunft im Gefühle." „Wo Vernunft nicht ist, da sind auch keine objektive, etwas außer ihnen selbst dem Bewußtsein unmittelbar darstellende Gefühle; wo solche Gefühle sind, da ist unfehlbar auch Vernunft; da offenbaren sich und treten tätig hervor Freiheit, Tugend, Gotteserkenntnis, Weisheit und Kunst." Jakobi beruft sich auch auf die Friesische Theorie des Gefühls und erklärt sich mit ihm einverstanden, wenn er die objektiven oder reinen Gefühle für unmittelbar aus der Vernunft entspringende Urteile erklärt und sie Grundurteile der Vernunft nennt.

Aber er weicht von Fries immer noch darin ab, daß er neben der Anschauung durch den Sinn eine rationale Anschauung durch die Vernunft annimmt, die uns die

---

1) Jakobi, Vorrede (zu der Schrift David Hume über den Glauben) zugleich Einleitung in des Verfassers sämtliche philosophische Schriften. Jakobis Werke II. Bd. 10 f., 60.

Natur jenseitiger Gegenstände zu erkennen gibt, d. h. ihre Wirklichkeit und Wahrheit uns gewiß macht. Die Sprache besitze keinen anderen Ausdruck, um die Art und Weise anzudeuten, „wie dem Verstande das den Sinnen unerreichbare, in überschwenglichen Gefühlen allein, und doch als ein wahrhaft Objektives — das er keineswegs bloß erdachte — zu erkennen gegeben wird"[1]).

Gerade diese Voraussetzung eines höheren Anschauungsvermögens ist es ja, welche Fries nicht gelten lassen will.

2. Fries und die Engländer.

Aber stimmt diese Lehre vom Wahrheitsgefühl nicht mit der von den Gegnern Humes, besonders Reid, vertretenen Lehre vom common sense und den Aussprüchen des common sense, vom „gesunden Menschenverstand", wie man das Wort übersetzt hat, überein, deren Seichtigkeit doch von Kant und seinen Anhängern hinlänglich nachgewiesen worden ist? „Der Absicht nach", meint Fries, kommt diese Lehre vom Wahrheitsgefühl ja mit der ganzen Aufgabe der Kritik der Vernunft überein. Aber Reid mit seinen Anhängern teilt den allgemeinen Fehler aller neuern englischen Philosophen, von denen vielleicht nur Richard Price auszunehmen ist, daß sie die philosophische Erkenntnis durch einen eigenen Sinn, in unserem Falle durch einen „Gemeinsinn der Menschen" erklären wollten. Ihre Untersuchung konnte daher nicht die rechte Tiefe erhalten[2]).

Es ist bemerkenswert, mit welcher Schärfe hier Fries, der angebliche „Psychologist", die Begründung seines „Wahrheitsgefühls" durch die empirische Psychologie der Engländer ablehnt. Irgendwelcher „Sinn", wie ihn die Engländer als Quelle höherer Erkenntnis annehmen, ist ihm als Medium der Erkenntnis der philosophischen Wahrheiten unzureichend. Für ihn ist das „Gefühlsvermögen eine unmittelbare Selbsttätigkeit", nämlich die „unmittelbare Selbsttätig-

---

1) a. a. O. S. 61 f., 109, 59.   2) Metaphysik 75.

keit der Urteilskraft", und indem er diese Auffassung auch Kant gegenüber verteidigt, gibt er seiner Theorie des Wahrheitsgefühls die letzte Zuspitzung.

V. Die Stellung des „Gefühlsvermögens" bei Fries.

Kant hat nach Fries das Verdienst, zuerst die Bedeutung der Worte Empfindung und Gefühl strenger auseinandergehalten zu haben. Aber er schränkte den Begriff des Gefühls dann allzusehr ein. Wenn er unter Gefühl das ganz Subjektive in der Vorstellung versteht, das keine Erkenntnis des Gegenstandes vermittelt, unter Empfindung dagegen das Objektive, so daß die grüne Farbe der Wiese zur Empfindung, die Annehmlichkeit derselben fürs Auge zum Lustgefühl gehört, so ist diese Erklärung eigentlich nur für die Lust am Angenehmen richtig, und doch hat das Gefühl noch so manchen anderen Gegenstand als die Lust. Im Grunde versteht Kant unter Gefühl immer „den äußeren Sinn des Gemeingefühls", sofern dieser auf Lust und Unlust einwirkt. In der Kritik der praktischen Vernunft setzt Kant bei der Lehre von Neigung und Achtung das Gefühl der Lust und Unlust den verständigen Bestimmungsgründen des Willens entgegen, und auf ähnliche Weise erklärt er die Lust am Schönen in der Kritik der Urteilskraft[1]). Seine ganze Theorie der Lustgefühle läuft darauf hinaus, dieses Gefühl der Lust als ein eigenes, ursprüngliches, von keinem andern abzuleitendes Element in der Organisation der Vernunft anzunehmen, und in Anlehnung an ihn hat man überhaupt zwischen das Erkenntnisvermögen und die praktischen Vermögen unseres Geistes ein eigenes Gefühlsvermögen in die Mitte legen wollen; die einen unter Berufung auf die „dunkleren Anfänge unserer Geistestätigkeiten, gleichviel ob sie der Erkenntnis der Lust oder der Bestrebungen angehören, die anderen mit dem Hinweis auf den Sprachgebrauch des gemeinen Lebens, der mit den Ausdrücken gefühlvoll und gefühllos die leichtere Anregbarkeit zu den zarteren Gemüts-

---

1) Metaphysik 77 f., Anmerkung. N. Kr. I, 410, 412.

bewegungen der Liebe, des Wohlwollens, der Teilnahme usw. bezeichnet und schließlich dazu führt, „das nur kontemplative Gebiet unseres inneren Lebens in Lust, Liebe und Wünschen", das Reich des Geschmackes und der Unterhaltung im Gegensatz gegen das tätige Leben der Begierden, Bestrebungen und des Willens mit Gefühl zu benennen.

Diesen Ansichten gegenüber behauptet Fries, daß ein solches Gefühlsvermögen „gar keine eigene Grundlage unseres Geistes" sei. Jene dunkleren Anfänge der geistigen Lebenserregung seien demselben Vermögen der Erkenntnis, Lust oder Bestrebung zuzuschreiben, welchem die klarere Entwicklung zukommt, und, was die zweite Ansicht betreffe, so werden offenbar Begierde, Wille und Bestrebung von denselben Anregungen des Gemütes in Lust und Liebe belebt, welche auch das kontemplative Leben in Sachen des Genusses, des Geschmackes und der Wünsche ausbilden.

Fries hält daher das Wort Gefühl in diesen Gebieten für entbehrlich. Allerdings wird der gewöhnliche Sprachgebrauch stets dazu führen, daß das Wort auch zur Bezeichnung des nur Gemütlichen im Geistesleben im Gegensatz gegen Tat und Willenskraft gebraucht wird; und Fries selbst bekennt — was zum vollen Verständnis seiner Gefühlslehre stets im Auge behalten werden muß —, daß er selbst, dem Kantischen Sprachgebrauch gemäß, es nicht immer vermieden habe, das Wort in dieser Bedeutung anzuwenden. Aber seine Einteilung der Grundvermögen verzichtet auf diesen Ausdruck[1]) und stellt der „Erkenntnis" und der „Tatkraft" zur Bezeichnung dessen, was man gewöhnlich Gefühl nennt, das „Gemüt oder Herz" zur Seite. Dagegen scheint es Fries ein dringendes Bedürfnis für die philosophisch-anthropologische Sprache, „mit einem bestimmten Ausdruck den unmittelbaren willkürlichen Akt des Bewußtseins im Denken, mit dem wir unmittelbar jedes Ist als Kopula im Urteil aussprechen, einerseits von der Empfindung und dem unwill-

---

1) Vgl. oben S. 15 ff. die Darstellung der Grundvermögen und der Ausbildungsstufen.

kürlich sinnlichen Bewußtsein, andererseits von dem ermittelten Denken in Begriffserklärungen und Schlüssen zu unterscheiden, und er findet dafür keinen anderen Ausdruck als „Wahrheitsgefühl", das Gefühl, „in" welchem dem Menschen alle philosophischen Grundbehauptungen, alle religiösen Beurteilungen „gelten" [1]).

Was Fries Wahrheitsgefühl nennt, darf also nicht unter den herkömmlichen Begriff des Gefühls subsumiert werden. Es ist ja die „unmittelbare Tätigkeit der Urteilskraft" selbst, es erhält nie durch Lust und Unlust seine Bestimmungen, sondern ist ein „Akt der Denkkraft" [2]).

Von den beiden Beziehungen, durch welche Kant die Kritik der Urteilskraft als ein Verbindungsmittel der theoretischen und der praktischen Philosophie charakterisiert, der Mittelstellung der Urteilskraft zwischen Verstand und Vernunft, und der Mittelstellung des Gefühls der Lust und Unlust zwischen Erkenntnis- und Begehrungsvermögen betont Fries fast ausschließlich die erstere und sieht daher auch im „Wahrheitsgefühl" eine unmittelbare Selbsttätigkeit der Urteilskraft. Auch von Kant sagt er: „Hätte er bemerkt, daß man statt Gefühl der Lust ganz im allgemeinen auch Beurteilung der Zweckmäßigkeit sagen kann, so würde dieser ganze Teil seiner anthropologischen Theorie [die Theorie des Gefühls] anders ausgefallen sein." Fries dagegen glaubt gezeigt zu haben — indem er dabei zugleich einem modernen Begriff eine Stelle in seiner Philosophie anweist —, daß dieses Gefühl der Lust „nichts als Urteilskraft ist, welche nach der Regel des Wertes entscheidet" [3]).

Die Friesische Philosophie reiht sich damit in die Gruppe der Systeme ein, welche das Gefühl in irgend einem Sinne zum Grundprinzip machen. Unter den nachkantischen Philosophen steht ihm darin am nächsten Schleiermacher. Die Rolle, welche hier dem Gefühl zufällt, ist allerdings eine etwas andere. Nach der systematischen Begründung, welche Schleiermacher seiner Gefühlslehre in der Dialektik gegeben

---
1) N. Kr. I, 410, 412 ff. 2) N. Kr. I, 410, 415. Logik 352.
3) N. Kr. I, 410 f.

hat, sind in jedem wirklichen bestimmten Denken zwei Elemente, die organische und die intellektuelle Funktion, jedoch in verschiedenem Verhältnis, und „so teilt sich alles Denken in drei Gebiete, das eigentliche Denken mit überwiegender Vernunfttätigkeit und anhangender organischer, das Wahrnehmen mit überwiegender organischer und anhangender rationaler und das Anschauen mit dem Gleichgewicht beider"[1]). Dieser Mittelstellung des Anschauens zwischen Wahrnehmen und Denken entspricht diejenige des Gefühls zwischen Denken und Wollen. Nur in der relativen Identität des Denkens und Wollens, nämlich im Gefühl, „haben" wir den transzendentalen Grund, welcher für beides, das Denken wie das Wollen, uns erst Gewißheit gibt[2]). So hat Fries mit Schleiermacher, der wie er selbst ein Schüler der Herrnhuter war[3]), die zentrale Stellung des Gefühls gemein; aber er unterscheidet sich von ihm einerseits durch seine Ablehnung einer Verbindung der Anschauung mit dem Gefühl, die für Schleiermacher, bei allem Schwanken über das Verhältnis beider im einzelnen[4]), feststeht, und andererseits durch die Ausschaltung des auch in Schleiermachers Gefühlslehre enthaltenen mystischen Elements. Fries, in dessen innerer Entwicklung schon im theologischen Seminar zu Niesky Kant und die Herrnhuter zusammentrafen[5]), macht zum Medium seiner „unmittelbaren Erkenntnis" das Wahrheitsgefühl, aber der Geist Kants läßt ihn in jeder sinnlich anschauungsmäßigen oder mystischen Modi-

---

1) Schleiermacher, Dialektik, herausg. von Jonas 1839, § 115 S. 61 f.   2) a. a. O. § 214 u. 215, S. 150 ff.

3) Merkwürdig ist, daß es weder in Niesky, wo Schleiermacher noch gleichzeitig mit Fries im Pädagogium war, noch später zu persönlichen Berührungen zwischen ihnen kam, während doch auf die Entwicklung beider so viel Gleiches, zum Teil mit gleichen Erfolgen eingewirkt hat. Vgl. E. L. Th. Henke, Jakob Friedrich Fries, Aus seinem handschriftlichen Nachlasse dargestellt. Leipzig, 1867, S. 9.

4) So in den verschiedenen Ausgaben der „Reden über Religion"; vgl. O. Pfleiderer, Religionsphilosophie auf geschichtlicher Grundlage, 1878, S. 98 f.

5) Vgl. Henke a. a. O. S. 23 ff.

fikation desselben eine Gefährdung der allgemeingiltigen und notwendigen Vernunfterkenntnis erblicken. Das Gefühl ist ihm allerdings ein unmittelbares Innewerden der Wahrheit; „aber keineswegs wird dadurch der gebildete Geist auf eine mystische, nur schwärmerisch anzuerkennende Quelle der Wahrheit verwiesen, sondern es wird ihm zur wissenschaftlichen Aufgabe gemacht: in der Kritik der Vernunft die Aussprüche dieser Wahrheitsgefühle richtig darzustellen und durch die Theorie der erkennenden Vernunft zu rechtfertigen"[1]).

Der Zögling der Brüdergemeinde in ihm erhebt die Gefühle zur Quelle der wahren Erkenntnis, der Schüler Kants macht aus dem Gefühl die „unmittelbare Selbsttätigkeit der Urteilskraft" und fordert eine Rechtfertigung des Gefühlten durch Deduktion.

B. Systematische Übersicht der in der unmittelbaren Erkenntnis der Vernunft vorhandenen Formen.

Einer Theorie der unmittelbaren Erkenntnis fällt zunächst die Aufgabe zu, die im Wahrheitsgefühl uns zum Bewußtsein kommenden Erkenntnisse vollständig darzustellen, dann aber sie durch Deduktion zu rechtfertigen.

I. Die allgemeinen Formprinzipien der Vernunfterkenntnis.

Die Form der vernünftigen Erkenntnis überhaupt ist Einheit und Notwendigkeit.

1. Die Notwendigkeit.

Der Unterschied der Begriffe des Wirklichen, Möglichen und Notwendigen bezieht sich unmittelbar nur auf

---

[1]) N. Kr. I, 414. W. L. M. de Wette, der bedeutendste Anhänger der Friesischen Philosophie unter den Theologen sagt daher in seinem Fries gewidmeten Nachruf (E. L. Th. Henke a. a. O., S. 288): „Mit Schleiermacher teilt Fries das Verdienst der Entdeckung und Verbreitung des Grundsatzes, daß die Religion ihren unmittelbaren

den denkenden Verstand d. h. die Reflexion, ist also subjektiver Art. Ein jedes Ding ist mit Notwendigkeit so, wie es ist. Sage ich also von etwas aus: das ist wohl möglich, das kann wohl sein, so bedeutet dies nur: ich kann nicht beurteilen, ob es ist, oder ob es nicht ist. Die „Sphäre des Möglichen ist daher für das Wesen der Dinge nicht größer und nicht kleiner als die des Wirklichen und Notwendigen".

Unsere Anschauung für sich ist an den Augenblick der Wahrnehmung gebunden, sie gilt nur für einen bestimmten Augenblick in der Zeit und für eine bestimmte Stelle im Raum, führt also je für sich allein nur zu einer assertorischen Erkenntnis. Erst mit Hilfe der allgemeinen Vorstellungen, welche als solche der Sphäre des Möglichen angehören, vermögen wir uns der notwendigen Bestimmungen selbst bewußt zu werden, die allein das Gesetz für unsere vollendete Erkenntnis darstellen. Erst dadurch wird das Bewußtsein zu einem „Bewußtsein überhaupt", das schlechthin eine Wahrheit behauptet und mit seiner Giltigkeit nicht an die bestimmte Stelle in Raum und Zeit gebunden ist, in der es ausgesprochen wird. Die Reflexion also steigert das assertorische Bewußtsein durch problematische allgemeine Vorstellungen zu einem apodiktischen, „welches für die Vernunft in dem ganzen Ablauf ihres Erkennens überhaupt gilt, indem die einzelnen inneren Wahrnehmungen über das Erkennen zu einem Ganzen der inneren Erfahrung erhoben werden"[1]).

Nun muß aber doch auch in der unmittelbaren Erkenntnis unserer Vernunft selbst ein Grund liegen, weshalb die Reflexion nur in der dreifachen Abstufung des Wirklichen, Möglichen und Notwendigen ihre Beobachtung vollenden kann. Dieser Grund, der sich aus dem Bisherigen ergibt, liegt darin, daß unsere unmittelbare Erkenntnis ihren Inhalt nur durch die sinnliche Anregung empfängt, welche in jedem der wechselnden Geisteszustände eine andere, nur

---

Lebenspunkt im Gefühle hat; doch ist bei ihm der Nachweis viel sicherer und wissenschaftlicher als bei jenem."
1) N. Kr. II, 17. Metaph. 202 f., 227, 295.

momentan, daher assertorisch ist, während der Selbsttätigkeit der Vernunft eine Form der Erregbarkeit eigen ist, welche das Dauernde, in ihrer ganzen Entwicklung sich Gleichbleibende darstellt. Die letztere trägt aber damit apodiktischen Charakter, und wir können sie nur dadurch erfassen, daß wir uns ihrer bloßen Form, unter welche aller einzelne Inhalt fallen muß, mit Hilfe der problematischen allgemeinen Vorstellungen durch Abstraktion bemächtigen.

So findet auch von dieser Seite her der Satz seine Bestätigung, daß der Unterschied des Wirklichen und Notwendigen sich durchaus innerhalb der subjektiven Geschichte unseres Erkennens bewegt. Ein Übersehen dieser Wahrheit führt entweder zu einseitigem Empirismus, der das anschauungsmäßig Erkannte erst durch Demonstration objektiv zu begründen meint, oder zu einseitigem Rationalismus, der glaubt, zum subjektiven Spiel der Vorstellungen erst die objektive Giltigkeit der Erkenntnis hinzubringen zu müssen, um zur Notwendigkeit zu gelangen. Beide sind daher nicht imstande, die Frage nach der notwendigen Erkenntnis und ihrem Ursprung in der Vernunft, die eigentlich das ganze Rätsel in der Philosophie bildet, zu lösen[1]).

2. Die Einheit.

Der Fortschritt vom Momentanen unserer Erkenntnis zum „ganzen Leben unsrer Vernunft", dessen Form die Notwendigkeit ist, ist nur dadurch möglich, daß die auseinanderliegenden einzelnen Momente in Beziehung gebracht werden, daß also in uusrer Erkenntnis Einheit und Verbindung zustande kommt.

Verbindung ist nämlich nichts anderes, als „Vorstellung einer synthetischen Einheit".

Wir kennen bereits eine solche Einheit, nämlich die „figürliche synthetische Einheit" der produktiven Einbildungskraft, jene anschauliche Verbindung eines gleichartigen

---

1) N. Kr. II, 18 f.

Mannigfaltigen in Raum und Zeit. Es gibt aber neben dieser Verbindung noch eine andere, deren wir uns nur in Urteilen bewußt werden, und die wir deshalb die „Vorstellung der intellektuellen synthetischen Einheit, der nur denkbaren Verbindung" nennen.

„Ob ein Ding rot, warm oder hart ist, das ist unmittelbar in der Anschauung desselben enthalten, so auch ob es vierseitig, rund oder eckig ist, das erstere unmittelbar bei der Empfindung, das andere durch die anschauliche synthetische Einheit der Einbildungskraft. Ob hingegen ein Ding Substanz oder ob Dinge im Verhältnis der Ursache und Wirkung sind, das läßt sich nicht anschauen. Diese Begriffe enthalten aber ebenfalls Formen einer synthetischen Einheit. Wir denken die Existenz der Wirkung verbunden mit der der Ursache, wir denken mehrere Inhärenzen verbunden in einer Substanz."

Der darin gedachten synthetischen Einheit werden wir uns aber in synthetischen Urteilen bewußt. Da nun kein Urteil ohne Begriff, d. h. ohne Perzeption einer analytischen Einheit möglich ist, so fordert eine solche synthetische Einheit immer eine vorhergehende analytische, durch die sie allein begriffen werden kann. Fries gelangt daher zur abschließenden Formulierung seiner Theorie der Einheit in dem Satz: „Wir werden uns der intellektuellen Verbindung bewußt, wiefern wir in synthetischen Urteilen, mit Hilfe der analytischen Einheit die innere Wahrnehmung denkend zur inneren Erfahrung erheben"[1]).

II. Das System der synthetischen Formen.

1. Der Leitfaden zur Auffindung der synthetischen Formen.

Aus dem letztgenannten Satz des vorigen Abschnitts ergibt sich uns sogleich derjenige Gesichtspunkt, welcher

---

1) N. Kr. II, 21 ff.

es ermöglicht, die Formen der synthetischen Einheit in systematischer Vollständigkeit aufzufinden. Die Entdeckung eines solchen Leitfadens ist das große Verdienst Kants, der es erst möglich gemacht hat, das ganze System der Metaphysik nach Prinzipien mit wissenschaftlicher Sicherheit und Vollständigkeit zu ordnen. Indem er erkannte, daß den logischen Formen der Urteile, Schlüsse und Systeme außer der zunächst in ihnen aufgefaßten analytischen Einheit auch „die Verbindung", eine Synthesis zugrunde liegt, fand er einen Weg, die Tafel der Kategorien und das System der Ideen der Vernunft als die Formen der intellektuellen Synthesis aufzustellen[1]).

Doch ist nach Fries diese Lehre Kants nach einer Richtung unzulänglich. Kant hat zwar die Analogie zwischen den Formen der analytischen und der synthetischen Einheit richtig erkannt; aber er stellte sich nie die Frage, wodurch denn in der menschlichen Erkenntnis diese Analogie bewirkt werde. Für Fries ergibt sich die Antwort hierauf aus seiner Lehre vom Verhältnis der Reflexion zur unmittelbaren Erkenntnis. Die logischen Formen der analytischen Einheit, die Denkformen sind ja die Hilfsmittel des denkenden Verstandes, „durch welche er sich der metaphysischen in der unmittelbaren Erkenntnis der Vernunft vorhandenen Formen bewußt wird"[2]). Daraus ergibt es sich von selbst, daß der menschliche Verstand sich keiner anderen metaphysischen Grundbegriffe bewußt werden kann, als derjenigen, die er durch die logischen Formen der Urteile denkt[3]).

So macht Fries von einer Grundposition seines Systems aus den beachtenswerten Versuch, die Anlehnung des Kategoriensystems an die Tafel der Urteile, durch welche Kant, der Überwinder der formalen Logik, in der ganzen Architektonik seiner Vernunftkritik von einem Bestandstück dieser selben traditionellen Logik abhängig wird, prinzipiell zu rechtfertigen.

---

1) N. Kr. II, 24 f. 2) N. Kr. II, 25. 3) Metaphysik 196 f.

2. Das System der Kategorien, Grundsätze und Ideen.

a) Das System der Kategorien und der Grundsätze.

Das System der metaphysischen Grundbegriffe ist nach Fries nichts anderes als das System der Begriffe, die wir durch die logischen Urteilsformen denken. Darnach wird auch die Kategorie definiert als „der Begriff von der Bestimmung eines Gegenstandes, wiefern die Erkenntnis desselben durch eine bestimmte Urteilsform gedacht werden muß" [1]).

Fries schließt sich daher mit seiner Tafel der Kategorien völlig an Kant an. Es ergeben sich darnach mit kleinen Abänderungen und Umstellungen der Kantischen Tafel die bekannten vier Klassen, die er, darin von Kant etwas abweichend [2]), Momente nennt, mit ihren Unterabteilungen:

Urteilsform:	Moment:	Kategorie:
	1) Größe:	
singuläres		Einheit.
besonderes		Vielheit.
allgemeines		Allheit.
	2) Beschaffenheit:	
bejahendes		Realität.
verneinendes		Verneintheit.
unendliches		Beschränktheit.

---

1) Metaph. 197.
2) Kant spricht zwar von der „transzendentalen Tafel aller Momente des Denkens in Urteilen" (Kr. d. r. V. 91), bezeichnet dann aber doch speziell die drei Funktionen der Modalität als ebenso viele „Momente des Denkens", weil hier „alles sich gradweise dem Verstande einverleibt, so daß man zuvor etwas problematisch urteilt, darauf auch wohl es assertorisch als wahr annimmt, endlich als unzertrennlich mit dem Verstande verbunden d. i. als notwendig und apodiktisch behauptet". Kr. d. r. V. 93.

3) **Verhältnis:**

kategorisches	Wesen und Eigenschaft.
hypothetisches	Ursache und Wirkung.
divisives	Gemeinschaft der Teile im Ganzen.

4) **Modalität.**

problematisches	möglich und unmöglich.
assertorisches	Dasein und Nichtsein.
apodiktisches	notwendig und zufällig.

Fries modifiziert aber die Kantische Lehre an zwei Punkten, erstens indem er die Lehre vom Schematismus sofort anschließt, und zweitens indem er das Verfahren der Ableitung sogleich auch über das Gebiet der Ideen ausdehnt.

An die Aufstellung des Systems der Kategorien knüpft sich sogleich die Frage: Wie können diese Begriffe in unserer Erkenntnis Bedeutung gewinnen? Da sie selbst uns nur mittelbar im Denken bewußt werden, unmittelbar klar aber nur die Anschauung ist, so können sie der Erkenntnis bestimmter Gegenstände nur dann dienen, wenn sie in der unmittelbaren Erkenntnis der Vernunft mit **anschaulichen, unmittelbar klaren Bestimmungen der erkannten Gegenstände notwendig verbunden sind.**

Dies geschieht dadurch, daß „sich aus reiner Vernunft unserem Gefühl gewisse Grundsätze als unmittelbar sich von selbst verstehende Wahrheiten geltend machen, in denen anschauliche Beschaffenheiten die Bedingungen der Regeln sind und die Kategorien das Prädikat der Regel selbst. Diese Grundsätze sind die der menschlichen Urteilskraft unerweislichen Voraussetzungen aller Beurteilungen"[1]). Da wir z. B. die Verhältnisse der Bewirkung und der Wechselwirkung nur denken und nicht anschaulich vorstellen können, so kann die hierbei in Betracht kommende hypothetische Urteilsform nur so auf die Bestimmung anschaulicher

---

1) Metaph. 229, vgl. N. Kr. II, 30 ff. Wir folgen hier der Darstellung der Metaphysik, da die Anwendung des Schematismus sowohl auf die reinen Naturbegriffe als auf die Ideen hier gleichmäßiger durchgeführt ist, als in der „Neuen Kritik".

Gegenstände Anwendung finden, daß wir dabei durch die anschaulich erkennbaren Verhältnisse, welche wir bei allen unseren Beurteilungen unvermeidlich voraussetzen, nämlich jede Veränderung sei bewirkt, und was zugleich sei, sei in Wechselwirkung, uns leiten lassen.

Solche aus der Anschauung erhaltene Begriffe, welche in notwendiger Verbindung mit einer Kategorie gefunden werden, nennen wir mit Kant die **Schemate** der Kategorien, und die letzteren, sofern sie in dieser Verbindung stehen, schematisierte Kategorien. So ist z. B. Veränderung das Schema der Kategorie der Ursache, und der Begriff von der Ursache einer bestimmten Art von Veränderungen enthält die schematisierte Kategorie der Ursache.

In Beziehung auf diesen Schematismus haben wir nun zwei Tafeln der metaphysischen Grundbegriffe auseinanderzuhalten. Die erste Tafel ist die bereits aufgestellte der Kategorien, die wir in Rücksicht auf ihren Schematismus die **reinen Naturbegriffe** nennen. Die zweite Tafel ist die der Ideen.

Was zunächst das System der reinen Naturbegriffe betrifft, so werden sich unter allen anschaulichen Bestimmungen der Gegenstände diejenigen am meisten zur Verbindung mit diesen Grundbegriffen eignen, welche am abstraktesten sind. Dies sind aber die mathematischen Beschaffenheiten der Gegenstände und unter den mathematischen wieder die bloßen **reinen** Zeitbestimmungen, da wir ja jeden anschaulichen Gegenstand unter den Bedingungen der Zeitlichkeit erkennen. Wir erhalten daher das System der Grundsätze der Metaphysik der Natur, indem wir durch Selbstbeobachtung zu jeder Kategorie ihre Zeitbestimmung suchen und diese „transzendentalen Schemate" dann mit der Kategorie im Grundsatz notwendig verbunden denken.

Solche Zeitbestimmungen als Schemate sind: Der Quantität nach die Zahl, der Qualität nach der Grad, der Relation nach das Zugleichsein und Nacheinandersein (wobei das letztere teils ein beharrliches, teils ein wechselndes ist), endlich der Modalität nach teils eine bestimmte Zeit, teils ins unbestimmte irgend eine Zeit, teils die Zeit überhaupt.

Daraus ergibt sich dann die „Tafel der metaphysischen Grundsätze der Naturlehre", die sich abgesehen von unwesentlichen Änderungen und Zusätzen völlig an Kant anschließt:

„1. Axiome aus reiner Anschauung unter dem Prinzip: Jede Erscheinung, das heißt, jeder Gegenstand einer gegebenen anschaulichen Erkenntnis, ist eine ausgedehnte, stetige Größe, welche nach Zahlen stetig gemessen werden kann.

2. Antizipationen der Wahrnehmung unter dem Prinzip: Alle anschaulich erkannten Beschaffenheiten der Erscheinungen sind stetige intensive Größen, welche nach Graden meßbar sind.

3. Analogien der Erfahrung unter dem Prinzip: Alle Einheit in der Existenz der Erscheinungen ist die Gemeinschaft der Wesen durch die Wechselwirkung ihrer Kräfte in der Zeit; welches das Grundgesetz der physischen Verknüpfung ist.

Erstens: Grundsatz der Beharrlichkeit der Wesen: Allem Wechsel der Erscheinungen liegen Wesen zugrunde, welche schlechthin beharrlich sind.

Zweitens: Grundsatz der Bewirkung: Aller Wechsel der Erscheinungen geschieht nach dem Gesetz der Verknüpfung von Ursache und Wirkung.

Drittens: Grundsatz der Wechselwirkung: Alle Erscheinungen, insofern sie zugleich sind, sind in Wechselwirkung.

4. Postulate des empirischen Denkens überhaupt, unter dem Prinzip: Alles Dasein der Erscheinungen hat seine notwendige Bestimmung unter allgemeinen Gesetzen; welches das Grundgesetz der metaphysischen Verknüpfung ist.

Erstens: Möglich ist die Existenz einer Erscheinung, wenn sie zu irgend einer Zeit ist.

Zweitens: Dasein ist die Existenz einer Erscheinung zu einer bestimmten Zeit.

Drittens: Das Dasein jeder gegebenen Erscheinung ist mit Notwendigkeit gegen die Zeit überhaupt bestimmt"[1]).

b) Das System der Ideen.

Nun ist aber die Reihe der in diesem anschaulichen Schematismus wirksamen Bedingungen, von welchen unsere ganze wissenschaftliche Erkenntnis der Dinge abhängig ist, die Zeit und mit ihr Raum und Zahl unausdenkbar, und das Gesetz für sich allein betrachtet leer und wesenlos und kann deshalb keinen selbständigen Grund der Verbindung der Dinge abgeben. Aus diesem Unbefriedigenden der Naturerkenntnis entsteht für unser Gefühl der Gedanke einer höheren Wahrheit, welche nur durch die reinen Kategorien unbeschränkt von ihren anschaulichen Schematen, bestimmt sein soll.

Da wir aber keinen anderen Gehalt der Erkenntnis, als den der Anschauung haben, so können wir jene höhere Begriffe, nämlich die Ideen[2]) nur durch Entgegensetzung gegen die Schranken der anschaulichen Erkenntnis gewinnen.

Die Ideen entstehen demnach durch doppelte Verneinung, nämlich durch Verneinung der Schranken des anschaulichen Schematismus.

Damit treten für Fries beim Übergang von den Kategorien zu den Ideen in eigentümlicher Weise die Kategorien der Qualität in den Vordergrund. Von den drei Kategorien der Qualität: Realität, Verneintheit und Beschränktheit setzen sich nämlich die zwei letzten (eben in der Verneinung der Schranken) zusammen zum Begriff des Unbeschränkten, des Absoluten und geben so die Idee der vollendeten Realität. Auch die andern Ideen lassen sich ähnlich auf dem Wege einer doppelten Verneinung bilden, nämlich aus den Kategorien der Grösse der Begriff des Einfachen als der

---

1) N. Kr. II, 32 f.   2) Über den Begriff der Idee siehe unten.

Einheit, welche keine Vielheit in sich hat, der Begriff der vollendeten Allheit (Totalität) als der Allheit, die nicht wieder Teil in einem größeren Ganzen sein kann und endlich durch Verneinung des in der Kategorie der Allheit als Summe von einzelnen Gegenständen der Anschauung liegenden Schematismus der Zahl der Begriff des vollständigen Ganzen einer Art von Dingen (aller Menschen, aller Sterne). Innerhalb der Kategorien der Relation ergibt sich durch Verneinung der Naturnotwendigkeit als höchste Idee die der Freiheit, und als Inbegriff aller Realitäten aus dem Gegensatz zur bloßen Zusammenfassung aller einzelnen Dinge die Idee des Weltalls, aus dem Gegensatz zur materiellen Welt die intelligible Welt des Lebendigen, die Seele, und als der Begriff einer über die Welt erhabenen Ursache der Welt die Idee der Gottheit. Unter den Kategorien der Modalität führt die Verneinung der Schranken zur Idee der Ewigkeit, innerhalb welcher dem absolut Zufälligen der Erscheinung die absolute Notwendigkeit als das Wesen der Dinge an sich selbst entgegentritt.

Über die durch die sinnliche Erkenntnis gegebene Weltansicht, die menschliche Ansicht des Wissens und der Wissenschaft, erheben wir uns also durch Verneinung der am unvollendbaren Schematismus der Kategorien haftenden Schranken zu den Ideen des Glaubens an die ewige Wahrheit[1]).

Indem dadurch die Ideenlehre unter der Form des

---

1) N. Kr. II, 84 f., 181 f., Metaph. 231 ff., 434. ff. Die Tafel der Ideen findet sich bei Fries in verschiedenen Formen, die nicht völlig untereinander in Einklang gebracht sind. Nach der N. Kr. ergeben sich aus der Verneinung der Schranken zunächst die höchsten Ideen (auch „Formen der Ideen" genannt, N. Kr. II, 205) des Absoluten, der Totalität, der Freiheit und der Ewigkeit, denen dann je 3 Ideen (die jedoch nicht alle mit gleichem Recht Ideen heißen) untergeordnet werden. In der Metaphysik (S. 231) finden wir aber z. B. folgende Tafel der Ideen des Absoluten:

1) Größe: 2) Beschaffenheit:
Vollendete Einheit.   Absolutes.

transzendentalen Idealismus, der Lehre, daß die durch die sinnliche Erkenntnis gegebene Weltansicht der Erscheinungen nur eine menschliche Ansicht von den Dingen, nicht das Wesen der Dinge selbst zeige, ihre Ausbildung findet, während andererseits doch auch die ideale Erkenntnis auf nichts anderes als auf das Ganze der Erfahrung sich beziehen kann, sind zwei Grundsätze wirksam, „der Grundsatz des Selbstvertrauens der Vernunft" und „der Grundsatz der Vollendung" [1]).

Der höchste subjektive Grundsatz aller menschlichen Beurteilungen ist der Grundsatz des Selbstvertrauens der menschlichen Vernunft": „jeder Mensch hat das Vertrauen zu seinem Geiste, daß er der Wahrheit empfänglich und teilhaftig sei". In allen Behauptungen und Überzeugungen des Menschen findet sich die unvermeidliche Voraussetzung, seine Urteilskraft habe das Vermögen, Wahrheit und Irrtum zu unterscheiden und Wahrheit zu erkennen. Auch der Skeptiker entgeht dieser Voraussetzung nicht, denn wenn er sagt, er zweifle, oder etwa auch, er zweifle, ob er zweifle, so behauptet er doch immer die Wahrheit, daß er zweifle. Doch gibt auch die auf die sinnliche Erkenntnis im allgemeinen vertrauende unbefangene Menschenvernunft zu, daß unsere Sinne uns nur eine beschränkte Vorstellung vom wahren Sein der Dinge geben. Aber durch die diese Schranken verneinenden Ideen erheben wir uns zu der Vorstellung des wahren Seins der Dinge selbst.

Dies geschieht nach dem zweiten Grundsatz, demjenigen der Vollendung: „Das Wesen der Dinge selbst ist

---

3) Verhältnis: 4) Modalität:
Freiheit   Ewigkeit
Welt   Erscheinung
Gottheit.   Sein an sich.

Fries wechselt zwischen der Identifikation der höchsten Ideen mit einer der ihr untergeordneten und einer selbständigen Trichotomie als Unterordnung unter die ersteren. Wir werden übrigens in der Deduktion der Ideen an die obige Skizze der Ideentafel wieder anzuknüpfen haben.

[1]) Metaph. 436 ff. N. Kr. II, 35 ff.

unbeschränkt (absolut) und hat vollendete Einheit."

Nun ist aber die nach diesen Grundsätzen aufgebaute Ideenlehre zunächst nur durch Negation durch Verneinung der Schranken der anschaulichen Erkenntnis entstanden. Sollen sie auf die Erkenntnis angewendet werden, so bedürfen auch sie eines vermittelnden Schematismus, welcher die reale Verbindung mit der Erscheinungswelt herstellt. An die Stelle der Zeitbestimmung, die als Schema für die reinen Naturbegriffe galt, tritt hier der auf der inneren anschaulichen Selbsterkenntnis beruhende sittliche Schematismus. Auch die Ideen können auf kein anderes Wesen der Dinge als auf das Ganze der Erfahrung sich beziehen. Die ideale Erkenntnis kann also nur eine andere höhere Ansicht von denselben Dingen sein, die wir auch unter Naturgesetzen kennen lernen. Wir werden also jene ewigen Wahrheiten nur anwenden können, indem wir in der ästhetischen Beurteilung der sinnlich erscheinenden Welt die ewige Bedeutung des Erscheinenden „ahnden". So verbinden sich mit den logischen die ästhetischen Ideen, in deren Formen wir uns der Unterordung der Erscheinung unter die Grundgedanken der ewigen Wahrheit bewußt werden, und das bloße spekulative System der Ideen, das für sich allein nur eine doppelt verneinende Hinweisung auf die Geheimnisse der ewigen Wahrheit enthalten würde, wird durch den höheren sittlichen Schematismus „belebt" „zu den Ideen von der selbständigen Geisteswelt unter Gottes heiligem Willen"[1]). Erst durch die Ideen eines notwendigen Wertes, durch die persönliche Würde des selbständigen Geistes, wobei die Ideenlehre durch eine Zwecklehre vollendet wird, ist eine Anwendung der Ideen möglich gemacht[2]).

So erhebt sich über der „natürlichen Ansicht der Dinge", welche Sache des Wissens ist und der die reinen Naturbegriffe dienen, die „ideale Ansicht der Dinge",

---

1) N. Kr. II, 36. Metaph. 435 f., 453, 480 ff.; zu den „ästhetischen Ideen" vgl. auch prakt. Philos. § 43, II, 160 ff. N. Kr. § 225, III, 276 ff.   2) Metaph. 436, 481.

welche dem Glauben gehört, und welcher die reinen spekulativen Ideen dienen, über der „niederen Metaphysik" als der Lehre vom Wissen die „höhere Metaphysik als spekulative Ideenlehre, als Lehre vom Glauben und von der Ahndung einer ewigen Ordnung der Dinge"[1]).

Einer Kritik der Vernunft aber fällt die Aufgabe zu, für alle diese, wie für die notwendigen Einheitsformen der menschlichen Erkenntnis überhaupt nicht bloß den Leitfaden ihrer Auffindung, sondern die Rechtfertigung, die Deduktion zu liefern.

C. Die Deduktion der notwendigen Einheitsformen der Erkenntnis[2]).

Da die Deduktion, wie sich aus der Erörterung ihres Begriffes ergeben hat, nur auf eine Theorie der Vernunft sich gründen kann, so läßt sich ihre Aufgabe in folgende Fragen fassen:

1) „Welches ist die Beschaffenheit der menschlichen Vernunft, vermöge deren die notwendige Einheit in ihren Erkenntnissen stattfindet?" Die Antwort darauf gibt die „Grunduntersuchung des Ganzen".

2) „Welche Modifikationen müssen diese Einheitsvorstellungen vermöge der besonderen Natur der menschlichen Erkenntniskraft erhalten?" Die Beantwortung dieser Frage geschieht in der „Ausführung der Lehre", indem sie aus der Natur der menschlichen erkennenden Vernunft alle spekulativen Formen der Kategorien und Ideen ableitet.

3) Eine dritte Aufgabe ist nach Fries die Ableitung des sittlichen Schematismus, die sich auf die Natur der handelnden menschlichen Vernunft gründet. Diese Aufgabe, die Fries im dritten Teil seiner „Neuen Kritik der Vernunft" behandelt, fällt aber nicht mehr in den Rahmen unserer Untersuchung[3]).

---

1) Metaph. 48 f.
2) Vergleiche hierzu die oben gegebene eingehende Darstellung der Methode der Deduktion, insbesondere in ihrem Verhältnis zum Beweis. 3) N. Kr. II, 42.

I. Die aller Synthesis zugrunde liegenden Vernunftbeschaffenheit.

Daß unsere Vernunft notwendige oder apodiktische Erkenntnisse besitzt, steht nach dem Bisherigen fest. Es fragt sich also, welche Beschaffenheit in einer solchen Erkenntniskraft vorausgesetzt werden muß, damit sie solche Erkenntnisse besitzen könne.

1. Die Einheit der erkennenden Vernunft.

Als charakteristisches Merkmal der apodiktischen Erkenntnis hat sich ergeben, daß sie nicht nur für einen bestimmten Lebenszustand, sondern für die Vernunft überhaupt in der ganzen Geschichte ihres Erkennens gilt. Die sinnliche Erkenntnis für sich allein ist eine immer veränderte, täglich neue, in der die Anschauungen beständig wechseln, ohne daß die eine irgend auf die andere bezogen wäre, und ohne daß sie eine Folge über ihre eigene Dauer hinaus hätte. Ein Erkenntnisvermögen dieser Art gliche nur der hellen Spiegelfläche, an der immer veränderte Bilder in stetem Wechsel vorüberziehen, entstanden durch eine fremde, äußere Kraft, die sich an der Fläche bricht, ohne eine Spur an ihr zurückzulassen. Soll es also apodiktische Bestimmungen in unseren Erkenntnissen, soll es überhaupt einen Begriff der Notwendigkeit in unseren Vorstellungen geben, so muß der erkennenden Vernunft eine ursprüngliche, dauernde Tätigkeit zukommen, durch welche alle ihre Erkenntnis als die Wirkung einer Kraft bestimmt wird.

Unsere Erkenntnis erhält also erst in der Abhängigkeit von dieser einen Erkenntniskraft ihren notwendigen Wert. Andererseits aber ist auch diese ursprüngliche Selbsttätigkeit sich nicht selbst genug. Sie ist keine selbständige Spontaneität, welche ihre Erkenntnis unmittelbar hervorbrächte, wie die Materie ihre Anziehungen und Abstoßungen, sondern sie bedarf, wie der Organismus in seinen Lebensäußerungen, der Anregung durch den Sinn. Eben dadurch unterscheidet sich unsere Vernunft als eine erregbare Spontaneität, als endliche Vernunft von einer absoluten Vernunft, von einem Vermögen der intellektuellen Anschauung, welches nicht bloß wie die unsrige eine Form zu der Erkenntnis, sondern die vollständige Erkenntnis selbst mit unmittelbarer Apodiktizität und Notwendigkeit besäße.

2. Die Arten der Apperzeption.

Die nähere Bestimmung der aus dieser Apodiktizität der Erkenntnis abzuleitenden Vernunftbeschaffenheit ergibt sich aus den tatsächlich vorkommenden Verhältnissen der Erkenntnisbestandteile.

a) Die transzendentale Apperzeption.

Zunächst sind es die Tatsachen der analytischen und synthetischen Einheit, mit denen wir uns abzufinden haben. Es ist die Frage, was für eine Beschaffenheit der Vernunft wir voraussetzen müssen, um den Besitz dieser Einheiten möglich zu machen.

Nicht bloß die synthetische, sondern auch die analytische Einheit kommt hier in Betracht. Da zur Analysis die Reflexion sich selbst genug ist, Synthesis dagegen sich nicht selbst geben kann, so läßt sich allerdings mit Kant das Rätsel der Spekulation in der Formel aussprechen: wie ist Synthesis a priori möglich? Aber die analytische Einheit als Einheit muß doch selbst durch eine Theorie der Einheit begründet werden[1]). Durch jede Vorstellung der analytischen Einheit eines Begriffes wird ja die ganze Sphäre meines Erkennens als bestimmbar erkannt. Diese Sphäre muß also als Ein Ganzes ursprünglich bestimmt sein. Es muß daher alles mein Bewußtsein sich in einem identischen Bewußtsein der Selbsterkenntnis vereinigen, damit meiner Vernunft eine solche Bestimmung von allem durch jedes möglich werde. Diese Einheit der Reflexion ist aber selbst

---

1) N. Kr. II, 70.

nicht möglich ohne eine zugrunde liegende Einheit der unmittelbaren Erkenntnis. Ich kann z. B. im Satze des Widerspruchs nur dann behaupten, Widersprechendes lasse sich nicht verbinden, wenn für meine Vernunft alle verschiedenen Sphären einzelner Begriffe zuletzt in einer obersten enthalten sind, wenn es in meiner Vernunft nur ein System der Wahrheit gibt. Sonst könnte ja im einen der Satz, im andern der Gegensatz gelten, ähnlich wie die Begebenheiten des heutigen Tages von denen des gestrigen verschieden sind, wie heute geschieht, was gestern nicht geschah. Diese Beschaffenheit der Vernunft, vermöge welcher das Ganze alles ihres Erkennens mit Notwendigkeit zusammengehört, nennt Fries die transzendentale Apperzeption.

Die Notwendigkeit, eine solche Vernunftbeschaffenheit vorauszusetzen, wird noch einleuchtender von der synthetischen Einheit aus. Objektive synthetische Einheit entsteht noch nicht dadurch, daß mannigfaltige Vorstellungen in demselben Subjekte, in derselben Vernunft zusammengehören. Denn ich könnte mir meine Erkenntnis ja auch als ein vielfarbiges Gemenge von einzelnen Wahrnehmungen ohne alle Verbindung denken. Auch können verschiedene Vorstellungen in zufälliger subjektiver Verbindung stehen, wie dies bei Vorstellungsassoziationen, z. B. zwischen Wort und Gedanke in der Sprache, der Fall ist. Beide sind für mein Bewußtsein zwar immer verbunden, aber ohne irgend in eine Vorstellung zusammenzugehen, ohne zu einer identischen Apperzeption vereinigt zu werden. Objektive Verbindung ist es dagegen, wenn ich die verschiedenen Anlagen, die Gebüsche, Rasenplätze usw. eines Gartens betrachte und nun in die ganze Vorstellung des Gartens zusammenfasse. Eine solche objektive synthetische Einheit ist endlich auch damit noch nicht gegeben, daß ich mir in einer inneren Wahrnehmung bewußt bin, alle meine Vorstellungen seien, eben als die meinigen, Vorstellungen desselben Subjekts. Denn die objektive synthetische Einheit „fordert über die Einheit des Subjektes, dem z. B. alle diese einzelnen Anschauungen als seine Erkenntnistätigkeiten zukommen, und außer der Einheit der Reflexion oder der Selbstbeobachtung, in der ich mir aller dieser verschiedenen Anschauungen neben einander als der meinigen bewußt bin, noch Einheit des Erkennens selbst, so daß jede einzelne nur Teil einer ganzen Erkenntnistätigkeit ist, welche durch die Verbindung vorgestellt wird"[1]).

Das Erkennen unserer Vernunft ist also in jedem Augenblick ein Ganzes der unmittelbaren Erkenntnis, das wir die transzendentale Apperzeption nennen. Bei dem sinnlichen Wesen unserer Vernunft ist es allerdings nicht möglich, daß wir uns dieses Ganzen der unmittelbaren Erkenntnis je bewußt werden. Nur einzelne Teile derselben faßt der innere Sinn unmittelbar als Anschauung auf und wenigstens die Form des Ganzen vermag die abstrahierende Reflexion zu beobachten. Nur in diesen verschiedenen Möglichkeiten der Auffassung und Kombination des Aufgefaßten liegt ja auch der Unterschied des Anschauens und Denkens und die Möglichkeit des Dichtens als eines vom Gesetze der Wahrheit unabhängigen freien Spiels mit Vorstellungen.

b) Die ursprüngliche formale Apperzeption.

Auf eine andere, aber mit der transzendentalen eng zusammenhängende Art der Apperzeption führt uns das Verhältnis des Materialen und Formalen in unserer Erkenntnis.

In jedem Ganzen der Erkenntnis haben wir nämlich den dreifachen Unterschied zu machen zwischen dem Ganzen selbst, der vereinigenden Form desselben und der in ihm vereinigten Materie. Ist z. B. die Anschauung eines einzelnen Baumes ein solches Ganzes, so macht seine Gestalt, der Begriff der bestimmten Baumart, zu der er gehört usw. die Form derselben, das Aggregat seines Stammes und seiner Zweige, so wie sie sich wirklich in diesem einzelnen vorfinden, die Materie. Oder ist das Ganze der Erkenntnis der Umlauf des Mondes um die Erde, so machen Bewegung und eine bestimmte Wechselwirkung

---

1) N. Kr. II, 50, § 91, S. 47 ff.

bewegender Kräfte die Form dieser Begebenheit, Erde und Mond die Materie. Oder es sei die Erkenntnis der allgemeinen Regel gegeben: alle Körper sind schwer, so bleibt diese eine leere Form, wenn die Anschauung nicht wirklich einzelne Körper als Materie zur Anwendung gibt, so daß das Ganze der Erkenntnis das System aller Körper unter dieser Regel wird. Stets ist hier das Formale dasjenige, wodurch Einheit in das Ganze unserer Erkenntnis kommt, und dasjenige, wodurch wir uns der Einheit desselben als Baum, als Begebenheit einer Wechselwirkung, als allgemeines Gesetz bewußt werden. Dieses Formale konstituiert also einerseits Einheit und Verbindung in der Erkenntnis, andrerseits ist es das Mittel, wodurch wir Einheit und Verbindung durch Reflexion beobachten. Diese Beobachtung durch die Reflexion bezieht sich aber stets nur auf das einzelne Formale. Die Einheit im Ganzen der Erkenntnis soll aber ebenfalls nur durch eine formale Vorstellung in ihm entspringen. Es muß daher eine alles umfassende ursprüngliche formale Grundtätigkeit der Vernunft geben, von welcher dann das von der Reflexion aufgefaßte einzelne Formale nur ein Teil ist. Diese allgemeine und ursprüngliche formale Apperzeption, wie Fries sie nennt, ist Quell aller Einheit und damit die Bedingung alles allgemeingiltigen Wertes unserer Erkenntnis. Die ganze transzendentale Apperzeption wird daher durch sie erst möglich.

In dieser ursprünglichen formalen Apperzeption haben wir also das oberste Prinzip der Vernunftkritik zu sehen. „Diese formale Vorstellung der Einheit und Notwendigkeit aller meiner Erkenntnis", heißt es bei Fries, „ist das Resultat der Form der Erregbarkeit unserer Vernunft, welches in aller unserer Erkenntnis das eine und gleiche ist, uns aber nur in den zerbrochenen einzelnen Formen von analytischer und synthetischer Einheit zum Bewußtsein kommen kann. Es ist dasjenige, was die Vernunft als solche charakterisiert, was sie für sich zur Erkenntnis gibt, nichts als das Gesetz: jede Erkenntnis unserer Vernunft kann nur Modifikation ihrer reinen Erkenntnistätigkeit sein. Dies ist das subjektive Prinzip ihrer Einheit und Notwendigkeit, ihre ursprüngliche formale Apperzeption. Die Annahme einer solchen ursprünglichen formalen Apperzeption ist der oberste Punkt einer Theorie der Spontaneität der Erkenntniskraft, und somit das höchste Prinzip der Anthropologie, von dem die Theorie der Vernunft ausgehen muß" [1]).

c) Die materiale Apperzeption.

Fries unterscheidet nun aber noch eine dritte Art der Apperzeption, die materiale. Ohne sie in den grundlegenden Ausführungen über die „höchsten Gründe einer Theorie der Selbsttätigkeit im Erkennen" [2]) besonders zu nennen, beginnt er doch den unmittelbar darauf folgenden Anhang mit dem Satz: „Das oberste Verhältnis einer Theorie unserer Vernunft ist das hier aufgewiesene einer formalen, materialen und transzendentalen Apperzeption" [3]). Hierzu kommt die weitere Schwierigkeit, daß er im Verlaufe der folgenden Ausführungen als dritte neben der transzendentalen und der ursprünglichen formalen Apperzeption nicht die materiale, sondern die „reine Apperzeption" einführt, d. h. „das reine Selbstbewußtsein, welches durch die Reflexion: Ich bin, oder ich denke, ausgesprochen wird, die Form des inneren Sinnes ist, und jeder inneren Anschauung das Ich als den einen und gleichen denkenden Gegenstand bestimmt" [4]).

Die tatsächliche Grundlage der ganzen Deduktion ist aber die Gliederung in formale, materiale und transzendentale Apperzeption [5]). Wie läßt sich dies zusammenreimen?

Zunächst ist die Benennung „reine Apperzeption" im Anschluß an Kant und in der Auseinandersetzung mit ihm gewählt. Sie dient der später von uns zu berücksichtigenden Abgrenzung seines Apperzeptionsbegriffes dem Kanti-

---

1) N. Kr. II, 60.
2) N. Kr. § 90—92. Wir finden nur die Überschriften: a) Einheit der vernünftigen Erkenntniskraft; b) die transzendentale Apperzeption; c) die ursprüngliche.
3) N. Kr. II, 62.   4) N. Kr. II, 64 f.
5) Vgl. N. Kr. II, 62, 82, 90, 102.

schen gegenüber. Das, was Fries mit diesem Ausdruck bezeichnet, steht aber in engem Zusammenhang mit seiner „materialen Apperzeption".

Material heißt nach Fries eine Vorstellung, sofern sie ein Objekt hat, formal, sofern sie nur in der Rücksicht betrachtet wird, daß anderes in oder unter ihr enthalten ist. Auch die oberste Einheitsform, die ursprüngliche formale Apperzeption ist als reine Form leer, sie bedarf der Ergänzung durch materiale Erkenntnisse, die „ihren Gehalt" bilden, und sie ist, eben sofern sie Objekte hat, als „Erfüllung der Form" materiale Apperzeption im Verhältnis zur formalen Apperzeption als der reinen Form und zur transzendentalen Apperzeption als der erfüllten Form[1]). Nun enthält unsere Erkenntnis aber drei Arten Gehaltbestimmungen der formalen Apperzeption: Erstens „die in ihrer Art einzige unmittelbare Gehaltbestimmung der transzendentalen Apperzeption im reinen Selbstbewußtsein"; zweitens „die vielen empirischen Gehaltbestimmungen durch den Sinn in der Empfindung, die Sinnesanschauungen einzelner Gegenstände"; drittens „ursprüngliche Gehaltbestimmungen der formalen Apperzeption aus dem Wesen der Vernunft, sowohl spekulativ durch die Natur ihrer Sinnlichkeit, als praktisch durch die handelnde Vernunft, die Erkenntnis a priori"[2]).

Die einzelnen materialen Gehaltbestimmungen durch den Sinn traten uns bereits als unerläßliche Vorbedingung für die Entwicklung der Erkenntnis mehrfach entgegen. Die Erkenntnis a priori ist es, welche im folgenden deduziert werden soll. Beiden gegenüber nimmt das „reine Selbstbewußtsein", d. h. die „reine Apperzeption" eine Sonderstellung ein. Sie ist die „in ihrer Art einzige unmittelbare Gehaltbestimmung der transzendentalen Apperzeption", sofern sie unmittelbar jeder inneren Anschauung das Ich als den einen und gleichen denkenden Gegenstand bestimmt.

Nun verstehen wir, wie Fries gelegentlich die „reine"

---

1) N. Kr. II, 102, 62, 56.   2) N. Kr. II, 82.

Apperzeption an Stelle der „materialen" neben die transzendentale und die ursprüngliche formale stellen kann. Ist sie ja doch die bedeutsamste unmittelbare materiale Bestimmung beider. Für die systematische Grundlegung der Vernunfttheorie aber kommt ausschließlich der umfassendere Begriff der materialen Apperzeption in Betracht, während die „reine Apperzeption" dann nur als „reines Selbstbewußtsein" eine der materialen Bestimmungen derselben vertritt.

3. Der Friesische Apperzeptionsbegriff in seinem Verhältnis zum Kantischen.

Der Zentralbegriff der Kantischen Erkenntnistheorie, derjenige der Apperzeption erfährt bei Fries eine eigentümliche Modifikation. Nach Fries leistet die Kantische Apperzeptionstheorie nicht, was sie leisten sollte. Sie ist nicht imstande, die wirklich vorkommenden Verbindungsformen unserer Erkenntnis aus der Theorie abzuleiten. Warf man Kant vor, daß er nicht imstande sei, anzugeben, warum wir gerade diese Formen der Kategorie und Idee besitzen, so antwortete er nur, daß dies kein unentbehrliches Bedürfnis der Kritik sei, was allerdings, meint Fries, „so wie er sich die Aufgabe gestellt hatte, nicht unrichtig, für die Evidenz des ganzen Systems aber doch ein bedeutender Mangel war"[1]).

Diese Bemerkung von Fries gibt nun allerdings den Kantischen Standpunkt nur sehr ungenau wieder. Auf das Ansinnen, zu erklären, warum wir gerade diese Formen der Kategorien besitzen, hat Kant eine viel deutlicher ablehnende Antwort gegeben. Nach Kant läßt sich „von der Eigentümlichkeit unseres Verstandes", „nur vermittelst der Kategorien und nur gerade durch diese Art und Zahl derselben Einheit der Apperzeption a priori zustande zu bringen", „ebensowenig ferner ein Grund angeben, als warum wir gerade diese und keine andere Funktionen zu Urteilen haben,

---

1) N. Kr. II, 63.

oder warum Zeit und Raum die einzigen Formen unserer möglichen Anschauung sind"¹). Mit der angeblichen Beantwortung jener Frage aber: „daß dies kein unentbehrliches Bedürfnis seiner Kritik sei", ist wohl an die auch in der Abhandlung „Über den Gebrauch teleologischer Prinzipien in der Philosophie"²) zitierten Ausführungen Kants gedacht, mit welchen er in den „Metaphysischen Anfangsgründen der Naturwissenschaft"³) auf Ulrichs Rezension in der Allgem. Zeitung Nr. 295 eingeht. Den Hauptpunkt bildet hier aber nicht die Begründung, warum wir gerade diese Kategorien besitzen, sondern die Behauptung, daß „ohne eine ganz klare und genugtuende Deduktion der Kategorien das System der Kritik der reinen Vernunft in seinem Fundament wanke". Kant sucht dem gegenüber zu zeigen, daß es genüge, wenn bewiesen werden kann, „daß die Kategorien, deren sich die Vernunft in allem ihrem Erkenntnis bedienen muß, gar keinen anderen Gebrauch als bloß in Beziehung auf Gegenstände der Erfahrung haben können, (dadurch daß sie in dieser bloß die Form des Denkens möglich machen)"; die Beantwortung der Frage, wie sie solche möglich machen, sei dann zwar wichtig genug, um die Deduktion zu vollenden, aber in Beziehung auf den Hauptzweck des Systems, nämlich die Grenzbestimmung der reinen Vernunft, „keineswegs notwendig, sondern bloß verdienstlich". Und er setzt bei seiner Beweisführung bereits als „zugestanden" voraus, daß die Tafel der Kategorien alle reinen Verstandesbegriffe und alle formalen Verstandeshandlungen in Urteilen vollständig enthalten⁴).

Ist aber auch die Kritik, welche Fries an Kant übt, an dieser Stelle zu berichtigen, so berührt er damit doch einen der anerkannt schwachen Punkte des Kantischen Systems, und er sucht diese „Unvollständigkeit der Kantischen Ansicht" von seiner Grundposition aus zu erklären und von seiner Apperzeptionslehre aus zu ergänzen. Da Kant den denkenden Verstand als Reflexionsver-

---
1) Kr. d. r. V. 668.   2) S. W. VI, 389.
3) S. W. V, 313 ff.   4) a. a. O., S. 315.

mögen mit der unmittelbaren Vernunft verwechselte und das nur wiederholende Wesen der Reflexion nicht kannte, geschah es, daß er das, was wir transzendentale Apperzeption oder das Ganze der unmittelbaren Erkenntnis unserer Vernunft nennen, gar nicht bemerkte, indem er es von dem objektiven Dasein der Dinge nicht unterschied, daß er ferner in dem, was er „reine Apperzeption", und „durchgängige Identität aller Apperzeption" nennt, unsere „ursprüngliche formale Apperzeption" mit dem reinen Selbstbewußtsein vermengte. Er beruft sich dabei auf die Apodiktizität, welche in dem Ist als Kopula jedes Urteils liege[1]). Aber diese hat nichts mit dem reinen Selbstbewußtsein zu tun, sondern sie ist nur ein Abdruck der ursprünglichen formalen Apperzeption im Urteil der Reflexion[2]), deren einzelne Einheitsformen doch selbst erst durch jene ursprüngliche formale Apperzeption möglich gemacht werden. Kants Fehler ist, daß er die Einheit der Reflexion, die Zusammenfassung aller Erkenntnisse in eine Einheit der Selbstbeobachtung mit der unmittelbaren Einheit alles Erkennens verwechselte, und nun meinte, mit der ersten, die doch nur Eigentum der Reflexion ist, schon eine Theorie der Verbindung versuchen zu können. Wir dürfen die den Quell aller einzelnen Einheitsformen bildende Apperzeption nicht mit Kant durch das „Ich bin" bezeichnen, denn auch dies ist nur eine einzelne materiale Bestimmung derselben. Wir müssen sie vielmehr mit Formen vergleichen, wie z. B. die Anschauung des unendlichen Raumes in abstracto, wie die Geometrie ihn voraussetzt, oder die alles in einem Ganzen zusammenfassenden Formen Welt, Weltordnung oder auch wie der Satz: Jedem Dinge kommt entweder ein Begriff oder sein Gegenteil zu, als Form der Bestimmbarkeit von allem durch jedes.

---

1) Fries nimmt wie überall, so auch hier auf die zweite Auflage der Kr. d. r. V. Bezug, in deren Fassung der transzendentalen Deduktion das Urteil als die Art, gegebene Erkenntnisse zur objektiven Einheit der Apperzeption zu bringen, für die Beweisführung verwertet wird. Vgl. Kr. d. r. V., S. 666 f.

2) N. Kr. II, 61.

In Wirklichkeit sind dies alles freilich nur Abdrücke der
reinen formalen Apperzeption vor der Reflexion, sie selbst
nennen wir am besten die „Grundvorstellung der Einheit und
Notwendigkeit" [1]).

Nach Fries erscheint also die Kantische Synthesis, so
wie er sie in ihren einzelnen Formen aufstellt und in den
Grundsätzen des Verstandes entwickelt, nur als ein Akt des
Reflexionsvermögens, als „eine Wiederholung, deren Original er nicht kennt", während sich doch durch eine solche
Synthesis niemals das werde als objektive synthetische Einheit der Erkenntnis vorstellen lassen, was in der unmittelbaren Erkenntnis unserer Vernunft nicht schon verbunden
sei. Er trifft damit allerdings den Kern des Kantischen
Apperzeptionsbegriffes nicht, und die Beweise, welche er
dafür aus Kant selbst anführen zu können glaubt, reichen,
wenn man die Stellen richtig versteht, nicht aus. Wenn
Fries sagt, Kants Fehler in dieser ganzen Ansicht unserer
Vernunft lasse sich auch dadurch charakterisieren: „Selbsttätigkeit der Erkenntniskraft sei ihm immer Willkürlichkeit derselben d. h. Reflexion", so lesen wir an der von ihm
zitierten Belegstelle [2]), daß Kant die Verbindung des Mannigfaltigen Synthesis nennen will, „um dadurch zugleich bemerklich zu machen, daß wir uns nichts, als im Objekt verbunden, vorstellen können, ohne es vorher selbst verbunden
zu haben, und unter allen Vorstellungen die Verbindung
die einzige ist, die nicht durch Objekte gegeben, sondern
nur vom Subjekte selbst verrichtet werden kann, weil sie
ein Actus seiner Selbsttätigkeit ist". Eine Willkürlichkeit
spielt hier nicht herein, ist vielmehr durch die Gesetzmäßigkeit des ganzen Vorganges ausgeschlossen. Wenn Fries
ferner sich darauf beruft, Synthesis sei nach Kant die Handlung des Verstandes, eine Vorstellung zu der andern hinzuzusetzen und beide in einem Bewußtsein zu vereinigen, was

---

1) N. Kr. II, 65.
2) Nach Fries: Kr. d. r. V. 130, also in der 2. Aufl. (bei Kehrbach 658) wohl der oben angeführte Satz.

nur die Reflexion tue, so lesen wir bei Kant[1]): „diese Beziehung [auf die Identität des Subjekts] geschieht also dadurch noch nicht, daß ich jede Vorstellung mit Bewußtsein begleite, sondern daß ich eine zu der andern hinzusetze, und mir der Synthesis derselben bewußt bin. Also nur dadurch, daß ich ein Mannigfaltiges gegebener Vorstellungen in einem Bewußtsein verbinden kann, ist es möglich, daß ich mir die Identität des Bewußtseins in diesen Vorstellungen selbst vorstelle, d. i. die analytische Einheit der Apperzeption ist nur unter der Voraussetzung irgend einer synthetischen möglich". Daraus geht deutlich hervor, daß auch nach Kant die für die Reflexion charakteristische Form der analytischen Einheit die synthetische Einheit bereits voraussetzt. Diese synthetische Einheit selbst aber ist nicht ein Erzeugnis der Reflexion, sondern sie entstammt — wenigstens nach derjenigen Theorie, welche in der endgiltigen Redaktion der „Kritik der reinen Vernunft" beider Auflagen uns vorliegt — zuletzt der schöpferischen Fähigkeit der produktiven Einbildungskraft[2]), die damit gewissermaßen das ersetzt, was bei Fries die „unmittelbare Erkenntnis" leistete.

Daß es nicht zulässig ist, die Kantische Synthesis als einen Akt des Reflexionsvermögens zu bezeichnen, geht aber auch daraus hervor, daß der „innere Sinn", zu welchem nach Fries die Reflexion als eine Art wissenschaftlicher Fortsetzung und Vollendung desselben in der engsten Beziehung steht, bei Kant aufs schärfste von der Synthesis der Apperzeption getrennt wird. Die transzendentale Einheit der Apperzeption ist nach Kant „diejenige, durch welche alles in einer Anschauung gegebene Mannigfaltige in einen Begriff vom Objekt vereinigt wird. Sie heißt darum objektiv und muß von der subjektiven Einheit des Bewußtseins unterschieden werden, die eine Bestimmung des inneren Sinnes ist, dadurch jenes Mannigfaltige der Anschauung zu

---

1) Nach Fries N. Kr. II, 66: Kr. d. r. V., 133, bei Kehrbach 660.
2) Kr. d. r. V., 129, 272 vgl. oben S. 52 ff.

einer solchen Verbindung empirisch gegeben wird"[1]). Er bezeichnet auch den innern Sinn als die empirische im Unterschied von der transzendentalen Apperzeption[2]). Die letztere aber ist bei Kant die ursprüngliche und transzendentale Bedingung, welche alles Empirische und damit auch alle innerhalb der Erfahrung liegende Tätigkeit des inneren Sinnes und der Reflexion[3]) erst möglich macht.

4. Die methodologische Bedeutung des Friesischen Apperzeptionsbegriffs.

Jedenfalls hat Fries durch seine Unterscheidung dreier verschiedener Seiten des Apperzeptionsbegriffes nicht bloß die Grundlage für seine Deduktion, sondern auch die Möglichkeit gewonnen, seinen Standpunkt anderen Auffassungen gegenüber scharf abzugrenzen und zu behaupten. Mit seiner „materialen Apperzeption" nimmt er das in den Apperzeptionsbegriff herein, was bei Kant als „transzendentaler Gegenstand"[4]) gleichsam das objektive Korrelat der transzendentalen Apperzeption bildet, präzisiert den formalen Charakter der Kantischen Apperzeption in seiner „ursprünglichen formalen Apperzeption", und faßt alles in dem Begriff der transzendentalen Apperzeption als dem „unmittelbaren Ganzen der Erkenntnis" zusammen.

Dem Empirismus und Rationalismus gegenüber weiß er seine Entwicklung der Theorie der Vernunft aus anthropologischen Prinzipien geschickt zu vertreten. Als „physikalische Theorie", die sich auf Erfahrung und innere Anschauung gründet, läßt sie weit festere Beurteilungen zu, als die höchsten Abstraktionen der Spekulationen selbst.

---

1) Kr. d. r. V., 664, vgl. auch 673: „Daher man auch lieber den inneren Sinn mit dem Vermögen der Apperzeption (welche wir sorgfältig unterscheiden) in den Systemen der Psychologie für einerlei auszugeben pflegt."
2) Kr. d. r. V. 121.
3) Diesen Begriff hier stets im Friesischen, nicht im Kantischen Sinne genommen.   4) Vgl. Kr. d. r. V. 122 f.

„Überhaupt ist die Behandlung der höchsten Abstraktionen so unbestimmt und schwankend, daß fast kein Philosoph zu einem bestimmten System anders gelangt, als daß er (oft sich selbst unbewußt) eine psychologische Hypothese über die Theorie der Vernunft voraussetzt, nach der er die Wahrheit in spekulativen Dingen in oberster Instanz prüft und aburteilt." So liegt allem Empirismus in der Philosophie zuletzt die anthropologische Hypothese zugrunde, daß der Mensch eine nur sinnliche Erkenntniskraft besitze. Demgegenüber läßt sich, eben auf dem bezeichneten anthropologischen Wege, aus dem tatsächlichen Vorkommen der Vorstellungen und ihrer Verknüpfungen in unserem Geiste zeigen, daß nicht nur die in Anspruch genommene Notwendigkeit in der Anwendung, sondern selbst der leere Begriff der Notwendigkeit, der leere Gedanke des Ist als der Kopula in dem Urteil A ist A von einer solchen Hypothese aus unverständlich wird. Hume glaubte allerdings beweisen zu können, alle unsere Anwendung allgemeiner Gesetze werde durch Induktion nur aus der Erfahrung entlehnt; man könne also alle Voraussetzung der Notwendigkeit, wie sie in unserem Geiste vorkommt, ebensogut nur durch Gewohnheit erklären. Psychologisch ausgedrückt würde das heißen: „Was ihr mit eurer Theorie der Vernunft zu erklären sucht, das läßt sich ebensogut durch bloße Einbildungskraft erklären, die doch bekanntlich ein nur sinnliches Vermögen ist .." Bei richtigerer Beobachtung hätte Hume bemerken müssen, daß „seine von Impressionen belebte Einbildungskraft entweder nicht einmal Einbildungskraft (intensive Einheit ihrer Tätigkeit) oder zugleich auch Vernunft als Quell der Notwendigkeit (extensive Einheit ihrer Tätigkeit) besitzen müsse"[1]).

Dagegen liegt der anderen einseitigen Richtung in der Philosophie, dem Rationalismus, zuletzt die anthropologische Hypothese zugrunde, daß der Mensch eine vom Sinn zu befreiende Erkenntnis durch die bloße Vernunft besitze.

---

1) N. Kr. II, 74 f.

Es gibt allerdings Erkenntnisse aus bloßer Vernunft, nämlich die Erkenntnisse a priori, die Quellen der Allgemeinheit und Notwendigkeit, aber diese für sich allein sind bloße Formen an einem Ganzen der Erkenntnis, dessen Material vom Sinn entlehnt ist, Formen, die nur mit Hilfe der Abstraktion von diesem Ganzen gelöst und für sich betrachtet werden können. Die ursprüngliche formale und die materiale Apperzeption gehören zusammen. Unsere Erkenntnis verhält sich hier wie das organische Leben unseres Körpers. Die Organisation desselben bestimmt die Form der Lebensfunktionen, den Kreislauf der Säfte, die Respiration, Assimilation, Nutrition. Aber es muß ihm beständig neuer Stoff an Speise und Luft zugeführt werden; sonst müßte, wenn auch die Organisation weiter bestände, die Lebensäußerung aufhören. So bestimmen in der Erkenntnis Organisation und Vernunft die Formen der Äußerung, diese selbst aber ist bedingt durch eine für sie zufällige äußere Einwirkung, eine Anregung durch reizende Potenzen oder „Sinn". Der Rationalismus übersieht diese Bedingung und fordert im Widerspruch mit der wirklichen Beschaffenheit der menschlichen Erkenntnis die intellektuelle Anschauung einer absoluten Vernunft, die sich selbst den Gehalt ihrer Erkenntnis schafft.

Die Methode, welche Fries hier, wie in dieser ganzen Grundlegung der Deduktion anwendet, ist die anthropologische. Der psychologische Einschlag, welcher in Kants transzendentaler Deduktion der ersten Auflage der Kritik der reinen Vernunft nicht zu verkennen ist, ist hier zum beherrschenden Moment geworden. Die Kritik der Vernunft wird für Fries — das tritt besonders an diesem Zentralpunkte hervor — zu einer „auf Selbstbeobachtung ruhenden Erfahrungswissenschaft". Das Eigenartige der philosophischen Stellung des Friesischen Systems besteht nun aber darin, daß von seiner Theorie der unmittelbaren Erkenntnis aus gerade der Hauptgrund, der für Kant jede Einmischung der Erfahrung in das wichtigste Geschäft der Vernunftkritik verbietet, seine Beweiskraft verliert. Die Methode und die

Formen, deren sich jene Erfahrungswissenschaft bedient, sind nur Eigentum der Reflexion. Die wesentlichen Momente aller wahren Erkenntnis, Allgemeinheit und Notwendigkeit hängen nicht an ihnen, sondern sie sind der „unmittelbaren Erkenntnis", sie sind vor allem dem einen Ganzen der unmittelbaren Erkenntnis, das er transzendentale Apperzeption nennt, von Hause aus eigen.

Die Rechtfertigung der Erkenntnisprinzipien durch diese anthropologische Untersuchung kann deshalb auch, wie unsere Besprechung der Methode der Deduktion schon gezeigt hat und ein Überblick über diese selbst noch zeigen wird, kein Beweis sein, sondern nur eine Ableitung dessen aus einer Theorie der Vernunft, was seiner allgemeinen und notwendigen Giltigkeit nach an und für sich schon feststeht. Die Lehre von der „unmittelbaren Erkenntnis" bildet so ein Gegengewicht gegen den empirischen Charakter der anthropologischen Methode. Von diesem seinem Standpunkt aus verwahrt sich daher Fries mit Recht dagegen, daß dieses Eigentümliche seiner Forderung der Deduktionen und die Berufung auf psychische Anthropologie, um diese Deduktionen zu geben, wiederholt auch von scharfsinnigen Männern mißverstanden und sein Philosophem darum widerrechtlich zu den empirischen gerechnet worden sei[1]).

II. Die Bestimmung des Gegenstandes durch Erkenntnis a priori.

Haben wir mit der Feststellung der aller Synthesis zugrunde liegenden Vernunftbeschaffenheit und ihrer verschiedenen Arten die subjektive Seite des Deduktionsproblems erörtert, so tritt uns in der Frage nach der Bestimmung des Gegenstandes durch die Erkenntnis a priori die objektive Seite desselben entgegen. Die Frage der Beziehung der Vorstellung auf den Gegenstand war es ja,

---
1) Metaphysik 117.

welche in dem Geiste des Schöpfers der Vernunftkritik, in Kant selbst die Idee seines Werkes zur Reife brachte. Erst in dem Augenblick glaubte er, wie er in dem Briefe an Herz vom 22. Februar 1772 schreibt, „den Schlüssel zu dem ganzen Geheimnisse der bis dahin sich selbst noch verborgenen Metaphysik" in Händen zu haben, als er sich selbst die Frage stellte: „Auf welchem Grunde beruht die Beziehung desjenigen, was man in uns Vorstellung nennt, auf den Gegenstand"; und so ist auch die ganze Fragestellung seiner transzendentalen Deduktion durch die Beziehung auf den Gegenstand bedingt.

Bei der subjektiv-anthropologischen Position, welche Fries einnimmt, werden wir im voraus erwarten dürfen, daß gerade hier eine der Hauptdifferenzen zwischen ihm und seinem Lehrer Kant liegen wird.

Zur Klärung des Sachverhaltes haben wir uns zuerst über den Wahrheitsbegriff bei Fries zu orientieren.

1. Empirische und transzendentale Wahrheit.

Begründung einer Erkenntnis ist nichts anderes, als das Aufweisen ihrer Wahrheit und Giltigkeit. Dabei machen sich aber zweierlei Wahrheitsbegriffe geltend. Nach der gewöhnlichen logischen Erklärung ist Wahrheit die Übereinstimmung einer Erkenntnis mit ihrem Gegenstande. Fries nennt diese Wahrheit transzendentale Wahrheit oder Wahrheit der Vernunft. Daneben macht sich aber noch ein anderer Begriff der Wahrheit geltend, indem wir eine Erkenntnis wahr nennen, wenn wir uns bewußt sind, sie in unserer Vernunft zu haben, falsch, wenn wir uns bewußt sind, ihr Gegenteil zu haben. Diese Wahrheit, welche nur nach dem Vorhandensein im Geiste fragt, bezeichnet Fries als empirische Wahrheit oder Wahrheit des Verstandes. Im ersteren Fall handelt es sich um objektive Begründung, da hier die Realität des Gegenstandes als Grund der Wahrheit einer Erkenntnis vorausgesetzt wird, im zweiten Fall um subjektive Begründung, da hier nur aus der

Geschichte der Vernunft erklärt wird, wie sie zu dieser oder jener Erkenntnis gelangt[1]).

In der Regel setzen wir nun voraus, solange wir nicht durch künstliche Spekulation zu einer anderen Ansicht gelangen, es handle sich bei der Begründung unserer Erkenntnisse um die Wahrheit im erstgenannten Sinne, um die Übereinstimmung der Vorstellung mit dem Gegenstande. Dies ist aber keineswegs immer der Fall. Ob ein gefälltes Urteil wahr oder falsch, ob eine gehabte Anschauung Traum oder Wirklichkeit sei, bestimmen wir sehr oft, ohne nach der Übereinstimmung der Vorstellung mit dem Gegenstande zu fragen. In der Tat kann uns diese Übereinstimmung auch zu gar nichts helfen; denn wir können ja nicht aus unserer Erkenntnis des Gegenstandes heraustreten, um ihn selbst mit dieser zu vergleichen, sondern jeder Gegenstand wird uns, eben indem wir ihn vergleichen, Gegenstand einer Erkenntnis. „Selbst in der Aussage, Ich bin, hilft uns die Identität des Aussagenden mit dem Gegenstande der Aussage zu nichts, um dieser Vergleichung näher zu kommen, denn auch ich selbst werde mir zum Gegenstande erst vermittelst dieser Aussage und kann nicht Aussage und Gegenstand gleichsam zur Vergleichung nebeneinander stellen"[2]).

Worauf beruht dann aber hier das Urteil über Wahrheit oder Falschheit?

Die Antwort lautet verschieden für die mittelbare und für die unmittelbare Erkenntnis.

Für die mittelbare Erkenntnis liegt die Wahrheit in ihrer Übereinstimmung mit der unmittelbaren Erkenntnis. Irrtum oder Täuschung, von denen wir im gemeinen Leben sprechen, beziehen sich immer nur auf eine mittelbare Erkenntnis, welche der willkürlich tätige Verstand nicht richtig auf das unmittelbar Gewisse bezogen hat. Es ängstigt uns z. B. ein Traum wie bange Wirklichkeit; erst im Erwachen sehen wir, daß seine schwankenden

---

1) N. Kr. I, § 71, S. 344 ff.   2) N. Kr. I, 347.

Bilder dem festen Gang der wirklichen Anschauung nicht entsprachen, und nun erklären wir ihn für Täuschung, da wir einsehen, daß wir irrig eine mittelbare Vorstellung der Einbildungskraft als eine unmittelbare Anschauungserkenntnis beurteilt hatten.

Anders bei der unmittelbaren Erkenntnis selbst. Hier beruht die Wahrheit auf dem bloßen Dasein der Erkenntnis im Geiste. So liegt die Evidenz der unmittelbaren anschaulichen Erkenntnis eines gegebenen Gegenstandes durchaus nicht in einem Kausalverhältnis zu dem Gegenstande, der als Ursache der Affektion die Empfindung hervorbrächte, sondern nur darin, daß der Gegenstand als gegeben vorgestellt wird. So beruht die Wahrheit der apriorischen Erkenntnis, des unmittelbaren Notwendigen und Allgemeingiltigen, dessen wir uns durch Reflexion bewußt werden können, ausschließlich auf ihrem Vorhandensein im Geiste.

Sobald wir also die Frage stellen: Welche Erkenntnisse sind wirklich in unserer Vernunft vorhanden?, so handelt es sich um eine Aufgabe des mittelbaren Wiederbeobachtungsvermögens, des denkenden Verstandes, und die Wahrheit besteht dann nur in der Übereinstimmung meiner Selbstbeobachtung mit den wirklich in meiner Vernunft gegebenen Erkenntnissen. Es ist also empirische Wahrheit, um die wir uns hierbei bemühen.

Transzendentale Wahrheit hat unsere Erkenntnis oder hat sie nicht, ohne daß wir selbst etwas dafür oder dawider tun können[1]. Die Frage, inwieweit das System unserer Erkenntnisse mit dem Gegenstande an sich übereinstimmt, inwieweit ihm also transzendentale Wahrheit zukommt, wird uns später zu beschäftigen haben. Wir müssen erst alle Regeln der empirischen Wahrheit kennen, ehe sich über die transzendentale Wahrheit ein Urteil gewinnen läßt[2]. Jedenfalls bewegen wir uns bei dem Versuch einer wissenschaftlichen Begründung unserer Erkenntnis stets innerhalb der subjektiven Geschichte unseres Erkennens.

---

[1] N. Kr. I, 351.   [2] N. Kr. II, 101.

Dieser Gesichtspunkt muß nun auch für die prinzipielle Vorfrage der Deduktion, für die Frage der objektiven Giltigkeit geltend gemacht werden.

2. Der Begriff der objektiven Giltigkeit bei Fries und Kant.

Kant geht in seiner transzendentalen Deduktion von dem Satze aus: „Es sind nur zwei Fälle möglich, unter denen synthetische Vorstellung und ihre Gegenstände zusammentreffen[1]) können. Entweder wenn der Gegenstand die Vorstellung oder diese den Gegenstand allein möglich macht. Ist das erstere, so ist diese Beziehung nur empirisch u. s. w." Es trete hier, meint Fries, deutlich hervor, daß Kant die Objektivität der Sinnesanschauung durch ein Kausalverhältnis des Affizierenden erklären wolle, daß er überhaupt auf dasjenige ausgehe, was wir objektive Begründung unserer Erkenntnisse nennen. „Er setzt die objektive Giltigkeit oder empirische Realität der Gegenstände der Sinnesanschauung als unbezweifelt voraus und meint nun, nur die gleichen Rechte des a priori Gegebenen beweisen zu müssen. Zum Beweis zeigte er dann, daß wir ohne die Kategorien die objektive Giltigkeit jener Anschauungen gar nicht zu erkennen vermöchten, daß wir z. B. nur darin Abfolge der Dinge und nicht bloße Folge unserer Vorstellungen erkennen, daß das Eine durch das Andere ist, nach der Kategorie der Kausalität, daß wir nur dann Dinge zugleich nennen können, wenn sie mit einander sind durch Wechselwirkung. So richtig nun das letztere ist, so ist doch die Absicht der ganzen Darstellung fehlerhaft durch den Mißverstand dessen, was objektiv giltig sei. Objektive Giltigkeit ist nicht etwas, was wir erst mittelbar in der Geschichte unseres Vorstellens zu dieser hinzubringen, sondern sie liegt unmittelbar bei

---

1) In dem Friesischen Zitat N. Kr. I, 354 sind nach dem Wort „zusammentreffen" die folgenden Worte des Kantischen Textes (Kr. d. r. V. 109) weggelassen: „ . . . sich auf einander notwendiger Weise beziehen, und gleichsam einander begegnen . . . .".

jeder Erkenntnistätigkeit. Jene Abstufungen der Giltigkeit, zu denen der Verstand erst die Notwendigkeit hinzubringt, gehören hingegen nur der subjektiven Giltigkeit, sie sind Stufen der Wiederbeobachtung, welche in der Notwendigkeit der Reflexion so weit vollendet ist, als wir sie zu vollenden vermögen"[1]).

Die objektive Giltigkeit gehört also weder den einzelnen Sinnesanschauungen noch den einzelnen Denkformen für sich, die sich nur nach subjektiven Verhältnissen unterscheiden, sondern jedem nur nach seinem Verhältnis zum **vollständigen Ganzen unserer Erkenntnis, so wie es unmittelbar in der Vernunft ist, d. h. zum geschlossenen Ganzen der transzendentalen Apperzeption.**

In unseren Erkenntnissen gibt es allerdings gewisse Bestimmungen des Gegenstandes a priori durch analytische Einheit, andere durch synthetische Einheit; aber in dieser Zerteilung dürfen wir die Giltigkeit der Erkenntnis nicht auf den Gegenstand beziehen. Wir müssen uns erst durch alle Bruchstücke des Empfindens, Phantasierens, Dichtens und Denkens durchgefunden haben, um die innere Einheit unseres Erkennens verstehen zu lernen. Nur diese macht eigentlich unsere Erkenntnis selbst, nur sie „hat das Objekt".

In der letztgenannten Fassung: nur das geschlossene Ganze der transzendentalen Apperzeption hat das Objekt, fand die Ansicht, welche Fries von der objektiven Giltigkeit hat, ihren prägnantesten Ausdruck. Auch die Differenz von Kant glaubt er damit am schärfsten zum Ausdruck zu bringen. Nach Kant hat ja nicht, meint Fries, die transzendentale Apperzeption das Objekt, sondern er setzt die objektive Giltigkeit oder empirische Realität der Gegenstände der Sinnesanschauung als unbezweifelt voraus und meint nun, nur die gleichen Rechte des a priori Gegebenen beweisen zu müssen. Diese Auffassung trifft jedoch nur insoweit zu, als der Kantische Begriff der objektiven Giltigkeit, wie dies bei Fries ja auch geschieht, auf das „Kausalverhält-

---

[1] N. Kr. II, 97 f.

nis des Gegenstandes als das Affizierende zur Empfindung" bezogen wird. Wenn aber Kant in jenem vielbesprochenen und so verschieden gedeuteten ersten Paragraphen der transzendentalen Ästhetik sagt: „Die Fähigkeit (Rezeptivität), Vorstellungen durch die Art, wie wir von Gegenständen affiziert werden, zu bekommen, heißt Sinnlichkeit", und: „die Wirkung eines Gegenstandes auf die Vorstellungsfähigkeit, sofern wir von derselben affiziert werden, ist Empfindung", so ist hier jedenfalls der Begriff „Gegenstand" nicht in demselben Sinne gebraucht, wie innerhalb des Gedankenganges der transzendentalen Deduktion. Die Affektion durch den ersteren liefert nur die an sich ungeordnete Mannigfaltigkeit des Empfindungsmaterials. Innerhalb der „transzendentalen Deduktion" aber handelt es sich um den „Gegenstand überhaupt", um den „reinen Begriff von dem transzendentalen Gegenstande", der „bei allen unseren Erkenntnissen immer einerlei $= X$ ist"[1]). Er ist es, der allen unseren empirischen Begriffen überhaupt Beziehung auf einen Gegenstand d. i. objektive Realität oder objektive Giltigkeit verschaffen kann. Kant spricht allerdings schon in der transzendentalen Ästhetik von der „empirischen Realität d. i. der objektiven Giltigkeit" des Raumes und der Zeit[2]) „in Ansehung aller Gegenstände, die jemals unseren Sinnen gegeben werden mögen". Es gehört dies aber neben der Vieldeutigkeit des Gegenstandsbegriffes zu den Unebenheiten, welche mit der Entstehungsweise der Vernunftkritik zusammenhängen. Der Begriff der synthetischen Einheit tritt in der Entwicklung Kants nur allmählich als der allbeherrschende hervor, und er schafft dann erst den echten Begriff der objektiven Giltigkeit, auf dessen Erweis die ganze transzendentale Deduktion gerichtet ist. Diese Fassung des Begriffs aber ist von der Friesischen nicht so weit entfernt, als es nach Fries eigenen Äußerungen scheinen könnte. Die Beziehung auf den Gegenstand, welche die objektive Giltigkeit ausmacht, ist auch

---

1) Kr. d. r. V. 122.   2) Kr. d. r. V. 55 f.

nach Kant nichts anderes „als die notwendige Einheit des Bewußtseins, mithin auch der Synthesis des Mannigfaltigen durch gemeinschaftliche Funktion des Gemüts, es in einer Vorstellung zu verbinden" [1]. Auch für Kant ist es nur eine Erfahrung, in welcher alle Wahrnehmungen als im durchgängigen und gesetzmäßigen Zusammenhange vorgestellt werden, und „wenn man von verschiedenen Erfahrungen spricht, so sind es nur so viel Wahrnehmungen, sofern solche zu einer und derselben allgemeinen Erfahrung gehören" [2]. Und die Differenz scheint vollends zusammenzuschwinden, wenn Kant von der „formalen Einheit der Natur" redet, deren Quelle der Verstand ist, oder wenn er sagt: „Bedenkt man aber, daß diese Natur an sich nichts als ein Inbegriff von Erscheinungen, mithin kein Ding an sich, sondern bloß eine Menge von Vorstellungen des Gemüts sei, so wird man sich nicht wundern, sie bloß in dem Radikalvermögen aller unserer Erkenntnis, nämlich der transzendentalen Apperzeption, in derjenigen Einheit zu sehen, um derentwillen allein sie Objekt aller möglichen Erfahrung d. i. Natur heißen kann" [3]. Können wir nicht von hier aus auch mit Kant sagen: Nur die Einheit der Apperzeption hat das Objekt? Allerdings soll nach Fries die objektive Giltigkeit nicht etwas sein, was wir erst mittelbar in der Geschichte unseres Vorstellens zu dieser hinzubringen, sondern sie soll unmittelbar „bei jeder Erkenntnistätigkeit liegen". Aber auch nach Kant „geht die Art, wie das Mannigfaltige der sinnlichen Vorstellung (Anschauung) zu einem Bewußtsein gehört, vor aller Erkenntnis des Gegenstandes, als die intellektuelle Form derselben, vorher und macht selbst eine formale Erkenntnis aller Gegenstände a priori überhaupt aus, sofern sie gedacht werden", und „die Synthesis derselben durch die reine Einbildungskraft, die Einheit aller Vorstellungen in Beziehung auf die ursprüngliche Apperzeption gehen aller empirischen Erkenntnis vor" [4].

---

1) Kr. d. r. V. 122.   2) Kr. d. r. V. 123.
3) Kr. d. r. V. 126.   4) Kr. d. r. V. 137.

Die objektive Giltigkeit besteht also für Kant wie für Fries nicht in der Übereinstimmung der Vorstellung mit einem davon unabhängigen Objekt, sondern in einer Einheit schaffenden Funktion des Erkenntnisvermögens. Die — allerdings bedeutsamen — Unterschiede beider liegen nur darin, daß Fries das Bewußtwerden dieser Funktion als ein Moment der Reflexion scharf von der Funktion selbst als einem Moment der unmittelbaren Erkenntnis geschieden wissen will, und daß er die Deduktion als eine Aufgabe der Anthropologie betrachtet, während sie nach Kant der von aller empirisch-anthropologischen Betrachtungsweise völlig zu scheidenden transzendentalen Logik angehört. Beide Differenzen hängen übrigens aufs engste zusammen. Denn das Interesse, die objektive Giltigkeit der Erkenntnisprinzipien zu sichern, welches Kant bei seiner Betonung des zweiten Punktes leitet, wird bei Fries dadurch befriedigt, daß diese objektive Giltigkeit selbst schon der unmittelbaren Erkenntnis beigelegt und dadurch aller wissenschaftlichen Beweisführung und ebendamit auch der Abhängigkeit von der Psychologie entzogen wird.

Nun haben wir aber der Deduktion der einzelnen Formen selbst näher zu treten.

III. Die Deduktion selbst.

Wir haben die aller notwendigen Einheit in unserer Erkenntnis zugrunde liegende Vernunftbeschaffenheit aufgewiesen und festgestellt, in welchem Sinne von einer objektiven Giltigkeit einer solchen Einheit die Rede sein kann.

Nun kommt aber in unserer wirklichen Erkenntnis nicht nur diese Einheit und Notwendigkeit in abstracto vor, sondern sie zeigt sich in diesen bestimmten Formen der Anschauung von Raum und Zeit, in diesen bestimmten Kategorien u. s. w. Es erhebt sich daher die Frage: Wie kommt es, daß sich in unsrer Vernunft gerade diese bestimmten Formen der notwendigen Einheit ausbilden?

1. Gesamtübersicht der Deduktion der Prinzipien a priori überhaupt.

Das oberste Verhältnis in unserer erkennenden Vernunft, das der ursprünglichen formalen, materialen und transzendentalen Apperzeption entspricht den Formen des Vernunftschlusses. Die ursprüngliche formale Apperzeption steht als „reine Form" an der Stelle des Obersatzes, der allgemeinen Bedingung, unter der für die Urteilskraft jedes Bedingte des Sinnes steht. Die materiale Apperzeption, welche als „Erfüllung der Form"[1] die Stelle des Untersatzes vertritt, verschafft der Erkenntnis erst einen Gegenstand, sie liefert das Bedingte für die allgemeine Bedingung. Und die transzendentale Apperzeption, das notwendige Ganze der Erkenntnis steht als „erfüllte Form" an der Stelle des Schlußsatzes, indem wir den assertorischen Gehalt der Erkenntnis dem apodiktischen Wert der — für sich allein betrachtet aus problematischen Vorstellungen bestehenden — allgemeinen und notwendigen Gesetze unterordnen.

Alle Wissenschaft aus reiner Vernunft muß sich diesen Formen anschließen; wir haben daher in dieser Übereinstimmung der Form des Vernunftschlusses mit der ersten und obersten Organisation unserer Vernunft ein wichtiges Regulativ für alle Spekulation zu sehen[2].

Wir gewinnen von hier aus zunächst eine Gesamtübersicht über die Deduktion der Prinzipien a priori überhaupt.

Die Deduktion aller Prinzipien a priori ist durch eine Theorie der Vernunft zu liefern, welche nachweist, wie ihre Erkenntnisse a priori aus den subjektiven Verhältnissen ihrer Organisation entspringen. Was in diesen Erkenntnissen die Vernünftigkeit konstituiert, das ist die ursprüngliche formale Apperzeption der Grundvorstellung der Ein-

---

[1] So fällt z. B. die Materie in Raum und Zeit, oder der Fall unter die Regel.
[2] N. Kr. II, § 99 S. 89 ff.; § 103 S. 102 f.

heit und Notwendigkeit. Wirkliche Erkenntnis a priori und ihr Prinzip kann jedoch nur in durchgängigen **materialen Bestimmungen** dieser formalen Grundvorstellung bestehen, die sich nach der Besonderheit der inneren Vernunftorganisation differenzieren. In der Art aber, wie sich diese materialen Bestimmungen in der Vernunft bilden, wiederholt sich der Unterschied der drei Sätze im Vernunftschluß.

Zunächst gibt es eine unabhängige Erkenntnis a priori, in der uns die Grundvorstellung der Einheit und Notwendigkeit als formale Bedingung aller durch den Sinn gegebenen und zu gebenden materialen Erkenntnis zum Bewußtsein kommt. Zu dieser nur durch die formale Apperzeption bestimmten Erkenntnis a priori, die wenn wir die Kantische Unterscheidung zwischen logischem und transzendentalem Denken anwenden, dem transzendentalen **Verstande** zuzurechnen ist, müssen also alle Formen der mathematischen anschaulichen, der analytischen logischen und der synthetischen Einheit in **Kategorie** und **Idee** gehören. Die Aufgabe der Deduktion ist es dann, aus dem Verhältnis des sinnlichen Materials zur formalen Grundvorstellung in der Einheit der transzendentalen Apperzeption alle jene Formen abzuleiten.

Die materiale Apperzeption, welche den Untersatz vertritt, schließt die Forderung in sich, daß jede materiale Erkenntnis zur Einheit und Gesetzmäßigkeit der Vernunft zusammenstimmt, da sie nur Modifikation ihrer einen Grundtätigkeit ist. Nun fällt aber der einzelne Gehalt der sinnlichen Erkenntnis nicht nach den Verhältnissen dieser Einheit und Gesetzmäßigkeit, sondern als ein zufälliger und vereinzelter in die Wahrnehmung; und so läßt sich — gleichsam in Unterordnung unter einen unaussprechlichen Obersatz — die Zusammenstimmung des zufällig Gegebenen mit dem Gesetze der Einheit nur auf eine freie Weise beurteilen, nämlich nach Maximen der **Urteilskraft**, welche dann in ihrer höchsten Unabhängigkeit die **ästhetischen Ideen** des **Schönen** und **Erhabenen** ergaben.

Endlich wird die Vernunft selbst als transzendentale

Apperzeption, als ein Vermögen des Ganzen der unmittelbaren Erkenntnis da, wo sie ohne die Beschränkungen des Sinnes aus dem Wesen der Vernunft selbst ursprüngliche Bestimmungen gewinnen will, an die höchste Realität in unserem Wesen, unabhängig von den Schranken des Sinnes, Ansprüche machen müssen. Dieser Art ist die Bestimmung der Prinzipien a priori durch die „Idee des absoluten Wertes, welche aus dem Wesen der Vernunft, als einem Vermögen sich zu interessieren, entspringt".

Demnach muß alle Erkenntnis a priori entweder unter die Idee der notwendigen Gesetzmäßigkeit im Dasein der Dinge, oder unter die Idee der Schönheit, oder unter die Idee des höchsten Gutes gehören[1]).

So wird von Fries, entsprechend seiner Auffassung von der Methode der Deduktion, die wir kennen gelernt haben, die Aufgabe der Deduktion von Anfang an auf das Gesamtgebiet der Prinzipien a priori ausgedehnt. War für Kant der die Deduktion beherrschende Gedanke des Beweises aus der Möglichkeit der Erfahrung nur auf das theoretische Gebiet anwendbar, so daß das Deduktionsverfahren im Gebiete der praktischen Vernunft und der Urteilskraft nur eine nebensächliche Rolle spielen kann, so liegt in dem Friesischen Deduktionsbegriff einer Ableitung der apriorischen Prinzipien aus den subjektiven Verhältnissen der Vernunftorganisation an sich selbst schon ein dem ethischen und ästhetischen Gebiet mit dem theoretischen gemeinsames Verfahren.

Dabei liegt derjenige Begriff der Vernunft zugrunde, der auch für Kant maßgebend wird, wo er, wie in der Einleitung zu seiner Kritik der Urteilskraft die Gesamtgliederung seines Systems im Auge hat. Dem Verstand, dessen Gesetzgebung durch Naturbegriffe geschieht und theoretisch ist, steht gegenü die Vernunft, deren Gesetzgebung durch den Freiheitsbegriff geschieht und praktisch ist, und in der Mitte zwischen beiden steht die Urteilskraft.

---

1) N. Kr. II, § 100 S. 91 ff.

Daneben laufen freilich bei Fries, wie bei Kant, verschiedene andere Bedeutungen des Begriffes „Vernunft" her. Die grundlegende Bedeutung ist bei Fries diejenige der „ursprünglichen Selbsttätigkeit" im Gegensatz zum „Sinn", ein Sprachgebrauch, durch welchen sich Fries von Kants Fassung der Vernunft als „Vermögen der mittelbaren Schlüsse" an einem wichtigen Punkte geschieden weiß[1]). In der Tat wird ja bei Fries die Form des Schlußverfahrens nicht für die das Erfahrungsgebiet überfliegende Vernunft, nicht für die transzendentale Ideenlehre reserviert, sondern bildet die typische Form für das oberste Verhältnis in unserer Erkenntnis überhaupt, das der formalen, materialen und transzendentalen Apperzeption. Die Deduktion der Ideen tritt völlig neben diejenige der Kategorien, da auf beide sein subjektives Verfahren gleichmäßige Anwendung finden kann. Während aber Vernunft in diesem allgemeinsten Sinne der ursprünglichen Selbsttätigkeit sowohl das Erkennen, als das Lustfühlen und Begehren umfaßt, umgrenzt eine engere Bedeutung die Vernunft als die Selbsttätigkeit im Erkennen, und wird endlich das Wort auch in einem Sinne gebraucht, in welchem es neben dieser letzteren als der unmittelbaren Erkenntnis auch noch die mittelbare Erkenntnis des inneren Sinns und der Reflexion umfaßt. Als solche wird sie „spekulative Vernunft"[2]) genannt und deckt sich dann mit dem, was in jener systematischen Gesamtübersicht der Deduktion (transzendentaler) „Verstand" hieß, obwohl unter diesen Begriff dann wieder als zweiter Bestandteil die Reflexion fällt, die ebenfalls Verstand (im engeren Sinne) genannt wird.

Eben diese „spekulative Vernunft" ist es nun, welche unserem erkenntnistheoretischen Interesse entsprechend als erstes Glied jener Trichotomie der Deduktion nach Verstand, Urteilskraft, Vernunft uns beschäftigen wird. Die Mehrdeutigkeit der Begriffe, die bei Fries wie bei Kant das Ver-

---

1) Vgl. N. Kr. I, 81 f. und in Kap. I das über die „Grundvermögen" und die „Ausbildungsstufen" Gesagte.

2) N. Kr. II, 104.

ständnis allerdings erschwert, erfährt ja doch durch den Zusammenhang stets die notwendige Einschränkung.

2. **Die vier spekulativen Momente der Erkenntnis.**

Der Philosoph ist nicht imstande, Wahrheiten neu zu schaffen, sondern er vermag nur die in der menschlichen Vernunft jederzeit vorhandenen aufzuweisen. So hat es auch eine Theorie der Vernunft nur damit zu tun, deduzierend zu zeigen, wie die wirklich in uns vorhandenen Erkenntnisformen in unserem Geiste entspringen. Sind die obersten Elemente einmal gefunden, so ist die Entwickelung „eigentlich ein kombinatorisches Kunststück, welches gleichsam als Rechenprobe der vorhergehenden Analyse folgt". Wir gewinnen die abgeleiteten Formen durch Zusammensetzung der ersten Elemente, und das Kriterium dieser Ergebnisse besteht darin, „daß die Kombination keine bedeutungslosen leeren Fächer gibt, und doch alle Momente, welche sich in der inneren Erfahrung zeigen, auch vollständig darstellt" [1]).

Für die Deduktion im ganzen wie in ihren einzelnen Teilen ist das oberste Verhältnis in der Erkenntnis, das der ursprünglichen formalen, materialen und transzendentalen Apperzeption maßgebend. Eine systematische Deduktion der Prinzipien a priori des Verstandes hat die Aufgabe, aus dem wechselseitigen Verhältnis der formalen und der materialen Apperzeption, wie sie in der transzendentalen Apperzeption vereinigt sind d. h. aus dem Verhältnis des sinnlichen Materials zur formalen Grundvorstellung die Einheitsformen der Erkenntnis abzuleiten.

Dazu kommt der Unterschied der unmittelbaren Erkenntnis und der mittelbaren Erkenntnis oder des „Bewußtseins".

So ergeben sich zunächst folgende Elemente für die Kombination:

1) N. Kr. I, 104.

1) Für die unmittelbare Erkenntnis:
   a) Gehalt der Erkenntnis;
   b) Ursprüngliche Form der Einheit.
2) Für das Bewußtsein:
   a) Bewußtsein durch den inneren Sinn, Anschauung;
   b) Bewußtsein durch Reflexion, Denken.

Daraus gewinnen wir sodann durch Kombination die sogenannten **vier spekulativen Momente der Erkenntnis**.

Was zuerst die unmittelbare Erkenntnis betrifft, so wird der Gehalt der Erkenntnis durch die Anregungen der Sinne bestimmt. Wir erhalten daher als erstes Moment die **Sinnesanschauung**, sofern sie anschauliche Erkenntnis des Gehaltes ist. Aller sinnliche Gehalt fällt aber unmittelbar in die ursprüngliche Einheit der Vernunfttätigkeit. Diese formale Bestimmung des angeschauten Gehaltes im Sinne einer notwendigen Einheit ist die **reine Anschauung** als das zweite Moment.

Für das denkende Bewußtsein erhalten wir aus dem durch den inneren Sinn Dargebotenen durch qualitative Abstraktion den Gehalt der Erkenntnis als materiale Bestimmung der ursprünglichen formalen Apperzeption — das Moment der **analytischen Einheit**. Diese selbst dient uns aber zugleich dazu, uns denkend der formalen Bestimmungen alles Gehaltes in der transzendentalen Apperzeption bewußt zu werden. Darin haben wir das Moment der „**nur denkbaren synthetischen Einheit**".

Die Selbstbeobachtung bedarf aber zu ihrer Vollendung des wissenschaftlichen Denkens, und das letztere unterwirft sich zu diesem Zwecke auch die anschauliche Erkenntnis, um ihr die Einheit der ursprünglichen Form zu geben, und so wird in der gedachten Erkenntnis das Moment der Sinnesanschauung überhaupt Moment der **empirischen Erkenntnis und Wissenschaft** und das Moment der reinen Anschauung Moment der **Mathematik**. Das Moment der analytischen Einheit wird in der wissenschaftlichen Ausbildung der Erkenntnis zum Moment der

Logik, das Moment der nur gedachten synthetischen Einheit zum Moment der spekulativen Metaphysik oder der im Denken vollendeten unmittelbaren Erkenntnis. Daher die empirische, mathematische und philosophische (logische und metaphysische) Form des wissenschaftlichen Systems. Da sich in aller spekulativen Abstraktion mit dieser Vierteiligkeit die Dreiteiligkeit der leeren Form, der Erfüllung der Form und der erfüllten Form (der formalen, materialen und transzendentalen Apperzeption) verbinden muß, so wird, wo diese wissenschaftliche Vollendung der Selbstbeobachtung gelingt, das ganze System als zwölfteilig sich darstellen[1]).

3. Die Deduktion der einzelnen notwendigen Einheitsformen.

Bei der Deduktion selbst, welche nach jenen vier Momenten: Sinnesanschauung, reine Anschauung, analytische Einheit, synthetische Einheit sich differenzieren muß, haben wir stets im Auge zu behalten, daß nach Fries die objektive Giltigkeit, die „Bestimmung des Gegenstandes" in der Deduktion nicht in der Beziehung auf einen von der Erkenntnis unabhängigen Gegenstand besteht, sondern ausschließlich dem unmittelbaren Ganzen unserer Erkenntnis, der transzendentalen Apperzeption angehört. Die einzelnen Bestandteile unserer Erkenntnis müssen also, sofern sie objektive Giltigkeit haben sollen, als Modifikationen dieser transzendentalen Apperzeption nachgewiesen werden.

a) Die Sinnesanschauung.

Die menschliche Vernunft empfängt den Gehalt ihrer Erkenntnis, dasjenige, was als materiale Apperzeption in das Ganze der unmittelbaren Erkenntnis eingeht, durch den Sinn. Wir besitzen aber zwei ganz verschieden organisierte Vermögen nebeneinander, den inneren und den äußeren Sinn. Während die äußere Empfindung eine

---

1) N. Kr. II, § 103 S. 104 ff.

Sinnesanschauung liefert, welche unmittelbar in die formale Apperzeption fällt und dadurch neben dem reinen Selbstbewußtsein die transzendentale Apperzeption modifiziert, beruht auf der inneren Empfindung eine Sinnesanschauung, welche zunächst in das reine Selbstbewußtsein fällt und nur mittelbar durch dieses die transzendentale Apperzeption modifiziert. Daher fällt auch die formale Bestimmung der äußeren Sinnesanschauung, der Raum, gleich mit in die Anschauung; die formale Bestimmung der inneren Sinnesanschauung dagegen, das reine Selbstbewußtsein kann nur durch die Reflexion aufgefaßt werden. Die Gegenstände der menschlichen Erkenntnis erscheinen uns daher teils im Dasein körperlicher Dinge außer uns, teils im Dasein des eigenen Geistes.

Diese Trennung der beiden Seiten unserer Sinnlichkeit gilt aber nur, solange wir sie isoliert betrachten. Da das ursprüngliche Eigentum des einzelnen Geistes die Selbsterkenntnis und aller Gehalt der Erkenntnis in der ursprünglichen, notwendigen, vernünftigen Einheit verbunden ist, so erkennen wir durch äußeren und inneren Sinn nicht zweierlei Welten, sondern nur zweierlei Ansichten derselben Welt, wobei aber in der Vollendung unserer Vernunfterkenntnis durch die Ideen die geistige Ansicht die höhere und herrschende bleiben soll.

Auch die Deduktion der Sinnesanschauung wird daher erst eine vollständige, wenn wir sie, wie im weiteren Verlaufe des Deduktionsverfahrens geschieht, als Bestandteil der gedachten Erkenntnis betrachten.

b) Die reine Anschauung.

In der Sinnesanschauung für sich allein ist nur der Gehalt der Erkenntnis gegeben, der erst auf eine Form wartet. Diese formale Bestimmung des gegebenen Gehalts muß sich auch schon im Gebiete der Sinnlichkeit d. h. als reine Anschauung zu zeigen anfangen.

Die reine Anschauung enthält also die anschauliche formale Bestimmung alles Materialen der Erkenntnis. Daraus ergibt sich für die Bestimmung des Gegenstandes in ihr das Folgende: Die reine Anschauung muß uns eine Form der Ordnung der Dinge schaffen, worin die Dinge „mit einander ohne durch einander" gegeben werden, und die wir Reihe nennen. Diese Formen müssen stetig sein, weil nur so der Forderung durchgängiger Einheit des durchgängig Mannigfaltigen Genüge getan ist, und unendlich, weil bei der subjektiven Zufälligkeit der einzelnen materialen Erkenntnis das Ganze derselben unvollendbar ist.

Auf die Frage aber, warum wir gerade die drei Reihen des Größeren und Kleineren, der Zeit und des Raumes besitzen, ist zunächst zu erwidern, daß der Unterschied des Größeren und Kleineren erst durch die Aufgabe des Messens entsteht, d. h. die Aufgabe, Größen zu denken, und deshalb später zu behandeln ist. Bildlich für die unmittelbare Anschauung besitzen wir also nur Zeit und Raum. Zeit ist die Bestimmung des Gegenstandes durch das in die Anschauung fallende Verhältnis jedes Gehaltes der Erkenntnis zur formalen Apperzeption. Da dieses für jede materiale Erkenntnis gleiche Verhältnis zur Einheit der formalen Apperzeption ein einfaches Gesetz der Anordnung in ihr bestimmt, so daß der Fortschritt von einem Augenblick zum andern nur durch diese bestimmte Zwischendauer möglich ist, so hat die Zeit nur eine Dimension. Auch kommt im Gegensatz zur Vergangenheit und Zukunft nur dem einfachen Augenblick der Gegenwart Realität zu, weil jede andere Existenz als die der Gegenwart zunächst mit dem „Ich bin" zusammengesetzt werden muß, dieses aber selbst mir nur in unendlich mannigfaltigen Zuständen erscheint. Der Raum dagegen ist die Bestimmung des Gegenstandes durch das Zusammenfallen alles gegebenen Mannigfaltigen der äußeren Sinnesanschauung in der formalen Apperzeption. Er verbindet also unmittelbar das Gegebene der Gegenstände, gehört nur dem äußeren Sinne und kann im Gebiete des inneren Sinnes kein Analogon haben, da hier das mannigfaltige Gegebene nicht unmittelbar in der formalen Apperzeption, sondern zunächst im reinen Selbstbewußtsein zusammenfällt. Da sonach die Ordnung der Dinge im Raum nicht durch das einfache Verhältnis zur Form, sondern durch die ins Unendliche mannigfaltigen Verhältnisse der Sinnesanschauungen untereinander bestimmt wird, so hat er drei Dimensionen, die nur alle zusammen die körperliche Ausdehnung, das Reale selbst befassen, nämlich: 1) eine Dimension ins Unendliche mannigfaltiger gegebener Gegenstände als Dimension der Länge, 2) eine Dimension ins Unendliche mannigfaltiger Verhältnisse des einzelnen Gegebenen als Dimension der Richtungen, und endlich 3) als notwendige Vollendung der gesetzmäßigen Anordnung der Dinge: die Dimension des festen Verhältnisses zu dem Standpunkt des selbst im Raum gegenwärtigen Beobachters[1]).

Als apodiktische Wissenschaft a priori entwickelt sich aus der reinen Anschauung mit Hilfe der Demonstration die reine Mathematik.

Es ist aber nach Fries unrichtig, die Einteilung der reinen Mathematik mit Kästner und anderen auf den Unterschied diskreter und stetiger Größen oder mit Schulze und anderen auf den Unterschied von Zeit und Raum zurückzuführen. Wir haben vielmehr innerhalb der allgemeinsten Tätigkeit der produktiven Einbildungskraft, des Kombinierens zunächst zwei konstruierende Tätigkeiten zu unterscheiden, die schematische und die bildliche Konstruktion. Das Summieren der Arithmetik ist nur eine besondere Art der ersteren, der schematischen Konstruktion d. h. des Ordnens der Kombinationslehre, sie ist nämlich das Kombinieren gleichartiger Elemente. Die bildliche Konstruktion aber betrifft entweder den Raum für Geometrie oder die Zeit für reine Chronometrie. Da aber die reine Form der Zeit mit ihrer einen Dimension zu wenig willkürliche Konstruktion zuläßt, so beruht hier alle bildliche willkürliche Konstruktion auf der Bewegung im

---

1) N. Kr. II, § 107 f., S. 113 ff.

Raume, welche dann als transzendentale Bewegung, wobei nur die Beschreibung eines Raumes in Betracht kommt, den Postulaten der Geometrie, als phoronomische Bewegung, wobei es sich um das Verhältnis zur Zeit d. h. ihre Geschwindigkeit mit handelt, den Grundsätzen der Phoronomie, und endlich als dynamische Bewegung, wobei auch nach bewegender Kraft gefragt wird, der Dynamik und Mechanik zugrunde liegt[1]).

Es ist bemerkenswert, wie Fries mit dieser Deduktion der reinen Anschauung in der Verfolgung Kantischer Grundgedanken zu einer einheitlicheren Ableitung der einzelnen Elemente und zur Entscheidung einer bei Kant nicht völlig geklärten Frage gelangt. Sinnesanschauung und reine Anschauung werden völlig in den Gedankengang der Deduktion eingereiht und als Modifikationen eines Prinzips, der transzendentalen Apperzeption, abgeleitet. Das Verhältnis der Disziplinen innerhalb der auf die reine Anschauung sich gründenden apodiktischen Wissenschaft a priori wird klargestellt. In der Regel wurde in den an Kant sich anschließenden Ausführungen über reine Mathematik der Raum auf die Geometrie und die Zeit auf die Arithmetik bezogen. Und man konnte sich dabei auf Kant selbst berufen, der in den Prolegomena[2]) sagt: „Geometrie legt die reine Anschauung des Raumes zugrunde. Arithmetik bringt selbst ihre Zahlbegriffe durch sukzessive Hinzusetzung der Einheiten in der Zeit zustande, vornehmlich aber reine Mechanik kann ihre Begriffe von Bewegung nur vermittelst der Vorstellung der Zeit zustande bringen." Dagegen ist in der Kritik der reinen Vernunft der Sachverhalt ein anderer. Zwar erscheinen in der „transzendentalen Erörterung vom Raume" und in dem eigentlich auch unter diese fallenden dritten Raumbeweis die geometrischen Grundsätze als diejenigen synthetischen Erkenntnisse a priori, deren Möglichkeit von der Raumanschauung aus, als ihrem Prinzip, eingesehen werden kann[3]). Aber die Arithmetik wird in der transzendentalen

---

1) N. Kr. II, 118 f.   2) Prolegomena § 10, S. W. III, 38.
3) Kr. d. r. V. S. 52 f.

Ästhetik nicht in eine parallele Beziehung zur Zeit gesetzt. Als synthetische Sätze a priori, welche sich auf die Zeitanschauung gründen, werden vielmehr „apodiktische Grundsätze von den Verhältnissen der Zeit" oder „Axiome von der Zeit überhaupt" angeführt, wie: die Zeit hat nur eine Dimension, verschiedene Zeiten sind nicht zugleich sondern nacheinander[1]), und die „allgemeine Bewegungslehre" (entsprechend der „reinen Mechanik" in der Prolegomenastelle), erscheint in ihrem tatsächlichen Vorhandensein nur als eine Bestätigung dieser Möglichkeit synthetischer Erkenntnisse a priori.

In der Kritik der reinen Vernunft fällt die Theorie der Zahl in das Gebiet der transzendentalen Logik. Das Zählen ist eine „Synthesis nach Begriffen, weil sie nach einem gemeinschaftlichen Grunde der Einheit geschieht (z. E. der Dekadik"[2]). Es bedarf einer Synthesis der Reproduktion in der Einbildung, um bei der Vorstellung einer gewissen Zahl eine Vorstellung nach der andern in Gedanken zu fassen[3]). Die Zahl ist nichts anderes als „die Einheit der Synthesis des Mannigfaltigen einer gleichartigen Anschauung überhaupt, dadurch, daß ich die Zeit selbst in der Apperzeption der Anschauung erzeuge"[4]). Die Zahl ist daher „das reine Schema der Größe als eines Begriffes des Verstandes"[5]).

Die Unsicherheit dieser Beziehungen zwischen Zeit und Zahl bei Kant hängt, worauf bereits aus ähnlichem Anlaß hingewiesen wurde, mit der Entwicklung des kantischen Denkens zusammen, welche erst allmählich den Begriff der Synthesis in seiner vollen Bedeutung hervortreten ließ.

Indem dagegen Fries die Deduktion aller synthetischen Formen mit Einschluß der reinen Anschauung in Einem Zuge und aus Einem Prinzip heraus darstellte, gewinnt er die Möglichkeit, eine systematische Gliederung dieser Begriffe zu geben, mit welcher er hier als Schüler Kants den Standpunkt der Kritik der reinen Vernunft zu klarem Ausdruck bringt.

---

1) Kr. d. r. V. 58, 60. 2) Kr. d. r. V. 95. 3) Kr. d. r. V. 117.
4) a. a. O. S. 146, vgl auch S. 161 und 551. 5) a. a. O. 145.

c) Die analytische Einheit.

Die Formen der analytischen Einheit sind die Formen des logischen Denkens. Sie tragen selbst nichts zur Erweiterung der Erkenntnis bei, sondern dienen nur der Reflexion, welche als vollständige Selbstbeobachtung uns das in unserem Geiste Vorhandene zum Bewußtsein bringt. Wir haben diese logischen Formen als Formen der Reflexion bereits kennen gelernt. Da alle Erkenntnis in Urteilen sich ausspricht, so fanden wir diese Formen der Tafel der Urteilsformen gemäß gegliedert nach Quantität, Qualität, Relation und Modalität.

Die Momente, welche sich damals regressiv zur theoretischen Ableitung darboten, sind jetzt progressiv im Wege des Deduktionsverfahrens aus ihrem Verhältnis zur transzendentalen Apperzeption nach ihren einzelnen Elementen zu rechtfertigen.

Da wir uns aber der Verhältnisse der transzendentalen Apperzeption selbst erst durch die Reflexion bewußt werden, so müssen sich hier auch die anderen spekulativen Momente: Sinnesanschauung, reine Anschauung, synthetische Einheit wiederholen. Die Ausführung wird zeigen, daß dies tatsächlich geschieht, indem die vier Momente der Urteilsformen den vier spekulativen Momenten entsprechen: der Qualität („Beschaffenheit") die Sinnesanschauung, der Quantität („Größe") die reine Anschauung, der analytischen Einheit die Modalität und der synthetischen Einheit die Relation.

Auch hier ist als oberstes Verhältnis unserer Erkenntnis maßgebend dasjenige der formalen, materialen und transzendentalen Apperzeption, das Verhältnis der Bedingung, des Bedingten und der Bestimmung.

Was zunächst die Sinnesanschauung betrifft, so wird die aus der Anschauung aufgefaßte Beschaffenheit durch die Formen der Bejahung und Verneinung im Denken wiederholt. Das Besondere in der Mannigfaltigkeit des Gegebenen (materiale Apperzeption) wird unmittelbar durch

Bejahung als Reales aufgefaßt; die synthetische Bestimmung des einen durch das andere beim Zusammenfallen in der Verbindung ergibt die **Beschränkung jedes gegebenen Realen**, als eines Teiles aus dem Ganzen (transzendentale Apperzeption); endlich aus der Form der Bestimmbarkeit von allem durch jedes (in derselben formalen Apperzeption) ergibt sich als analytische Bestimmung des einen durch das andere im Mannigfaltigen die **Verneinung** und das Gegenteil eines Begriffes. Diese Form der Verneinung, die sich uns also stets zur Bestimmung des Gegenstandes anbietet, wo wir nicht nur eines für sich allein, sondern das Mannigfaltige auf Begriffe bringen wollen, ist jedoch eine ganz leere analytische Form, mit der in Rücksicht der Bestimmung des Gegenstandes gar nichts gewonnen werden kann; was in der Spekulation häufig übersehen wurde. Die Qualität des Gegebenen ist in unserer Erkenntnis stets das Erste, das nie bloß gedacht und durch kein Begriffsspiel der Bejahung und Verneinung erzeugt werden kann. Die Negation dient nur der Reflexion, um bei mannigfaltigen, schon gegebenen Qualitäten die eine nur im Verhältnis zur andern zu denken[1]).

Die Wiederholung des Momentes der **reinen Anschauung** d. h. die quantitative Bestimmung der analytischen Einheit ergibt die Unterordnung des gleichartigen Besondern unter ein Allgemeines der problematischen Vorstellung, die Unterordnung der Einheit, Vielheit und Allheit der Subjekte unter einen Begriff, der Fälle unter eine Regel, der Lehrsätze unter ein Prinzip, das Verhältnis der unendlichen Sphäre jedes Begriffes.

Dabei drücken sich Unendlichkeit und Stetigkeit in der Sphäre jedes Begriffes notwendig als allgemeines Gesetz der Grösse aus. Unter jenem Gesetz kann sich eine unendliche Sphäre realer Möglichkeiten bilden, und die Stetigkeit dieser Sphären bezeichnen wir durch die bekannten logischen Gesetze der **Homogenität**, **Spezifikation** und

---

1) N. Kr. II, 121 ff.

Stetigkeit der logischen Formen. Auch diese Gesetze gehören aber nur zu den Denkformen der Reflexion und sind hinsichtlich der Bestimmung des Gegenstandes nur leere Möglichkeiten. Zwar ist die Größe der Sphäre des Möglichen unter jedem Gesetz z. B. der Pflanzen und Tierformen unserer Erde innerlich und stetig, so daß nicht nur überhaupt unendlich viele Arten, sondern zwischen je zwei bestimmten Nebenarten noch unendlich viele Zwischenarten möglich sind. Dagegen ist die Grösse der Sphäre des Wirklichen unter demselben Gesetz endlich und diskret; es gibt nur eine bestimmte Anzahl von Gattungen und Arten in Rücksicht der wirklichen Gegenstände unter jedem Begriff oder Gesetz.

Wir sehen, Fries behandelt die Lehre von der Homogenität, Spezifikation und Stetigkeit schon an einer frühern Stelle seines Systems als Kant und gibt ihr damit eine etwas andere Bedeutung. Bei Kant finden wir sie in dem Anhang zur transzendentalen Dialektik in dem Abschnitt von dem regulativen Gebrauche der Ideen der reinen Vernunft. Sie entstammen der Forderung einer systematischen oder Vernunfteinheit der mannigfaltigen Verstandeserkenntnis, die zunächst ein logisches Prinzip ist, um da, wo der Verstand für sich allein nicht zu Regeln gelangen kann, ihm durch Ideen fortzuhelfen und zugleich der Verschiedenheit seiner Regeln Einhelligkeit unter einem Prinzip und dadurch soweit als möglich Zusammenhang zu verschaffen. So ist es eine Schulregel oder ein logisches Prinzip, ohne welches kein Gebrauch der Vernunft, kein Schließen vom Allgemeinen aufs Besondere stattfinden könnte, daß alle Mannigfaltigkeiten einzelner Dinge die Identität der Art nicht ausschließen, daß die mancherlei Arten nur als verschiedene Bestimmungen von wenigen Gattungen, diese aber von noch höheren Geschlechtern u. s. f. behandelt werden müssen, um eine systematische Einheit herzustellen. Gehen wir darüber hinaus und nehmen an, daß die Beschaffenheit der Gegenstände oder die Natur des Verstandes, der sie als solche erkennt, an sich zu systematischer Einheit bestimmt sei, und daß man diese a priori postulieren könne, so würden wir damit einen **transzendentalen Grundsatz** der Vernunft aufstellen, welcher die systematische Einheit nicht bloß subjektiv und logisch als Methode, sondern objektiv notwendig machen würde. In der Tat muss ein solches transzendentales Prinzip angenommen werden. Denn „wäre unter den Erscheinungen, die sich darbieten, eine so große Verschiedenheit, ich will nicht sagen, der Form (denn darin mögen sie einander ähnlich sein), sondern dem Inhalte d. i. der Mannigfaltigkeit existierender Wesen nach, daß auch der allerschärfste menschliche Verstand durch Vergleichung der einen mit der anderen nicht die mindeste Ähnlichkeit ausfindig machen könnte (ein Fall, der sich wohl denken läßt), so würde das logische Gesetz der Gattungen ganz und gar nicht stattfinden, und es würde selbst kein Begriff von Gattung oder irgend ein allgemeiner Begriff, ja sogar kein Verstand stattfinden, als der es lediglich mit solchen zu tun hat"[1]).

Wie dieses Prinzip der Homogenität, so setzt auch dasjenige der Spezifikation d. h. der Varietät des Gleichartigen unter niedern Arten, und das der Kontinuität der Formen, d. h. des kontinuierlichen Übergangs von einer jeden Art zu jeder andern durch stufenartiges Wachstum der Verschiedenheit, entsprechende transzendentale Grundsätze voraus. Diese Prinzipien sind aber doch nicht so beschaffen, daß aus ihnen die Wahrheit der darauf sich gründenden allgemeinen Regel folgt, d. h. sie sind nicht konstitutiv, sondern nur regulativ, Maximen, die dem Interesse der Vernunft an systematischer Einheit dienen. Sie enthalten bloße Ideen zur Befolgung des empirischen Gebrauchs der Vernunft, denen der letztere nur annähernd folgen kann, ohne sie jemals zu erreichen. Als Ideen sind sie ja auch einer eigentlichen transzendentalen Deduktion unzugänglich. So kann z. B. die aus dem dritten Prinzip folgende kontinuierliche Stufenleiter[2]) der Geschöpfe keineswegs auf Grund von Beobach-

---

1) Kr. d. r. V. 506, 508.
2) Näheres über den interessanten Zusammenhang dieser und

tung und Einsicht in die Einrichtung der Natur als objektive Behauptung aufgestellt werden, da hierzu die Sprossen einer solchen Leiter, wie sie uns Erfahrung angeben kann, viel zu weit auseinanderstehen, sondern sie schafft uns nur die Möglichkeit, systematische Ordnung in die Natur zu bringen[1]).

Gerade an dem letztgenannten Beispiel läßt sich nun die Stellung, welche hinsichtlich dieses Punktes Fries zu Kant einnimmt, am besten deutlich machen. Auch für Fries ist es eine Regel der systematischen Begriffsbildung, eine kontinuierliche Stufenleiter der Pflanzen und Tierformen der Erde mit unendlich vielen Zwischenformen anzunehmen. Für beide enthält diese Regel **keine Aussage über das wirkliche Sein der Natur** (etwa im Sinne der modernen Entwicklungstheorie), aber aus verschiedenen Gründen. Nach Fries ist sie nicht konstitutiv, weil sie als **bloß logische Regel** nur die problematische Vorstellung bloßer Möglichkeiten ist. Nach Kant gründet sich zwar dieser Grundsatz wie die beiden andern auf einen **transzendentalen**, aber dieser transzendentale selbst ist nur **regulativ**, da wir mit diesem Prinzip, wie mit den beiden andern eine über die Erfahrung selbst hinausgehende Einheit unserer Erkenntnis nach Ideen suchen. Für Fries gibt es, da bei dem subjektiven Charakter seiner Deduktion auch bloße Denkformen in dieselbe aufgenommen werden, eine eigentliche Deduktion derselben, für Kant nur in uneigentlichem Sinn[2]), da ihnen als Ideen die Beziehung auf den „Gegenstand der Erfahrung" fehlt.

Aus der **synthetischen Einheit** entspringt die Notwendigkeit in unserer Erkenntnis. Alle Notwendigkeit liegt nur in dem Verhältnis, welches das eine mit dem andern verbindet. Alle unsere Erkenntnis überhaupt ist eine **relative**. Jedes Ding wird nur so erkannt, wie es sich äußert,

---

anderer Ausführungen Kants mit der modernen Entwicklungstheorie findet sich in meiner Schrift über „Kants Rassentheorie und ihre bleibende Bedeutung". Leipzig, Engelmann 1904.

1) Kr. d. r. V. 519 f., 516.
2) Vgl. oben S. 178 ff.

also kein Gegenstand für sich als ein schlechthin Inneres, sondern immer nur Eins im Verhältnis zum andern. So erkennen wir die Materie nur in ihrem Verhältnis zum erkennenden Geist, nämlich in der Empfindung, den Geist nur durch sein Verhältnis zu den Tätigkeiten, in denen er sich äußert, Gott nur im Verhältnis zur Welt. Diese Relativität ist der „analytische Ausdruck der synthetischen Einheit", durch den wir aber ebensowenig, wie durch die Verneinung oder die Stetigkeit der Begriffsformen ein Gesetz für das wirkliche Wesen der Dinge erhalten.

Das eigentliche Moment der analytischen Einheit ist die Modalität. Die analytischen Einheiten sind die Formen der Reflexion, welche uns dazu dienen, die Materie der Erkenntnis durch formale Bestimmungen der materiellen Apperzeption aufzufassen. Der denkende Verstand faßt in der problematischen Vorstellung von Begriff, Regel und Prinzip die formale Apperzeption als Bedingung auf, die Urteilskraft ordnet in Assertionen Subjekt, Fall und Lehrsatz als das Bedingte unter, und das Schlußvermögen endlich bestimmt nach dem Gesetz der transzendentalen Apperzeption das Bedingte apodiktisch durch die Bedingung. Dem überall die Grundlage bildenden obersten Verhältnis der formalen, materialen und transzendentalen Apperzeption entspricht also hier die Abstufung des Problematischen, Assertorischen und Apodiktischen.

Für diese modalische Bestimmung des Gegenstandes a priori durch analytische Einheit, welche nichts anderes ist als die metaphysische Verknüpfung der Existenz der Dinge, entsteht ein Widerstreit zwischen Form und Materie, zwischen der Allgemeinheit und Notwendigkeit und dem individuellen Dasein, zwischen dem Rationalismus, der nur dem allgemeinen Begriffe für sich, und dem Empirismus, der unmittelbar nur dem einzelnen Gegenstand seiner Sphäre und dem Begriff nur durch ihn Realität zugesteht. Die Lösung liegt in unserm Begriffe der objektiven Giltigkeit. Die objektive Giltigkeit der Erkenntnis gehört ja weder der leeren Form, noch ihrer Erfüllung, sondern nur dem Ganzen der erfüllten Form, der ungetrennten Vereinigung beider in der unmittelbaren Erkenntnis, in dem ungeteilten Ganzen der transzendentalen Apperzeption. Die Scheidung in Materie und Form, in die Notwendigkeit des Gesetzes und das Dasein des Individuellen trifft also nur Momente der subjektiven Giltigkeit und der Wiederbeobachtung. Wir gelangen daher zu dem Satz, „daß alle metaphysische Verknüpfung der Existenz der Dinge, nach welcher das Allgemeine der Erklärungsgrund des Besonderen wird, nur durch Abstraktion erscheint und nur Stufen der subjektiven Giltigkeit bezeichnet, ohne von objektiver Bedeutung zu sein"[1].

d) Die nur gedachte synthetische Einheit
(Die Kategorien).

Die nur gedachte synthetische Einheit ist uns bereits in der Deduktion der analytischen Einheit begegnet. Da die letztere das Mittel ist, unsere Erkenntnis in der Reflexion und überhaupt zum Bewußtsein zu bringen, so dient sie auch der Auffassung der synthetischen Einheit. Handelte es sich aber dort um die Bedingungen der Auffassung der nur gedachten synthetischen Einheit, so handelt es sich jetzt um diese synthetische Einheit selbst, sofern sie aufgefaßt wird. Wir treten damit in den wichtigsten Teil der Deduktion ein. Mit diesen „Formen der nur denkbaren Verbindung" treffen wir ja auf die Grundlage des Metaphysischen in der Erkenntnis, für welches wir das Kantische System der Kategorien als das System der Grundbegriffe aufgefunden haben, und es erwächst uns daraus die Hauptaufgabe unserer Deduktion: nachzuweisen, warum gerade dieses System von Grundbegriffen der metaphysischen Erkenntnis in unserer gedachten Erkenntnis bestehe[2].

---

1) N. Kr. II, § 109 u. 110 S. 120 ff., 134.
2) Die Ausführung dieser Deduktion leidet, wie so manche andere Partien der Friesischen „Kritik der Vernunft" und seiner „Metaphysik" an mehrfachen Wiederholungen, man vgl. z. B. N. Kr. II,

Zu diesem Zweck müssen die notwendigen Verbindungen, die gedachten synthetischen Einheiten selbst vor das denkende Bewußtsein gebracht werden. Sie finden ihren Ausdruck im **Urteil**, und zwar in der Form der Verbindungsweise von Subjekt und Prädikat im Urteil, wie sie die Kopula darstellt. Das wichtigste Moment in der Deduktion der synthetischen Einheiten werden also die **Verhältnisbegriffe**, werden die Kategorien der **Relation** sein. Wie das Hauptmoment für die Deduktion der analytischen Einheiten die Modalität, so ist es für die der synthetischen Einheiten die Relation. Auch in der ersteren fehlte dieses Moment nicht. Während es sich aber dort um die **Auffassung** der Relation handelte, handelt es sich jetzt um die **Relation selbst**. Freilich kann auch an dem jetzigen Punkte der Deduktion von ihr nicht anders die Rede sein, als so, daß sie irgendwie gedacht wird. Der notwendigen Einheit werden wir uns aber nur im Ganzen unserer Erkenntnis bewußt. Wir werden also auch alles anschaulich Gegebene erst denkend auffassen müssen, um unseren Zweck zu erreichen. Es werden sich daher in der Vorstellung dieser notwendigen Verbindungen auch die anderen drei Momente wiederholen. Ihre Anwendung wird aber durch das Hauptmoment der Relation bedingt sein, und, da die notwendige Verbindung die Form des Urteils hat, so wird die Deduktion zugleich so dargestellt werden können, daß die Kategorien als Begriffe von der Bestimmung der Gegenstände durch die Form des Urteils nachgewiesen werden.

Dabei muß sich innerhalb der einzelnen Momente das Grundverhältnis unserer Erkenntnis, das der materialen, formalen und transzendentalen Apperzeption verfolgen lassen. Unser zeitlich bedingtes Bewußtsein kann nur ausgehen von der Auffassung eines bestimmten Gehaltes in der Erkenntnis, von da zur Auffassung mehreren Gehaltes fort-

---

136 f. mit 139, 140 f. oder Metaphysik 198 mit 205, 218 ff. Im folgenden ist der Versuch einer Vereinfachung des Gedankengangs gemacht.

schreiten, um so endlich die Vorstellung eines Ganzen zu erreichen. In jedem einzelnen Moment muß sich daher finden: „1) Ein Begriff der Auffassung des Gehaltes in die formale Apperzeption, wodurch wir vom empirischen Bewußtsein zum denkenden Bewußtsein überhaupt geführt werden; 2) ein Begriff der denkenden Zusammenfassung mannigfachen Gehaltes; und 3) ein Begriff von der notwendigen Bestimmung des Zusammengefaßten im Ganzen der transzendentalen Apperzeption" [1]).

Größenbegriffe sind die Begriffe von der Bestimmung der Gegenstände durch die Form des Subjekts im Urteil. Durch sie denken wir die rein anschaulichen Bestimmungen der Gegenstände. Größenverhältnisse werden aber denkend dadurch erkannt, daß wir die Größen messen. Wir können daher zum Denken des zusammengesetzten Ganzen, der Allheit als der gemessenen Größe nur gelangen, indem wir von der Auffassung einer einzelnen materialen Erkenntnis, einer benannten Einheit ausgehen, um durch diese Bedingung der Einheit als des Maßes die Vielheit mehrerer materialer Erkenntnisse als das Bedingte zu bestimmen. Da wir vermittelst dieser Begriffe die Verhältnisse der rein anschaulichen Erkenntnis denkend im Urteile auffassen, können wir sie auch die mathematisch-metaphysischen nennen [2]).

Die Kategorien der Beschaffenheit sind die Begriffe von der Bestimmung der Gegenstände durch die Form des Prädikates im Urteil. Durch sie denken wir die sinnesanschaulichen Bestimmungen der Gegenstände. Indem wir den anschaulichen Gehalt als materiale Bestimmung der formalen Apperzeption denkend auffassen, erhalten wir die Begriffe von Realitäten, die wir dann in der denkenden Zusammenfassung durch Verneinungen voneinander unterscheiden. Die Kategorie der Beschränktheit aber ist hier die Kategorie des Ganzen, indem sie das Ganze aller Realitäten aus A und Non—A, aus der beschränkten Rea-

---
1) N. Kr. II, 140.
2) N. Kr. II, 136, 140. Metaph. 198, 205, 218.

lität und ihrem Gegenteil zusammengesetzt vorstellt. Wir nennen diese Begriffe auch die empirisch-metaphysischen, da wir durch sie die Verhältnisse der sinnesanschaulichen Erkenntnis denkend im Urteil auffassen und so mit der metaphysischen Erkenntnis in Verbindung bringen[1]).

Die Kategorien der Modalität sind die Begriffe von der Bestimmung eines Gegenstandes, wiefern er durch die modalische Form eines Urteils gedacht wird. Dasein oder Wirklichkeit ist hier die Kategorie der Auffassung des Gehaltes als ein Begriff von der Bestimmung der Existenz eines Gegenstandes im Verhältnis zur Sinnesanschauung, Möglichkeit ist die Kategorie der denkenden Auffassung mannigfaltigen Gehaltes, der Begriff von der Bestimmung der Existenz eines Gegenstandes in seinem Verhältnis zur formalen Apperzeption, die Kategorie der Notwendigkeit aber ist die Kategorie des Ganzen, der Begriff von der Bestimmung der Existenz eines Gegenstandes im Verhältnis zur Einheit der transzendentalen Apperzeption. Da diese Kategorien darauf beruhen, daß wir unserer Erkenntnis uns nur durch Vermittlung der Denkformen völlig bewußt werden, so können wir sie auch die logisch-metaphysischen nennen[2]).

Die Kategorien der Relation oder die Verhältnisbegriffe sind die Begriffe von der Bestimmung des Gegenstandes durch die Kopula oder durch die Form der Verbindungsweise von Subjekt und Prädikat im Urteil. Nur in ihnen denken wir eigentlich die Synthesis selbst als Verknüpfung der Existenz der Dinge in der notwendigen Einheit des Ganzen aller Dinge. Wir bedürfen dazu zunächst einer Auffassung des Gehaltes der Sinnesanschauung (materiale Apperzeption), welche nicht beim Bewußtwerden des Empirisch-Wechselnden stehen bleibt, sondern dasselbe zum allgemeingiltigen denkenden „Bewußtsein überhaupt" erhebt. Dadurch gelangen wir von den einzelnen angeschauten Beschaffenheiten als den Eigen-

---

1) N. Kr. II, 137, 140. Metaph. 199, 205, 215.
2) N. Kr. II, 137, 140 f. Metaph. 201 f., 206.

schaften der Wesen zur Erkenntnis der Wesen selbst. Das erste Verhältnis ist also dasjenige von Wesen und Eigenschaft, Subsistenz und Inhärenz. Die Existenz mannigfaltiger in ihren Eigenschaften erkannter Wesen muß aber in einer notwendigen Einheit verknüpft werden (ursprüngliche formale Apperzeption). Dies geschieht in dem Verhältnis von Ursache und Wirkung. Endlich müssen die so zusammengefaßten Dinge eine Gemeinschaft der Teile in einem Ganzen bilden (transzendentale Apperzeption). Dies ist nur denkbar in dem Verhältnis der Wechselwirkung[1]).

Da in diesen Begriffen eine nur denkbare, nicht anschauliche Verbindungsweise, eine intellektuelle Synthesis vorgestellt wird, können wir sie auch die eigentlich metaphysischen nennen.

Es bedarf ferner keiner weiteren Ausführung, daß den einzelnen Kategorien dieses Moments der Relation die Formen der kategorischen, hypothetischen und divisiven Urteile völlig entsprechen.

So laufen in der Deduktion bei Fries alle Fäden seiner Erkenntnistheorie zusammen, und indem die in Betracht kommenden Momente im systematischen Aufbau seiner Vernunftkritik ihre Stelle erhalten und sich in vielseitiger Wechselbeziehung gegenseitig stützen, scheint in der architektonischen Vollendung des Ganzen zugleich eine Bestätigung der Richtigkeit der Deduktion zu liegen. Wir können versuchen, diese Übereinstimmung der Hauptmomente, deren einzelne Teile dann wieder unter sich harmonieren, in einer Tafel übersichtlich zu machen:

Spekulative Momente d. Erkenntnis:	Sinnesanschauung,	reine Anschauung,	analyt. Einheit,	nur gedachte synthet. Einheit.
Momente der Urteilsformen:	Qualität,	Quantität,	Modalität,	Relation.
Momente der Wissenschaft:	Empirie,	Mathematik,	Logik,	Metaphysik.

Wenn wir die Friesische Deduktion der Kate-

---
1) N. Kr. II, 135 f, 141. Metaph. 200 f., 205.

gorien mit derjenigen Kants vergleichen, so tritt uns als unterscheidendes Moment in erster Linie der Unterschied der **Methode** entgegen, deren subjektiv-anthropologischem Charakter im Unterschied von Kants **beweisendem Verfahren** wir bereits an früherer Stelle eine eingehende Untersuchung gewidmet haben.

Zweitens aber ist für Fries charakteristisch jene **Ausdehnung des Deduktionsverfahrens auf die Gesamtheit der Erkenntnisformen**, sogar mit Einschluß der Ideen, deren Deduktion uns später beschäftigen wird, so daß die Deduktion der Kategorien nur als der wichtigste Teil, als der Brennpunkt erscheint, in welchem die vom Spiegel der Reflexion zurückgeworfenen Strahlen der Erkenntnis sich sammeln. Auch hiefür liegt der Hauptgrund in der Friesischen Unterscheidung zwischen Reflexion und unmittelbarer Erkenntnis. Objektive Giltigkeit kommt nur dem Ganzen der unmittelbaren Erkenntnis, der transzendentalen Apperzeption zu. Eine Rechtfertigung der notwendigen Einheitsformen der Erkenntnis muß sich daher auf dieses Ganze beziehen; sie kann nur darin bestehen, daß die einzelnen Formen als Modifikationen oder als notwendige Bestandteile dieses Ganzen aufgewiesen werden. Dieser Aufweis ist aber nur dann vollständig, wenn die durch Abstraktion losgelösten Teile das Ganze wieder ergeben, was sich nur ermöglichen läßt, wenn sämtliche Teile, also nicht etwa nur die reine Anschauung und die Kategorien, sondern auch die Sinnesanschauung und die logischen Formen miteinbezogen werden. Die beherrschende Stellung der Kategorien erklärt sich dann daraus, daß auf ihnen als den intellektuellen synthetischen Einheiten die Einheit des Ganzen beruht.

Zu dieser Ausdehnung des Deduktionsgebietes kommt aber bei Fries **drittens** eine **eingehendere deduktive Begründung der einzelnen Glieder des Kategoriensystems**. Während Kant, nachdem er den Grundsatz der synthetischen Einheit der Apperzeption als das oberste Prinzip alles Verstandesgebrauchs nachgewiesen hat, sich damit begnügt, die Kategorien in ihrer Gesamtheit als die gedachten

Formen dieser Einheit oder als synthetische Funktionen des Urteiles in Beziehung auf das Mannigfaltige der Anschauung aufzuzeigen[1]), gibt Fries wie für die beiden Anschauungsformen, so auch für jedes Moment der Kategorientafel, ja für jede einzelne Kategorie eine Rechtfertigung aus ihrer Beziehung zur transzendentalen Apperzeption.

Endlich sind aber die verschiedenen Arten der Kategorien in ihrer Bedeutung für die Deduktion einander nicht koordiniert, und hieran knüpft sich ein viertes Hauptunterscheidungsmerkmal der Friesischen von der Kantischen Deduktion, wohl dasjenige, welches am meisten auf bleibende Beachtung Anspruch hat. Wird auch für Kant in der transzendentalen Deduktion der zweiten Auflage der Kritik der reinen Vernunft die logische Funktion der Urteile als synthetische Verknüpfungsform maßgebend[2]), so daß er an anderer Stelle sagen kann, die Deduktion könne „beinahe durch einen einzigen Schluß aus der genau bestimmten Definition eines Urteils überhaupt (einer Handlung, durch die gegebene Vorstellungen zuerst Erkenntnisse eines Objekts werden) verrichtet werden", so führt bei Fries die Verwertung der in der Urteilsfunktion gegebenen Synthesis, wie sie in der Kopula sich darstellt, dazu, daß unter den Momenten der Kategorien dasjenige der Synthesis selbst, der Relation als das beherrschende hervortritt, im Verhältnis zu welchem dann die anderen als Beziehungsglieder oder als Modifikationen der Synthesis eine untergeordnete Stelle einnehmen. Wenn Fries dies auch darin zum Ausdruck bringt, daß er die Momente der Urteilsformen nicht mehr als ebensoviele Verschiedenheiten des Urteilens, sondern teils als Verschiedenheiten des Subjekts (Quantität), teils als Verschiedenheiten des Prädikats (Qualität), teils als bloß unserer Reflexion angehörige Modifikationen der Synthesis selbst (Modalität) faßt[3]), und nur die Relation als Ausdruck für die synthetische Funktion gelten läßt, so hat er damit eine der wichtigsten

---

1) Kr. d. r. V. 137, 667.   2) Kr. d. r. V. 666 f.
3) Vgl. schon oben die Einteilung der Urteile Kap. V, D., I, 2. S. 126 f.

Kapitel VI.

Erkenntnisse der neueren Logik[1]), wie sie besonders durch Sigwart[2]) begründet wurde, vorweggenommen[3]).

Schon unsere Übersicht über das System der Kategorien[4]) hat gezeigt, daß es etwas anderes ist, ein System der Kategorien aufzustellen, und etwas anderes, ihre Anwendbarkeit auf die Erkenntnis von Gegenständen zu erweisen. Berücksichtigen wir diesen Unterschied auch für die Deduktion, so bleibt uns noch die Aufgabe, auch für die aus dieser Anwendung der Kategorien sich ergebenden Formen die Deduktion zu liefern.

Von den vier Momenten der Kategorien kommen hier eigentlich nur zwei in Betracht, nämlich die reinanschauliche Größenform der Zusammensetzung der Dinge in Zeit, Raum und Zahl, und die von uns bereits als wichtigste der nur denkbaren synthetischen Formen erkannte metaphysische Verhältnisform der Verknüpfung der Existenz der Dinge. Die Kategorien der Beschaffenheit lassen uns ja

---

1) Vgl. hierzu Windelband, Abschnitt „Logik" der „Philosophie im Beginn des 20. Jahrhunderts", Festschrift für Kuno Fischer I; 179 f.

2) Die Berührung zwischen Fries und Sigwart scheint mir übrigens nicht bloß an diesem einen Punkte vorhanden zu sein. Nicht nur die eingehende psychologische Behandlung der Vorfragen der Logik, sondern auch z. B. die im Verhältnis zur früheren Logik stärkere Betonung des hypothetischen (auch des „gemischt-hypothetischen" vgl. z. B. Logik S. 233) Schlusses, die bei Sigwart allerdings viel mehr hervortritt, die Bevorzugung der „Philosophischen Anthropologie" (eine Bezeichnung, die Sigwart durch seine ganze Lehrtätigkeit für das sonst „Psychologie" genannte Kolleg anwandte) ist beiden gemeinsam.

3) Auch H. Cohen bezeichnet es in seiner „Logik der reinen Erkenntnis" (System der Philosophie I, 1902, S. 483) als einen „wirklichen Fortschritt, den Fries in der Theorie des Syllogismus vollzog, als er die mathematischen Sätze und Beweise dem hypothetischen Syllogismus zuwies und vorbehielt". Diese Beschränkung der mathematischen Sätze und Beweise auf den hypothetischen Syllogismus konnte ich allerdings nicht bestätigt finden. Wenigstens finden wir in Fries' Logik sowohl für den kategorischen als für den „divisiven" Schluß mathematische Beispiele, vgl. z. B. Logik S. 229 und 237.

4) S. oben S. 236 ff.

nur Verhältnisse der Übereinstimmung oder des Widerstreits der vorhandenen Beschaffenheiten untereinander denkend erkennen, und die Kategorien der Modalität stellen nur Stufen der subjektiven Giltigkeit unserer Erkenntnis der Dinge ohne objektive Bedeutung dar. Beide setzen also die Erkenntnis der Tatsachen und Gesetze bereits als gegeben voraus und haben daher Bedeutung für die Erkenntnis nur in der Abhängigkeit von den beiden erstgenannten Momenten[1]).

Legen wir diese zugrunde, so entwickeln sich vor unserem Bewußtsein zwei Systeme der Anwendung der Kategorien.

Geht die Reflexion von der gegebenen Anschauung aus und legt die synthetische Verbindung an diese als eine formale Bestimmung des gegebenen Gehaltes der Erkenntnis, so entwickeln sich die metaphysischen Prinzipien unserer Naturerkenntnis.

Geht dagegen die Reflexion nach Ausbildung dieser Naturbegriffe von der Vorstellung der Einheit und Notwendigkeit selbst aus, so zeigt sich diese nicht nur als Bedingung des gegebenen, sondern als Bedingung alles irgend zu gebenden Gehaltes der Erkenntnis, und es entwickelt sich dann aus dieser Selbständigkeit der Einheitsprinzipien im Unterschied von der natürlichen die ideale Ansicht der Dinge.

Da hiernach Natur und Idee zweierlei sich oft widerstreitende Prinzipien ergeben, denen wir doch die Dinge unterordnen müssen, so bedürfen wir noch der Maximen für diese Unterordnung, und so ergeben sich insgesamt drei Aufgaben: die Prinzipien der Metaphysik der Natur, die Prinzipien der spekulativen Ideenlehre und endlich die regulativen Maximen für die Unterordnung unserer Erkenntnis unter diese beiden zu deduzieren.

---

1) N. Kr. II, 142 f., Metaph. 207 ff.

4. Die Deduktion der metaphysischen Grundsätze der Naturwissenschaft.

a) Die Bedeutung der Deduktion der metaphysischen Grundsätze der Naturlehre.

Unsere systematische Übersicht der Kategorien und Grundsätze hat bereits gezeigt[1]), wie die Kategorien für ihre Anwendung auf die Erkenntnis der anschaulichen Bestimmungen, der Schemate bedürfen, und wie diese Bestimmungen in den mathematischen Beschaffenheiten der Gegenstände, und zwar in den reinen Zeitbestimmungen zu suchen sind. Die Kategorien in dieser ihrer notwendigen Verbindung mit anschaulichen Bestimmungen, wie sie sich dem Wahrheitsgefühl in der unmittelbaren Erkenntnis der Vernunft zeigen, ergaben dann die „metaphysischen Grundsätze der Naturlehre".

Indem wir nun die Deduktion dieser Gesetze unternehmen, läßt sich ein Doppeltes erreichen.

Erstens weisen wir dadurch ihre unvermeidliche Anwendung in unseren Erkenntnissen nach und antworten damit den Empirikern, welche den Gebrauch der Kategorien nicht gelten lassen wollen, weil sie und die Grundsätze aus der Erfahrung nicht demonstriert werden können, indem wir, mit Kant zu reden, ihre Giltigkeit für alle Gegenstände der Erfahrung dartun; denn kommen sie auch nicht durch die Anschauung in unsere Erkenntnis, so sind sie doch eben so ursprünglich in der Erkenntnis als die Anschauung, da sie aus einem Verhältnis entspringen, unter dessen Bedingung jede uns zu gebende Anschauung steht.

Zweitens können wir mit Hilfe der Deduktion zeigen, auf welches Gebiet sich der Gebrauch dieser Gesetze beschränkt. Wir erkennen, daß ihre Giltigkeit nur auf Gegenstände der Erfahrung sich erstreckt und daher nur zur Sinnesanschauung als Form hinzukommen kann. Wir treten

---

1) S. oben S. 236 ff.

damit der Meinung derer entgegen, welche mit diesen Begriffen allein das Wesen der Dinge ergründen wollen, derjenigen dogmatischen Spekulation, welche Begriffe wie die der Substanz und Ursache rein begrifflich durch Reflexion oder aus bloßer Vernunft durch intellektuelle Anschauung behandeln wollen, während sie doch ohne die Wahrnehmung keine Anwendung finden können.

Alle diese Begriffe der Naturnotwendigkeit sind also zwar von unvermeidlicher Anwendung in unserer Erkenntnis, aber nur innerhalb eines beschränkten Gebietes[1]).

b) Mathematische und dynamische Grundsätze.

Suchen wir nun der Deduktion selbst näher zu treten, so haben wir zunächst den obersten Begriff des ganzen Systems voranzustellen. Es ist der der Natur, wobei wir unter Natur nichts anderes verstehen, als das Dasein der Dinge nach notwendigen und allgemeinen Gesetzen. Die höchste Formel, unter welcher alles andere steht, lautet daher: die Sinnenwelt ist eine Welt unter Naturgesetzen d. h. „das Dasein der Dinge in ihr ist in durchgängiger physischer Verknüpfung durch seine metaphysische Vereinigung unter allgemeine Gesetze". Es liegt im Wesen unserer Vernunft, daß ihr aus sinnlicher Anschauung gar keine andere als Naturerkenntnis entstehen kann, da sie zu jeder Anschauung unvermeidlich die Einheit und Notwendigkeit hinzugibt und so das Ganze aller gegebenen sinnlichen Erkenntnisse unter gleichen Gesetzen verbindet.

Ferner ist für unsere Deduktion wesentlich der Unterschied der mathematischen Grundsätze, welche das Gesetz der Zusammensetzung des gegebenen Mannigfaltigen enthalten und der dynamischen, welche das Gesetz der Verknüpfung der Existenz der Dinge selbst z. B. der Existenz der Eigenschaft mit der ihrer Substanz oder der Existenz der Wirkung mit der ihrer Ursache aussprechen[2]). Die

---
1) N. Kr. II, § 114 u. 115 S. 145 ff.
2) Vgl. Kant, Kr. d. r. V. 172 f.

Art der Verbindung ist im einen und im andern Fall sehr verschieden. Raum und Zeit sind ja notwendige Formen der Zusammensetzung; daß aber die Dinge im Raum gerade so nebeneinander stehen, wie ich sie finde, enthält etwas Zufälliges und könnte auch anders gedacht werden. Was ich dagegen als Ursache und Wirkung oder als Substanz und Eigenschaft verbunden denke, enthält gar keine Zufälligkeit der Verbindung mehr. Diese selbst könnte nicht verändert werden, ohne vernichtet zu werden. Vollständige Notwendigkeit ist also erst Eigentum der dynamischen Verknüpfung. Der Magnet z. B. zieht mit Notwendigkeit das Eisen an, welches ihm nahegebracht wird; daß Magnet und Eisen aber gerade nebeneinander zu liegen kommen, ist für beide zufällig. Wenn auch für die Berechnung diese Zufälligkeit verschwindet, indem ich irgendwo eine Gegenwart als das erste Gegebene ansehe und von dieser aus nun mit Notwendigkeit sowohl vorwärts die Zukunft als rückwärts die Vergangenheit bestimme, so bleibt die Zusammensetzung der Dinge selbst im ganzen doch etwas Zufälliges, da sie in jedem Augenblick sich aus dem Vorhergehenden herleitet, keiner aber als der Anfangsaugenblick schlechthin gilt.

Der Grund dieser Zufälligkeit der mathematischen Zusammensetzung der Erscheinungen läßt sich aus der Organisation unserer Vernunft leicht nachweisen. Wenn auch aus dem Wesen der Vernunft selbst das Gesetz der Einheit und Notwendigkeit hinzukommt, so liegt doch der Grund für die Erregung und besondere Anordnung empirischer Anschauungen nicht in der Vernunft, sondern in demjenigen Äußeren, was auf den Sinn wirkt, ist also für die Vernunft subjektiv zufällig.

Allerdings dürfen wir „zufällig" hier nicht im Sinne der älteren Metaphysik als dasjenige verstehen, was nur als Folge eines andern existiert, wobei Zufälligkeit und Dependenz eines Dinges identisch sind, auch nicht im Sinne des modalischen Gegensatzes zum Notwendigen, der nur einen subjektiven Unterschied der Auffassung betrifft; für uns ist vielmehr „Notwendigkeit als Kategorie die Bestimmung der Existenz eines Gegenstandes durch die Einheit der transzendentalen Apperzeption, Zufälligkeit als ihr Korrelat hingegen die Bestimmung der Existenz eines Gegenstandes nur gegen die einzelne materiale Erkenntnis".

Wie kann aber ein solcher Begriff des Zufälligen Anwendung finden, wenn jede einzelne materiale Erkenntnis, so wie sie gegeben wird, unmittelbar in die formale Apperzeption fällt, und also ihren Gegenstand mit Notwendigkeit bestimmt, falls sie aber noch nicht gegeben ist, ihren Gegenstand weder zufällig noch notwendig bestimmt? Dies ist nur dadurch möglich, daß die Bestimmung der gegebenen materialen Erkenntnis durch die ursprüngliche Form nur auf eine beschränkte Weise stattfindet, so daß eine beschränkte Notwendigkeit sich ergibt, die in anderer Rücksicht als Zufälligkeit beurteilt werden muß. Eine solche Beschränkung findet eben in der Stetigkeit und Unendlichkeit der rein anschaulichen Formen ihren Ausdruck. Die Zufälligkeit des Wesens der Dinge in der Natur liegt darin, daß jedes einzelne Dasein in einer Reihe ohne Anfang und Ende immer wieder unter der Bedingung eines andern steht [1]).

Dem alten Problem der vérités de fait und vérités de raisonnement gibt hier Fries eine eigentümliche Wendung. Er berührt sich mit Leibnizens Annahme einer Zufälligkeit [2]), die identisch ist mit bedingter Notwendigkeit, aber dieser Zusammenhang erhält bei ihm eine andere Bedeutung durch seine Ablehnung des rationalistischen Begriffs des Zufälligen als desjenigen, dessen Gegenteil möglich ist, und durch die Art, wie er seine Unterscheidung der Zusammensetzung des Mannigfaltigen in Raum und Zeit und der Verknüpfung der Existenz der Dinge auf den Gegensatz des Zufälligen und Notwendigen bezieht. Die mathematische Zusammensetzung der einzelnen Erscheinungen ist zufällig,

---

1) N. Kr. II, § 116 S. 250 ff.
2) Leibniz, Monadologie 33 und 37, deutsch von R. Zimmermann S. 18 f., vgl. Windelband, Geschichte der neueren Philosophie 2. Aufl., I, 464 f.

die metaphysische Verknüpfung des Wesens der Dinge ist notwendig. Ist für Leibniz die einzelne Tatsache zufällig, sofern sie durch Einzelursachen bedingt ist, die selbst wieder auf neue noch mehr ins einzelne gehende zufällige Ursachen, also schließlich auf einen unendlichen Kausal-Regressus führen, so ist es für Fries nur die Stetigkeit und Unendlichkeit der Anschauungsformen des Raumes und der Zeit, im Verhältnis zu welchen das einzelne Dasein als zufällig erscheinen muß.

c) Äußere und innere Physik und die einzelnen Grundsätze.

Der Unendlichkeit der Zeit und des Raumes gegenüber ist das einzelne Dasein zufällig. Von jedem einzelnen gegebenen Zeitpunkt aus aber ist die Geschichte der Welt notwendig bestimmt. Ist das Mannigfaltige einmal gegeben, so bestimmen die reinen Formen der Anschauung in Raum und Zeit die Erkenntnis desselben mit solcher Notwendigkeit, daß eine vollständige Ausbildung der Erkenntnis auf der Grundlage der transzendentalen Apperzeption möglich ist, ohne daß etwas bloß Empirisches darin bliebe.

Eben in dieser Ausführung der Erkenntnis bildet sich dann aber ein durchgreifender Unterschied heraus zwischen den zwei Gebieten der äußeren und der inneren Naturerkenntnis.

Die äußere Naturerkenntnis wird durchaus von der Mathematik beherrscht, weil für die äußere Anschauung sowohl die Existenz als das Gegebene der Gegenstände in reinen Formen zusammengefaßt wird, und wir gelangen schon von hier aus zu gewissen allgemeinen Folgerungen, zu derjenigen einer Teilbarkeit der Materie ins Unendliche, einer Erklärbarkeit alles mannigfaltigen Realen im Raum durch bloß quantitative Verschiedenheiten und endlich einer Materie d. h. eines Beweglichen im Raume als der schlechthin beharrlichen Substanz, deren Quantität in allen physischen Prozessen weder vermehrt noch vermindert werden kann, sondern die nur in ihren äußeren Verhältnissen wechselt. So bildet die äußere Naturlehre als mathematische Physik ein in sich vollendbares, geschlossenes Ganzes, in welchem alles durchaus nach allgemeinen mathematischen Gesetzen erklärbar ist[1]).

Anders verhält es sich mit der inneren Naturerkenntnis. Hier fehlt die dem Raume entsprechende Form, die Nebenordnung des Gleichzeitigen in meinem Anschauen und damit die vollständige mathematische Synthesis. Dem inneren Sinn liegt als Form des gegebenen Mannigfaltigen der inneren Anschauung nur jenes reine Selbstbewußtsein (die „reine Apperzeption") zugrunde, das nicht aus der mathematischen Verbindung entspringt, sondern unmittelbar als eine eigene der Reflexion zugrunde liegende materiale Bestimmung der unmittelbaren Erkenntnis vorkommt. Meine Tätigkeiten, die ich innerlich anschaue, stehen also zwar auch „ihrer Existenz nach unter der Bedingung der mathematischen Zusammensetzung in der Zeit, sie werden aber ihrer Materie nach nur in dem Ich des Selbstbewußtseins ohne alle mathematische Nebenordnung vereinigt"[2]).

Aus dieser Bedingtheit durch das reine Selbstbewußtsein und Unvollständigkeit der mathematischen Synthesis ergeben sich die der äußeren Naturlehre entgegengesetzten Folgerungen. Zunächst fallen alle die mannigfaltigen Tätigkeiten der inneren Natur immer nur in der intensiven Größe einer und derselben inneren Handlung des Ich zusammen, das als einzelnes Subjekt nicht teilbar ist, sondern nur eine intensive Größe des Grades seiner Vermögen hat, so daß es nicht als durch Zerteilung zerstörbar, sondern als sterblich nur infolge Verlöschens oder allmählichen Verschwindens seines Bewußtseins gedacht werden kann[3]). Aber auch die inneren empirischen Qualitäten des Erkennens, Vorstellens, Denkens, Lustfühlens und Begehrens sind nur dem Gesetze der intensiven Größe unterworfen. Es sind

---

1) N. Kr. II, § 118, 119 S. 158 f.   2) N. Kr. II, 157.

3) Vgl. hierzu Kants „Widerlegung des Mendelssohnschen Beweises der Beharrlichkeit der Seele" in dem Abschnitt von den „Paralogismen der Vernunft" (2. Ausg.) Kr. d. r. V. S. 691 f.

unauflösliche Qualitäten, welche aus Größenverhältnissen sich nicht erklären lassen. Endlich ist das Ich oder der Geist zwar der Gegenstand aller innern Erfahrung und das Substrat der Existenz aller ihr angehörenden Erscheinungen, aber, da das reine Selbstbewußtsein als ein bloßes **Gefühl** meines Daseins der Reflexion zugrunde liegt, so vermag ich zwar meine Tätigkeiten, aber nicht mich selbst anzuschauen. Für die zeitliche Betrachtung in der Erfahrung wird daher der Geist keineswegs wie die Materie als beharrliche Substanz, als unsterblich erkannt, sondern „die Einfachheit seines Wesens ist nur ein Analogon einer Organisation d. h. einer eine Zeit hindurch dauernden Form wechselnder Substanzen wie die Flamme eines Lichtes, die nur in der Form des Verbrennungsprozesses ihre Einheit hat, aber beständig das Verbrennende selbst wechseln läßt, wodurch sie besteht"[1]).

Es gibt für uns also eine **zweifache, ganz verschiedene Art, wie uns das Wesen der Dinge erscheint.** Die eine entlehnt ihre Farben von der äußeren Erfahrung und zeigt uns die materielle Welt, die andere entlehnt ihre Farben von der inneren Erfahrung und zeigt uns die geistige Welt, und beide lassen sich nicht in ein System der Natur vereinigen.

Dieser Dualismus ist auch in der Deduktion der einzelnen metaphysischen Grundsätze der Naturlehre durchgehends zu beachten, die sich aus dem Bisherigen von selbst ergibt und nur noch einer kurzen Übersicht bedarf.

1) Da der äußeren Erfahrung im Raume eine ursprüngliche materiale Bestimmung der formalen Apperzeption zugrunde liegt, so muß jede Erscheinung derselben unter dem Gesetz des stetig Ausgedehnten stehen. Dagegen ist im Gebiete der inneren Erfahrung das Ich als einzelnes Subjekt eine materiale Bestimmung der transzendentalen Apperzeption, „so daß hier das Einzelne das erste ist" und von einer Teilbarkeit keine Rede sein kann.

---

1) N. Kr. II, 161 f.

2) Für Qualitäten findet eine Erklärung überhaupt nicht statt, da jede Erklärung eine synthetische Vorstellung des einen durch das andere ist, im Momente der Qualität aber nur von einer analytischen Vorstellung des einen durch das andere unter der Form der Verneinung die Rede sein kann. Für die inneren Vorgänge haben wir diese Unauflöslichkeit der Qualitäten bereits konstatiert; wie läßt sich aber damit die früher aufgestellte allgemeine Forderung vereinbaren, daß alle äußeren Qualitäten sich auf quantitative Verhältnisse müssen zurückführen lassen? Die Antwort liegt darin, daß auch diese Auflösung der äußeren Qualität doch keine eigentliche Erklärung derselben wird, da man ja nur dem qualitativ Verschiedenen quantitative Unterschiede an die Seite stellt, ohne dadurch die ersteren aufzuheben oder sie aus ihnen zusammenzusetzen. So bleiben den Beschaffenheiten der Dinge selbständige Theorien der intensiven Größe.

3) Nur durch die drei Grundsätze der Beharrlichkeit der Wesen, der Bewirkung und der Wechselwirkung kommt alle Verbindung der Existenz der Dinge und damit aller Zusammenhang der Wahrnehmungen in unserer Erfahrung zustande. Nun vermögen wir aber die Beharrlichkeit der Wesen, durch welche die Existenz der Dinge überhaupt erst in Rücksicht der transzendentalen Apperzeption d. h. mit Notwendigkeit bestimmt wird, nicht wahrzunehmen; wir müßten ja sonst durch alle Zeiten hindurch beobachtet haben. Soll also überhaupt Erfahrung als notwendige Verknüpfung der Wahrnehmungen möglich sein, so muß ich imstande sein, von etwas a priori zu erkennen, daß es als Wesen existiert.

Es fällt aber nur in der äußeren Anschauung „das mannigfaltige Gegebene als nebeneinander befindlich in der reinen Form des Raumes zusammen. Durch diesen Raum ist also das Nebeneinander — Befindlichsein gegen die transzendentale Apperzeption und somit auch gegen die Zeit überhaupt bestimmt, wodurch sich dann das Gesetz bilden muß: das schlechthin nebeneinander Befindliche oder das

Substrat der äußeren Anschauung existiert als beharrliches Wesen. „Hingegen das Ich als Substrat der inneren Erfahrung wird als Subjekt gar nicht angeschaut, sondern nur gedacht und vermittelst veränderlicher Tätigkeiten erkannt; es kommt ihm also in allen seinen erkennbaren Vermögen eine intensive Größe zu, welche größer oder kleiner werden und sogar verschwindend gedacht werden kann." Es muß daher „die Einheit der inneren Erfahrung nur von dem Beharrlichen der äußern entlehnt werden, indem uns ohne dies keine Zeitbestimmung in ihr möglich würde. Wir müssen erst das Innere als mit dem Äußeren zugleich d. h. als mit ihm in Wechselwirkung befindlich erkennen, um dadurch Zeitbestimmung in dasselbe zu bringen. So wird also alle geistige Weltansicht in unserer Vernunft an die Bedingung der materiellen gebunden, die ihr zugrunde liegen muß, und an der sie nur als Korrelat bestehen kann, wie wir dies denn auch in dem Verhältnis unseres inneren Lebens zum Körper und darin so finden, daß jedes andere Leben nur nach Analogie mit diesem Verhältnis von uns aufgefaßt werden mag"[1]).

Wir haben diese Stellen vollständig angeführt, da sie nicht bloß in einer interessanten Beziehung zu Kants Widerlegung des Idealismus stehen, sondern auch besonders geeignet sind, die Stellung, welche Fries in seiner Deduktion der metaphysischen Grundsätze der Naturwissenschaft einnimmt, zu beleuchten.

d) Kants „Widerlegung des Idealismus" und die Deduktion der Grundsätze der „inneren Naturerkenntnis" bei Fries.

Fries fügt seinen Ausführungen über die Abhängigkeit unserer geistigen Weltansicht von der materiellen die Bemerkung bei: „Aus diesem Grunde führte Kant seinen kritischen Beweis zur Widerlegung des empirischen Idealismus"[2]).

Schon in der Verschiedenheit des Zwecks beider Aus-

---

1) N. Kr. II, 166 f.   2) N. Kr. II, 167.

führungen liegt aber der Grund einer prinzipiellen Differenz. Kant will dem problematischen Idealismus des Kartesius, dem dogmatischen Berkeleys und der Glaubensphilosophie Jakobis[1]) durch den Nachweis gegenübertreten, daß die Wahrnehmung eines Beharrlichen, ohne welche das tatsächlich vorhandene Bewußtsein einer Zeitbestimmung unmöglich wäre, nur stattfinden kann, wenn es „wirkliche Dinge" „außer mir" gibt. Da diese „Dinge außer mir" im ausdrücklichen Gegensatz zu der „bloßen Vorstellung eines Dings außer mir" gebracht werden, so ist unzweifelhaft, daß damit Dinge gemeint sind, die auch abgesehen von unserer Vorstellung existieren, also als transzendent gelten sollen.

Fries dagegen ist in seinen Ausführungen nur von der Absicht geleitet, seine grundsätzliche Betonung des Unterschieds der äußeren und inneren Naturwissenschaft auch für die Deduktion der metaphysischen Grundsätze der Naturwissenschaft durchzuführen und zu zeigen, wie die Einheit der inneren Erfahrung nur von dem Beharrlichen der äußeren entlehnt werden kann. Er bleibt aber, seinem Zwecke entsprechend, dabei völlig innerhalb einer immanenten Metaphysik. Die Erkenntnis des Wesens des Ich selbst allerdings führt über das Gebiet des Erfahrungswissens hinaus und fällt in das Gebiet der Ideen und des Glaubens, aber innerhalb gewisser Grenzen ist doch eine „Metaphysik der inneren Natur" möglich, die neben der Metaphysik der äußeren Natur einer „allgemeinen Metaphysik der Natur" unterzuordnen ist. Wir sehen, wie die Nebeneinanderstellung und scharfe Scheidung dieser beiden Gebiete von Anfang an die Deduktion der einzelnen Grundsätze modifiziert. Fries wendet jetzt im allgemeinen nicht mehr, wie in seiner systematischen Übersicht[2]), die Kantischen Termini an. Schon das Prinzip der „Axiome der Anschauung": „Alle Erscheinungen sind extensive Größen",

---

1) Dieses letztere in der Verbesserung des Beweises in der Vorrede zur zweiten Ausgabe Kr. d. r. V. 31. Der Beweis selbst Kr. d. r. V. 208 ff.   2) S. oben S. 236 ff.

würde ja nicht mehr passen, wo in die Deduktion die inneren Tätigkeiten mit einbezogen werden. Innerhalb der Kategorie der Qualität tritt die Darlegung der Unauflöslichkeit der inneren Qualitäten, und in derjenigen der Relation die Bedingtheit der geistigen Weltansicht durch die materielle in den Vordergrund. Die „Postulate des empirischen Denkens"[1]) werden überhaupt nicht deduziert, da sie weder Gesetze der Zusammensetzung des gegebenen Mannigfaltigen noch Gesetze der Verknüpfung der Existenz der Dinge aussprechen.

e) **Kant und Fries in ihrem Verhältnis zur „Metaphysik der inneren Natur".**

Charakteristisch ist aber für Fries und sein Verhältnis zu Kant seine ganze Auffassung von der „Metaphysik der inneren Natur". Für Kant werden die „Grundsätze des reinen Verstandes" im wesentlichen zu „metaphysischen Grundsätzen der Naturwissenschaft", wobei die Naturwissenschaft im gewöhnlichen Sinne als Wissenschaft von der körperlichen Natur weitaus überwiegt.

In den „Antizipationen der Wahrnehmung"[2]) wird zwar der Empfindung eine intensive Größe d. i. ein Grad zugeschrieben. Aber die Empfindung ist hier nur als Korrelat des „Realen" verwendet, und in der zweiten Ausgabe der Kritik der reinen Vernunft tritt dies auch in der veränderten Fassung des Prinzips hervor: „In allen Erscheinungen hat das Reale, was ein Gegenstand der Empfindung ist, intensive Größe, d. i. einen Grad." Und in der Ausführung seiner „Metaphysischen Anfangsgründe der Naturwissenschaft" wird die Metaphysik der Natur zur „Metaphysik der körperlichen Natur", da nach Kant in jeder besonderen Naturlehre (für welche die Metaphysik der Natur die Grundlage schafft) nur so viel eigentliche Wissenschaft

---

1) Die übrigens Metaphysik 263 als „Gesetze der metaphysischen Verknüpfung" bezeichnet werden.
2) Kr. d. r. V. S. 162.

angetroffen werden kann, als darin Mathematik anzutreffen ist, Mathematik aber auf die Phänomene des inneren Sinnes und ihre Gesetze nicht anwendbar ist¹). Obwohl also eine immanente Metaphysik der „denkenden Natur"²) durch die Kategorienlehre und das System der Grundsätze des reinen Verstandes prinzipiell keineswegs ausgeschlossen war, und neben der Ablehnung der transzendenten Metaphysik der rationalen Psychologie in den „Paralogismen" an sich ebensowohl Raum gehabt hätte, wie etwa die Metaphysik der „ausgedehnten Natur" neben der Antinomienlehre, so beschränken sich doch die „Metaphysischen Anfangsgründe" auf die körperliche Natur, da es eben nur von dieser eine „eigentlich so zu nennende Naturwissenschaft" gibt.

Anders bei Fries. Fries liefert auch hier eine mindestens vom Standpunkte der Systematik aus beachtenswerte Erweiterung der Kantischen Vernunftkritik, indem er die Grundlegung der „Metaphysik der inneren Natur" neben der äußeren prinzipiell in die Deduktion der Grundsätze aufnimmt. Aber die Metaphysik der inneren Natur ist, wie wir gesehen haben, derjenigen der äußeren Natur nicht koordiniert, und Fries hat dies in der Ausführung derselben, die er in seiner „Metaphysik"³) gibt, noch eingehender begründet. Da die Beschaffenheiten der inneren Erfahrung Tätigkeiten des Ich sind, das Ich aber keine reinanschaulichen Bestimmungen hat, so bleiben sie unauflösliche Beschaffenheiten, und wir erkennen den Geist als Subjekt der inneren Erfahrung nicht vermittelst a priori bestimmter kategorischer Urteile und daher nicht als Substanz, sondern

---

1) S. W. V, 309 ff. Nach dem scharfsinnigen, aber unhaltbaren Versuch Herbarts diese Anwendbarkeit doch zu ermöglichen, hat die moderne experimentelle Psychologie, wie sie von Fechner begründet, von Wundt ausgebaut wurde, so eng man auch ihre Grenzen (vgl. hierzu meine Schrift: „Selbstbeobachtung und Experiment in der Psychologie" 1897) stecken möge, das unbestreitbare Verdienst, die Anwendbarkeit der Mathematik auf die psychischen Vorgänge (allerdings auf dem, wie wir sahen, auch von Fries vorgezeichneten Umwege der Verkettung mit körperlichen Vorgängen) bewiesen zu haben.   2) Vgl. S. W. V. 305.   3) Metaph. 392 ff.

nur unbestimmter als das Subjekt seiner Tätigkeiten. Die Raum- und Zeitbestimmungen seiner Tätigkeiten können ebendeshalb nur „nach Analogie mit dem Körperlichen bestimmt werden, indem wir die willkürlichen Bewegungen unsers Leibes dem Ich als seine Tätigkeiten zuschreiben und uns bei den äußeren sinnlichen Anregungen unserer Tätigkeiten von körperlichen Einwirkungen abhängig finden"[1]). Dadurch wird die metaphysische Grundlage unserer Selbsterkenntnis zusammengesetzter und doch mangelhafter, als die der Körpererkenntnis. Ein vollständiger Gebrauch der Kategorien ist hier wegen des mangelnden reinanschaulichen Schematismus nicht möglich, und alle kategorischen sowohl als hypothetischen Beurteilungen des Geisteslebens ruhen nur auf „erfahrungsmäßigen Induktionen"[2]). Unter den Grundlagen dieser Beurteilungsweisen, welche eben die Metaphysik der inneren Natur zu liefern hat, werden dann unterschieden: erstens eine „kategorische Ansicht", die unter den Begriffen von der Person und ihren Eigenschaften steht, d. i. die Ansicht der psychischen Anthropologie oder der geistigen Selbsterkenntnis, zweitens eine „hypothetische Ansicht", die aus der Gegenwirkung des Geistes mit Wesen außer ihm erwächst, wie wir sie nur aus den Einwirkungen der Körper auf ihn und aus den Gegenwirkungen seines Willens auf die Körper erkennen. Es sind daher die Begriffe von Person und Sache, welche dieser Ansicht der pragmatischen (oder technischen) Wissenschaften d. h. der Lehre von der Zweckmäßigkeit zugrunde liegen, in welcher die Körperwelt als Mittel für die Zwecke des menschlichen Willens beurteilt wird. Die dritte „divisive Ansicht" des Geisteslebens beruht darauf, daß eine wahre geistige Wechselwirkung für die Menschen nur im geselligen Menschenleben stattfindet; sie steht daher unter

---

1) a. a. O. S. 393.
2) Für welche jedoch die „leitenden Maximen" aus der allgemeinen Metaphysik der Natur stammen, vgl. oben die Ausführungen über die Methode der Induktion.

den Begriffen von Recht und Verbindlichkeit und ist die Ansicht der politischen Wissenschaften.

Dagegen berührt sich Fries in der Tragweite, welche er für diese Metaphysik der inneren Natur der Mathematik zugesteht, nahe mit Kant. Kant läßt für die Anwendung der Mathematik auf die Phänomene des inneren Sinnes und ihre Gesetze die Möglichkeit offen, daß man etwa „allein das Gesetz der Stetigkeit in dem Abflusse der inneren Veränderungen desselben in Anschlag bringen wollte"[1]). Aber diese Möglichkeit kommt nicht in Betracht, da dies „eine Erweiterung der Erkenntnis sein würde, die sich zu der, welche die Mathematik der Körperlehre verschafft, ungefähr so verhalten würde, wie die Lehre von den Eigenschaften der geraden Linie zur ganzen Geometrie." Denn die reine innere Anschauung, in welcher die Seelenerscheinungen konstruiert werden sollen, ist die Zeit, die nur eine Dimension hat[2]).

Auch nach Fries ist das „Gesetz der Stetigkeit im Abfluß aller Veränderungen" das „einzige mathematische Naturgesetz, welches eine Anwendung auf innere Erfahrung leidet". Ein Übergang des Geistes aus einem Zustand in einen andern kann sehr schnell sein, z. B. bei Affekten, aber er ist nie ein plötzlicher Übersprung, sondern er durchläuft stetig alle niedrigeren Grade. Aber mit diesem Gesetz ist auch der ganze Einfluß der Mathematik auf innere Erfahrung erschöpft. Denn alle innere Größe ist intensive Größe der Tätigkeit oder des Vermögens. Für diese aber gibt es weder ein bestimmtes Maß[3]), da sich keine extensive

---

1) S. W. V, 310.

2) Gegen diese Annahme einer Eindimensionalität des seelischen Geschehens hat W. Wundt (Grundzüge der physiol. Psychol. I[5], S. 7) wohl nicht mit Unrecht die Intensität der Empfindungen und Gefühle geltend gemacht, die neben ihrer zeitlichen Ordnung als zweite Dimension betrachtet werden könnten.

3) Die prinzipielle Bedeutung der Entdeckung eines solchen Maßes, wie es Fechner in der ebenmerklichen Zunahme der Empfindungsintensität gefunden zu haben glaubt, tritt hier besonders hervor.

Größe mit ihr in Vergleichung bringen läßt, noch auch eine unbestimmte Messung, da wir keinen festen Punkt haben, von dem wir ausgehen können. Die mannigfaltigen sich äußernden Vermögen des Ich und ihre Tätigkeiten selbst sind allerdings zugleich, aber wir können auch das successiv Aufgefaßte nicht äußerlich im Raume nach mathematischen Gesetzen nebeneinander konstruieren, sondern nur dynamisch als Wirkung eines und desselben Ich vereinigen. Eben in dieser bloß relativen Bestimmbarkeit von Vermögen und Kraft des Geistes liegt aber „die Berechtigung der systematisierenden Vernunft, nach allgemeinen Merkmalen, welche mehreren Tätigkeiten zukommen, allgemeine Begriffe von Vermögen zu abstrahieren, und durch diese Grundvermögen zu bestimmen, die den inneren Erklärungen zum Prinzip dienen" [1]).

Wie für Kant, so ist also auch für Fries die Anwendung der Mathematik im Gebiete der inneren Erfahrung auf das Gesetz der Stetigkeit beschränkt; der Unterschied ist nur der, daß Kant die dadurch etwa zu gewinnende Erweiterung der Erkenntnis für ganz unwesentlich hält, während Fries, ohne die Unzulänglichkeit jenes Gesetzes zu übersehen, es wenigstens für ausreichend hält, neben einem allgemeinen Abstraktionsverfahren eine „Metaphysik der inneren Natur" zu ermöglichen. Diese Möglichkeit zu schaffen und die Grundlegung jener „Metaphysik der inneren Natur" in der Deduktion der „metaphysischen Grundsätze der Naturwissenschaft" mit zu liefern, war ja für den Verfasser einer „anthropologischen Kritik der Vernunft" eine unerläßliche Forderung.

5. Die Deduktion der Prinzipien für die Lehre von den Ideen.

a) Die Notwendigkeit einer Deduktion der Ideen nach Fries im Unterschied von Kant.

Für Fries gehört nicht, wie für Kant, die Lehre von den Ideen einer „transzendentalen Dialektik", einer „Logik

---
1) Metaph. 407 ff., 411.

des Scheins" an, sondern dieselbe tritt als gleichberechtigt neben die Prinzipien der Naturlehre. Die natürliche und die ideale Ansicht der Dinge unterscheiden sich nach ihm nur als zwei verschiedene Ansichten von den Gesetzen der objektiven Einheit in unserem Geiste. Als erstes Gesetz der Vernunft ergab sich Einheit und Notwendigkeit. Diese zeigte sich an dem gegebenen Sinnenmaterial der Erkenntnis in den Gesetzen der natürlichen Ansicht der Dinge, deren Einheitsformen die Reflexion feststellt; dagegen in den Gesetzen der idealen Ansicht so, wie die Reflexion das Gesetz der Einheit und Notwendigkeit rein für sich aus der unmittelbaren Erkenntnis der Vernunft als das erste und innerste in der transzendentalen Apperzeption liegende Prinzip auffaßt.

Für die erstgenannten Einheitsformen haben wir die Deduktion geliefert. Nun erwächst uns aber dieselbe Aufgabe für die Formen der Idee, die wir in unserer systematischen Übersicht[1]) kennen gelernt haben. Auch unsere Untersuchung der Methode der Deduktion hat gezeigt, daß für die Ideen ebenso, wie für die Verstandesbegriffe eine Deduktion aus dem anthropologischen Moment erforderlich ist, daß auch ihr Ursprung, wie derjenige der Kategorien, aus dem Wesen unserer Vernunft sich muß nachweisen lassen.

Kant ließ allerdings eine eigentliche Deduktion nur für die Kategorien gelten[2]). Die Sätze der Ideenlehre sind ihm erschlossene Behauptungen, sie gründen sich auf Vernunftschlüsse, die aber Trugschlüsse seien und nur einen unserer Vernunft unvermeidlichen transzendentalen Schein bei sich führten. Kant gelangte aber dazu nur deshalb, weil er bei dem methodischen Entwurf seiner ganzen Lehre von dem Vorurteil der Leibniz-Wolfischen Schule ausging, es müsse jede philosophische Wahrheit durch einen Beweis begründet werden. „Er gab für den Gebrauch der Kategorien in der

---

1) S. oben S. 236 ff.
2) In welchem Sinne auch Kant von einer Deduktion der Ideen redet, ist oben S. 178 ff. nachgewiesen worden

Erfahrung transzendentale Beweise, leugnete die spekulative Giltigkeit der Ideen, weil für diese keine transzendentalen Beweise möglich seien, und brachte dann für die praktische Giltigkeit der Ideen seine moralischen Beweise nach" [1]. Dabei ist aber nicht bedacht, daß wir ja erst Prämissen unserer Schlüsse als **höhere Wahrheiten** haben müssen, um aus ihnen Beweise führen zu können, also schließlich einen ersten von Beweisen unabhängigen Besitz der höchsten Wahrheiten, der sich der menschlichen Urteilskraft nur im Gefühl geltend macht. Eben zu diesen Grundwahrheiten haben wir auch die Ideen zu rechnen. Die Wahrheiten des Unbedingten können schon deshalb unmöglich erschlossene Wahrheiten sein, weil dadurch eine bedingte Wahrheit zu einer der unbedingten Wahrheit **übergeordneten** gemacht wird. Kant wendet die im Wesen der Vernunft liegende Forderung einer Totalität der Bedingungen zu jeder bedingten Erkenntnis auf die Unterordnung besonderer Wahrheiten unter allgemeinere in Vernunftschlüssen an und sucht zu zeigen, daß diese Forderung der Vernunft nur auf die **aufsteigende Reihe** der Vernunftschlüsse gehe, in der wir durch Prosyllogismen zu immer höheren Bedingungen fortschreiten, nicht aber auf die absteigende Reihe, welche nur gegebenen Bedingungen ihr Bedingtes unterordnet. Daher heißt es bei Kant: „Wenn eine Erkenntnis als bedingt angesehen wird, so ist die Vernunft genötigt, die Reihe der Bedingungen in aufsteigender Linie als vollendet und ihrer Totalität nach gegeben anzusehen."

Wenn wir aber dieser Anweisung Kants folgen und in einer solchen aufsteigenden Reihe zu Prosyllogismen fortschreiten, so erschließen wir ja nicht neue Wahrheiten, sondern wir suchen nur höhere Voraussetzungen, von denen die bedingten Erkenntnisse, von denen wir ausgehen, als von ihren höheren Bedingungen abhängen, und aus denen diese bedingten Erkenntnisse als erschlossen angesehen werden müssen [2].

---
1) Metaph. 448 f.
2) Metaph. 448 ff. Man wird dieser kritischen Auseinander-

Fries sieht daher auch in Kants „dialektischen Schlüssen" keine Trugschlüsse der reinen Vernunft selbst, sondern Trugschlüsse, welche nur in der Geschichte der Wissenschaft durch mangelhafte Kenntnis der philosophischen Methode veranlaßt wurden. Der Widerspruch bestand hauptsächlich darin, daß man die Idee auf die unvollendbaren Reihen der Mathematik selbst anwenden wollte, anstatt sie diesen durch Verneinung aller Anschauungsschranken entgegenzusetzen [1]). Wie kann überhaupt ein Vernunftschluß, wie Kant meint, demjenigen einen transzendentalen Schein zurücklassen, der die Unrichtigkeit in seinen Prämissen einsieht? Wenn ich z. B. erkenne, daß, wie Kant annimmt [2]) in dem spekulativen Beweis für die Substantialität der Seele der Begriff „Subjekt" in doppelter Bedeutung gebraucht wird, also ein Trugschluß (eine fallacia a dicto secundum quid ad dictum simpliciter) vorliegt, so folgt für mich aus dieser trüglichen Gedankenverbindung gar nichts. Kant meint, da ja der Glaube an die Substantialität des den-

setzung von Fries eine gewisse Berechtigung zugestehen müssen. Ein eigentliches Schließen ist das prosyllogistische Verfahren, wie es Kant hier meint, allerdings nicht. Das Zurückgreifen auf höhere Prämissen, der regressus des Prosyllogismus (vgl. auch Sigwart, Logik II[2], 269) ist selbst kein Schlußverfahren, während der progressus des Episyllogismus es ist. Dies wird noch deutlicher, wenn man etwa den Versuch macht, der Definition des Episyllogismus, welche Kant in seiner Logik gibt (S. W. III, 322): „Ein Episyllogismus ist nämlich derjenige Schluß in der Reihe von Schlüssen, dessen Prämisse die Konklusion eines Prosyllogismus — also eines Schlusses wird, welcher die Prämisse des ersteren zur Konklusion hat" eine ähnliche des Prosyllogismus an die Seite zu stellen, die etwa lauten würde: „Ein Prosyllogismus ist derjenige Schluß in der Reihe von Schlüssen, dessen Konklusion die Prämisse eines Episyllogismus — also eines Schlusses wird, welcher die Konklusion des ersteren zur Prämisse hat". Die gegebene Schlußkette kann man allerdings in beiden Richtungen durchlaufen — und Kant nimmt auch an, daß alle Glieder der Reihe, wenigstens der aufsteigenden gegeben sein müssen — aber dieses Durchlaufen ist selbst nicht notwendig ein Schließen, wie es die Grundlage der Kantischen Ideenlehre bilden soll.

1) N. Kr. II, 215. Metaph. 468. 2) Kr. d. r. V. 690 f.

kenden Wesens stehen bleibe, so müsse dieser Schluß doch einen unvermeidlichen transzendentalen Schein geben. Fries erwidert dagegen: Der Grund unseres Glaubens an die Wesenheit des Geistes liegt keineswegs in dieser Gedankenverbindung, sondern dieser Glaube entsteht uns aus der Anwendung der Kategorien des Wesens auf den Grundsatz der Vollendung, wie eben die Deduktion näher zeigen wird.

b) Die Grenzen des Erkennens und der Glaube an die Realität der Dinge schlechthin.

Wir erhalten Natureinheit und die Formen der Naturnotwendigkeit, indem wir die ursprüngliche formale Apperzeption als Bedingung des gegebenen Mannigfaltigen der materialen Erkenntnis uns zum Bewußtsein bringen, die ideale Einheit mit ihren Ideen aber, indem wir das Gesetz der Einheit der transzendentalen Apperzeption rein für sich auffassen.

Wie kommt es aber, daß so verschiedene und entgegengesetzte Formen des Naturbegriffes und der Idee entstehen? Warum finden wir in dem reinen Gesetz der formalen Apperzeption nicht eben nur die formale Bedingung alles Materialen, und in der formalen Bedingung des Gegebenen jenes reine Gesetz? Die Antwort liegt in der Beschränktheit des Wesens jeder sinnlichen Vernunft, die sich bewußt wird, daß sie den Gehalt ihrer Erkenntnis nur durch ein ihrem Wesen fremdes Prinzip der äußeren Anregung zum Erkennen erhält. Die Anforderungen des in ihr liegenden obersten Gesetzes der Einheit und Notwendigkeit können durch die nur sinnlich eingeleitete Erkenntnis nie vollständig befriedigt werden. Aus diesem Gegensatz der vollendeten Einheit gegen die Formen der Verbindung des sinnlich Gegebenen entsteht der Gegensatz der idealen Ansicht zur natürlichen.

Eine Deduktion der Ideen wird daher nach einer kurzen Erklärung der Bedeutung der Idee überhaupt zuerst jene Beschränktheit unserer Vernunft und im Zusammenhang damit die Grenzen des Erkennens überhaupt zu behandeln haben, sie wird sodann die Möglichkeit einer Überschreitung dieser Schranken begründen d. h. unserer ganzen idealen Ansicht eine positive Grundlage schaffen müssen, um endlich die Deduktion der einzelnen Ideen selbst zu liefern[1]).

α) Idee und Anschauung.

Wir gebrauchen im Deutschen das Wort Idee, um das Gebiet des Denkens zu bezeichnen, welches über Anschauung oder Erkenntnis hinausreicht. Wir nennen eine Erkenntnis eine bloße Idee, wenn ihr Gegenstand nicht in der Anschauung nachgewiesen werden kann. Auch nennen wir eine Vorstellung, einen Vorschlag, einen Plan bloße Idee, wenn sie unausführbar sind oder wenigstens noch die Mittel zur Ausführung nicht vorhanden sind. Und doch unterscheiden wir auch die Idee, die einen Anspruch auf Realität machen kann, von der Chimäre, die diesen Anspruch nicht zu erheben vermag. Ja mit diesem Anspruch auf Realität sollen die Ideen gerade das Höchste und Wichtigste in unserem Geiste werden, indem wir durch sie die ewige Wahrheit den beschränkten nur menschlichen Vorstellungsweisen überordnen.

Wir haben dabei aber von jener ersten Wortbedeutung auszugehen und zunächst zu fragen, wie unser Denken dazu kommt, über die Grenzen der Anschauungserkenntnis hinauszugehen. Dieses Vermögen der Ideen entspringt aus dem bereits besprochenen Verhältnis der ursprünglichen Einheit der transzendentalen Apperzeption zum Gesetz der Zufälligkeit in der mathematischen Zusammensetzung. Da die wirklich gegebene Anschauung im Verhältnis zur notwendigen Einheit der Grundvorstellung nicht mit subjektiver Notwendigkeit, sondern hinsichtlich der Regel ihrer Zusammensetzung nur

---

1) N. Kr. II, 171 ff.

zufällig gegeben ist, so bleibt ein Spielraum für eine willkürliche Vorstellungsart, wie es sich auch noch anders denken ließe. Einerseits kann die kombinierende Einbildungskraft, wenn sie auch kein neues Reales erdenken kann, doch mit dem rein anschaulich Gegebenen beliebig schalten und walten, so daß andersartige in der Erfahrung nicht vorhandene Gebilde entstehen, andererseits kann das Denken über die Anschauung hinausgreifen; aber auch nicht so, daß es sich völlig von ihr lossagen könnte, um etwa das Übersinnliche als eine davon verschiedene ganz andere Welt zu erkennen, sondern nur so, daß wir ein Ganzes des Gegebenen überhaupt, eine andere Ordnung derselben Welt denken. „Wir denken in der Idee der Seele nur die Selbständigkeit des Geistigen, welches als Gegenstand der inneren Erfahrung gegeben ist; Welt wird das Ganze aller Gegenstände der Erfahrung, und in der Gottheit denken wir das Wesen, welches dieser Welt ihr Gesetz gibt" [1]).

Im ersteren Fall haben wir die ästhetischen Ideen, die durch Kombination entstehen, und im letzteren Fall die logischen Ideen, welche durch Negation, nämlich durch Verneinung der Schranken der Anschauung zustande kommen. Da wir aber durch Kombination nur eine andere Ordnung des wirklich Gegebenen vorstellen, oder, wie in den Ideen schöner Formen, nur eine wirklich gegebene Kombination als Fall auf eine unaussprechliche Regel beziehen können, so führen uns die logischen Ideen mit ihrer Negation als Begriffe von einem Realen, das in keiner Anschauung gegeben werden kann, über das Gegebene hinaus,

---

[1]) N. Kr. II, 177 ff. In der Metaphysik 448 finden wir eine etwas andere Fassung des Verhältnisses von kombinierender Einbildungskraft und Denken, wie folgender Satz zeigt: „Die Unbestimmtheit der Vorstellung in den Ideen kann daher im allgemeinsten von zwei Arten sein. Einmal kann der Begriff über dasjenige hinausliegen, was sich anschaulich vorstellen läßt, und im anderen Falle kann umgekehrt die Anschauung den Begriffen überlegen bleiben, indem sie von ihnen nicht erschöpft werden kann."

um uns die Grundgedanken der idealen Erkenntnis zum Bewußtsein zu bringen [1]).

β) **Die Frage nach der Übereinstimmung der Gegenstände mit unserer Vorstellung.**

Damit aber taucht nun aufs neue die Frage nach der Wahrheit unserer Erkenntnis auf. Wir hatten zu unterscheiden zwischen der „empirischen Wahrheit", welche nur nach dem Vorhandensein einer Erkenntnis im Geiste fragt, und der „transzendentalen Wahrheit", welche in der Übereinstimmung der Erkenntnis mit dem Gegenstande besteht. Mit unserer ganzen bisherigen Theorie der Erkenntnis blieben wir nun völlig innerhalb der empirischen Wahrheit und ihrer subjektiven Begründung. Schon die Lehre von der Empfindung zeigte, daß die Sinnesanschauung ihren „Gegenstand" nicht durch das zur Empfindung Affizierende erhalte, sondern daß der Gegenstand „schon gleich bei der Anschauung sei" und die Empfindung ihr nur eine subjektive Giltigkeit zum Unterschied von der Einbildung gebe. Es zeigte sich ferner, daß alle Begründung selbsttätiger Erkenntnis in Urteilen nur ihr Vorhandensein im Geiste betreffen, also subjektiver Art sein kann. Endlich ergab sich, daß wenn von transzendentaler Wahrheit die Rede sein soll, diese sich nur auf das Ganze unserer transzendentalen Apperzeption beziehen kann.

Da nun aber die Ideen über die Grenzen der Anschauung oder Erkenntnis hinausgehen, so handelt es sich jetzt um die transzendentale Wahrheit selbst in ihrer Beziehung auf das „Sein der Gegenstände an sich". Wir haben also jene ganze vollständige transzendentale Apperzeption noch mit der Idee der transzendentalen Wahrheit zu vergleichen und zu fragen: wie entsprechen ihr die Gegenstände, wie stimmt sie mit dem Gegenstande an sich überein?

Es lassen sich hier drei Möglichkeiten denken: 1) daß

---

[1]) N. Kr. II, § 121 u. 128.

der Vernunfterkenntnis mit ihrer ganzen empirischen Wahrheit ein **Sein der Gegenstände an sich** entspricht; 2) daß ihr an sich kein Gegenstand entspricht, daß sie nur **Schein** ist; 3) die gleichsam in der Mitte zwischen diesen beiden liegende Annahme, daß die Vernunft zwar das wahre Wesen der Dinge erkennt, aber nicht so, wie sie an sich sind, sondern nur unter gewissen, ihrem Wesen unvermeidlichen subjektiven Beschränkungen, in welchem Falle wir die Gegenstände der Vernunfterkenntnis als **Erscheinungen** bezeichnen[1]).

Die erste Ansicht ist als selbstverständliche Voraussetzung das Prinzip alles **spekulativen Dogmatismus**. Es ist aber unschwer einzusehen, nicht bloß, daß kein Beweis für eine Erkenntnis der Dinge an sich möglich ist, sondern auch, daß die Voraussetzung nicht zutrifft, die Gegenstände unserer Erkenntnis seien an sich so beschaffen, wie wir sie anschauen. Um jenen Beweis zu liefern, müßten wir ja gleichsam Erkenntnis und Gegenstand zur Vergleichung nebeneinanderstellen, um zu beurteilen, ob die Realität des einen der Vorstellung in der andern Realität gebe oder nicht. Aber unsere Vernunft kann doch nur ihre Erkenntnistätigkeiten subjektiv miteinander vergleichen. Dies gilt selbst von dem einfachen Bewußtsein: Ich bin. Auch hier bleibe Ich nur der Gegenstand, dessen ich mir durch meine subjektive Tätigkeit bewußt werde. Ja sogar eine absolut anschauende Vernunft, vor deren Blick das ganze Weltall offen läge, käme darüber nicht hinaus, denn auch sie bliebe, wie wir uns auch ihre Organisation ausdenken mögen, nur bei ihrer subjektiven Tätigkeit im Anschauen. Die Vernunft ist nun einmal so organisiert, „daß sie nur ihre eigenen inneren Verhältnisse für sich und kein aus der inneren Tätigkeit hinausgehendes Äußeres zu beobachten vermag. Für jede einzelne Erkenntnistätigkeit ist aber das Sein des Gegenstandes ein solches Äußeres, mit dem wir also nur durch diese Tätigkeit in Berührung kom-

---

1) N. Kr. II, 187 f.

men, ohne es je neben dieselbe zur Vergleichung stellen zu können"¹). Dieses angebliche Thema der Philosophie, die Forderung einer Übereinstimmung der Erkenntnis mit ihrem Gegenstande in einer transzendentalen Wahrheit ist also gar kein Thema für eine Theorie, überhaupt nicht für eine Wissenschaft. Die Aufgabe selbst ist unrichtig gestellt und entspringt nur aus Unkenntnis der Theorie der menschlichen Vernunft²).

Es läßt sich aber auch die Unrichtigkeit der Voraussetzung tatsächlich zeigen, die Gegenstände unserer Erkenntnis seien an sich so beschaffen, wie wir sie anschauen. Wäre dem so, so müßte die Erkenntnis des Gegenstandes vom Sein desselben abhängig sein. Tatsächlich aber verhält es sich umgekehrt. Das Dasein der Dinge in Raum und Zeit ist ja nach dem Gesetz der Zufälligkeit aller mathematischen Zusammensetzung, das wir kennen gelernt haben, von dem Auffassen der Gegenstände vor der Erfahrung abhängig, kann also unmöglich zum Wesen der Dinge, wie sie an sich sind, gehören³). Die Gegenstände der Sinnesanschauung existieren daher nicht für sich, sondern nur als Gegenstände einer Erkenntnis d. h. sie sind entweder Schein oder Erscheinung.

Gegen diesen Nachweis, daß wir die Dinge in der Sinnenwelt nicht erkennen, wie sie an sich sind, kann nun aber noch der Einwand gemacht werden: „wenn wir in der Tat die Dinge an sich nicht erkennen, wie sie sind, so haben wir kein Urteil darüber, wie sie sein mögen; wir können also auch nicht behaupten, daß die Sinnenwelt ihnen nicht entspreche, denn unser Urteil über sie gilt überhaupt nichts"⁴).

Fries ist sich bewußt, damit einen der heikelsten Punkte der auf Kant sich gründenden Erkenntnistheorie berührt zu haben. Er meint selbst, diese Einwendung habe alle Schwierigkeiten in der Kantischen Schule veranlaßt, wenn man die Idee des Seins an sich bestimmen wollte,

---

1) N. Kr. II, § 127 S. 189 ff.   2) N. Kr. II, 190, 192.
3) N. Kr. II, 193.   4) N. Kr. II, 197.

und er gibt zu: allerdings müsse unsere Vernunft irgend einen Standpunkt der Überzeugung haben, von dem aus sie sich ein Urteil über das Sein an sich zutraut, um auch nur dieses absprechende Urteil gegen ihre sinnliche Erkenntnis geltend zu machen. Über diesen Standpunkt selbst werde die folgende Erörterung des spekulativen Glaubens orientieren. Für jetzt lasse sich nur sagen: „Unsere Vernunft hat in Rücksicht der Dinge an sich über das einzige Urteil hinaus, daß sie sind, nur negative Urteile über das, was sie nicht sind"[1]).

Der von Fries hier berücksichtigte Einwurf steht in engstem Zusammenhang mit der „Lücke in Kants Beweis von der ausschließenden Subjektivität des Raumes und der Zeit", die durch Trendelenburgs Ausführungen darüber zum Gegenstand einer eingehenden Kontroverse geworden ist. Wenn Kant schloß: Raum und Zeit sind a priori, weil notwendig und allgemein, und wenn a priori, so sind sie subjektiv, also sind sie nur subjektiv, so sei dabei die Möglichkeit, daß das a priori, wenn auch im Geiste subjektiv, doch zugleich objektive Geltung habe, außer acht gelassen. Der subjektive Ursprung dieser Anschauungsformen hindere nicht, daß ihnen etwas in den Dingen entspreche[2]).

Für die Entscheidung der Frage kommt alles auf die Art der Beweisführung an. Ist das Dilemma richtig: subjektiv oder objektiv, und befinden sich die beiden Glieder in kontradiktorischem Gegensatz, so folgt aus der Wahrheit des einen die Falschheit des anderen, also aus dem Urteil: subjektiv das andere: nicht objektiv. Dies trifft aber nur zu, wenn beide Prädikate einander völlig ausschließen, d. h.

---

1) N. Kr. II, 197 f. Fries bemerkt dann zweitens noch, dieselbe Einwendung diene auch unter dem Vorwand des Skeptizismus denjenigen, die sich nur mit den Fehlern fremder Spekulationen unterhalten, weil sie zu träge seien, selbst etwas Besseres zu versuchen.

2) Trendelenburg, „Über eine Lücke in Kants Beweis von der ausschließenden Subjektivität des Raumes und der Zeit". („Historische Beiträge zur Philosophie") und Logische Untersuchungen 1. Aufl. 126 ff., zitiert nach Vaihinger Kommentar II, 289 ff., vgl. K. Fischer, Kant I[4], 891.

wenn subjektiv eo ipso = nicht-objektiv, und umgekehrt ist; und tatsächlich ist der Beweis auch in diesem Sinne schon zu führen versucht worden. Bei der Kantischen Ableitung der Subjektivität aus der Apriorität aber, wo, wie Vaihinger[1]) einleuchtend ausführt, mit der Realitätsfrage die Ursprungsfrage sich verbindet, ist in diejenige Subjektivität, welche aus der Apriorität folgt, jener kontradiktorische Gegensatz gegen die objektive Realität[2]) nicht miteingeschlossen, und es bleibt, wenigstens so weit nur die Logik der Beweisführung in Betracht kommt, neben derselben die Möglichkeit einer von unserer Vorstellung unabhängigen Existenz. Allerdings müßte in diesem Fall bei der Übereinstimmung der Vorstellung mit dem davon unabhängigen Objekt eine vorausbestimmte Harmonie zwischen unseren Anschauungsformen und der wirklichen Welt angenommen werden. Gegen die daraus sich ergebende Möglichkeit des Präformationssystems hat Kant sich allerdings — in der Hauptstelle freilich nur mit Beziehung auf die Kategorien[3]) — ausdrücklich gewendet, mit der Begründung, daß in solchem Falle den Kategorien die ihrem Begriffe wesentliche Notwendigkeit mangeln würde, sofern sie dann nur auf einer beliebigen uns eingepflanzten Notwendigkeit, gewisse empirische Vorstellungen nach einer solchen Regel zu verbinden, beruhte[4]). In der für die ganze Kritik grundlegenden transzendentalen Ästhetik ist aber allerdings diese „dritte Möglichkeit" nicht berücksichtigt.

Schon Fries bezeichnet dies in den Ausführungen der Vorrede zur zweiten Auflage der Vernunftkritik als einen

---

1) a. a. O. 290 ff.

2) Im herkömmlichen transsubjektiven, nicht im Kantischen Sinne.

3) Nach Vaihinger, Kommentar II, 310 auch einmal direkt mit Beziehung auf Raum und Zeit in den „Losen Blättern aus Kants Nachlaß", 1. H., 1889 S. 151 ff. vom 22. März 1780.

4) Kr. d. r. V. 682 f., vgl. auch den Brief an Herz vom 21. Februar 1772, S. W. XI, 27, wo Kant den in dieser harmonia praestabilita intellectualis auftretenden Deus ex machina das „ungereimteste" nennt, „was man nur wählen kann".

Fehler, „der ihm von allen am meisten bei Schülern und Gegnern geschadet hat". Er findet den eigentlichen Beweisgrund auch für die Idealität von Raum und Zeit in dem späteren grundlegenden Satze ausgedrückt: „es sind nur zwei Fälle möglich, unter denen synthetische Vorstellung und ihre Gegenstände zusammentreffen können. Entweder wenn der Gegenstand die Vorstellung oder diese den Gegenstand allein möglich macht", und fährt dann fort: „diese Behauptung zugegeben, so ist der obige Beweis leicht gerechtfertigt. Aber eben diese Behauptung wird sich nicht rechtfertigen lassen. Woher wissen wir denn, ob nicht irgend eine dritte höhere Ursache möglich sei, welche die Übereinstimmung zwischen Vorstellung und ihrem Gegenstand bestimmt, indem sie beide möglich macht? Wäre aber dies, so könnten allerdings die Dinge a priori so angeschaut werden, wie sie an sich sind. Dieser Kantische Beweisgrund für die Idealität von Raum und Zeit wird also verworfen werden müssen"[1]). Nun habe ihn aber Kant nicht nur an die Spitze gestellt, sondern auch so nahe mit der ausführlichen Erläuterung seiner eigentümlichen Lehre, „daß die Sinnenwelt nur Erscheinungen und nicht die Dinge, wie sie an sich sind, zeige", verbunden, daß die meisten das Glück dieser seiner ganzen Lehre vom Schicksal dieses Beweises abhängig hielten. Allein dies letzte sei nicht der Fall. Und wenn nun Fries hinzufügt: „Seine (Kants) wahre Lehre vom transzendentalen Idealismus ist die Lehre von den Antinomien der Vernunft, dort sind mit großer Ausführlichkeit alle Erörterungen gegeben, durch welche er das Schicksal der Metaphysik für immer entschieden hat, diese Erörterungen allein müssen dem transzendentalen Idealismus zur Grundlage gegeben werden", so hat er zweifellos denjenigen Punkt getroffen, der schon frühe in Kants Denken die idealistische Grundanschauung anbahnte. Schon in den 60er Jahren beschäftigt er sich damit[2]) und in einem

---

1) N. Kr. I, XXIV f.
2) Paulsen, Kant, S. 209, der auf Erdmann, Reflexionen zu Kants Kritik II, XXXVI hinweist und zu zeigen sucht, daß der jetzigen

Brief an Garve[1]) schreibt er: „Nicht die Untersuchung vom Dasein Gottes, der Unsterblichkeit etc. ist der Punkt gewesen, von dem ich ausgegangen bin, sondern die Antinomie der r. V.: Die Welt hat einen Anfang etc. bis zur vierten: Es ist Freyheit im Menschen, — gegen den: es ist keine Freyheit, sondern alles ist in ihm Naturnotwendigkeit. Diese war es, welche mich aus dem dogmatischen Schlummer zuerst aufweckte und zur Kritik der Vernunft selbst hintrieb, um das Skandal des scheinbaren Widerspruchs mit ihr selbst zu heben." Auch in der Kritik der reinen Vernunft ist diese Bedeutung der Antinomien wenigstens so weit gewahrt, daß auf den kritischen Nutzen derselben hingewiesen wird, aus der Falschheit beider kontradiktorischer Sätze, der Thesis (z. B. die Welt ist endlich) und der Antithesis (die Welt ist unendlich) die Unmöglichkeit einer an sich existierenden Welt und damit die transzendentale Idealität der Erscheinungen indirekt zu beweisen, „wenn jemand etwa an dem direkten Beweise in der transzendentalen Ästhetik nicht genug hätte"[2]).

Fries kann sich also einigermaßen auf den aus seiner eigenen Entwicklung richtig verstandenen Kant berufen[3]), wenn er die Entscheidung über jene „dritte Möglichkeit" einem jenseits der Fragen der Erfahrungsphilosophie liegenden Gebiete zuschiebt, das für ihn dasjenige des spekulativen Glaubens wird. Wenn er aber schon am jetzigen Punkte der Untersuchung glaubt sagen zu können, unsere Vernunft habe in Rücksicht der Dinge an sich über das einzige Urteil hinaus, daß sie sind, nur negative Urteile über

---

Darstellung der Antinomienlehre ein früher Zeit entstammender ursprünglich die ganze Dialektik umfassender Entwurf zugrunde liege, der erst später in das Schema der transzendentalen Logik eingefügt und zu den hypothetischen Schlüssen in Beziehung gesetzt wurde, um dann an die kategorischen und disjunktiven Schlüsse einen Teil seines Inhalts abzugeben.

1) Brief an Grave vom 21. Sept. 1798, Akadem. Ausg. XII, 255.
2) Kr. d. r. V. 411.
3) Wozu freilich die Art, wie Fries gelegentlich Kants Antinomienlehre beurteilt, in einem gewissen Gegensatze steht.

das, was sie **nicht** sind, so geht er damit doch über das hinaus, was aus der bisherigen Beweisführung sich ergibt. Hier hat **Kant** die größere Vorsicht geübt, wenn er dem zum „Noumenon im **negativen** Verstande", dem gedachten Ding an sich, von dem nur gesagt werden kann, daß es **nicht** Objekt unserer sinnlichen Anschauung ist, das „Noumenon in **positiver** Bedeutung" gegenüberstellt, von dem ausgesagt werden soll, daß es Objekt einer nicht-sinnlichen Anschauung sei, das aber als solches völlig **problematisch** bleibt[1]).

Richtig ist dagegen bei Fries die Formulierung der Thesis, von der er ausgegangen war, „daß wir nicht voraussetzen können, die Gegenstände unserer Erkenntnis seien an sich so beschaffen, wie wir sie anschauen", und über deren Grenzen auch die Folgerung nicht hätte hinausgehen dürfen. Durch seinen Nachweis der Subjektivität aller Erkenntnis überhaupt hat Fries allerdings die Unrichtigkeit **jener Voraussetzung als solcher**, aber auch **nicht mehr** bewiesen. Über jene „dritte Möglichkeit" ist damit noch nichts entschieden. Dies geschieht erst im weiteren Verlaufe.

Denn jetzt erhebt sich allerdings die Frage: zeigt diese unsere Naturerkenntnis, von der wir bis jetzt nur wissen, daß sie uns die Dinge nicht so sehen läßt, wie sie an sich sind, nur **Schein** oder **Erscheinungen**? Gibt es eine, wenngleich beschränkte, oder gibt es gar keine transzendentale Wahrheit für unsere Vernunft?

γ) **Der Glaube an die Realität schlechthin.**

Wer einmal die Unzulänglichkeit unserer Naturerkenntnis eingesehen hat, läßt sich dann leicht verleiten, unmittelbar nach der Idee des absolut Gewissen und der absoluten Wahrheit zu greifen und das Endliche als **Trug und Täuschung** ganz zu verwerfen, wie z. B. die Philosophie der intellektuellen Anschauung oder der Lehre vom Absoluten. Damit aber würden wir unvermeidlich alle

---

1) Kr. d. r. V. 684 f.

Wahrheit für unsere Vernunft verloren geben. Unsere Theorie der Vernunft zeigte uns ja, daß wir gar keinen anderen Inhalt der Erkenntnis haben, als den aus der Sinnesanschauung stammenden. Was wir außerdem be· sitzen, ist nur die Form der Notwendigkeit und Einheit, die ohne jenen Inhalt eine leere bedeutungslose Form wäre. Sollen wir also von einem Ewigen, einem Sein der Dinge an sich sprechen können, so müssen wir auch dazu durch die Realität der Erfahrungserkenntnis gelangen und den Ideen die Erfahrung „gleichsam als Folie" unterlegen. Wir werden unsere natürliche Ansicht der Dinge zwar als eine subjektiv bedingte Erkenntnisweise betrachten, welche infolge der Beschränktheit unseres Sinnes uns die Dinge nicht sehen läßt, wie sie an sich sind, wir werden ihr aber doch zutrauen müssen, daß sie eine **Erscheinung** dieser Dinge enthält. „Wo Erscheinung ist, muß auch etwas sein, das erscheint; wenn wir also darin gleich nicht erkennen, was es ist, so erkennen wir doch, daß es ist, und könnten wir uns von der Beschränktheit unseres Wesens befreien, so hielten wir in der nämlichen Erkenntnis doch das Sein der Dinge, wie es an sich ist, fest" [1]).

Welchen Standpunkt sollen wir nun aber wählen, um wirklich zu zeigen, daß unsere Naturerkenntnis **nicht bloßer Schein sei, sondern daß ihr die höchste Realität zugrunde liege**? Jedenfalls kann dies auch hier nicht so geschehen, daß wir etwa unmittelbar das Ewige in seiner Reinheit mit unserer Erkenntnis vergleichen wollten. Unserer Vernunft ist es ja nicht möglich, gleichsam aus sich selbst herauszutreten, um zum Gegenstand zu werden. Schon im Gebiete der Erfahrungserkenntnis konnten wir ja die Prinzipien ihrer Notwendigkeit in den Grundgesetzen der Natur nicht dadurch aufweisen, daß wir ihr Verhalten zu den Dingen selbst erhärteten, sondern dadurch, daß wir zeigten, jede menschliche Vernunft weiß ihrer Natur nach diese Gesetze und muß nach ihnen urteilen. Denselben Weg

---

1) N. Kr. II, 202, § 129.

werden wir auch hinsichtlich der Giltigkeit der Ideen einzuschlagen haben. Wir werden also zeigen müssen, daß **jede endliche Vernunft kraft der Organisation ihres Wesens notwendig an die ewige Realität des Seins an sich glaubt.**

Es verhält sich mit den Ideen nicht, wie etwa mit historischen Dingen unserer Naturerkenntnis, die der eine kennt, der andere nicht, wie z. B. der eine weiß, daß die Pallas am Himmel steht, und wie sie sich bewegt, der andere aber sich nicht darum kümmert. „In Rücksicht der Ideen kann nichts wahr sein, was nicht ein Jeder glaubt und in sich hat"[1]), da die Wahrheit hier nicht vom anregenden Sinne abhängt, sondern aus der Vernunft selbst entspringt. Allerdings wird sich jeder Mensch dieses unvermeidlich in der unmittelbaren Erkenntnis seiner Vernunft liegenden Glaubens erst durch die Reflexion mittelbar bewußt und dabei kann er dann Fehler der Selbstbeobachtung begehen und zu der Meinung kommen, er glaube von dem allem nichts, wiewohl dieser Glaube unmittelbar in ihm, wie in jedem andern liegt.

Damit ist auch unserer Deduktion der Weg gewiesen. Kraft der Deduktion „müssen wir uns anheischig machen, jedem, der die Realität der Ideen leugnet, geradezu aufzuweisen, nicht etwa nur, daß sie dennoch wirklich Realität haben, sondern daß er selbst, er mag sagen, was er will, in der Tat doch auch ihre Realität glaube, und sich mit dem Gegenteil nur selbst täusche"[2]).

c) Der Gang der Deduktion der Ideen.

Die Deduktion der Ideen selbst ergibt sich völlig aus unserer bisherigen Theorie der Vernunft. Eine vernünftige Erkenntniskraft, welche die Form der ursprünglichen Einheit und Notwendigkeit in sich hat, muß **jede Realität der Erkenntnis, welche sie anerkennt, auf die vollständige Einheit und Notwendigkeit beziehen.**

---

1) N. Kr. II, 204.   2) N. Kr. II, 204 f.

Vermöge dieser ihr eigentümlichen Form hat also die Vernunft stets die vollendete Einheit in jedem ihrer Erkenntnisse liegen und es bildet sich daher in ihr selbst jedem sinnlich gegebenen noch so beschränkten materialen Bewußtsein die Form einer unbedingten Realität derselben an, so daß auch der nur sinnlich angeregte Gehalt der wirklichen Erkenntnis in die ursprüngliche Einheit jener Grundvorstellung fällt und daher als Erscheinung einer Realität schlechthin angesehen werden muß.

In jeder Vernunft liegt also kraft ihrer Vernünftigkeit ein spekulativer Glaube an das Sein ihrer Gegenstände an sich und die transzendentale Wahrheit ihrer Erkenntnis. Dem natürlichen Realismus des gemeinen Menschenverstandes erscheint daher jede idealistische Behauptung als lächerlich. Erst die Spekulation führt uns auf den Widerstreit zwischen der subjektiven Unvollendbarkeit der Natur und der Selbständigkeit des Wesens der Dinge, und dann bringen wir uns jenen spekulativen Glauben, das innerste Gesetz der Wahrheit unseres Geistes in den Ideen zum Bewußtsein. Die Ideen sind also allerdings Eigentum der Reflexion, aber von notwendiger Anwendbarkeit, da sie nichts anderes als der Ausdruck eben jenes innersten Gesetzes sind. Wir folgen dabei also den beiden schon früher erwähnten Grundsätzen, subjektiv dem Grundsatz des Selbstvertrauens, welcher nur den spekulativen Glauben selbst als den tiefsten Grundgedanken unseres Bewußtseins ausspricht, und objektiv dem Grundsatz der Vollendung: „Das Wesen der Dinge selbst ist unbeschränkt (absolut) und hat vollendete Einheit."

Das oberste Gesetz der Einheit wird sich also als ein Gesetz der Vollständigkeit schlechthin dem gegebenen Material der Erkenntnis gegenüber geltend machen. Da aber die Form der Einheit am Empirisch-Anschaulichen stets eine Beschränkung zeigen muß, so kann die Vollständigkeit der idealen Einheit nur durch Verneinung jener Beschränkungen gedacht werden.

Die oberste Form aller transzendentalen Ideen ist also

die Idee der Negation der Schranken, die Idee des Absoluten, und das Charakteristische der idealen Vorstellungsweise ist die Vorstellung des Realen durch verdoppelte Verneinung. Daraus ergeben sich dann von selbst die einzelnen Ideen, wie wir sie in der systematischen Übersicht kennen gelernt haben[1]).

Das für die gesamte Ideenlehre maßgebende Moment der Qualität ist bereits vertreten in der grundlegenden Idee des Absoluten, als des unbeschränkt Realen, welche durch die Zusammensetzung der drei Kategorien Realität, Verneinung, Beschränkung zustande kommt.

Im Momente der Quantität fordern wir im Gegensatze gegen jede endliche Allheit absolute Totalität der Gegenstände des Weltganzen als eine Allheit, die nicht wieder als Einheit in der Vielheit gedacht werden kann, das „Ein und All der vollendeten Größe".

Für die ideale Bestimmung der Modalität ergibt sich dem absolut Zufälligen der subjektiven Ansicht von den Dingen als Erscheinung die Idee der absoluten Notwendigkeit oder der Ewigkeit als das Wesen der Dinge an sich selbst.

In den Kategorien der Relation spricht sich die Beschränkung aller Verhältnisse durch die Notwendigkeit aus. Die höchste Idee der Relation ist daher die Idee der Aufhebung der Naturnotwendigkeit d. h. die Idee der Freiheit. Innerhalb der durch das Gesetz der Wechselwirkung bestimmten und beschränkten Welt können wir für diese Idee nur eine intelligible Welt des Lebendigen in Anspruch nehmen, deren Wesen wir nur als Seele, deren Kraft wir als freien Willen, und deren Ordnung wir der Gottheit als der absoluten Ursache unterworfen zu denken haben[2]).

d) Wissen, Glaube und „Ahndung".

Mit dieser Lehre vom negativen Ursprung der Ideen weiß sich Fries im schärfsten Gegensatz zum „spekulativen

---

1) Siehe oben S. 236 ff.
2) N. Kr. II, § 124 S. 181 ff., § 130 S. 205 f.

Rationalismus", der im Absoluten das Prinzip alles Wissens und das Thema aller Philosophie finden will. Allerdings ist die Idee des Absoluten die höchste Form aller transzendentalen Ideen, und nichts scheint an sich positiver und befreiter von Negationen zu sein, als die Idee der uneingeschränkten absoluten Realität. Und doch ist für unser Bewußtsein eben diese Idee das Negativste, was wir denken können, da wir sie nur durch doppelte Verneinungen, durch Negation der Schranken erreichen. Weit gefehlt, der unmittelbare Quell aller Wahrheit zu sein, ist sie für sich allein als Idee betrachtet, nur ein mittelbares Produkt der Reflexion, das wir erst durch den Gegensatz gegen die gegebene Realität erzeugen können¹).

Die durch reine Negation entstandene für sich betrachtet leere Idee bedarf daher der materialen Bestimmung, um Anwendung auf die wirkliche Welt finden zu können. Wie die Kategorien, so bedürfen auch die Ideen anschaulicher Bestimmungen, eines Schematismus, und zwar ist es, wie unsere systematische Übersicht gezeigt hat²) die sittliche Welt, welche dieses Schema liefert. Das Recht dieses sittlichen Schematismus ist nun aber aus der Deduktion selbst noch zu begründen.

Für den Ursprung der Ideen war das Hauptmoment dasjenige der Qualität, für die Erfassung des Wesens der Dinge ist es die der Relation. Wir denken uns das Dasein der Welt als ein Ganzes unter den Gesetzen der Wechselwirkung. Die Verneinung der Schranken dieser Naturnotwendigkeit ergab aber die Idee der Freiheit, und die Welt, unter der Idee der Freiheit gedacht, ist die intelligible Welt als Wechselwirkung zwischen freien Wesen. Die eigentümlichen Gesetze dieser Welt sind also diejenigen, welche Wert und Zweck der Dinge bestimmen. Erst durch das notwendige Wert- und Zweckgesetz d. h. durch das Pflichtgebot oder Sittengesetz wird die Anwendung der Ideen möglich gemacht und ihnen mit der

---

1) N. Kr. II, 184 f.   2) S. oben S. 243.

Idee eines notwendigen Wertes, der persönlichen Würde des selbständigen Geistes erst ein eigentlicher Inhalt gegeben[1]).

Aber auch diese intelligible Welt ist nur eine der Erscheinung angebildete Idee des Ewigen; auch sie kann so, wie wir sie uns vorstellen, nicht an sich sein, sondern wir brauchen diese Idee nur als Regulativ für unsere Handlungen in der Erscheinungswelt, indem wir ihr im Blick auf die höchsten Zwecke folgen. Daher erheben wir uns, von jenem „Grundsatz der Vollendung" geleitet noch über diese intelligible Welt zur Idee der Gottheit, in welcher die vollkommene Ordnung der Dinge ewig besteht, und daher die ideale Ansicht ihre Vollendung findet. Bildet die Grundlage der logischen Ideen das Prinzip des spekulativen Glaubens, so bewegen wir uns mit dieser religiösen Ansicht der Dinge im Gebiete der Ahndung.

So läßt sich von hier aus unsere ganze Erkenntnis überblicken, wie sie sich in drei Stufen erhebt.

Wir schicken die aus dem Bisherigen sich ergebenden drei wichtigsten Sätze unserer Welterkenntnis, die Fries „die modalischen Grundsätze unserer idealen Ansicht der Dinge" nennt, voraus:

1) Die Sinnenwelt unter Naturgesetzen ist nur Erscheinung.

2) Der Erscheinung liegt ein Sein der Dinge an sich zugrunde.

3) Die Sinnenwelt ist die Erscheinung der Welt der Dinge an sich.

Der erste dieser Grundsätze ist das Prinzip des Wissens, der zweite das Prinzip des Glaubens, der dritte das Prinzip der Ahndung.

Das Wissen oder die Erkenntnis der Sinnenwelt liefert uns nur die endliche Wahrheit einer beschränkten menschlichen Vorstellungsweise von den Dingen. Durch das Wissen gelangen wir zur natürlichen Ansicht der Dinge, wie

---

1) Metaph. 480 f., 475; N. Kr. II, 219.

sie sich nach Materie und Geist in äußere und innere Physik gliedert und durch die synthetische Funktion der reinen Naturbegriffe zur Allgemeingiltigkeit erhoben wird.

Wir glauben an die ewige Wahrheit und ein ewiges Wesen der Dinge an sich, welches unabhängig von Raum, Zeit und Zahl, unabhängig von Natur und Schicksal stattfindet. Glaube in diesem Sinn ist eine Überzeugung der Vernunft a priori, welche dem Menschen nur im reinen Denken durch logische Ideen zu klarem Bewußtsein kommt. Wir gelangen durch sie zur idealen Ansicht der Dinge, die in der sittlichen Ansicht der intelligiblen Welt ihren eigentlichen und wertvollen Inhalt findet.

Da aber das im Glauben liegende Prinzip der ewigen Wahrheit für die Gegenstände der Sinnenwelt in den unendlichen Begriffen der logischen Ideen nur so seinen Ausdruck finden kann, daß wir die Schranken der Erscheinung als für das wahre Wesen der Dinge ungiltig erklären[1]), so wird hier das ewige Sein jener Gegenstände nicht erschlossen, sondern nur vorausgesetzt, und wir bedürfen daher einer eigentümlichen nur auffassenden Beurteilung, in welcher der Voraussetzung des Glaubens gemäß, daß die Erscheinung ewige Wahrheit in sich berge, die ewige Bedeutung der Erscheinungen anerkannt d. h. „geahndet" wird. Dies geschieht in der Beurteilung der Dinge nach den ästhetischen Ideen des Erhabenen und Schönen, wobei das Schönheitsgefühl durch Andacht, Gottergebenheit, Begeisterung belebt wird. Wir gelangen dadurch zu der religiösen Ansicht der Dinge, in welcher das Vernunftbedürfnis der absoluten Einheit durch die Idee der Gottheit

---

1) In dieser Entstehung der Ideen aus bloßer Negation lag dann für die Friesische Schule der Grund, „die Nichtigkeit der Dogmatik" zu behaupten. Die notwendigen Glaubenswahrheiten liegen „in den religiösen Ideen unserer Vernunft". Aus Ideen aber „gibt es keine Wissenschaft, denn aus Vorstellungen, die die Reflexion sich durch bloße Negation bildet, läßt sich nichts Positives ableiten", E. F. Apelt, die Nichtigkeit der Dogmatik, Abhandlungen der Friesschen Schule von Apelt, Schlömilch etc. Leipzig 1847. Heft III, 156 f.

seine höchste Befriedigung findet[1]). Diese religiöse Ansicht fällt für Fries mit der höheren ästhetischen Ansicht zusammen. Er redet geradezu von der „religiösen ästhetischen Weltansicht". Das gemeine Interesse der Geschmacksurteile allerdings gründet sich nur auf die Anforderungen einer freien Unterhaltung. Das höhere Interesse des Geschmacks dagegen ist von religiösem Ursprung. Es ist auf nichts anderes gerichtet, als auf eine ästhetische Unterordnung der Natur unter die Religionsprinzipien des Glaubens. Der hohe Wert, den wir dem Schönen geben, entspringt aus der Verbindung desselben mit den Ideen der Vernunft. Wir gehen mit unserem ästhetischen Urteil auf eine eigene Gesetzgebung im Dasein der Dinge, indem wir das unendliche Spiel der Formen der Natur den Gesetzen des Schönen und Erhabenen unterworfen achten. Diese ästhetische Unterordnung der Natur oder vielmehr des Wesens der Dinge, wie es uns erscheint, unter die religiösen Ideen hat dann wieder zwei Gestalten. Entweder gehen wir von der natürlichen Ansicht der Dinge aus und beurteilen diese nach ästhetischen Ideen in der Kunstanschauung der Natur; oder wir suchen eine bildliche Hypotypose der religiösen Ideen selbst in einer ästhetischen Symbolik[2]).

Mit dieser dreifachen Deduktion erhalten zugleich die drei Gebiete, welche in unserer Gesamtübersicht der Deduktion anschließend an die Formen der ursprünglich formalen, materialen und transzendentalen Apperzeption zu unterscheiden waren, ihre Rechtfertigung. Wenn sich dort aus dem obersten Verhältnis unserer Erkenntnis ergab, daß alle Erkenntnis a priori entweder unter die Idee der notwendigen Gesetzmäßigkeit im Dasein der Dinge, oder unter die Idee des höchsten Gutes oder unter die Idee der Schönheit gehören muß, so ist dies jetzt durch den Gang der Deduktion bestätigt worden.

Es zeigt sich aber auch, daß die drei zugrunde liegen-

---

1) N. Kr. II, 209 f., 220 f. Metaph. § 93 S. 465 ff., 528.
2) N. Kr. III, § 248 S. 361 ff.

den Überzeugungsweisen: Wissen, Glaube und Ahndung den ganz gleichen Grad notwendiger Gewißheit haben. „Weit gefehlt, daß reiner Vernunftglaube ein unsichereres Fürwahrhalten sei, als das Wissen, so ist er gerade das Festeste, welches wir haben, indem er rein aus dem Wesen der Vernunft entspringt. Wir hätten eigentlich kein Wissen, wenn nicht schon ein Element des Vernunftsglaubens, eine Überzeugung aus bloßer Vernunft ohne Sinn mit in ihm wäre." Auch der Ahndung gehört, obwohl sie hinsichtlich der Bestimmung ihres Gegenstandes auf Vollständigkeit verzichten muß, derselbe Grad der Sicherheit der Überzeugung, der sich hier auf eine eigentümliche Gefühlsgewißheit gründet[1]).

e) Die Bedeutung der Ideenlehre bei Fries und Kant.

Damit erhält also die Ideenlehre bei Fries eine wesentlich andere Stellung als bei Kant. Für Kant gibt es nur einen praktischen Glauben, und erst als Resultate der praktischen Vernunft gewinnen daher die Ideen reale Bedeutung. Für Fries gibt es einen spekulativen Glauben, auf welchen eine aus den Kategorien durch doppelte Verneinung entstandene Ideenlehre sich gründen kann. Die wesentliche Differenz führt auch hier auf die verschiedene Auffassung des Beweises in seinem Verhältnis zur Deduktion zurück, die wir wegen ihrer prinzipiellen Bedeutung für die wechselseitige Stellung beider Systeme oben eingehend untersucht haben. Kant verwarf die spekulative Giltigkeit der Ideen, weil sich aus spekulativer Vernunft kein Beweis für sie führen läßt, wie dies in der Deduktion der Kategorien geschehen konnte. Nach Fries gibt es weder für die Giltigkeit der Kategorien, noch für diejenige der Ideen einen Beweis, für beide aber eine Deduktion im Sinne einer subjektiven Ableitung aus einer Theorie der Vernunft. Die von Kant geltend gemachten Widersprüche, in welche sich die Vernunft mit ihren Schlüssen auf das Unbedingte ver-

---

1) N. Kr. II, 96 f. Metaph. 472 f.

wickeln soll, zwischen dem Endlichen und Unendlichen, dem Einfachen und Stetigen, der Freiheit und Natur, der Notwendigkeit und Zufälligkeit entstehen nach Fries nur dadurch, daß man unmittelbar nach der Idee des Unbedingten die absolute Vollständigkeit einer Welt unter Naturgesetzen denken und die Idee auf die unvollendbaren Reihen der Mathematik selbst anwenden wollte, anstatt sie diesen entgegenzusetzen. In der Lösung dieser Widersprüche im einzelnen schließt sich Fries an Kant an, indem er in den mathematischen Antinomien sowohl Thesis als Antithesis für falsch erklärt, für die dynamischen aber nur einen scheinbaren Widerspruch gelten läßt, sofern die Antithesen für die Welt der Erscheinungen, die Thesen für die ewige Ordnung der Dinge gelten können[1]). Aber für Fries bedeutet dieser Widerstreit etwas anderes. Er ist nur das Korrelat zu der doppelten Verneinung, aus welcher die Ideen entstehen. Die Giltigkeit derselben wird dadurch nicht angefochten, da dieselbe nicht auf derartigen Beweisen, sondern auf ihrem Vorhandensein im menschlichen Geiste als spekulativem Glauben beruht.

So wird Kants „transzendentaler Schein" bei Fries zur subjektiven Wahrheit, deren Kriterium ihr Verhältnis zur transzendentalen Apperzeption ist. Eine andere Wahrheit aber kann für unsere Erkenntnis nicht in Betracht kommen. Die Übereinstimmung der Erkenntnis mit ihrem Gegenstande ist überhaupt gar kein Thema einer wissenschaftlichen Untersuchung. Man würde damit eine Theorie der Möglichkeit des Erkennens fordern. Die Möglichkeit des Erkennens ist aber kein Thema für irgend eine Theorie. Schon deshalb nicht, weil das Erkennen nur als Qualität in der inneren Erfahrung vorkommt, während doch nur quantitative Verhältnisse Thema einer Theorie werden können. Für Qualitäten, vollends für innere Qualitäten, gibt es überhaupt keine Theorie[2]).

Nach Fries verwarf Kant die spekulative Giltigkeit

---

1) N. Kr. II, 215 f., 211 f.   2) N. Kr. II, 213.

der Ideen, weil sich aus spekulativer Vernunft kein Beweis für sie führen läßt. Aber hat Kant nicht den Ideen auch innerhalb der spekulativen Vernunft eine gewisse Bedeutung zugebilligt, indem er sie als regulative Prinzipien gelten ließ, und wie verhält sich dazu die Lehre von Fries? Dies führt uns auf den letzten Punkt, die Deduktion der regulativen Prinzipien, der sich kurz zusammenfassen läßt.

6. Die Deduktion der regulativen Prinzipien.

a) Die Stellung der regulativen Prinzipien bei Fries und Kant.

Der bisherige Gang unserer Deduktion hat sich über die Prinzipien der Metaphysik der Natur und über die Prinzipien der spekulativen Ideenlehre erstreckt. Zwei Arten von Prinzipien traten uns damit entgegen, denen wir die Dinge unterordnen müssen. Diese Unterordnung selbst aber ist, wie stets die Unterordnung des Falles unter eine Regel, Sache der Urteilskraft. Die Prinzipien der Urteilskraft werden uns daher zeigen, wie bei jener Unterordnung der Dinge unter die Prinzipien der Natur und der Idee und insbesondere bei dem unvermeidlichen Widerstreit derselben zu verfahren ist. Sie werden uns methodische Anleitung geben und in ihren wichtigsten Sätzen aus den Prinzipien der natürlichen und der idealen Weltansicht selbst und aus ihrem gegenseitigen Verhältnis abzuleiten sein[1]).

Fries nennt nun ein Prinzip konstitutiv, „wenn es, sobald es gegeben ist, sich selbst den Fall seiner Anwendung bestimmt, so daß die subsumierende Urteilskraft imstande ist, aus ihm Wissenschaft in theoretischer Form zu entwickeln", regulativ nennt er ein Prinzip, wenn „die reflektierende Urteilskraft erst zu ihm hinzu den Fall der Anwendung und seine konstitutive Bestimmung suchen muß"[2]).

---

1) N. Kr. II, 143 f., 294.   2) N. Kr. II, 295.

Nun ist allerdings jedes mathematische Prinzip unmittelbar konstitutiv, aber bei der metaphysischen Beurteilung handelt es sich stets um regulative Prinzipien. Jedes philosophische Prinzip überhaupt ist zunächst ein regulatives und kann nur dadurch konstitutiv werden, daß wir es mathematisch zu bestimmen imstande sind. Das sinnlich Gegebene ist den allgemeinen Formen der Einheit gegenüber, durch welche wir sie philosophisch fassen wollen, nur ein zufälliges. Wir gehen daher gewöhnlich von dem Zufälligen, Besonderen aus, um Regeln zu gewinnen d. h. wir bedienen uns der Induktion. Und nun erinnern wir uns aus der Lehre von der Induktion der Unselbständigkeit dieses Verfahrens, der Notwendigkeit, die Induktion durch Maximen zu leiten, und **erkennen die regulativen Prinzipien als die Maximen der reflektierenden Urteilskraft**, welche für die Induktion die leitenden Regeln abgeben. Am einleuchtendsten ist dies bei den heuristischen Maximen, die positiv dazu dienen, um Induktionen für ein gegebenes Mannigfaltiges zu leiten.

Ein Beispiel wird dies deutlicher machen. „An der Spitze des Systems einer jeden theoretischen Naturlehre steht eine mathematische Physik, welche sich aus konstitutiven Gesetzen entwickelt. So weit wir aber auch diese Entwicklung fortsetzen mögen, so bleiben wir doch dabei immer bei einer Wissenschaft allgemeiner Gesetze, ohne je das Individuelle einer einzelnen Geschichte (z. B. unseres Sonnensystems, der Erde) zu erreichen." Wollen wir daher umgekehrt „alles Einzelne der Geschichte als bedingt durch die allgemeinen Gesetze anerkennen, so schweben alle jene konstitutiven Gesetze doch nur als heuristische Maximen von unbestimmter Anwendung über dem Ganzen der Beobachtung, und der Reichtum der Erfahrungswissenschaft entfaltet sich nur einem Verfahren der Induktion, welche sich an die einzelne Beobachtung und Geschichte selbst anschließt, wogegen die Spekulation immer trocken und leer bleibt, wiewohl sie alle Geschichte zu beherrschen wähnt"[1]).

---
1) N. Kr. II, 802.

Wir kommen also bei unseren Versuchen, von den obersten
Prinzipien aus vorwärts das System zu entwickeln, indem
wir jede Komplexion selbst aus ihren Elementen zusammenstellen, immer nur bis an eine bestimmte Grenze[1]), wo uns
die Zusammensetzung der Komplexionen zu groß wird;
schlagen dann den umgekehrten Weg vom Besonderen zum
Allgemeinen ein und bedürfen nun der regulativen Prinzipien als heuristischer Maximen, welche die Induktion leiten.

Damit wird von Fries den regulativen Prinzipien
grundsätzlich eine andere Stellung zugewiesen als bei Kant.
Nach Fries' Meinung hat Kant in seiner Behandlung der regulativen Prinzipien im Anhang zur Dialektik der reinen
Vernunft die Maximen des systematisierenden Verstandes
mit den Ideen vermengt. Während diese Maximen die Ansprüche der Einheit an jedes wirklich gegebene Mannigfaltige nach dem Momente der Urteilskraft enthalten,
entspringt die Idee aus der höchsten Forderung der Einheit
für jedes irgend zu gebende Mannigfaltige nach dem
Momente der Vernunft. So kommt es auch, daß Kant die
Idee der Seele, der Welt und der Gottheit, denen er „anfangs alle Ansprüche konstitutiv abgesprochen hatte",
fälschlich wieder als physikalische Regulative anerkennt.
Hätte er die Natur der systematisierenden Maximen erkannt, so hätte er eingesehen, daß „jede regulative Maxime für die natürliche Ansicht der Dinge sich nur dem
Grade nach in der Anwendung vom konstitutiven Gesetze
unterscheidet, und eigentlich selbst noch als ein nur noch
unbekanntes konstitutives Gesetz der Theorie zum Grunde
liegt"[2]). Anders verhält es sich allerdings mit den „idealen

---

1) Wie dieser methodologische Gedankengang bei Fries mit der
bedeutsamen Kontroverse über das Verhältnis von Gesetzes- und
Ereigniswissenschaft, nomothetischer und idiographischer Methode
sich berührt, welche hauptsächlich durch Windelbands Rektorats-
rede: „Geschichte und Naturwissenschaft" und Rickerts „Grenzen
der naturwissenschaftlichen Begriffsbildung" angeregt wurde, sei
hier nur angedeutet. Wir werden auf diesen Punkt im kritisch-
systematischen Teil dieses Werkes zurückzukommen haben.

2) N. Kr. II, 330, 307.

Regulativen", die von jenen „heuristischen Maximen" der Urteilskraft zu unterscheiden sind. Aber auch sie dürfen nicht mit den Ideen zusammengeworfen werden, sondern sie sind methodologische Folgerungen aus der Ideenlehre.

Das System der regulativen Prinzipien der Urteilskraft enthält also zwei Teile: die idealen Regulative und die heuristischen Maximen des Systems für die Natur. Die ersteren sind die höchsten allumfassenden Regulative, während die Regeln der systematisierenden Urteilskraft sich dem ersten idealen Regulativ unterordnen. Wir stellen daher die idealen Regulative voran[1]).

b) Die idealen Regulative.

Die idealen Regulative ergeben sich unter Berücksichtigung des bisherigen Deduktionsverfahrens und der Erörterung über die regulativen Prinzipien überhaupt unmittelbar aus den uns bereits bekannten „drei modalischen Grundsätzen der Ideenlehre": Die Welt unter Naturgesetzen ist nur Erscheinung (Wissen); der Erscheinung liegt ein Ding an sich zugrunde (Glauben); die Sinnenwelt ist die Erscheinung der Welt der Dinge an sich (Ahndung). Es sind die folgenden:

1) a) Das Ziel der Wissenschaft für jede natürliche Ansicht der Dinge ist Theorie.

---

1) Fries bringt umgekehrt, nachdem in dem I. Kapitel eine „Übersicht aller regulativen Prinzipien der Urteilskraft" gegeben ist, im II. Kap. „Die heuristischen Maximen der Urteilskraft" (S. 309 ff.) und im III. Kap. „die idealen Regulative". Da aber die heuristischen Maximen die idealen Regulative schon voraussetzen, bringt er bereits in der „Übersicht" die wichtigsten „idealen Regulative" (N. Kr. II, 301), so daß diese als die regulativen Prinzipien überhaupt erscheinen und in der späteren Behandlung der „idealen Regulative" selbst eine Wiederholung (S. 316) unvermeidlich ist, wobei außerdem teils an die modalischen Grundsätze anschließend 3, teils 5 ideale Regulative gezählt werden. Die Koordination beider Arten regulativer Prinzipien ist überhaupt, wie auch aus obigen Ausführungen sich ergibt, logisch anfechtbar. Dem tatsächlichen Verhältnis beider trägt jedenfalls unsere Anordnung besser Rechnung.

b) Jede Theorie ist mathematisch, und geht auf ein unvollendbares Ganzes, so daß alle Erklärungen ohne einen ersten Anfang nur für die Entwicklungen einer fortlaufenden Geschichte gegeben werden. Eine jede solche Theorie teilt sich in einen konstitutiven mathematischen Teil und einen empirisch regulativen nach heuristischen Maximen.

c) Es gibt eine vollständige Theorie der äußeren Natur und innerlich eine Theorie der einzelnen Vernunft.

2) Die ideale Ansicht der Dinge ist ohne alle Theorie, aus spekulativen Ideen ist keine Theorie möglich.

3) Aller theoretischen Naturbeurteilung steht die ästhetische aus bloßen Gefühlen gegenüber als Eigentum der religiösen Ansicht der Dinge [1]).

Das wichtigste Prinzip unter allen ist die Scheidung des theoretischen und des idealen Gebietes in unserem Geiste. Die Vermengung von Theorie und Idee ist die Quelle aller Einseitigkeiten. In ihr liegt der Grund aller Streitigkeiten um Ideen und aller Irrtümer des gemeinen Lebens über sie und über die Religion. In ihr hat alle mythologische Religionslehre ebenso wie die sublimste Metaphysik ihre Wurzel. Man will seinen Glauben keiner Theorie preisgeben, verwirft deshalb auch alle spekulative Erkenntnis, die man damit vermengt, und überliefert sich eben damit dem Aberglauben. Oder man traut der Theorie mehr zu, stellt aber durchaus falsche Forderungen an sie, indem man die religiöse Ansicht der Dinge als höchste Theorie an die Spitze der physikalischen Erklärung stellt. Dieser Mißgriff ist im gemeinen protestantischen Religionsunterricht ebenso nachzuweisen, wie im künstlichsten philosophischen System der Dogmatik. Man begnügt sich z. B. nicht damit neben aller Theorie den Glauben an die Ewigkeit des menschlichen Wesens und die Freiheit des Willens

---

1) N. Kr. II, § 158 S. 316 f. Die fünf oben wörtlich aufgeführten Regulative sind bei Fries an dieser Stelle mit 1)—5) koordiniert. Wir gliedern in obiger Weise und bringen die Einteilung dadurch mit der Aufführung von nur drei Regulativen S. 301 und mit der Ableitung derselben aus drei modalischen Grundsätzen in Einklang.

festgestellt zu sehen, sondern man will diese Ideen wieder als Anfänge einer höheren Theorie gebrauchen, in welcher etwa aus der Idee der Freiheit die ganze Geschichte der menschlichen Handlungen, die Organisation des Charakters, die Theorie des Sündenfalls und der Wiederversöhnung mit Gott erklärend abgeleitet werden soll, ähnlich wie der Blitz aus den Gesetzen der Elektrizität. Man gesteht zwar ein, daß dies alles Geheimnisse der Religion seien, aber man hört doch nicht auf, in Bildern eine Darstellung derselben zu versuchen, und meint doch immer, mit diesen Bildern noch etwas darüber gesagt zu haben. Spekulativere Köpfe wollen uns gar das wahre Wesen der Dinge, wie Spinoza, aus der Idee der Gottheit, oder, wie Fichte und Schelling, aus der Idee der Welt begreifen lehren.

Dagegen vertreten die Regulative stets einerseits die rechtmäßigen Ansprüche der mathematischen Theorie, und andererseits die Forderung, alle Idee von theoretischen Expositionen streng zu sondern[1]).

Fries sucht dies polemisch an einem „noch geltenden" spekulativen System, an demjenigen Schellings nachzuweisen. Ein Punkt aus dieser Polemik mag dazu dienen, das Charakteristische seiner methodologischen Forderungen noch deutlicher hervorzuheben.

Schelling verwechselt das Ideale mit dem Natürlichen, indem er die Maximen, welche ihm vorschweben und die doch alle mathematisch oder gar nur empirisch physikalisch sind, für rein philosophisch hält. Er meint z. B. das Gesetz der Duplizität aus dem höchsten Gegensatz des Subjektiven und Objektiven in der absoluten Identität der Selbsterkenntnis der absoluten Vernunft abgeleitet zu haben. „In seiner wirklichen Naturphilosophie ist es aber gar nicht von so hoher Abkunft, sondern da ist es nur das Schema der mathematischen Entgegensetzung positiver und negativer Größen in dem Bilde der entgegengesetzten Richtungen auf einer geraden Linie, und physikalische Bedeutung bekommt es ganz empirisch durch die Entgegensetzung zwei

---

1) N. Kr. II, 317 f., 299 f.

solcher Größen, durch den Konflikt zweier entgegengesetzter Kräfte im Lichte, welche sich bald als $+M$ und $-M$, bald als $+E$ und $-E$, bald als $+O$ und $-O$ einander entgegentreten sollen"[1]). Die Grundlage dieser ganzen Lehre ist die absolute Einheit, die absolute Identität und Totalität, welche als das konstituierende Prinzip alles unseres Wissens vorausgesetzt wird. Aber dieses Prinzip ist nichts anderes als die leere Grundvorstellung der Einheit und Notwendigkeit ohne einen Gehalt. Damit verbindet sich dann der andere Fehler, durch welchen alle Vorteile der kritischen Lehre vom Unterschied der Erscheinung und des Seins an sich wieder verloren gehen, daß nämlich der Philosoph in diesem absoluten Wissen um die Identität das Ansich der Dinge wissenschaftlich zu erreichen wähnt, und damit gerade in die Theorie, d. h. in die Gesetze der notwendigen Einheit im Wesen der Dinge ihr ewiges Wesen setzt. Da er so die absolute Einheit an den Dingen selbst zu erkennen meint, wird unvermeidlich der Unterschied der Welt und der Gottheit verloren, und die Gottheit wird das Sein der Dinge selbst[2]).

Statt eines solchen Versuches, das System der äußeren Natur von der Idee aus zu beherrschen, der mit Notwendigkeit zur Vermengung mit einer mythologischen Religionslehre führt, fordern wir für jede natürliche Ansicht der Dinge Theorie in strengster Bedeutung, und zwar eben im Gegensatze gegen die ideale Ansicht, eine Theorie, wie wir sie in höchster Vollendung in Laplaces Mechanik des Himmels[3]) besitzen, während das chemische und physiologische Gegenstück dazu, auf welches die Wissenschaft gleich gerechte Ansprüche hat[4]), noch fehlt. Allerdings muß sich

---

[1] N. Kr. II, 319 f., vgl. dazu F. W. J. Schelling, System des transzendentalen Idealismus, Tübingen 1800, S. 86 ff. und 182 ff.

[2] N. Kr. II, 333, 334 f.

[3] Selbst für den Kantianer ist Kants mindestens eben so geniale „Allgemeine Naturgeschichte und Theorie des Himmels" von 1755, die durch ein widriges Geschick 90 Jahre fast unbekannt blieb, nicht vorhanden.

[4] Es ist bemerkenswert, mit welcher Schärfe Fries hier das Programm der modernen Naturwissenschaft bezeichnet.

jede physische Theorie darauf beschränken, „die Verhältnisse einzelner Teile aus einer unendlichen Geschichte zu erklären". Auf Totalität ihres Ganzen darf sie nie Anspruch machen, denn eben diese denken wir nur nach Ideen, die aber für die physikalische Theorie von gar keinem Gebrauch sind.

Dagegen ist ein anderer Gebrauch der Ideen für die Vollendung unserer Weltansicht unentbehrlich; und damit vergegenwärtigen wir uns die Bedeutung des aus dem dritten „modalischen Grundsatz" folgenden idealen Regulativs: „Aller theoretischen Naturbeurteilung aus Begriffen steht die ästhetische aus bloßen Gefühlen gegenüber als Eigentum der religiösen Ansicht der Dinge." Die nur aus der Verneinung der Schranken gebildeten transzendentalen Ideenformen lassen uns nichts Positives erkennen, sondern dienen nur, um das wahre Wesen der Dinge als ein Anderes zu denken, denn das beschränkte Wesen der Natur. Die positiven Gesetze der ewigen Ordnung und das Verhältnis des ewigen Wesens zur endlichen Ansicht unserer Vernunft sind unüberwindliche Geheimnisse für die endliche Vernunft, und sie offenbaren sich nur der Ahndung d. h. einer aller Theorie entgegengesetzten Beurteilungsweise aus bloßen Gefühlen. An die Stelle der theoretischen Unterordnung aller Anschauung unter die mathematischen Gesetze der Physik tritt nun die der religiösen Ansicht eigentümliche ästhetische Unterordnung derselben Anschauung unter die Ideen, bei welcher die Urteilskraft in ihren Gefühlen nur von unaussprechlichen Begriffen geleitet werden kann. „Es gibt also allerdings in unserem Geiste eine Region der Überzeugung über alle Wissenschaft hinaus; sie ist aber nicht die Erkenntnis von den Ideen, sondern die Erkenntnis aus den Ideen, als Prinzipien"[1]).

c) Die heuristischen Maximen der Urteilskraft.

Die aus dem ersten „modalischen Grundsatz der Ideenlehre" folgenden Regulative fordern mathematische Theorie

---

1) N. Kr. II, 337, 339.

für die ganze natürliche Ansicht der Dinge. Aus der Durchführung dieser Forderung, die gelegentlich auch als erstes ideales Regulativ zusammengefaßt wird, ergeben sich die „heuristischen Maximen der Urteilskraft", die wir noch kurz zu charakterisieren haben.

Die Ausbildung dieser Maximen erfolgt nach dem logischen System. Jedes logische System aber fordert ein System von Begriffen in Definitionen und Einteilungen und ein System von Urteilen, das auf den Beweis sich gründet. Dabei machen sich in beiden Systemformen als entgegengesetzte Tendenzen die vom Rationalismus vertretenen Ansprüche des Verstandes und die vom Empirismus vertretenen Ansprüche des Sinnes geltend. So stehen sich in aller Naturwissenschaft Systematiker und Historiker, Theoretiker und Empiriker einander gegenüber.

Der darin liegende Gegensatz führt zu Maximen der Einheit und Maximen der Mannigfaltigkeit, die aber nicht in ihrer Einseitigkeit, sondern nebeneinander und in Verbindung miteinander zur Verwendung kommen müssen[1]).

Was zunächst die Klassifikation nach Begriffen betrifft, so machen in empirischer Anthropologie, Experimentalphysik und Naturgeschichte die beiden Maximen der Homogenität alles Ungleichartigen und der Spezifikation[2]) ins Unendliche nebeneinander ihre Rechte geltend, da alles irgend gegebene Mannigfaltige der systematischen Einheit unterzuordnen ist, das Individuelle der einzelnen Form aber durch eine beschreibende Zusammensetzung aus Begriffen nie erreicht werden kann, sondern jedesmal daneben der Anschauung bedarf. Sehen wir also Buffon und Linné über die Ansprüche der Klassifikation an die Naturgeschichte streiten, so gehört dieser Streit nicht in die Wissenschaft. Denn in der Wissenschaft stehen beide ent-

---

1) N. Kr. II, 309, 297.
2) Diese Prinzipien, die wir bei der Deduktion der analytischen Einheit kennen gelernt haben, treten nun hier als regulative Prinzipien auf, sofern sie methodische Anleitung für die Unterordnung der Dinge unter die Formen des Denkens geben.

gegengesetzte Verfahrungsarten notwendig nebeneinander für jeden Teil der Naturwissenschaft, der sich nicht zu einer konstitutiven Theorie eignet, also der regulativen Prinzipien bedarf. Neben der Homogenität und Spezifikation ist uns bei der quantitativen Bestimmung der logischen Formen als drittes Moment das Gesetz der Stetigkeit begegnet. Dies würde auf die Maxime einer Stufenleiter der Wesen führen, die aber Fries aus den früher angeführten Gründen für die wirkliche Naturerkenntnis nicht gelten läßt. Der Regel der logischen Stetigkeit soll vielmehr „nach einem Ausdruck von Batsch eine netzförmige Verbindung von Art zu Art" entsprechen, „indem die Verzweigungen jedes Stammes von Begriffen sich in dem Wirklichen der Natur auf mannigfaltige Weise einander durchkreuzen"[1].

Was zweitens den Beweis im System der Urteile betrifft, so soll nach der Maxime des Theoretikers alles Besondere aus dem übergeordneten Allgemeinen begriffen werden, nach derjenigen des Empirikers aber aller Wert in der reinen Tatsache liegen, die bei der Unzulänglichkeit der logischen Erkenntnis für sich allein jedesmal nur durch Wahrnehmung auszumitteln ist. Die Einseitigkeit beider tritt am deutlichsten hervor an dem Verhältnis, in welchem bei dem Versuche, richtige Induktionen zu erhalten, die heuristischen Maximen zur Beobachtung stehen. Der Empirismus wird fehlerhaft, wenn er Induktionen sucht ohne leitende Maximen[2]. Ohne alles Prinzip sind seine Regeln nur nach der Wahrheit der Fälle und nach zufälligen Gewohnheiten zusammengelesen. So tadelt z. B. der Arzt das Heilverfahren eines bloßen Empirikers, der seine Mittel ins unbestimmte hinein nur deshalb anwendet, weil sie schon oft gute Dienste taten oder weil sie bei bestimmten einzelnen Symptomen oft gute Dienste taten. Auch der rationell verfahrende Arzt verwendet allerdings die Induktion, aber seine theoretische Wissenschaft liefert ihm leitende Ma-

---

1) N. Kr. II, 309 f.
2) Vgl. dazu das oben (S. 197 ff.) über die Methode der Induktion Gesagte.

ximen, welche, wenn er sie auch nicht zu konstitutiven Gesetzen einer den Vorzug bestimmter Mittel erklärenden Theorie zu erheben vermag, doch seiner Induktion Sicherheit geben. Andererseits liegt der Fehler eines falschen Theoretisierens darin, daß man, statt sich mit leitenden Maximen für die Induktion zu begnügen, sich gewaltsam durch willkürliche Hypothesen konstitutiver Gesetze über den wahren Hergang der Sache bemächtigen will, die alle weiteren Induktionen aus der Erfahrung entbehrlich machen sollen. Beispiele hierfür sind die atomistische Naturphilosophie mit der willkürlichen Grundgestalt ihrer absolut harten ersten Körperchen, die Kartesischen Theorien, Eulers Theorie des Magneten, alle gemeinen Hypothesen über die Bildung unseres Planetensystems, endlich die Theorien der Humoral- und Nervenpathologie.

Wer richtig verfahren will, wird daher weder bloßen empirischen Zusammenstellungen folgen, noch konstitutive Hypothesen voraussetzen, sondern von der Empirie ausgehend der leitenden Maximen als regulativer Prinzipien sich bedienen[1]).

Auch diese letzte Vorschrift ist nur eine Konsequenz der zweiten Regel des ersten idealen Regulativs, wonach jede Theorie für die natürliche Ansicht der Dinge sich in einen konstitutiven mathematischen und einen empirisch-regulativen nach heuristischen Maximen teilt. Die heuristischen Maximen der Urteilskraft erweisen sich damit wiederum als eine Unterabteilung oder als eine weitere Ausführung der idealen Regulative. Denken wir uns auch die beiden anderen Regulative weiter ausgeführt, so bewegen wir uns damit im Gebiete der praktischen Philosophie.

Wir haben bisher nur die Wissenschaft vom Wahren behandelt, und wir hätten, wollten wir das ganze Gebiet der Philosophie ausmessen, noch die Wissenschaft vom Schönen

---

1) N. Kr. II, § 156 S. 309 ff.

und vom Guten zu suchen. Das Wissen selbst zwar leitete uns zu den Ideen und gab uns in diesen schon die Grundlage des Glaubens und der Ahndung. Wir erhielten durch die Ideen des Absoluten eine Vorstellung von einer Welt des Seins an sich, welche sich uns zu einer intelligibeln Welt unter einer ewigen Ordnung der Dinge gestaltete. So hat uns zwar die spekulative Philosophie bereits die ganze Grundlage unserer Glaubensüberzeugungen gegeben, aber dieses Ganze ist kalt und tot ohne die Anwendung[1]). Nur der Gedanke einer ewigen Ordnung der Dinge ist es, durch den wir diese höhere Welt zusammenhalten, ohne noch das Gesetz dieser ewigen Ordnung selbst zu erkennen. Die praktische Philosophie ist es, welche uns diese leeren Formen, diese bloßen Ideen einer Negation des Endlichen mit Leben erfüllen soll, und sie gibt uns dieses belebende Prinzip auch wirklich in einem einzigen Worte, durch welches Wesen und Gehalt der intelligibeln Welt bestimmt wird: in dem entscheidenden Worte der Würde oder des absoluten Wertes. Würde der Person, als Gesetz in die ewige Ordnung der Dinge eingetragen, ist das alleinige Thema aller praktischen Philosophie[2]).

Wir haben diesen Gedankengang nicht bis in Fries' praktische Philosophie hinein zu verfolgen. Aber auch hier wie im Gesamtaufbau dieses seines kritischen Systems bis zum letzten Abschnitt über die regulativen Prinzipien tritt uns als besonders charakteristisches Merkmal die Schärfe entgegen, mit welcher er die ideale Ansicht der Dinge von der natürlichen, die Ideen von der Theorie, die inhaltlichen Prinzipien der praktischen Philosophie von den Formprinzipien der theoretischen scheidet. Zwischen Kants spekulative und praktische Vernunft tritt bei Fries die Welt der Ideen, die auf spekulativen Glauben sich gründet, aber diese selbst samt den Prinzipien der praktischen Philosophie, welche ihnen erst lebendigen Inhalt geben, gehören wie bei Kant einer

---

1) N. Kr. III, Einleitung. 2) N. Kr. II, 5

völlig anderen „Überzeugungsweise" an. Neben der Welt des Wissens steht die des Glaubens und der Ahndung.

Die Art, wie Fries dieser Welt des Idealen ihr eigenes Recht sichert, ist durch sein ganzes Verfahren wesentlich modifiziert, wobei das Verhältnis von Reflexion und unmittelbarer Erkenntnis, seine anthropologischen Grundprinzipien und sein subjektivistischer Standpunkt die maßgebende Rolle spielen. Aber in der Konsequenz, mit welcher er das Recht der Theorie bis aufs äußerste verficht, um aus dieser selbst heraus ihr Gebiet kritisch abzugrenzen und für eine Überzeugung anderer Art Raum zu schaffen, bleibt er ein echter Schüler Kants, und ist sich mit Recht bewußt, die Aufklärung aus ihren eigenen Prinzipien heraus zu überwinden, wenn er den zweiten Teil seiner Vernunftkritik mit den Worten schließt, die ein ernstes weit über seine Zeit hinausreichendes Zukunftsprogramm der Philosophie enthalten: „Ihr scheltet ein Zeitalter der Aufklärung, von dem ihr meint, es gehe vorüber. Was war anders der Fehler dieses Zeitalters als eine unbegrenzte Sucht nach Theorie, welche sich selbst nicht verstand. Wem anders haben wir unsere protestantische Kälte und Mangel an Religiösität zu danken, als dem Verlangen, auch das Religiöse mit Theorien zu beherrschen? Dies zeigte sich als Reflexion; nun gebt ihr der Reflexion selbst die Schuld, welche nur ihrer falschen Anwendung gehört, und wollt euch verbessern, indem ihr die Reflexion von euch werft. Ihr irrt euch gewaltig. Dadurch zwingt man sie nicht. Wer einmal angefangen hat, ihr zu folgen, wird nicht eher wieder gesund, bis er ihr Werk rein zu Ende geführt und dadurch begriffen hat, welches das Gebiet der Wissenschaft in unserem Geiste sei, und welches das der Ideen."

Prof. Dr. phil. Theodor Elsenhans wurde am 07.03.1862 in Stuttgart geboren. Nachdem er die evangelisch-theologischen Seminare in Schöntal und Urach besuchte, führte ihn sein Theologiestudium nach Tübingen, welches er 1885 mit der Promotion erfolgreich abschloß. Während dieser Zeit widmete er sich bereits philosophischen Studien, die er bei der darauffolgenden Tätigkeit als Stadtpfarrer in Riedlingen und der damit einhergehenden seelsorgerischen Arbeit vertiefen konnte.

1902 habilitierte er in Heidelberg mit einer Arbeit über „Das Kant-Friesische Problem", welche 1906 in überarbeiteter und erweiterter Fassung unter dem Titel „Fries und Kant" erschien. Zu diesem Zeitpunkt war Elsenhans bereits als Privatdozent an der Universität zu Heidelberg tätig. 1908 folgte er jedoch dem Ruf als ordentlicher Professor für Philosophie und Pädagogik an die Technische Hochschule in Dresden. Dort verstarb Elsenhans schließlich am 03.01.1918.

www.ingramcontent.com/pod-product-compliance
Lightning Source LLC
Chambersburg PA
CBHW032149010526
44111CB00035B/1252